倪百祥◎著

THE TECHNIQUES OF
BANK CREDIT

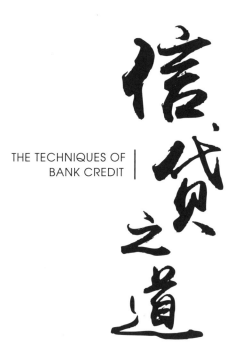

中国金融出版社

责任编辑：王效端　王　君
责任校对：张志文
责任印制：张也男

图书在版编目（CIP）数据

信贷之道/倪百祥著．—北京：中国金融出版社，2019.7
ISBN 978 – 7 – 5049 – 9948 – 1

Ⅰ.①信…　Ⅱ.①倪…　Ⅲ.①商业银行—信贷管理　Ⅳ.①F830.5

中国版本图书馆 CIP 数据核字（2019）第 008155 号

信贷之道
XINDAI ZHI DAO
出版
发行　中国金融出版社

社址　北京市丰台区益泽路 2 号
市场开发部　（010)66024766，63805472，63439533（传真）
网 上 书 店　http://www.chinafph.com
　　　　　　　（010)66024766，63372837（传真）
读者服务部　（010)66070833，62568380
邮编　100071
经销　新华书店
印刷　北京市松源印刷有限公司
尺寸　169 毫米×239 毫米
印张　22
字数　390 千
版次　2019 年 7 月第 1 版
印次　2020 年 12 月第 3 次印刷
定价　69.00 元
ISBN 978 – 7 – 5049 – 9948 – 1
如出现印装错误本社负责调换　联系电话（010）63263947

序

　　信贷业务是商业银行的核心业务，也是商业银行实现其服务经济、管理风险等功能的主要途径。在我国以间接融资为主的融资体系下，商业银行的信贷业务还是市场化资源配置的主要手段，是国家宏观调控政策实施的主要途径。

　　改革开放 40 年来，我国商业银行随着市场化需求的变化及自身商业化改革的不断深化，信贷业务从业务品种、放款对象、业务流程，到信贷理念、风险管理的各个方面都发生了深刻变革。但无论怎么变化，信贷业务仍然必须遵循其基本的规律。信贷业务的基本规律源自信贷本质。商业银行信贷业务的本质依然是以信用的手段，聚集社会闲散资金，通过银行的信用中介职能，将银行汇聚起来的资金用于支持具有还款能力和还款意愿的社会再生产过程的资金需求者。商业银行的信贷业务正是把银行聚集的信贷资金，根据经济社会发展的需要投放到生产流通和消费的各个环节，并确保安全足额收回本息，实现信贷资金的正常周转和社会再生产过程的良性循环。

　　现实生活中银行信贷要实现信贷资金的正常周转和良性循环会面临许多复杂的问题：首先，现实经济生活中对银行贷款的需求是多样化的，银行需要判断哪些需求是合理的，是适合用信贷资金来满足的，哪些需求是不合理的，是不适合用信贷资金来满足的。同时还要设计多样化的信贷产品来满足各种合理的贷款需求。其次，为了确保贷款的安全，银行需要评估每一个借款人和每一笔贷款的风险，并根据风险大小确定贷与不贷、贷多贷少、期限

1

长短、利率高低、条件宽严。最后，贷款发放之后，借款人能否合理使用贷款将直接影响到贷款能否到期收回，因此，银行在放款之后需要对借款人使用贷款的情况进行跟踪监测，以确保借款人按合同约定使用贷款并按期还本付息。一旦贷款出现问题，需要及时采取措施化解和处理风险。

作为商业银行的核心业务，除了要确保每一笔贷款的安全之外，信贷业务还需要符合商业银行整体管理的要求和监管部门的各项监管要求，如资本约束、资产负债的匹配、道德风险和操作风险的防范、国家产业政策和银行经营政策的要求等。而一家银行关于上述贷款业务和信贷管理的所有制度安排、技术标准、操作流程、业务规范，体现了该家银行的信贷文化，成为从事信贷业务全体员工的共同遵循和行为准则。

本书的作者倪百祥先生长期从事商业银行信贷业务和信贷管理工作，亲历了自改革开放初期至今的我国商业银行信贷业务和信贷管理改革与发展的全过程，对我国商业银行的信贷管理有着丰富的经验和深刻的体会。作者全面、系统地总结和梳理了商业银行信贷文化、银行信贷的基本原理、信贷业务各个环节的操作技术规范和流程、信贷管理各个方面的制度和办法，向读者奉献了一部难得的商业银行信贷业务管理教程。本书不仅是商业银行员工业务培训、高等院校金融学专业教学的好教材，也是党政领导干部、企业管理者、从事经济管理工作的广大读者了解金融信贷知识的很好的参考书。

笔者长期在高校从事金融专业教学工作，培养既有深厚的理论功底，又具有较强业务能力的应用型金融人才始终是高校人才培养中面临的挑战，而缺乏系统阐述金融业务管理的教材也一直是教学中的一个痛点。本书的出版对于丰富高等院校教材体系、弥补金融人才培养中的短板，也将具有重要的意义。

中央财经大学　史建平

2018. 9. 10

前　言

　　改革开放40年以来，中国的商业银行走过了从计划经济下的"国家出纳"型银行到现代商业银行的漫长道路，经历了国家银行到国有专业银行再到现代商业银行的华丽转身。特别是四大国有商业银行，从"技术上已经破产"的银行，一路奋斗至全球最佳商业银行，无不凝聚着我国几代银行人艰苦奋斗的心血和汗水。其中，银行的信贷业务，也从"按计划拨款"转变为在严格的风险管理基础上的"信贷资金经营"，经历了翻天覆地的变化。

　　我有幸目睹了中国商业银行近四十年的"沧海桑田"，特别是亲身经历了商业银行信贷业务中的许多重要变革和发展历史，深感其中之不易。尽管今天我们还不能说，中国商业银行的信贷经营和风险管理已经日臻完善，但相比我们在40年前奋力起步的时候，已经发生了本质的变化。这种变化体现在当今我国商业银行已经形成的信贷经营和管理的基本体系之中。这个体系不仅是目前我国商业银行发展的保证，更是将来我国商业银行继续向前进步的基石。

　　在我卸任中国工商银行江西省分行行长一职时，时任董事长易会满先生对我说："你在工商银行长期从事信贷管理工作，应当总结总结，为工商银行的信贷发展留下点可以参考的经验。"有感于易董事长的嘱咐，我与江西省分行的业务专家刘骅同志以及江西省分行的其他一些信贷业务专家一道，

1

对我们在银行近四十年的工作，特别是对信贷业务工作的体会进行了梳理和总结，以本书展现给所有对我国商业银行的信贷业务有兴趣的同志们，希望对我国商业银行信贷业务的经营管理和发展有所帮助。

道，规律也。只有认真探索规律、把握规律、尊重规律，方能大道至简。信贷亦有道。信贷之道，在其文化，在其经营，在其管理。"放得出去，收得回来"，乃信贷之根本。本书的写作围绕商业银行信贷业务的经营与管理，重点是总结信贷业务管理中的基本内容和规律。全书共十七章，近30万字。分为四个篇章，一是关于商业银行的信贷文化问题。主要介绍信贷文化的一般内容，我国商业银行信贷文化的发展历史，我国商业银行当前面临的文化挑战以及新的历史条件下商业银行应当建设怎样的信贷文化。二是关于商业银行信贷业务的基本架构。主要介绍商业银行信贷理论、运行机制、业务过程和基本概念，构成信贷业务的各种角色关系以及信贷业务的内部组织和管理。三是关于商业银行信贷基本过程管理及相关的管理技术，包括客户关系管理、尽职调查、客户信用评估、业务审查审批、担保管理、放款作业、贷后管理、资产质量管理和不良贷款的处置等。四是关于商业银行信贷业务基础管理工作，包括信贷风险管理框架、信贷产品管理、信贷合规管理方面的内容。

尽管本书力求通俗易懂，但因本书的写作主要站在一个信贷业务管理者的视角，所以不免出现以下问题：一是视点偏于实务，理论性不强，主要解决"是什么"的问题，而较少涉及"为什么"的问题；二是站位偏于宏观，主要是从商业银行管理者的角度阐述信贷业务如何管理，而对于具体的信贷业务应当如何操作阐述较少；三是专业色彩仍然较为浓重，而且对于许多业内约定俗成的术语并无专门解释，因此对于非专业人士的阅读会造成一定的困难。

所以，本书的建议读者是：商业银行各级机构中的信贷管理人员、高级业务人员以及在商业银行具有较长资历的其他业务人员。当然，本书也可作为商业银行各级机构中对较低层级的信贷相关人员培训或高等院校中金融专业学生的参考教材使用。通过职业教师、培训师的延伸阐述，更加丰富本书的有关知识和经验，更加易于学生理解和掌握。

尽管笔者力求全面、完整、准确地表达我国商业银行信贷管理中的规律性认识，但由于笔者的理论水平和专业经验的限制，加上文字表达功底的欠缺，本书难免存在挂一漏万和表达错误之处，对于这些不当之处敬请读者原谅，同时欢迎各位业务前辈和有识之士批评指正。

最后，衷心感谢中央财经大学史建平副校长于百忙之中详尽审阅本书初稿，并为本书作序，感谢他的热情鼓励和无私帮助！

倪百祥
2018 年 9 月 20 日于杭州

目　录

第一篇　信贷文化

第二篇　业务架构

第一篇
信贷文化

第一章　商业银行信贷文化概述

　　文化之于职业而言，犹如灵魂之于人。不同的文化决定着不同职业的理念和行为，进而造成了特定职业独特的行为和做事风格，信贷职业亦是如此。作为商业银行的主流业务——信贷业务所展示的文化是商业银行职业文化中重要的组成部分。

第一节　信贷文化的起源与基本内涵

　　"文化"是中国语言中古已有之的词汇。"文化"作为动词讲，通俗地指人的性情陶冶、品德教化、知识学习等。作为名词讲，指人在经过性情陶冶、品德教化、知识学习后，自身得到的、区别于人类自然属性和生理意义的理性产物。

　　"文化"就其哲学意义而言，是指"人与自然、主体与客体在实践中对立统一"的客观过程，是人类从事改造自然、改造社会，进而也改造自身的社会过程。人类创造了文化，同时文化也重塑了人类自身。这一过程的结果，既反映在自然物的面貌、形态、功能的不断改观，也反映在人类个体与群体素质（生理与心理的、工艺与道德的、自律与律人的）的不断提高和完善。单个的人如此，一群人的集合也如此。因此文化既是一种社会现象，是人们长期实践、创造形成的产物，同时又是一种历史现象，是社会历史长期发展的积淀物。

　　从广义上说，文化指人在社会实践过程中获得的生产力以及所创造的物质财富和精神财富的总和；从狭义上说，文化指人、人群及社会的精神、意识形态以及与之相适应的物质形态和制度体系。

一、信贷文化的起源

　　信贷文化是"文化"概念中的一个特定的范畴。它是人们在借贷实践过程中形成的物质财富和精神财富的总和，同时被人类长期的借贷历史积淀、发展而成为信贷职业的基本意识形态、业务体系、运作惯例和行为方式。它是"文化"过程在信贷业务活动过程中的具体影射，是在银行业长期经营管理活动中不断形成的，并被绝大多数银行信贷从业人员所信仰、遵循的意识形态和制度体系。

信贷文化起源于最原始的借贷文化。

人类社会最原始的生产方式是"自给自足"，没有交易，更没有借贷。随着生产力发展，一方面，产品在满足了生产者自身基本消费需求外，仍有富余；另一方面，专业化的生产发展，使具有某些专业技能的人专注于某些产品的生产，而需要从别人那里获取自己不生产或不擅长生产的产品。因此，整个社会生产体系分裂为生产和消费两大独立的部分。生产和消费的分裂使交换成为社会经济中的必需环节，人们通过交换出让自身消费必需之外所富余的产品，获得自身消费所短缺的必要消费品。

人类最原始的交换方式是"以物易物"。在"以物易物"阶段，交换的规模很小。由于物物之间的自然属性不同、获取难度不同以及某些交易物分割、储存的困难，交换并不是一件容易的事情。比如：愿意出让一头羊去换取衣物的交换者，发现拥有衣物可供交换的人并不需要羊，而是需要稻谷；或者，需要羊的人没有衣物可供交换；又或者他有衣物，但出让稻谷的人没有那么多的稻谷可供换取一件衣物等。为了克服交换中存在的困难，就自然产生了交换媒介——货币。人类早期充当过交换媒介的东西很多，如贝壳、动物骨制品、铜、铁等金属。之后的很长一段时间内，金银由于其优越的自然属性（如体积较小、易于分割、不易变质、便于储存等）充当了"天然的货币"。

货币介入交换行为以后，整个交换的过程就发生了质的变化，不仅交换不再受到物物交换的所有限制，而且不再受到交换必须在当场完成交换物所有权双向转移的限制。由于货币的介入，交换双方可以采用支付手段，将"以物易物"交换分拆为"以一种货物交换货币"和"以货币交换另一种货物"两个阶段。这种以货币为中介的阶段性交换的出现，使简单的交换行为演变成了交易。

交易的出现暗藏了借贷行为发生的契机。即在交易的第一个阶段，卖方可以以一个"在未来某个时间单方面给付货物"的承诺，换取特定数量的货币去实现第二个阶段的交易；或者买方以一个"在未来某个时间单方面支付货币"的承诺，换取交易中的货物。这种以承诺未来给付而实现即时交易的行为，构成了经济生活中的借贷行为。

从这个简单的借贷行为中分析发现，借贷行为的成立需要下列要件：一是交易双方有互信的基础，相信这种对未来行为的承诺是可靠的；二是交易双方确信这次交易的公正性和公平性；三是延期给付的一方必须出具承诺，并能够提供足以使对方信任的条件。所以，最初的借贷文化，无论具体形式和表述如何，均包含了"公平诚信、践诺履约"的内容，并成为几千年来借贷文化的核心内容。这些内容也是今天信贷文化的基本精神。

信贷行为当然隶属于借贷范畴，但信贷行为不完全等同于普通借贷行为，只是所有借贷行为中特定的一个部分。普通借贷行为通常指社会中不特定对象和方向的单个借贷行为，而信贷行为一般特指通过信用中介完成的，具有特定对象和特定方向的系统性借贷行为。现代经济生活中，信贷行为普遍特指银行向借款人提供信用支持的行为。

所有的借贷行为必须具备主体和客体两大部分。主体，即借贷双方，有借无贷或有贷无借均不能构成借贷行为。客体，即用于借贷的资金使用权（或可以等同于资金使用权的信用保证），资金使用权有条件地在借贷主体之间的转移构成借贷行为。

普通借贷行为中，贷款人与借款人直接见面，谈妥借贷条件，直接交付资金使用权。但这种借贷模式受到借贷双方的借贷能力和信息发现能力的限制，两两成交的难度是较大的，只能适应小规模借贷，并且成本高昂。因此，随着大规模社会化生产的发展，产生了一些专门从事借贷的信用中介机构，它们向所有贷出者借入资金，同时向所有借款人发放贷款，从而克服了普通借贷模式下的借贷困难和能力限制。这种在普通借贷模式下嵌入了信用中介的借贷行为，即是我们今天谈论的信贷行为。

可见，信贷行为与普通的借贷行为具有两个不同的特征。

首先，信贷行为的主导者是信用中介机构而不是普通的借出者或者借入者，例如商业银行。商业银行通过其中介职能将普通的借贷行为分解成了借、贷两个过程。第一个过程是通过其负债业务（吸收存款、发债等），为所有希望得到货币资金的客户向希望贷出货币者借入资金，这种借入资金的过程是通过向客户提供商业银行自身信用来完成的。即商业银行承诺在特定的期限内向客户无条件还本付息，从而增强了普通借贷模式下的借方信用程度，克服了借贷之间互不信任的问题。第二个过程是商业银行代表所有贷出者向借款人提供融资或信用支持，这种融资或信用支持行为不仅将各种期限、各种数量的资金整合成为可以任意组合期限和数量的庞大借贷资金，而且嵌入了商业银行特有的风险控制技术以及信贷理念，从而使得普通借贷行为变身成为商业银行主导的信贷行为。

其次，信贷行为在客体上拥有了信用创造功能。商业银行一身肩负"借者"和"贷者"双重职能，使得这种中介机构能够把自身借出去的钱通过自身的负债功能重新收集回来，形成新的放贷能力。在没有存款保证金的情形下，理论上商业银行通过信贷行为可以无限创造信用，并且通过这种手段延缓和掩盖个别的信用风险暴露。表面上，商业银行的信贷行为由于嵌入了专业的风险管理程序，使得个别的信贷业务风险能够得到较为有效的控制；但事实上，信贷行为本身拥有的这种信用创造功能，使整个信贷风险的隐蔽性、复杂性、可传导性和系统性程度大大提高了。

正是由于在商业银行主导下的信贷行为形成的风险具有隐蔽性、复杂性、可传导性和系统性，为防范其产生和诱发信用危机，商业银行在数百年的信贷实践中，通过各种信贷失败案例和金融危机，逐渐形成了关于信贷业务的规律性认识和防范各种信贷风险的法律、制度和业务体系，这些因素构成了指导我们现今信贷行为的文化体系。

二、信贷文化的基本内涵

从信贷实践发展的历史考察，信贷文化主要根植于商业银行企业文化之中，并与商业银行的企业文化并生共荣。

从概念上讲，理论界普遍将商业银行信贷文化按其表现形式分为有形文化和无形文化两个方面。有形文化指公之于众的，能够看得见的信贷政策、信贷原则、信贷组织、信贷操作程序等一系列信贷制度和行为准则等；无形文化指建立在对信贷规律认知和商业银行经营文化基础之上的，由全体信贷人员共同遵守的具有鲜明特点的信贷价值观和思维方式（见图1-1、表1-1）。

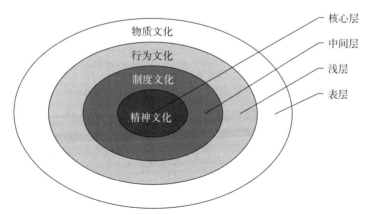

图1-1 商业银行信贷文化的层次

表 1-1 　　　　　　　　　　商业银行信贷文化的层次内容

文化层次	主要内容
精神层面	即信贷精神文化，是信贷文化的核心层，是商业银行长期经营发展中形成的，用于指导员工开展信贷活动的信贷使命、信贷价值观以及信贷理念等方面的总和
制度层面	即信贷制度文化，是信贷文化的中间层，是商业银行对信贷业务活动及信贷风险管理的一整套制度和安排的总和，主要包括组织架构、管理体制、信贷政策、信贷原则、信贷制度、业务流程等要素，是信贷文化的重要组成部分
行为层面	即信贷行为文化，是信贷文化的浅层，体现于银行员工开展的各种信贷活动中，包括业务学习、职业操守、制度执行、产品销售、客户往来与合作，广泛存在于市场营销、贷款定价、贷后管理和不良资产处置等信贷业务过程中
物质层面	即信贷物质文化，是银行信贷文化的表层或形象层，是让社会和公众感知信贷文化的表现形式，主要涉及信贷产品、信贷规模、信贷结构、贷款方式、广告宣传、营业场所、员工形象等要素

在信贷文化构成的各个层次中，信贷精神文化是商业银行在长期信贷工作实践中形成的信贷经营哲学、基本理念、价值观念和行为规范的集中体现，是信贷文化的灵魂，是形成信贷制度文化、信贷行为文化和信贷物质文化的核心因素，也是评判一项信贷制度、一种信贷经营行为、一种职业形象好坏的最终标准，对信贷制度、信贷行为和物质形象起着重要导向作用。同时，信贷制度文化、信贷行为文化、信贷物质文化也反作用于信贷经营理念和信贷价值观。信贷制度既可以保障并加速信贷文化的塑造，也可以阻碍信贷文化的变革和推行。同时信贷经营理念和信贷价值观的形成也不可能脱离现实的信贷经营活动，它必定植根于对日常信贷活动的深刻理解和提炼，并且最终贯彻到信贷行为之中。如果信贷制度不能体现或不能完全体现信贷经营理念或信贷价值观的精髓，或者体现这种观念的一系列制度不能很好地约束信贷人员的行为，不能有效地塑造银行良好的职业形象，那么信贷价值观或信贷经营理念的提炼、根植、落地也只能是一句空话。

要发挥银行信贷文化应有的作用，依据精神文化进行信贷规章制度体系的建设是必需的。制度体系具体包括：信贷发展战略、组织运行机制、业务操作流程等多层次。其中发展战略是围绕信贷价值观或信贷经营理念，对信贷资产配置进行长期规划，具体包括市场定位、客户定位和业务定位，它相对于制度体系的其他内容是较为稳定的，它决定了信贷业务的发展方向。发展战略是制度体系中的关键部分，它指导信贷组织运行机制、业务流程和各项规章的制定，反过来信贷制度、流程和运行机制则通过商业银行的信贷行为文化、物质文化强化了信贷战略的落地和执行水平。

信贷行为文化、信贷物质文化是信贷文化的外延，它受信贷经营理念和信贷制度文化的指导和影响，体现在信贷业务运行、信贷产品开发乃至从业人员队伍素质建设等方面面面。信贷文化，无论是经营理念、价值观念或者经营战略，最终都要体现到信贷产品功能和信贷人员行为方式上，并且成为日常经营中的稳定习惯。通过这些表层的东西向社会和客户进行展示，从而形成商业银行的核心竞争力。

信贷文化的四个层面从整体上看是一个发散性结构，它们以各层次的内侧面为中心，同时又在该层面的外侧充分伸展，从而形成信贷理念内核和信贷营销文化、产品文化、制度文化、风险文化以及行为文化等子文化。

三、信贷文化对于信贷实践的意义

信贷文化是商业银行信贷实践中产生和形成的，同时优秀的信贷文化也对商业银行的信贷实践起到规范和促进作用。这种规范和促进作用表现在：

（一）有利于建立正确的经营价值观

在经营哲学方面，优秀的信贷文化能够解答商业银行在经营管理中一切矛盾统一体中的各个对立面（如银行与客户、金融服务与实体经济、竞争与合作、速度与质量、效益与风险等）谁为第一性，谁为第二性的问题。即尽管在信贷领域中，货币具有"天然的时间价值"，但是，如果货币资金不能被客户所使用，或者使用货币资金的客户不能创造价值的话，这种时间价值就不复存在，而且会销蚀掉货币本身的价值。所以，对于银行而言，客户和实体经济始终是本源性的，质量、风险管理始终是第一位的，与客户合作共赢始终是最重要的。颠倒了这些位置，信贷经营就会失败。

同时，优秀的信贷文化能够为商业银行经营提供达成经营目的的基本准则。商业银行经营的目的就是要创造利润。但是如何创造利润世上有千法，可以"竭泽而渔"，也可以"放水养鱼"；可以"一将成名万骨枯"，也可以"相伴而生共成长"。中国古语云："君子爱财，取之有道"，商业银行依据怎样的"道"去创造利润，有所为有所不为呢？优秀的信贷文化强调信贷资金必须在流动性、安全性和效益性方面进行平衡；实现银行与客户价值最大化，不仅要使资金通过信贷行为获取利润，而且要使信贷客户通过使用信贷资金获得价值增值；强调贷款利息不是分割企业现有利润，而只是对企业增量利润的分享，从而规定了商业银行获取利润的正确方法。

（二）有利于确立符合社会基本道德规范的信用道德观

商业银行经营道德主体是银行本身，核心内容是银行整体道德义务与责任。优秀的信贷文化强调诚信践诺、存贷付息、公平履约；保护环境、绿色信贷；诚实待客、分享价值等。这些基本原则体现在银行信贷经营之中，虽不具有法律的强制性约束力，但它对银行信贷业务和从业人员具有强大的道义约束力，对社会和客户有着积极的示范效应和感染力，对银行建设良好的社会声誉、拓展业务领域和业务市场具有重要意义。

（三）有利于建立严格的风险管理体系

优秀的信贷文化强调对资金运作风险要在借贷主体和客体中进行全方位管控，规定商业银行的风险偏好程度，约束商业银行信贷业务运作，形成适度风险偏好和良好操作习惯，使银行能够主动平衡业务开拓与风险控制关系，有效地约束经营过程中的非理性行为。如优选客户、专家执业、勤勉尽职、审慎合规、岗位分离、流程管控、授权经营、集体审贷等，并通过各种规章制度、技术措施和流程管控确保风险管理贯穿全部信贷业务流程，不仅保证业务风险产生能够控制在合理的水平之内，而且能够通过统一的核心价值观、完备的管理体系、公平的激励约束机制，使从业人员在潜移默化中将自己的思想和行为自觉符合银行发展的战略要求，不断提高信贷从业人员的自身素质和发展水平。

（四）有利于促进"客户第一"的服务文化建设

优秀的信贷文化强调信贷业务不仅仅是满足客户的融资需求、为银行本身创造收益，而且强调要通过银行本身的专业风险管理技术、高效的业务产品引领客户有效使用资金，合理规避风险，从而为客户创造更大价值，帮助客户稳健成长等。这些理念通过从业人员正确的意识和行为以及信贷业务产品的传导，向社会和客户传递商业银行的经营价值观，从而最大限度地保障商业银行经营效能，为银行建立卓越服务理念，推进业务创新，更好地服务客户、服务社会提供强大动力。

（五）有利于矫正不良信贷行为，塑造良好银行形象

信贷文化建设是根据各种正确的信贷理念对信贷制度、信贷产品和信贷行为进行不断规范和完善的过程。这个过程必然伴随不断加强学习和培训，不断校正现有信贷理念中的误区、不断完善信贷制度和规范，不断加强对信贷人员的正面引导和激励，不断提高从业人员对于正确文化的遵循程度。通过这些行动，从根本上改善从业人员的行为，使广大客户更加信任银行；让股东和社会感知到银行的发展是安全的，所取得的回报是踏实的，从而塑造银行的良好形象。

第二节　我国商业银行信贷文化发展历史

需要强调的是，优秀的信贷文化不是商业银行与生俱来的，也不是落地成型的，更不是千篇一律的。不同的发展历史、不同的社会背景、不同的经营实践乃至不同商业银行的企业文化和主要经营者的经营风格，都会对信贷文化产生重要影响，形成各具特色的信贷文化，从而影响各自的经营发展，构成各自的核心竞争力。

一、影响我国商业银行信贷文化形成的主要因素

影响商业银行信贷文化形成的主要因素有传统文化、社会体制、行业特性以及商业银行自身的企业文化特色。

（一）传统文化因素

我国商业银行植根于中华大地，因此其信贷文化必然会受到中国传统文化的影响。主流的看法认为，中国传统文化是以儒家文化为主，以儒释道三教文化为精髓，融合各种学说而成的文化价值体系和思想体系。中国传统文化的精华主要表现在五个方面：一是讲"天人合一"，把人的道德观念、价值原则赋予天道加以遵循，讲"天不变道亦不变"；为人处世讲究先做人后做事，热衷人际关系，人情意识浓厚。二是权力至上，讲求"变通"，所谓"变则通，通则不痛"，原则和规则居于次要地位，不喜欢互相制约和被监督。三是重群体、轻个体。"宗法集体主义"，注重稳定，追求整齐划一。奉行中庸，内敛而不张扬，不主张标新立异，不崇尚个性化。四是重感性、轻理性。擅长直觉思维，好定性而恶于定量，坚信"人定胜天"，做事凭干劲、激情和感觉。五是重义轻利，重德轻才，基于市场经济的契约意识和商业道德意识比较淡薄，竞争遵循你死我活、零和博弈。

传统文化对我国信贷文化具有深刻影响。如：以人为本，集体主义，英雄主义，有激情敢担当。但也有不少负面影响，如：业务营销喜欢找熟人、拉关系；贷款往往先有决定后走程序、先有结论后补证据；信贷经营和风险控制主要依赖一把手的道德和才能，"用好一把手带活一个行，用错一把手害死一个

行"；贷款决策重定性判断，依靠"第六感觉"；决策执行崇尚"将在外君命有所不受"，喜欢搞"上有政策，下有对策"等。

（二）社会体制因素

经济决定金融，上层建筑决定了银行在不同的管理体制下不同的信贷文化。从我国银行信贷发展历史看，经济金融体制改革对银行信贷文化形成的影响主要表现在以下两方面：

1. 特定经济金融体制下银行信贷使命和价值判断对信贷文化的影响。如在计划经济年代，银行信贷的使命是为国家生产计划配置相应的资金，因此信贷成败的价值判断是信贷资金是否按计划支付到位，同时按计划回收到位，信贷功能类似国家出纳，信贷文化实际为"出纳文化"。1995年《中华人民共和国商业银行法》颁布后，银行逐步转变为国有商业银行，银行信贷的使命是按照市场经济规律经营信贷资金，使信贷资金在运营过程中实现保值增值，信贷价值判断标准是"安全性、流动性、效益性"，商业银行的信贷文化才逐步走上"经营文化"之路。

2. 特定的经济管理体制对信贷经营行为的影响。尽管我国的经济管理体制经过40年大刀阔斧的改革，已经初步建成符合中国特色社会主义市场经济需要的管理体制，但所谓中国特色，其最大的特征就是各级政府仍然全方位参与经济建设，规划和指挥管辖区域内的经济发展。受政府深度参与经济建设的影响，商业银行在信贷经营中依赖政府营销优质贷款、受政府干预放贷、靠政府协调化解信贷风险的行为成为常态。尽管从典型商业银行的信贷经营来说这些行为是不合理的，它会给商业银行的信贷经营带来许多困扰，但它具有中国特色，且商业银行也在其中获益匪浅，从而成为我国商业银行信贷文化的特征之一。

（三）行业特性因素

对于典型意义的商业银行而言，其信贷经营的商业模式是通过吸收存款、发放贷款、获取利差。商业银行信贷经营的最大收益边际是客户承诺的贷款利息和其他的一些费用，它既不能像投资银行那样享有客户投资获得的超额利润，也不能像当铺那样享有"死当"变现后获得的市场超额回报。因此对于商业银行，其信贷关注的是客户未来的可预期的现金流，而与客户的短期经营效益好坏并无直接关系。即便客户经营获得暴利，商业银行也无权分其"一杯羹"；即便客户经营亏损，只要没有危及未来还贷的现金流安全，商业银行的贷款也不会出现危险。所以商业银行追求安全性、流动性、盈利性三者之间的平衡，而不是通过强化某一部分收益来覆盖另一部分的风险。因此，在商业银行信贷文化中，必定植入下述原则：一是不参与客户冒险，绝不应为了利息去承担客户的投机风险；二是关注客户未来可预期的现金流，只有未来可预期的现金流才是商业银行贷款安全的真正保障；三是关注客户的经营品质是否稳健，只有符合稳健经营标准的客户才能确保未来现金流可靠。

（四）商业银行自身的企业文化

具体一家商业银行的信贷文化，会受到它的经营战略、市场定位、客户取向、风险偏好、营销风格和人力资源管理政策等因素的影响。大型商业银行与中小商业银行不一样，城市商业银行与农村商业银行不一样，同一家商业银行在不同时期也不可能一样。一家商业银行信贷文化是否适合银行自身，是否适合银行的今天，最关键的是要认识自身，认识环境。商业银行企业文化的内容有很多，对其信贷文化的主要影响因素有：

1. 商业银行发展愿景。愿景，是企业的战略目标和愿望远景。发展愿景决定商业银行今后发展战略和发展方向，是今后商业银行全部经营管理活动的行动指南。信贷业务作为商业银行的主要传统业务，其业务发展方式、市场定位及业务产品、信贷布局及结构等决定了银行盈利水平的高低，直接影响银行发展愿景能否实现。因此商业银行必定会紧紧围绕自身发展愿景去塑造信贷文化，明确信贷使命和信贷价值观，从而为自身信贷文化的形成奠定基石。

2. 银行家素质及风格。"企业即人，无人则止"，人是企业文化的创造者和传播者，是企业文化的实施主体。银行家群体主要是商业银行经营管理者组成，他们既是商业银行生存和发展的核心人物，也是特色商业银行信贷文化建设的人格化代表。对上，他们能够影响银行的信贷决策；对下，他们是信贷政策和组织行为的化身，能够为基层员工作出示范。银行家群体素质及风格对商业银行信贷文化培育形成起到十分重要的作用。如果说社会经济因素是从外部影响商业银行信贷文化，银行家群体素质及风格则从内部影响甚至决定这家商业银行信贷文化的特色。

3. 员工综合素质。员工是信贷文化的具体承载者，员工的工作知识、技能、经验、能力和行为等无一不是体现信贷文化的具体载体。没有高素质员工去贯彻、践行这些文化，再好的信贷文化也只是空中楼阁。反过来，信贷文化是由银行家群体着力打造的，但是信贷文化的真正形成还有赖于员工群体的实践和创造性执行，因此员工素质的差异无疑也是信贷文化建设和形成中的关键因素。

二、我国商业银行信贷文化发展的历史过程

我国商业银行改革发展的历程，也是具有中国特色商业银行信贷文化不断积淀、丰富、深化和升华的过程。应当说，我国商业银行信贷文化的形成是我国社会政治、经济、文化在商业银行信贷经营管理过程中的投影，信贷文化的发展与商业银行在社会经济生活中的地位以及生存发展环境密切相关。

新中国成立以来，我国经济管理体制大体经历了计划经济、有计划的商品经济、市场经济三个体制阶段。与此相适应，我国商业银行在信贷经营思想和运行方式上也经历了相应的变化和发展。

（一）计划经济条件下形成的银行"出纳"文化

从新中国成立到1979年改革开放前的30年，我国经济是在高度集中的计划经济体制下运行的。20世纪50年代，我国在没收官僚资本、改造民族资本的基础之上，建立了高度集中的国家银行体制。社会主义改造阶段结束后，我国实际上只有一家银行——中国人民银行（境外仍称中国银行）。它既行使中央银行的职能，又行使商业银行的职能，办理几乎所有的金融业务。这一时期银行信贷工作有以下特点：

1. 按国家生产计划发放和收回贷款。由国家统一制订经济计划，各级政府主管部门制订企业生产、销售计划，工业企业按计划组织产品生产，商业部门根据计划统购产品、统一销售，银行则根据工商企业的生产和销售计划供应和收回资金。在具体的信贷工作中，银行的信贷依据是政府主管部门（大部分时间里是各级政府的计划经济委员会、工业局、商业局等）给工商企业下达的年度生产、销售计划，银行的工作是根据企业生产销售计划，测算所需资金以及资金需要的时间节点作出具体的信贷计划，按计划向工商企业提供贷款、收回贷款。银行的信贷人员深度介入企业管理，参加或列席企业的各类生产经营管理会议，参与企业生产和财务决策活动，号称"半个厂长、经理"。

2. 企业不破产、贷款无风险。银行对贷款发放没有自主权，也无须对贷款风险承担责任，更没有利润计划。因为计划经济条件下国家对企业的产品实行了"统购包销"制度，企业没有破产制度，也不会因产品卖不出去而破产，所以银行也无须担心贷款收不回来。因此从整个国家的角度看，银行信贷工作只是名义上的，实际只是承担了国家对企业资金供应的拨款任务。

3. 银行信贷范围狭窄。20世纪60年代初，财政、银行"分灶吃饭"后，企业扩大再生产所需要的固定资产投资及长期占用的流动资金归由财政负责供

13

应，银行主要负责对企业发放季节性、临时性的流动资金贷款。尽管 20 世纪 70 年代后期国家又把企业小型基建和技术改造资金需求交给银行贷款解决，但银行发放贷款的依据和做法与财政拨款并无明显区别。同期，银行信贷的范围仅仅局限于企业，对个人和其他法人组织不提供任何形式的贷款。

4. 信贷资金实行全国统存统贷的管理体制。当时全国的信贷资金由中国人民银行总行统一掌控，各地分支机构吸收的存款，逐级上划人民银行总行，发放贷款由中国人民银行总行核定指标和资金，逐级下达，不得突破，也不得调剂到别的贷款需求上去。

在上述环境背景下，尽管信贷资金运行也强调"有借有还、贷款计息"，但只是簿记意义上的，对借贷主体而言，并无实质性的意义。银行贷款表现出明显的非效益性、无风险性的行政拨款特征，银行的信贷文化实际上是一种"出纳"文化。

（二）有计划商品经济背景下形成的"政策性"文化

1978 年党的十一届三中全会以后，我国进入由计划经济向市场经济逐步转轨的时期，1984 年党的十二届三中全会明确我国实行有计划的商品经济。这一时期，国家经济和银行信贷工作都面临转型改变，其变化大体有以下方面：

1. 在经济管理方面，国家依然制订经济计划，但国家商业部门对大部分企业不再实行"统购包销"制度，政府生产主管部门单一的指令性生产计划也修改为指令性计划＋指导性计划双重管理模式，允许企业对国家指令性计划以外的产品按照市场需要制订自身的生产经营计划；产品销售方面允许非国家指令性计划商品面向市场，商品价格实行了计划价格和市场价格"双规并行"的管理办法。同时，国家修改了国有企业资金管理办法，财政资金采用了"拨改贷"，将原来对国有企业的财政拨款除资本金以外全部改为银行贷款，同时除了基建投资继续由国家财政负责供应以外，企业经营所需短期资金及技术改造资金全部由银行负责供应。

2. 在银行方面，除了继续根据国家指令性计划做好贷款供给外，专业银行贷款掌握的依据从"以产定贷"逐步转变为"以销定贷"。即银行不再根据企业的生产计划供应贷款，而是用销售资金率测算企业贷款需求，相应地发放贷款。信贷工作开始转向按照企业本身的产销计划编制信贷计划，管理具体信贷资金的发放和回收，国家计划的概念逐步淡出信贷工作。信贷人员除了编制计划、落实计划、管理贷款收放以外，开始被要求进行贷款"三查"，即贷前调查、贷时审查、贷后检查，并要求查验企业的物资保证是否与贷款相匹配，关注贷款按期收回的可靠性。同期，理论界提出了贷款"三性"原则：流动性、安全性、效益性平衡的原则。

3. 在银行管理体制方面，1979 年农业银行恢复设立，专门服务农村金融；中国银行从人民银行独立分设，专门从事国际金融业务；中国人民建设银行也从财政部划出成为独立的经营长期信用业务的专业银行；1983 年国务院决定中国人民银行专门行使中央银行职能，并于次年 1 月 1 日设立中国工商银行，专司城镇金融业务。至此，央行管理下的专业银行制度全部建立，中国人民银行专司"政府的银行、发行的银行、银行的银行"的"央行"职能，专业银行专司具体的信贷、结算、汇兑和金融服务职能。信贷管理制度采用了"统一计划，划分资金，实存实贷，相互融通"的办法，要求商业银行通过信贷业务贯彻国家经济政策，保证国有企业运行的资金需要。

这一时期的专业银行仍承担了大量的财政性职能和政策性银行的职能。专业银行经常通过计划部门牵头（而不是信贷部门牵头）召开资金调度会议方式，来满足国有企业平抑物价、收购农副产品、支持国家战略储备、促进科技成果转化等贷款需要。该时期的银行虽然对贷款有一定的自主权，但各级政府部门的经济政策和国有企业的投资、生产、销售计划仍是银行发放贷款的重要依据，银行总体上仍处于被动发放贷款的地位。

这一阶段的另外一个事实是，改革开放至 20 世纪 90 年代中期约 15 年左右的时间里，中国经济处于物资短缺经济时代，加上经济体制改革尚未深入到由市场配置资源的程度和市场经济法制建设尚未到位，尽管企业优劣开始出现分化，但企业，特别是国有企业尚无破产清算的案例产生。因此，并不可能出现因企业经营不善而导致银行贷款产生风险损失的情况。当时普遍的情形是：经营不善的企业存在"千年不还贷，万年不赖账"的情形。反映在银行的账面上，贷款仍然是正常的，利息也是正常记账的。所以，银行并不会担心因企业经营出现困难而造成信贷资金面临问题。

所以，这个时期银行的信贷文化虽然比完全计划经济时代有了明显进步，如银行建立了具有相对独立的信贷自主权、利益目标和信贷策略，开始形成了贷款"三查"制度，提出了信贷运行的"三性"原则，以及"以销定贷"的信贷标准，但由于专业银行仍兼顾着财政性、政策性银行职能，信贷业务主要价值标准仍然是国家政策和企业所有者性质，加上普遍存在的"企业不破产，银行无损失"现象，因此信贷文化中普遍存在的理念是：企业和银行都是国家的，好比亲兄弟，二者应当"有福同享、有难同当"；贷款运行犹如国家资金今天放在左口袋，明天放在右口袋，都是国家的钱；贷款能否收回就好比"肉烂在锅里"，好赖都是自家的。

（三）市场经济条件下逐步形成"经营"文化

以党的十四大正式提出建立社会主义市场经济体制为标志，20 世纪 90 年代，我国经济体制开始实行市场化改革，至今 20 多年里，我国改革开放不断深化，政治、经济、文化、社会各个方面完成了许多重大变革，直接促成了现代商业银行体系及相应的信贷体系建立。

1. 国家管理经济方式基本完成了转型。在政府层面，国家取消了计划经济委员会，改为管理对象更加宏观的发展和改革委员会；撤销了大部分企业主管部委，更改为行业协会和国有企业总公司；建立国有资产管理委员会，独立代表国家行使出资人权利等，这些政府层面上的机构改革保证了国家从"用计划直接管理企业、由政府直接配置资源"的计划经济管理体制向国家"通过宏观手段调节市场供求，发挥市场配置资源的基础性作用引导企业发展"的市场经济管理体制转型，除了涉及国家核心利益的领域外，绝大部分经济领域和企业经营完全由市场规律进行调节。

2. 国家在经济政策上鼓励各种所有制企业在平等地位上共同发展，允许企业以多种所有制形式混合发展，逐步摆脱国有企业一支独大的局面。20 多年来，企业所有制形式不断丰富，非国有企业蓬勃发展，国有资本以多种形式参与企业经营，单一的全资国有企业占比逐年下降。全国形成了以国有企业为骨干，多种经济成分并存发展、相互促进的良好局面。企业"自主经营、自负盈亏、自担风险、自我发展"的市场主体意识完全确立。

3. 不断建立和完善与市场经济体制相适应的法律法规。通过修宪明确了公私财产在法律上完全平等的地位，出台《民法通则》并积极向民法典方向进行修正完善，制定和完善了以《民法通则》《民事诉讼法》《公司法》《企业破产法》《合同法》《担保法》《物权法》《商业银行法》《证券法》《保险法》等为代表的经济和民事法律，规范了各种经济主体、民事主体在社会经济活动中的行为规则，基本完成了能够适应市场经济运行规则的法律法规体系。

4. 商业银行组织体系不断完善。1994 年前后，国家开始对商业银行组织体系进行改革，开始组建非中央财政出资的区域性商业银行。同时组建三家政策性银行承接国家政策性金融业务，原四大国家专业银行转型为国有商业银行，真正成为市场主体。2001 年我国加入世界贸易组织后，部分外资银行获准进入中国开设分支机构，参与我国国内金融业务；之后，城市信用社获准改组为城市商业银行，农村信用社获准组建农商银行，试办村镇银行，允许符合条件的民营企业发起建立民营银行等。20 年来，各种性质的商业银行如雨后春笋般蓬勃发展，形成了现在的以国有商业银行为主体、多种性质的商业银行并存发展的组织体系。至 2016 年，四大国有商业银行在信贷市场上的占比已经降至 41.2%，不再具有绝对的市场垄断地位。

5. 信贷管理改革取得实质性进展。1995 年《中华人民共和国商业银行法》颁布后，1996 年出台了《贷款通则》。国家监管部门相继发布了各种监管指引，信贷业务的法规环境日益完善，信贷体制、制度、行为逐步上升到了由国家法规进行规范的地位。

在这个阶段，对于信贷文化改变具有标志性意义的事件是"国营沈阳防爆器材厂"破产，它拉开了国有企业破产的大幕。随后国家在 113 个城市组织的"国有资本优化管理"试点，使"国有企业不能破产"和"国有企业千年不还贷，万年不赖账"的现实成为历史，银行贷款开始面对呆账损失和风险暴露。从 20 世纪 90 年代中期到 2005 年这 10 年时间里，四大国有商业银行经历了第一轮风险暴露，其暴露的风险贷款数以万亿元计，相当于当时全部银行贷款的 40% 左右。迫使国家对国有商业银行体系进行改组，成立了四大国有资产管理公司对商业银行的巨额不良贷款进行剥离和处置。这一过程从实践意义上看，是给当时传统的国有商业银行上了生动的一课，从此，商业银行的信贷业务才真正走上市场化经营之路。

这些变化反映到信贷管理上，从 20 世纪 90 年代下叶开始，商业银行在信贷业务中实质性地开始了风险管理体系的建设。从信贷组织建设到从业人员管理，从业务流程改造到分级经营建设，从信贷质量管理到信贷文化建设，从信贷质量分类到不良贷款的处置等，这一过程一直持续至今，并随着实践不断深化。这期间，对于形成优良的信贷文化而言具有标志性意义的实践有：

1. 从"三岗分离"到"前中后台分离"。商业银行真正获得贷款自主权并对贷款风险负责开始，内部信贷组织改造方面进行了"三岗分离"。即贷款调查、审查、审批分属不同岗位，独立负责，流程管理。这种组织改造，尽管比原先的信贷员全流程操作在风险管理方面进了一大步，但由于"三岗"同属一个部门，归属同一领导管辖，造成相互制衡的效果有限。进入 21 世纪后，商业银行在"三岗分离"的基础上普遍采用了部门分离制度，即调查职能归属营销部门，审查审批单独组建部门，单设信贷政策管理和风险贷款处置部门，形成了前、中、后台分离制度。在此基础上，进一步细化和刚性化了贷款从尽职调查到评估审批、贷款发放到贷后管理、风险分级到不良贷款处置的全部业务流程，使贷款风险的全流程管理日益完善。

2. 从"一级经营"到"分级授权经营"。长期以来，国有专业银行以及后来的国有商业银行尽管具有庞大的组织体系，从总行到网点共有5个组织层级，但从信贷业务而言，均采用了开户支行直接经营管理制度，从二级分行到总行的三个管理层级只管信贷政策、产品设计，不管具体信贷客户的业务调查、审查审批、贷款发放、贷后管理。无论企业多大、贷款金额多大，都由支行直接经营。这种状况大约一直延续到2000年前后，国有商业银行开始对贷款额度进行区分，在行内实行授权审批制度，大额或疑难贷款必须经过上级有权行审批以后才能发放；2006年前后，部分国有商业银行开始对客户进行区分，上级行逐步介入大型法人客户的融资业务营销和尽职调查过程；2015年前后，工商银行部分分行开始探索大中型信贷客户上收上级分行直接经营管理的模式。这些探索和改变，对于平衡信贷"三性"、从源头上把控贷款风险、精准布局信贷战略均具有重大的现实意义。

3. 从"分工不同"到"专家执业"。国有商业银行传统的文化理念是："革命只有分工不同，没有高低贵贱之分"。实践中，安排谁去做信贷工作一般是由领导根据需要考虑，并没有特别的管理流程和资质要求。而具体被安排去做信贷工作的员工，也通常只是一纸调令，边干边学，并无有组织的和标准化的技术培训及资格审查，以至于许多从事信贷工作的人员在能力素养和知识准备方面均有较大差距。近年来，特别是2008年国际金融危机以后，国内各商业银行普遍开始重视这一问题，工商银行则明确提出了"专家治贷"的命题。许多大中型商业银行开始对信贷从业人员设置岗位准入条件和资格晋升路径，进行专门培训，通过这些措施，从理念上明确了商业银行信贷从业人员必须具有专门的职业资质。

除了这些事件以外，值得一提的还有：随着电子化技术和互联网技术在银行的广泛应用，商业银行开始大量采用电子网络技术和大数据技术应用于信贷业务的经营管理，如大数据分析客户行为、固化信贷业务流程、采用数据模型检测和预警信贷风险、创新信贷业务产品、完善风险管控技术等，也进一步丰富了当代商业银行信贷实务的发展内涵。

由于这一时期信贷环境和实务的重大变化，反映在信贷文化方面，与前两个时期无论在精神层面上还是物质文化层面上均发生了重大变化。

一是信贷经营理念发生重大变化。信贷业务从以银行分配资金为中心向以满足客户需求为中心转变，"客户至上、质量第一、审慎合规、追求盈利"等理念日益增强。发展目标从片面追求贷款规模转变为追求质量效益同时兼顾规模发展，信贷业务中市场价值意识、资本约束意识、风险管理意识和品牌经营意识深入人心。

二是重视制定信贷战略指引，逐步构建符合银行自身竞争优势和能力特色的信贷政策体系。根据国家的产业调整和振兴规划，各商业银行普遍制定了本行行业信贷指引，进一步明确本行信贷投放重点和限制授信领域，并据此加快信贷结构调整和产品优化升级步伐。

三是更加注重平衡业务拓展与风险控制。经济资本、经济增加值和风险调整资本收益率（RAROC）等先进管理方法在信贷业务中得到重视和应用。加强经济资本管理，通过经济资本管理约束分支机构提高业务效率，控制基层机构盲目扩张行为。

四是不断强化风险管理的垂直性、独立性、专业化，参照国际先进商业银行的规范要求搭建风险管理组织体系，逐步强化风险管理体系的垂直独立特征，确保本行信贷风险偏好统一，信贷战略布局有效。

五是开始关注从业人员的素质控制。运用多种人力资源管理办法，确保从业人员的文化素养、道德素养、能力素养达到"专家执业"的要求。

第三节　国际银行业信贷文化借鉴

20世纪80年代前，极少有商业银行对于风险与收益平衡、预期损失、经济资本回报率、投资组合管理的原则等有足够的理解与重视。信贷文化的普遍缺乏现象对20世纪80年代后期严重蔓延全球的信贷危机起了推波助澜的作用。在危机过后，也即从20世纪90年代以后起，一些西方商业银行开始认真审视其信贷行为，从不良信贷文化导致的惨痛历史中吸取了教训，关注信贷新文化创建、维护与持续改进，并逐步形成了一些可资借鉴的信贷文化。

表 1－2　　　　　　　　　　　西方主要商业银行信贷文化一览表

银行	信贷精神文化	信贷制度文化	信贷行为文化	信贷物质文化
花旗银行	①客户为中心； ②强调质量意识； ③尊重员工	①制定科学有效的管理政策和程序； ②实行层层负责制； ③设立独立的风险管理部门	①提倡不断学习； ②重视技术和产品创新	①倡导多元化； ②提供优质产品和服务； ③良好的工作环境
汇丰银行	①吸引发展和鼓舞员工； ②重视优质客户关系； ③在团体工作中产生高的生产力； ④强大的市场感知力；强调质量意识；拥有国际化特征及谨慎的态度	①实行有效的客户关系管理制度	①投资于员工； ②重视创新	①重视品牌形象； ②为最有价值的客户提供全球性服务； ③积极营销，开发新市场
美洲银行	①一切为了客户和股东； ②尊重个人特性； ③发扬团队精神	①贷款产品设计与审批部门分离； ②审批部门按权限分层管理； ③严格的内控体系	①重视产品创新	①采用 RAROC 测量风险和收益； ②致力于发展和应用现代科技
摩根大通银行	①以客户为中心； ②相互尊重； ③重视团队合作精神； ④提倡主动性和专业化	①对业务部门风险进行独立监督	①为员工提供发展机会	①为客户提供多样化和完整的产品及服务方案； ②先进的信贷风险管理技术和业绩评估方法
渣打银行	①质量意识； ②成本意识； ③发展战略与公众需求相吻合	贷款风险由贷款部和贷款运作部共同负责，贷款部主要负责审核跟踪贷款的质量，贷款运作部监控贷款的发放和归还情况	①重视创造力	①促进消费融资； ②增加批发业务； ③保持技术优势； ④撤出无利润地区

这些信贷文化具有以下鲜明的特点。

一、健康的信贷理念

1. 客户至上。客户是银行的衣食父母，客户的认可和发展是银行生存和发展的基础，谁拥有了优质客户，谁就能在激烈的银行同业竞争中处于领先地位。成功的银行都确立了以客户为中心的经营理念，并在银行经营及体制建设等各个方面得到体现。

2. 员工为本。强调发挥员工的积极性和主动性，投资员工、培养员工，使其成长为具有更高素质和技能的专业人员。

3. 质量第一。重视信贷的质量文化建设，通过潜移默化的方式使信贷人员的思想认同信贷质量目标、质量观念、质量行为规范，同时引导、培养业务人员信贷质量管理的主动性，为实现信贷业务质量的全面提高而努力工作。

4. 风险意识。认为风险控制并不只是风险部门的事情，处于信贷业务流程中的每个岗位、每个人员在开展业务时都要考虑风险因素，都负有控制风险的责任。在信贷经营中，控制风险和创造利润是同等重要的事情，是同一枚硬币的正反面，彼此不能分离，任何人在信贷业务中都必须合理地兼顾。

5. 效率意识。强调"有效高效的业务运作"。有效性强调做正确的事，高效率重视正确地做事。而要做到在每项业务的各个环节有效高效地运作，就必须尽可能地简化业务流程，省略不必要和不合理的环节，避免做无效之事，在严守制度规定基础上尽可能自觉提高办理业务的速度，从而有利于实现股东和客户利益最大化。

二、完善的制度体系

1. 合理设置信贷业务流程。重视信贷流程的建设，如加拿大的蒙特利尔银行，其整个信贷流程分为面谈、评估、调查、分析、评价、商谈、制作文件、审查和汇总九个环节，每个环节都有明确的分工。这样的信贷业务流程便于信贷业务的操作，客观性强，既节省了客户的时间，又控制了风险。

2. 以市场为导向的组织架构。一般以有利于提升银行市场应变和服务核心客户的能力为标准设立组织架构。

3. 独立而垂直的管理体制。总行对分行的信贷及风险部门实行垂直化的管理，下级人员主要对上一级负责，而不是对同一级业务部门或区域的管理人员负责。

4. 完备的信贷政策及信贷制度。对贷款程序的各个环节作出强制性的规定，明确操作规范，实现制度化管理，以避免各种非正常的贷款行为出现。

5. 完善的激励和考核机制。对信贷人员的考核激励以长期行为效果为依据，进而引导员工信贷行为兼顾资产的质量和规模，避免员工行为的短期化和忽视风险的倾向。

三、注重行为规范

1. 强化信贷人员培训。摩根大通银行为了确保信贷文化延续性，在内部建立了一种正式的导师系统，新雇员需要和经验丰富的老员工配对，并从他周围人的身上吸收银行强有力的信贷文化，以此起到维持摩根大通银行信贷文化的作用。

2. 强调信贷人员的行为规范。通常都会为信贷人员制定完备的行为操守准则，让每个业务人员都能够明白全行的信贷经营偏好。同时，通过制度观念、行为观念、道德观念的引导，使信贷人员确立自我约束、规范的理念，自觉地按准则行动，实现银行信贷业务的合规经营。

3. 重视信贷业务及管理的创新。随着市场环境的不断变化，客户需求越来越多样化，客观上要求银行不断地进行业务创新。此外，由于客观世界的多样性，制度不可能是普遍适用于任何环境，在遵循原则的前提下，针对具体的信贷业务及客户群进行管理创新。

四、丰富的物质基础

1. 明确的市场定位。确定目标市场，并专注于为其目标客户服务。美国银行业实行大银行服务跨国公司以及企业集团，小银行服务中小企业。如美国第一银行，其经营目标是做中小市场的贷款者，专注于千千万万的消费者及小企业贷款。贷款一般不超过 5 000 万美元，一旦客户需求超过一定的范围，这家银行会毫不犹豫地放弃这一业务。

2. 丰富的信贷产品。国际先进的商业银行一般都十分重视产品创新，推行"客户追随战略"，对于重点服务客户，会跟随其需求的变动进行深度分析，灵活地创新产品和服务，满足客户个性化的需求。

3. 先进的信息技术。先进的商业银行都极为重视保持和发展自己的技术优势，致力于发展新技术平台，为客户提供更高效率和更快捷的信贷服务，以此来扩展现有客户的业务，开发新市场。

第二章 新时代条件下的信贷文化问题

经济决定金融。在新时代认识经济新常态，适应经济新常态，引领经济新常态，是当前和今后一个时间我国经济发展的大逻辑，也是未来银行信贷业务以及信贷文化转型发展的基本出发点。

第一节 新时代的信贷文化挑战

信贷文化属于意识形态领域，它的内涵和发展与经济基础的发展密切相关。党的十九大开启了中国社会主义事业发展的新时代，作为商业银行的文化建设，也必将与时俱进，跟上新时代发展，服务经济发展新常态。

一、深刻认识和理解新时代的经济新常态

（一）我国经济宏观发展新常态

2014 年 5 月，习近平总书记在河南考察时首次提出"新常态"。这一对当下经济形势的清醒判断和重要定义，不仅丰富了我国经济发展的理论内涵，帮助人们厘清了对于经济环境变化扑朔迷离的理解，更对未来中国宏观经济政策导向有着决定性意义。2014 年 11 月在 APEC 会议上，习近平总书记再次对"新常态"含义进行了系统阐述："速度——从高速增长转为中高速增长，结构——经济结构不断优化升级，动力——从要素驱动、投资驱动转向创新驱动。"这表明，新常态下，我国对追求经济高速增长不再那么执著，但对发展质量有了更高的要求。

如何解读新常态？可以从四个特征进行把握：

1. 增速放缓。经济增长速度告别 9% 以上的高速增长，保持在 6% ~ 7%，并形成常态。

2. 结构调整。以"工业 4.0"为代表的高端制造开始发育，大消费概念产

业崛起，服务行业迅速壮大，"互联网＋"的产业发展形态逐步替代传统的产业形态。经济发展方式从规模速度型粗放增长转向质量效率型集约增长，经济结构从增量扩能为主调整转向调整存量、做优增量并举的深度调整，包括消费结构、投资结构、国际贸易结构、生产能力和产业组织结构等都将发生深刻变化。

3. 创新引领。经济增长动力转换，大众创业、全民创新。模仿型排浪式消费转向个性化、多样化消费发展渐成主流等，都昭示着创新将成为决定中国经济成败的胜负手。

4. 全球布局，"一带一路"、走出去发展，通过国际合作破解传统产业产能过剩的危机，一系列新的增长点呼之欲出，正在成长为经济发展新引擎。

综合来看，中国经济正在向形态更高级、分工更复杂、结构更合理的阶段演化。经济新常态下，实体经济出现分化组合是常态，一方面强者恒强，弱者恒弱；另一方面小型化、个性化、智能化趋势日益明显。企业的新陈代谢速度进一步加快，新业态、新商业模式将层出不穷。

（二）新时代经济发展大趋势

经济发展具有周期性。辩证唯物主义认为事物总是以螺旋式上升的方式向前发展，发展是永恒的主题，但每一轮发展都绝不是上一轮发展的简单重复，而是在新的基础上的另一次飞跃。我们要按此逻辑来思考和把握中国经济发展和银行未来经营发展大趋势。

改革开放以来，中国经济保持了近40年的高速发展势头，其主要动力来自以下四个方面：一是中低端加工制造业的蓬勃发展。二是以港口、公路、铁路建设和城市基础设施建设为代表的基本建设大投资，拉动了国内需求的蓬勃发展。三是通过廉价劳动力的优势和汇率优势，占领了大量的国际市场，出口贸易蓬勃发展。四是20世纪90年代末国家实施居民住房制度改革，允许个人住房商品化，推动了房地产行业蓬勃发展。从支持上一轮经济增长的四个动能来看，都难以支持未来经济继续高速发展的要求。第一，资源、市场、环境承载力无法支撑中低端制造业按原有速度继续发展；第二，国家基本建设投资已经积累了庞大规模，继续以原有速度发展，财政实力难以支撑；第三，受制于国际经济环境变动和国内劳动成本的高企，出口也难以继续按照以前的速度高速增长；第四，房地产行业已经进入"还债阶段"，业态和增速将逐步回归正常，基本无法重现前20年的辉煌。

传统的四大经济动力消失了，下一轮经济发展将依据什么？结合习近平总书记关于经济新常态的论述和近年来经济增长中的新特征，以下四个方面将会成为经济增长新龙头：一是有高新技术支撑的先进制造业，如围绕生物科技、新材料科技、人工智能、新能源科技、农业科技、环保科技等六大科技领域衍生出来的高新技术产业。二是文化、旅游、教育等精神消费领域中的相关产业。例如，2014—2016 年 3 年中，全国 GDP 年均增长 7% 左右，工业增加值年均增长 6.5% 左右，而全国出入境总人数、旅游收入、文化产业增加值同比增长均超过 10%，充分反映了这些精神消费产业正蓬勃兴起。三是医疗、卫生、保健等健康产业。不仅是老龄化社会的到来，而且在物质文化日益丰富的当下，人们也越来越关注自身健康，健康产业将呈现快速发展态势。四是以信息、通信、物流、金融等为主体的社会服务业，特别是在互联网技术、大数据技术和高速交通技术的带动下，这些社会服务业将出现爆发式增长。

（三）全国区域经济格局新变化

1. 东部发达地区，迎来产业升级挑战。改革开放以来，我国东部地区凭借区位优势、国家政策优势和人力资源优势成为了国际产业转移的最早受益者，通过大力发展劳动密集型产业，为我国经济高速增长作出了巨大贡献。然而发展至今，随着土地、劳动力等要素成本不断上涨，能源和资源日渐短缺，传统劳动密集型产业不再具有优势，许多企业开始外迁，东部发达地区面临产业"空心化"威胁；加之环境污染、人口膨胀等问题日益突出，使东部一些地区陷入了发展"瓶颈"。针对这些问题，一些地区依据自身的经济先发优势和人才集聚优势开始了产业结构调整，如淘汰落后产能，鼓励产业迁移，寻找新的经济增长动力，实施产业"腾笼换鸟"。总体发展方向应当是技术密集型、创新引领型和大服务产业的领先发展。

2. 中西部欠发达地区，迎来发展新机遇。经济周期交替，必然伴随着产业结构调整，这其中不仅包含着大的产业类型调整，也包含着各产业内部的结构调整，从而会产生一些新的机遇，如并购潮的出现。就中西部欠发达地区而言，仍处于工业化中期，虽然全国制造业难以复制前 30 年的辉煌，但这些区域制造业仍具备复制前 10 年辉煌的天时、地利、人和等有利条件。一是"无工不富"的认识在这些省份各层面都得到了统一。二是区域性经济结构调整必然要带来产业转移，中西部地区是东部沿海经济梯度转移的首选目标之一。三是在产业梯度转移过程中，"一张白纸"的中西部欠发达地区具备承载工业发展的成本、环境、资源等方面的优势，而高速交通技术的发展又克服了内地交通不便的缺点，使这些地区成为承接沿海发达省份制造业产业升级的首选目的地。四是中西部开发战略以及"一带一路"倡议、长江经济带战略的叠加，为中西部省份经济发展带来重大政策机遇。五是对于中西部的农业大省而言，"三农"领域是未来中国内需增长最有潜力的区域。深化农业农村改革、加快转变农业发展方式、大力推进农业现代化、农村城镇化等，将有力促进中西部地区农业大省的经济增长。

二、深刻认识新时代中的金融环境变化

随着新时代的到来，我国金融生态环境也将发生深刻变化，这既为银行业创造了新的发展空间，也对银行业加快经营转型和金融创新提出了紧迫要求。

（一）金融市场化改革进入加速状态

1. 金融价格市场化加速演进。贷款利率下限取消，存款利率浮动区间进一步扩大，《存款保险条例》正式实施，首批大额存单正式推出，推动着利率市场化步伐坚定前行。

2. 多层次资本市场和直接融资模式快速发展。随着资本市场扩容、创业板改革、各类基金组织发展，地方政府发债、全国范围中小企业股份转让系统试点等政策的出台和实施，多层次的直接融资市场体系将日益完善。

3. 新型金融组织日益壮大。以互联网金融、第三方支付为代表的新型金融机构和准金融机构介入金融市场，全方位改变了原有金融市场的生态格局，深刻地影响着传统金融机构的业务方式和竞争能力。

4. 金融监管方式调整，国家将改进一行三会分口监管模式，组建统一的金融监管机构，全面协调金融监管。负面清单式的监管将逐渐成为监管主流，对金融违规行为的惩处将逐步升级到违法层面，对金融行为的监管将发生结构性的根本变化。

金融市场化改革逐步进入深水区，既对银行发展提出了新要求，又为其拓展经营空间创造了机遇。

（二）商业银行信贷发展面临新挑战

新常态催生新机遇的同时，也给商业银行信贷带来了新挑战。

1. 不良贷款反弹的挑战。随着经济增速下调，结构调整深化，经济上行期被掩盖的风险逐步显性化。在实体经济去产能、去库存、去杠杆的痛苦调整过程中，部分行业、企业会持续承压，造成银行不良贷款反弹压力不断增大。同时，近年来银行资产业务创新过程中出现的一些新兴业务，如投行业务、资产管理业务、代理投资业务、委托理财业务等类信贷业务，既对信贷业务具有替代效应和风险传导效应，也对信贷业务在新常态下的全面风险防控构成新挑战。

2. 商业银行信贷增长的挑战。由于国家对存贷利率的管制放开，政策性银行介入普通商业贷款、各种类信贷资产业务的替代和新型金融机构的介入竞争，使得市场竞争者不断增加，商业银行信贷经营规模的可持续增长日益困难。

3. 转型发展的挑战。经济处于"衔接期"，新旧产业和动力转换过程中，传统产业升级、新的产业崛起都需要金融业加快创新，提供新的融资服务去对接。但传统的信贷业务创新不足，使得在传统信贷业务增长空间收窄的同时，新的增长点未能有效形成，转型发展举步维艰。

第二节　新挑战下的信贷文化问题

一、新时代信贷文化面临的挑战

经济进入新常态后，许多商业银行不仅遭遇了信贷资产质量下滑的严峻挑战，同时出现了贷款市场被挤出、贷款需求不振的现象。一方面，不良贷款大量吞噬信贷经营的成果，打击了信贷从业人员的信心和士气，出现了普遍的惧贷惜贷现象；另一方面，企业贷款需求下降，同时大量非商业银行机构参与对企业融资需求的竞争，特别是直接融资的快速崛起，使得商业银行面临贷款需求急剧萎缩的局面。反映在信贷业务中，一方面，为遏制不良贷款的猛烈反弹，商业银行对信贷业务变得更加审慎，信贷条件更加严苛，信贷效率提高缓慢；另一方面，为了应对信贷需求不振，商业银行又面临信贷对象要扩面、信贷条件要放低、信贷效率要提高的需求。这种矛盾使信贷工作无所适从。

商业银行信贷经营之所以出现当前矛盾性的局面，当然是外部经济环境变化引起的；但当商业银行无力改变外部经济环境变动的时候，就应当考虑自身的经营文化是否需要改变。从商业银行自身的信贷文化角度去分析，之所以出现当前这种矛盾局面，可以从以下三个方面找到原因。

（一）信贷经营理念偏差

目前许多商业银行的信贷经营理念是在20世纪90年代下半叶至21世纪最初十年这段时期形成的。这十多年正值中国经济高速成长，从短缺经济时代走向产能饱和时代的期间，经济体中充斥着不断做大做强、快速发展的氛围。"三年再造一个企业""十年添个零"在企业界并非神话。反映在银行信贷中，不仅贷款需求旺盛，"不怕还不了，只怕贷不到"的想法在贷款客户中几乎是共识，而且在实际经营中，由于经营失败导致无法还贷的案例也并不多见。这种状况反映到银行信贷文化中产生了严重的假象，即：贷款是皇帝女儿不愁嫁，不怕贷款没人要，不愁贷款收不回。在这种假象的支配下，"重规模扩张、轻风险防控、重贷款效益、轻客户选择"的倾向在一些商业银行的信贷经营政策中普遍存在。

（二）风险管理不严

在上述信贷经营理念的指导下，商业银行在信贷行为管理上普遍存在客户准入不严、贷前调查走过场，贷后管理流于形式，有章不循、遵章不严；甚至违规操作的现象。在客户营销上片面追求"价高者得"，对客户虚假交易、虚假资料等风险信息睁一只眼闭一只眼，为企业制假造假大开方便之门，个别信贷人员甚至主动教唆企业造假，为企业套取商业银行融资出谋划策；在审查审批中形式主义盛行，重表面真实性审查而忽视对实质风险的审查，甚至引导基层编造符合"可批性"申请材料；在贷后管理中满足于"听故事、写故事、讲故事""信贷员到现场、系统中有记录"，不注重对贷款客户经营行为的了解分析、对贷款用途的跟踪了解、对还款保障的动态分析；在行为管理上，注重营销激励，贷款营销推行计价奖励、即时兑现；而对违规违章行为惩处不严，要么轻描淡写、下不为例，要么秋后算账，一竿子打倒一片，缺乏对不良行为惩处的及时性和针对性。

（三）对从业人员素质管理不严

信贷业务在商业银行中属于相对复杂、风险较高的工作，信贷工作不是纯操作性工作，它需要对业务对象的历史、现状和未来演变有动态性的了解、把握，需要从业人员具有相应的知识、经验和把握能力。而商业银行现有信贷文化中由于受到经济上行期信贷业务"两不愁"假象的影响，加上这些年中电子技术在信贷业务中的应用所衍生出来的一些控制技术，对信贷人员的素质要求方面也产生了一些假象，觉得信贷业务就是走流程，就是操作业务系统，淡化了这一业务对信贷人员经验积累和综合能力的要求。一些商业银行普遍愿意使用具有较高学历的年轻人从事复杂信贷业务，而不论他对于经济、行业、企业变化的见识与经验，不论他是否具有动态把握变化、随机处置突发事件的能力，不论他是否具有坚定的诚实守信的道德品质。以至于在一些商业银行机构中，只有1~2年信贷工作经验的人员，却掌管了具有几十亿元人民币贷款余额的客户群。这些人员在外部经济环境剧烈变动的情况下，对自身的信贷业务感到无所适从也就不足为奇了。

二、经济新常态下信贷文化建设需要重点关注的问题

毫无疑问，信贷文化的建设要与时代变迁相适应，持续培育、完善和进步，使之符合新时代要求。但文化建设就其核心内容和形成规律而言，必须重点关注以下三个方面的问题。

（一）信贷使命和理想

信贷文化需要经过较长时间持续不断的积淀，如果朝三暮四、朝令夕改就形成不了强势的、一贯的文化。长期以来，我国商业银行由于受社会文化、银行体制等因素的影响，实际运作过程中，普遍存在着行为行政化、短期化倾向，缺乏目标明确的信贷使命和职业理想，从而导致业务发展方向不明晰、市场定位不稳定、发展重点不突出，重战术轻战略，重经营轻管理，自发性强自觉性弱等问题。在业务过程中贯穿始终的精神文化不多，因人因事而异的变化多且随机性强。在业务竞争中被动反应多而主动出击少，各家商业银行面孔相似、业务趋同、竞争失范。由于对信贷使命理解的不足，职业理想的缺失，整个信贷业务对商业银行健康发展带来一定的负面效应。

因此，在新时期信贷文化的建设中，商业银行必须补上这一课。明确了解自身的信贷使命和职业理想，即信贷之于社会经济和商业银行应当发挥怎样的功能，一个臻于完美的信贷经营模式应当是怎样的。并且始终把对使命和理想的理解置于信贷经营的具体目标之上，不因眼前利益、经济起落而放弃对理想的追求。如信贷业务必须始终遵循稳健经营的原则，暴富、超常规发展不是银行业科学发展的轨迹。历史经验表明，发展好的银行以及那些"百年老店"都是稳健经营的银行。那种不顾信贷业务发展规律，企图寻求超常规、跳跃式发展，为了寻求发展速度，不择手段，无所不用其极的增长方式，只会取得短期效益，不仅压缩了未来的发展空间，也扰乱了社会经济秩序。所以要打造一个百年健康的信贷业务体系必须注重建立一个建筑在对信贷使命和理想基础上的，能够一以贯之的信贷文化。

（二）信贷价值观

所谓价值观，就是人们基于美好理想而对于现实中各种事物和行为的评价准则。商业银行的信贷价值观作为商业银行信贷经营过程中最基本的价值取舍准则，这种价值取舍准则是被全体员工认同的，能够反映在每一个经营管理环

节和每一个信贷人员的思想和行为上，从而保障信贷业务的发展方向。由于信贷业务在实践中是一个动态过程，不是静态的、一成不变的，所以作为管理者必须关注每一个具体的业务过程和行为是否都符合信贷经营的价值标准，而不是仅仅关注信贷业务是否最终取得了预期结果，更不是以个别的业务结果来评判具体的信贷过程和行为是否正确。

关注员工践行价值观的行为过程，其意义远远大于偶然取得了正确结果。管理者要想达到理想结果，必须对执行过程进行严密监控。坚信"有什么样的过程，就会导出什么样的结果"，尽管这个过程中，有时阶段性结果可能不尽如人意，但坚持用正确的价值观管理业务过程和员工行为，最终必定会实现我们所预期的结果。因此，信贷实际工作中最为重要的并非具体的信贷政策、制度和产品，而是明确什么是对的，什么是错的，什么是我们倡导的，什么是我们反对的，什么是第一位的，什么是第二位的，只有对这些基本的价值标准做到始终如一，才能有效地保证各种信贷行为始终一贯地符合商业银行信贷使命的要求。

（三）感知和实践

我们讲信贷使命、理想和价值观，这些东西是一个健康信贷文化中的核心。但这些东西存在于人们的精神体系中，它们必须附着在有形的东西上，如信贷政策、信贷产品、信贷制度、信贷行为和信贷结果上，才能为员工和客户所感知，也才能作为一种文化在信贷经营过程中被坚持、发扬和结果。如良好的信贷品牌形象可以让客户获得超出贷款服务之外的社会和心理满足感。有些银行给客户的感觉是实力雄厚、经营稳健，但有些银行给客户的形象是"大而僵化""死板"；有些银行是让社会和企业感觉"小而精"、经营灵活；但也有些银行给客户的感觉是"经常忽悠，不怎么靠谱"等，不同的社会形象带来不同的关系价值、服务质量和最终的业绩价值。因此在信贷文化建设中，必须把我们的信贷使命、理想和价值观始终如一地落实到信贷政策、信贷产品、信贷制度、信贷行为和信贷结果中去，把我们对信贷使命的理解、对信贷理想的追求、对信贷价值的评价标准转化为员工、客户、社会所能够感知到的实在，而非存在于管理层意识当中的、虚无缥缈的东西。

在商业银行内部，信贷文化必须通过有效的行为管理使员工感知和遵从。加强信贷行为管理，要求任何信贷从业人员的信贷行为必须受信贷规章制度的约束，严格按照信贷规定的程序、步骤和要求办理信贷业务。严格的制度管理可以规范员工的业务行为，使员工行为保持持久的稳定性。同时也要求各级管理人员身体力行，做信贷文化的倡导者、实践者和捍卫者，在日常经营管理活动中有意识地强化我们所要倡导的行为，抵制和弱化与之相悖的东西，不断传播优秀的信贷文化，并将其渗透到机构的每个岗位、渗入每位员工心中，持之以恒地推动优秀的信贷文化的生根落地，保障整个信贷业务的健康发展。

第三章　建设优秀的信贷文化

美国著名学者爱德华·爱特曼在《演进中的信用风险管理》一书中曾提到："如果银行的贷款管理经常出现问题，其原因并不是它缺乏贷款风险管理的体系、政策制度和程序，而是因为它没有占主导地位的信用文化，不能使这些系统、政策制度和程序真正执行并发挥作用。"所以，建设有中国特色的商业银行信贷文化对我国商业银行的信贷业务经营而言，是实现可持续发展的关键。

第一节　信贷职业信仰

在商业银行信贷文化各个层次中，职业信仰是信贷精神文化层次的核心，它是全体信贷从业人员的正确思想方式和精神寄托。信贷职业信仰包含了对职业使命的理解、对职业理想的追求；只有牢固树立了职业信仰，才能做到"行程万里，不忘初心"。

一、信贷使命与职业理想

信贷职业源自借贷业。自从货币和交易产生，借贷行为就已经产生，并随着社会化大生产的发展，逐步发展成为一种职业。从历史考察，借贷职业的产生并非因为我们现在理解的"食利行为"，而是因为社会化的大规模商品生产的需要。社会化的大规模商品生产，在社会经济生活中至少形成了如下事实。

一是生产的直接目的发生了异化。人们生产产品不再是为了满足自己的消费需要，而是为了把产品作为商品卖给别人，以获取利润。这一异化，导致了生产规模可以不受本身消费需求的制约而扩张，只要原材料供给没有问题，市场销售没有问题，生产规模可以不断地扩大。

二是由于生产规模的不断扩大，生产者需要大规模采购原材料、雇用工人进行生产，从而需要大量货币来满足这种采购、生产和销售的需要；如果市场需求充足，生产者对货币的需求便是多多益善。

三是由于销售规模的扩大和一些季节性生产的缘故，对于生产者而言，除了需要更多的货币从事采购和生产以外，在销售完成时，也产生了越来越多的暂时闲置货币，这些暂时闲置的货币可供出借获得利息。

上述三个事实，决定了在社会化的大规模商品生产中，需要对货币进行借贷；只有对货币进行借贷，这种社会化商品生产才可能被维持和发展。而"食利"仅仅是货币借贷过程中的衍生品，没有利息也许货币借贷的意愿会被淡化，但利息绝不是产生借贷的原生因素。

同理，在消费领域中，也存在这样的情形。在社会化大生产社会中，消费者的收入依靠出卖自己的产品、劳动或者其他的财产性收入，这些收入与其消费所需，在时间上、数量上是无法一一对应的。有些人收入在满足即时消费后尚有富余，有些人则需要依靠未来收入来满足即期消费。尽管有富余的人希望闲钱生息，而金钱不足的人愿意付息来实现提前消费，但他们同样碰到类似问题：如何找到可以匹配的对手、如何能够信任对方等。这些问题只能依靠中介职业才能解决，于是借贷职业便应运而生。直到工业化时代，为适应大工业的发展需要，形成了社会化的借贷组织——商业银行，负债业务与贷放业务在商业银行内部实现了分离，从而产生了现代意义上的信贷职业。

当然，信贷作为一种市场经济条件下的商业行为，其与任何其他商业行为一样，要追求利润回报，否则这种职业便不可能在商品社会中存在。而作为商品社会，对于信贷职业的需求是客观存在的。借贷双方均愿意支付一定的代价支持这种职业的存在，所以信贷才会作为一种职业在漫长的经济社会发展中存在和发展。

由此可见，信贷职业的历史使命就是为大规模商品生产和消费提供资金融通服务，使整个社会资金在使用效率上更加节省，流通周转上更加快捷，借贷撮合上更加便捷，从而支持生产和消费规模的不断扩大，节省交易双方的成本，促进交易双方价值增值。

讲到职业理想，就是这个职业在社会经济生活中，将其支持社会发展的功能发挥到最佳状态的愿景。作为信贷职业而言，它的理想应当就是把历史赋予它的职能发挥到最佳的状态。具体地讲，就是通过信贷职能更加方便地集聚闲置资金，更加安全、更有效率地将社会资金配置到更加高效的领域，从而最大限度地发挥社会资金支持社会生产和消费的作用，满足人们对价值增值的追求。

把这种对于信贷职业的理想落脚到信贷业务的方方面面，坚信自己的职业能够达到这样的理想境界，并且愿意为实现这样的职业理想而奋斗的思想方式和精神寄托就是我们所谓的职业信仰。

二、职业信仰的基本内涵

信贷职业信仰不仅仅是一个简单的定义，而是在对信贷使命、职业理想充分理解基础上，处理信贷经营过程中各种关系所恪守的一系列思想准则。

（一）信贷职业的立身之本——服务经济

从信贷职业产生的历史中，我们可以看到信贷职业来自商品经济发展的需要；信贷经营的利润来自实体经济中借贷双方的成本支出，进而是源自实体经济的产业利润。而从信贷职业的发展历史中，我们也可以看到，信贷职业是伴随社会经济的发展步伐，逐步升级壮大起来的。脱离了实体经济的发展，游离于交易双方的实际需要，信贷职业便成了"无源之水"和"无本之木"。所以，信贷业务在处理资金投向、支持对象时，必定要关注实体经济成长和运行的健康，一刻也不脱离社会生产和消费运行对于信贷服务的需要，不断地通过自身的中介服务和产品创新去满足这些需要，从而使自身赖以生存的基础更加坚实。

（二）信贷职业的执业之基——客户第一

对于信贷职业而言，其经营价值最终来自客户的价值。客户是信贷职业的业务之源、盈利之源、发展之源，所以对于信贷从业者而言，客户就是"上帝"。没有客户，信贷业务就无从谈起；没有客户，信贷职业也无从谈起；没有客户，信贷人员的饭碗更无从谈起。更进一步讲，"客户第一"的思想方式在具体的信贷运作中，还包含了两层意义：

1. 了解并优选你的客户。业务是重要的，盈利是重要的，指标也是重要的，但它们都是信贷经营中的次生因素，信贷经营中唯一的原生因素是客户。商业银行只有拥有了良好的客户，才能得到优良的信贷业务，进而取得稳定可靠的盈利。所以，对于信贷经营来说，了解和优选客户必定是第一位的，"了解并优选客户"不仅体现在营销优质客户方面，同时也包括了不断淘汰不合格的信贷客户。

2. 协助你的客户提高品质。在市场经济大浪中，客户要经受各种各样的考验，所谓的优质客户不是生来就是的，也不是永远都是的。要做到客户第一，商业银行不仅需要在选择优质的信贷客户群方面做足功课，同时也必须通过自身的信贷业务、专门的风险管理技术协助客户不断地保持和提高其经营品质，使得信贷客户在经营过程中不断保持和发展其优秀品质，这也与传统文化中的

"重义轻利"有相仿之处。

（三）信贷职业的经营之道——与客户双赢

在市场经济中，商业银行与客户之间是"相濡以沫"的关系：银行为企业提供融资等信贷服务促进企业发展，企业为银行带来利差收入，实现银行利润。它们之间相互依存、互为依据。商业银行要实现稳定的利润离不开客户的长远发展，只有通过客户价值的提升，商业银行才能拥有自身效益的源泉和防止信用风险的基础，进而实现客户价值增值与银行发展的"双赢"。

"与客户双赢"在信贷经营中包含了两层意思：

1. 共创客户价值最大化。信贷功能只是在社会再生产领域中充当金融媒介，商业银行向客户筹集资金，再贷款给客户去使用，其本身并不创造价值，只是通过金融支持帮助客户获得更大的经营价值。所以，信贷的目的绝不只是借钱给客户取得约定的利息和费用，而必须着眼于支持客户实现有效经营，通过自身的服务使得客户获得比之前更大的效益。否则，信贷就是无效的。即便当期银行取得了贷款的利息和费用，但长期而言，贷款的风险必然会潜伏下来。所以，对于商业银行来说，信贷经营的要义必定是与客户一道把客户价值这块蛋糕努力做大，而不是为自身在客户价值这个蛋糕中切取更大的份额。银行必须明白，只有客户有了价值，自身才会有真正可靠的价值。

2. 合理分享客户价值。如上分析，信贷的收益来自客户价值。如果银行贷款利息拿走了客户的全部利润，那么这个客户就会丧失持续经营的能力，从一个正常生产经营的客户演变成一个不断衰败的客户，进而波及商业银行信贷资金安全。所以客户支付的贷款利息占其利润的比重应当成为银行判断信贷业务是否安全的标准之一。如果一个客户的盈利能力都不足以支付贷款利息，银行就不应当发放贷款。同理，银行对企业发放贷款，也必须做到通过这个贷款能够为客户带来更多的价值，否则这笔贷款对于企业和银行的经营都是没有意义的。分享客户收益的意义，就是商业银行在分割企业利润蛋糕的时候，只取其收益之中合理的部分，不是全部，更不是通过信贷业务剥夺客户利益，使客户走向衰败。

（四）信贷职业的安全之道——对风险有效管理

商业银行从事的是信贷中介服务。即商业银行以自身信用为保证向客户筹集资金，再将这些资金以银行的名义贷放给有需要的客户。直接借贷的这一过程分裂，对于商业银行而言，等于向社会承诺了保证资金安全的义务。也正因为商业银行对自己的存款客户作出了无条件还本付息的承诺，所以商业银行必须对信贷风险实施有效管理，确保贷款安全收回。如果贷放出去的资金出现了损失，商业银行必须以自有资本加以弥补；而如果损失大于资本，商业银行就会破产。因此，对信贷风险进行有效管理理所当然成为现代商业银行信贷经营的灵魂和其信贷业务竞争力的主要源泉，也是信贷经营立于不败之地的法宝。

对信贷风险进行有效管理主要包括两个方面：

1. 把对信贷风险的控制能力作为商业银行的核心盈利能力来看待。商业银行经营从本质上讲是经营风险，而这种风险主要源自于信贷风险。能否把控好信贷风险直接关系到信贷业务成败乃至商业银行经营成败。信贷业务是出借资金的使用权给客户支配。但资金管理脱离商业银行的掌控进入实际的周转活动，必然会产生各种不能按预期收回或出现损失的可能性，这种可能性即信贷风险。虽然贷款风险不能完全消除，但贷款风险的产生是有迹可循的，因而也是可以通过特定的管理措施加以控制的。商业银行对于贷款风险的管理和控制能力，乃是商业银行的核心盈利能力。

2. 谨慎处理好提高收益与控制风险的关系。在商业社会多种力量的博弈过程中，商业银行风险与收益形成了高度正相关的关系。"追求零风险"，最好的办法是把资金锁在自己的金库里，但那样就没有任何收益；而追求高收益，就难免参与到客户的高风险投资中，那样则往往伴随着信贷的高风险。所以，商业银行在强调信贷收益的同时，必须要注意到信贷风险，既要防止为提高收益过度偏好风险，也要防止过分谨慎而损失收益，使风险与收益保持平衡。

在实际经营中，有效风险管理要求商业银行建立覆盖整个信贷业务活动、所有流程、每个环节和一切岗位，从决策、贯彻执行、操作到检查、反馈考核的风险管理体系，并运用先进的信息技术和风险模型，不断提高承担风险、规避风险，从风险管理中获益的信贷经营管理能力。这种能力体现在银行经营管理的各个方面，包括明晰信贷风险管理战略、信贷风险偏好，构建信贷风险管理体系和信贷风险度量办法，健全信贷组织架构，控制各种信贷业务从发起到终结实现的全部流程，包括业务调查、授信评级、贷款评估、贷款审查审批、放款管理、账务处理、贷后管理、计提准备、信用收回、保全清收等。

（五）信贷职业的守护之神——职业规矩

由于信贷业务具有高风险的特殊性质，信贷从业人员的职业素质和纪律养成直接关系到信贷业务的健康发展。从事这个职业的人员不仅要具备高尚的诚信品质以及敏锐的洞察能力、良好的劝说能力、优秀的风险控制能力和自制能力，更要在工作中严格信守职业规矩，做到不失德、不欺诈、不失信、不渎职，才能维护职业的良好声誉，促进信贷业务健康发展。

表 3 – 1　　　　　　　　　　信贷职业禁忌的具体表现

信贷职业禁忌	具体含义
失德	即"饭店门口摆粥摊"，利用在银行信贷业务中建立起来的声誉和客户关系，私自从事资金介绍，从中渔利；在银行利息之外获取个人回扣；利用信贷业务受贿索贿，谋取私利
欺诈	即利用客户信任以及信息不对称等客观因素，故意隐瞒信息、编造与事实不符的故事，误导客户或上级作出错误决策，从中获取利益
失信	即吹牛说大话、违背承诺，或乘人之危进行盘剥，赖账等
渎职	即对于职业要求置若罔闻，对客户委托和信任漠然处置，工作草率、马虎、随心所欲，导致信贷资金在运行过程中失控

第二节　信贷经营原则

信贷职业信仰是商业银行信贷从业人员执业的基本指针，但这种信仰还需要通过更加具体的业务原则贯穿到信贷业务的具体制度和办法中去。每一家商业银行的信贷制度也许千差万别，即便同一家商业银行在不同发展阶段，它的信贷制度与办法也会有很大的不同。但无论如何，它们在一些最基本的原则方面是一致的；这些原则得自于商业银行五百年的经营实践，不仅是无数成功经验和失败教训的理论抽象，也是这个职业信仰的直接具象。这些原则是：以事实为依据、现金流第一、恰当供给、全程管理、风险适度、绿色信贷。

一、以事实为依据

商业银行所有信贷决策的基本原则是要"以事实为依据"。信贷政策、制度、办法都可以依据实际情况进行调整和改变，唯有事实不能篡改。所有业务判断必须建立在可靠的事实依据之上，坚持做到"眼见为实""数据说话""证据第一"。对无法判断的趋势保持必要的审慎，戒除赌博心态。

信贷工作一般通过贷前和贷后的"尽职调查"来确认与信贷业务相关的事实，目的就是要查明事实，据以制定政策、进行决策、建立独特的风控组合，确保信贷资金授予了可靠的客户，资金的运行过程是可靠的和可控的。信贷尽职调查至少应当包括对如下事实的了解和确认：

（一）全面了解"客户的基本情况"

例如，借款人的组织形式、资产负债、经营管理、市场行情、业主资信等情况。只有对客户的基本情况有了深入了解，才能判断客户品质的优劣，也才能把握好贷款风险的第一关。

（二）深入把握"客户对于资金的真实用途"

信贷风险从资金运用角度上分析，其风险源头来自客户对信贷资金的使用，不同的用途具有不同的风险。如果商业银行不能了解客户对资金的真实用途，仅凭客户申请书或口头介绍，那么银行的所有信贷政策、信贷审查和风控组合方式就会全部失效，这样的情形下，贷款资金一旦划转客户，就会全面失控。最后，银行对贷款资金的回收也只能处于"听天由命"的境地。

（三）仔细识别"客户的商业模式"

所谓"商业模式"是指一个企业的盈利模式。如制造业是通过制造和销售产品进行盈利的，商业企业是通过商品的进销差价进行盈利的，银行是通过存贷利差进行盈利的，等等。每一种商业模式其蕴含的风险是各不相同的。银行只有了解客户据以盈利的商业模式，才能明了客户经营中的真正风险所在，其风控措施也才能做到针对性。而在实际经营中，客户经常会用各种不同的面具来掩盖其真实的商业模式，诱使银行信贷业务人员产生误读，作出错误决策。所以"尽职调查"必须把了解掌握客户真正的商业模式作为主要内容之一。

（四）认真核实"客户对贷款归还的保障能力"

信贷经营除了要符合国家法律、法规、经济方针和政策以外，最关键的是要确保信贷资金安全回归。客户能否如约归还信贷资金主要取决于两个方面：一是在约定还款日是否具有足够的现金流用于归还贷款和利息；二是万一预期中的还款来源出现问题，客户是否有能力得到其他方面的支持，保障贷款如期归还。

（五）全面检查"客户使用信贷资金的状况"

客户对信贷资金的使用状况对信贷资金安全具有直接的和动态的保障作用。对客户信贷资金使用状况的了解应当从三个方面确定事实，而不是仅仅根据客户介绍或企业报表反映的数字来进行确认。首先，要了解客户对资金的使用方向是否符合贷款合同规定的用途，是否挪用资金用于其他用途；其次，要了解资金使用效果是否符合了信贷评估时所预期的效果，是否存在较大差距；最后，客户总体经营是否出现了足以危及贷款按期归还的问题，以及贷款合同中安排的其他还款保障是否出现了问题。

二、现金流第一

"现金流第一"是自商业银行出现以来亘古不变的一条真理，也是几百年来商业银行信贷经营所普遍遵循的基本原则。商业银行经营的内容是货币而不是普通的商品或者其他产品，所以商业银行借出货币资金，也必须要求归还货币资金。在实际操作中，商业银行信贷业务必须把客户未来是否具有稳定的现金流作为贷款是否能够偿还的主要判断标准，据此做出贷与不贷、贷多贷少、期限长短的决定。商业银行把"现金流第一"作为信贷的基本原则，是因为：

1. 贷款对于客户而言是补充现金流，无论客户从事何种经营，甚至是个人消费，从现金流的角度讲都是一样的。因此，预判客户是否是合格借款人，依据的是现金流而不是其他什么资产。

2. 从银行角度，对客户最安全的贷款数量是：在贷款到期时，客户应当具有足够的、可用于归还贷款的现金，而贷款期限和归还方式的安排，则应当取决于客户现金流进账的时间和方式。

3. 尽管商业银行为防范贷款存续期间环境变动的不确定性而要求客户提供现金流之外的担保是必要的，但担保并非贷款的充要条件，担保对于商业银行贷款而言只是对于客户还款保障预设的最后屏障，绝对不是贷款的安全底线，更不是贷款的前提。对于信贷业务而言，对未来可靠的现金流判断比任何其他因素都重要得多。除了客户有稳定的、可预期的第一还款来源外，任何其他的因素都不能作为贷款与否的第一判断标准。

三、恰当供给

商业银行对于客户的信贷供给如同养鱼，喂食少了，鱼长不大；喂食太多，鱼会撑死。客户亦然，如果银行的信贷供给不足，客户发展会很艰难；信贷供给太多，客户也会被"撑死"，以致负债累累，不得善终。恰当供应在实际操作中主要指三个方面：

（一）总量恰当

总量恰当即商业银行信贷供给在规模上要与客户的承债能力相适应，最大的极限是由于贷款而支付的财务成本不至于消耗掉客户的全部利润或维持生活需要的收入。同时，客户在使用贷款以后的负债总量要与客户的资产运营规模相适应。

（二）结构合理

结构合理即商业银行信贷供应在结构上要与客户的资金占用结构相吻合，

避免客户因为短贷长用而导致财务上的流动性风险。

（三）时机恰当

时机恰当即商业银行信贷供给在时机上要与客户资金运转的节奏相一致，避免出现"晴天送伞，雨天收伞"的情形，从而实现银行和企业之间的互利共赢。

四、全程管理

信贷的实质就是把钱交给别人去运作，即资金脱离银行进入客户的钱包。但是要确保贷出去的钱能够完整回流，商业银行就必须花气力去全程管理用钱的人和离开银行的资金流向，确保信贷资金运作安全。全程管理既是指对贷款资金整个发放和回收过程的管理，也是指对信贷资金运行具有实质性影响的各个主客体的管理。

对贷款资金整个发放和回收过程的管理主要是贷前调查、贷时审查和贷后检查。通过贷款"三查"，使银行确信借款人（客户）是合格的、资金的用途是合法的、还款安排是合理的、贷款安全是有保障的。而对信贷资金运行具有实质性影响的各个主客体的管理主要是信贷政策、制度、办法的制定、传导和执行，客户筛选和管理，信贷从业人员的培训和管理以及对贷款风险处置安排和管理。通过这些管理措施，确保银行信贷业务整个运行环境安全可靠，消除可能引发系统性风险的因素。

五、风险适度

在市场经济中，风险和收益往往是一枚硬币的正反面，具有高度的正相关关系。在各种不同的金融商业模式中，商业银行的风险补偿方式与投行、基金、典当、保险具有质的不同。投行、基金业以其投资收益来补偿投资损失，典当业以"死当"的拍卖收入来补偿融资损失，保险业是以后续保费补偿前期项目损失，而商业银行只是以存贷利差来补偿贷款损失。商业银行既不能像投行那样分享投资企业的超额利润，也不能像典当那样获取抵押物拍卖的全部收入，更不能像保险把后续项目的收入用于补偿前期项目的损失。所以，商业银行贷款风险必须控制在本身的存贷利差之内，否则这家商业银行就会走向失败。这种内在的规律性决定了商业银行信贷的风险偏好是适中的，需要在信贷业务过程中始终保持谨慎态度。

在实务中，商业银行坚持"风险适度"原则需要重点关注：

1. 始终关注客户未来现金流的稳定性和可靠性，绝不依赖担保物价值管理贷款风险。

2. 对不确定性较大的融资，商业银行应当采取恰当的措施来提高贷款的保障程度，并愿意为此付出适当的代价。

3. 绝不参与客户的投机冒险活动。如果客户的投机冒险活动足以危及银行存量贷款时，商业银行应当采取措施制止或退出贷款。

如果客户存在以下高风险活动，商业银行应当敬而远之。

表 3 - 2　　　　　　　　　　高商业风险活动的范围

	活动范围	具体内容
高风险活动	从事"投机"活动	博取市场价格波动带来的差价。如炒作股票、期货、权证、指数、外汇、囤积商品等
	从事资金生意	从事纯资金套利活动以及非法金融活动。如利用虚假交易、衍生金融工具套取银行资金等
	从事非法商业活动	如经营未经准许的事业，从事制假贩假以及国家明令禁止的活动
	从事虽然合法，但未经市场验证，前景不明的风险投资活动	如高科技转化初期的"小试""中试"项目；新产品、新市场开发项目；技术门槛不高的新兴行业等

六、绿色信贷

商业银行作为特殊的企业，既依赖于股东资本投入，也得益于客户、员工和其他利益相关者为银行盈利所付出的努力；银行的行为特性要求其树立良好的社会形象，合力承担社会责任，主动把经济、社会和环境和谐统一的可持续发展要求纳入自身的信贷目标，以对社会负责的态度开展业务。绿色信贷作为商业银行践行可持续发展责任的核心内容，也是其信贷业务的重要原则。

绿色信贷原则体现在信贷实务中，主要有构建绿色信贷政策体系，以绿色信贷政策为导向实施差异化的授信及信贷管理要求，进行信贷结构升级调整，积极培育和拓展环境友好型的信贷业务，最大限度地控制和减少企业发展对资源生态环境的损耗，有效防范和控制由于环境风险而引发的信贷风险，在促进经济与生态环境建设协调和可持续发展过程中，实现银行自身的健康发展。

第三节　信贷职业道德

商业银行信贷职业道德是商业银行及其员工在信贷从业过程中形成的道德

理念、信贷行为规范、工作要求、员工素质、形象塑造的总和，它是商业银行信贷文化核心理念内化于心后的行为外化，是信贷制度文化对信贷行为产生的直接规范和约束结果。它包括：诚信为本、严谨审慎、规范操作、团队合作和积极进取。

一、诚信为本

"诚"指诚实，"信"指信用和信誉。"人无信不立，事无信不成，业无信不兴"。对商业银行而言，诚信更是立业之本和固业之基。只有对员工、对客户、对社会信守承诺、真诚服务，才能赢得客户的信赖、取得股东的认可、获得社会的尊重，才能够从根本上树立好口碑、好品牌、好形象。"诚信为本"原则就信贷职业而言，包含两层含义：

（一）诚实，即无欺

无论何种情况下，信贷从业人员都应当遵守诚实之品行，不刻意隐瞒事实真相，不夸大或缩小实际情况，做到实事求是、客观真实。知之为知之，不知为不知。不弄虚作假，通过"包装"信息，误导客户或者上级作出错误判断来达到叙做业务的目的。基于"双赢"原则，合理提出业务建议，不忽悠各方面利益相关者。

（二）守信，即践诺

商业银行从资产结构上讲，是一个高度依赖负债经营的行业，其经营的绝大部分是客户的资金，因此商业银行必须守信践诺，否则便难于生存。无论何种情况下，信贷从业人员都应当履行自己作出的承诺，包括口头承诺和行业惯例，为自己的行为支付对价，做到不忽悠、不要赖，不推卸责任。

同时，商业银行要守信不仅仅需要主观意愿，而且需要有守信的能力。因此，"诚信为本"对于信贷职业而言就是必须以安全性为第一要义，只有确保贷款资金安全，才能最终谈得上诚信为本。

二、严谨审慎

"严谨审慎"即严肃、谨慎、慎重，体现的不仅是信贷职业修养要求，也是从事信贷业务所必须秉持的科学态度。基于商业银行经营模式的特征，商业银行以本金风险博取利息收入，没有严谨审慎的科学态度是注定要失败的。所谓严谨审慎，指所有业务判断都应当建立在可靠的证据基础之上，对于无法判断的趋势保持必要的审慎；所有岗位均应制定必要的工作标准，作为整个业务质量控制的基本依据；对所有经手的业务都严格按照制度规定去办，没有制度规定的新业务，必须经过严格论证；对所有任用的信贷从业人员均需经过严格考察，绝不使用不合格员工从事信贷业务。具体包括：

（一）坚持依规办事

必须将自己的所有工作建立在国家法律、行政法规、监管要求和商业银行自身制定的各种有关规章制度的基础之上，严格按照本岗位赋予的工作职责、工作标准开展工作，独立判断工作结果，不受各种非职责因素的干扰。在信贷政策制度、流程和岗位职责等被有权机构作出修改之前，任何执行者都无权以任何理由违反规则开展工作。即便是业务获得了成功或并未造成损失，违规者也应当受到严厉的责任追究。

（二）遵守业务控制

1. 必须使用具备本岗位执业素养的人员从事相关业务。使用不具备履职要求的人员从事信贷工作导致业务损失的，直接管理者应当负有连带责任。

2. 严格执行"双人操作"。任何一项完整的信贷业务，必须经两人以上才能完成操作；任何一个业务环节均至少存在前手或后手，严格控制业务的每一个环节，确保业务操作没有瑕疵。

3. 前后台分离。前后台分离，即贷款的调查岗位和审查岗位必须分离，这是提高贷款决策水平、防范信贷风险的重要举措。因为前台营销部门与后台风险管理部门的职责不同，其工作目标、分析和判断问题的角度各有差异，因此必须建立相互独立和相互制衡的前中后部门，从体制上减少经营目标在同一部门内的冲突。使业务营销部门能够集中精力专门研究信贷市场，组织力量进行信贷业务营销；信贷风险管理部门能够不受营销任务的掣肘，独立、负责地根据政策、制度和风险管理要求行使自己职能，从而搭建市场与风险相互制衡的经营机制。

4. 授权经营。授权指商业银行总行一级法人统一管理下，按照有关规定对下级行授予相应的经营管理权限，按照有关规定对行内相关经营管理人员授予相应的经营管理权限，各被授权人在授权范围内开展业务。对于信贷业务过程中超越权限、违反程序的严格追究责任。

（三）不轻易承诺

"轻诺必寡信"。商业银行作为专门经营信用的企业，信贷从业人员的任何承诺从客户端看，都会被认为是以商业银行的诚信作背书的约定。倘若客户的预期目标不能如期实现，损失的不是信贷从业人员的个人诚信，而是商业银行的诚信。从这个意义上说，商业银行信贷从业人员在日常工作中必须谨守口舌，做到一诺千金，说话算数，切忌信口雌黄、随口忽悠。

三、规范操作

传统文化强调处事合乎礼而不逾矩。从商业银行特征出发，规范操作是信贷业务确保安全的基础。规范操作主要指信贷从业人员要认真执行银行的各项业务操作流程，严格按照职业规矩从事职业活动。在日常工作中要求做到：

（一）遵守业务规章制度

所有业务活动均依据特定的制度和要求执行，不能违章操作、擅自变通、自行其是。

（二）遵守作业标准

所有业务动作均按标准执行，不能马虎潦草、偷工减料、敷衍了事。

（三）遵守行业准则

所有行为均要符合信贷行业对从业人员的特定要求，从外表形象、语言行为、待人接物到业务处理都要合乎一名银行信贷从业人员的职业形象。

四、团队合作

由于商业银行信贷业务在流程上被分解为若干独立环节，在组织上被分解为若干相对独立的岗位。因此没有一个人或一个单独的部门可以完成整个信贷业务，信贷业务的完成必定是基于一个团队的合作协调工作。商业银行要在整个市场竞争中既把握风险可控，又提高效率，满足客户的不同金融需求，必然要求整个团队既相互制约，也相互信任，从而协调、高效工作。所以团队合作既是商业银行信贷行为中的集体主义文化，又是信贷从业人员在处理职业人际关系中遵行的准则。

五、积极进取

积极进取指商业银行所有从事信贷业务的员工在具体信贷业务过程中应当具有的精神状态。尽管信贷业务的本质要求信贷从业人员对业务秉持严谨审慎的科学态度，但作为一个经营货币的企业，作为支持经济发展的服务者，如果对客户抱着消极态度，对业务抱着随大流的想法，终究会被客户无情地抛弃。积极进取与科学态度并无矛盾，积极进取并不是盲目蛮干，科学态度也不是畏首畏尾。积极进取是信贷人员随时准备研究应对客户需求，以精湛的专业技术满足客户不断增长的金融需求，在为客户创造价值的基础上获得自身发展成长的精神状态。

第二篇
业务架构

第四章　信贷业务基本概念

在展开具体信贷实务和管理讨论前，有必要对信贷业务的基本概念加以阐述。信贷业务的基本概念包括：基本信贷理论、信贷资金运行原理、信贷业务的基本过程以及信贷业务的基本分类及其概念。

第一节　基本信贷理论简述

信贷理论是商业银行在长期信贷实践中，对信贷规律探索的理性概括，也是指导商业银行信贷实践的行动指针。商业银行从诞生至今约 500 年来，信贷理论的发展大体上经历了真实票据理论、资产转换理论、预期收入理论和超货币供给理论四个阶段。

一、真实票据理论

早期商业银行信贷理论（其代表人物为亚当·斯密）认为，银行的资金来源主要是与商业流通有关的闲散资金，都是临时性的存款，银行在放款的同时需要保有足够的资金流动性，以应对客户的提款需要。因此，商业银行只能发放短期的贸易融资，最为稳妥的信贷方式是：以商业交易背景为基础的短期贷款，因为这样的短期贷款有真实的商业票据作抵押，贷款带有自动清偿性质。这种贷款理论被称为"真实票据理论"，在美国则称为"商业贷款理论"。

根据这一理论，企业的长期投资资金需要应来自其长期可支配的资金来源，如留存收益、发行新的股票以及长期债券。商业银行不合适发放不动产贷款、消费贷款和长期设备贷款等。真实票据理论在商业银行诞生后的很长时期内占据着商业银行信贷资产经营的支配地位。

随着市场经济的发展，这一理论的缺陷也逐渐显现。最显著的事实是：商业银行短期存款的沉淀，类似于公共汽车上的乘客，尽管在每个时点上均有乘客上车和下车，但车厢内始终会保有一定数量的乘客。这种被称为"公交车效应"的现象导致商业银行在任何时点上都会存在相当数量的沉淀资金，因而商业银行在很大程度上具备发放中长期贷款的能力。信贷经营局限于短期贷款使得这部分长期资金得不到充分利用，既不利于商业银行发展，也不利于整个社会经济的发展。

同时，这种贷款理论在随后出现的资本主义社会经济周期中也遭到了否定。当经济处于繁荣时期时，真实的商业票据会大量增加，进而助推经济规模进一步扩张，加速了危机的到来；而在经济萧条时期，真实的商业票据量减少，从而迫使信贷量进一步收缩，导致经济萧条加剧、复苏延缓。这种信贷理论使商业银行在整个经济周期中扮演了助推经济危机的角色而遭到广泛质疑。

二、资产转换理论

1918 年，H. G. 莫尔顿在《政治经济学杂志》上发表《商业银行与资本形成》，提出了资产转换理论。这一理论认为：商业银行保持流动性的关键在于：商业银行的资产能否在流动性需要的时候顺利转让变现。假如商业银行把可用资金的部分投放于贷款的二级市场或可交易证券，一旦银行的流动性需求增大时，可以在金融市场上出售这些资产（包括贷款合同、商业票据、银行承兑汇票、国债等），来满足银行对流动性的需要，进而能够支持银行发放中长期信贷满足客户需要。

在这一理论的影响下，20 世纪上半叶，商业银行的信贷范围显著扩大。商业银行非盈利现金持有减少，经营效益得到提高；同时，社会上中长期投资需求因为得到商业银行的支持，也迅速扩大。

但是，资产转换理论在实践中也带来不少问题。如银行通过自身的信用创造功能，大量发放缺乏真实贸易背景的贷款，为社会信用膨胀和通货膨胀创造了条件；在经济局势动荡时期或市场状况出现较大波动（如 1929—1933 年美国经济大危机）时，银行大量抛售证券的结果同样造成金融市场价格的巨幅波动和银行的巨额损失，甚至不少商业银行因无法及时抛售掉证券资产而导致挤兑破产。同时，由于商业银行热衷长期贷款而使贷款久期不断延长，在现实中大大增加了银行系统的流动性风险，加剧了周期性经济危机的烈度和破坏程度。

三、预期收入理论

1949 年，赫伯特·V. 普罗克诺在《定期放款与银行流动性理论》一书中提出了预期收入理论。这一理论认为，贷款能否到期归还，是以未来的收入为基础的，长期信贷包括消费信贷，只要未来收入（包括用于贷款担保的资产变现）能够充分保障，便可以克服信用膨胀带来的一系列问题。

这一贷款理论不仅使"资产转换理论"在实践中的运用有了一个边界限制，而且大大拓展了商业银行信贷领域：贷款不仅可以被用于支持生产和交易，而且可以被用于提前消费。

同时预期收入理论认为，稳定的贷款应该建立在现实的归还期限与贷款的担保基础上。贷款可被认为是"合格的票据"，如果需要的话，商业银行可以拿到中央银行去贴现，以解决本身经营过程中的流动性短缺问题。将中央银行引进了商业银行的信贷管理过程，使商业银行信贷总体上纳入到国家宏观经济管理领域，中央银行成为商业银行资金流动性的最后来源，央行对整个社会的流动性管理就此成为各国金融安全管理的重要内容。

二战后，在这种理论的影响下，中长期设备贷款、住房贷款、消费贷款等迅速发展起来，成为支持各国战后重建和经济增长的重要因素。这一理论到目前仍然是我国商业银行信贷业务中遵循的主导理论。但这一理论带来的实际问题是：由于收入预期与经济周期有密切关系，同时资产的市场价格波动也会影响到资产保证的质量，因此，单纯地依靠未来收入和资产担保，在实际经济生活中仍然无法避免商业银行出现的系统性信用风险。

四、超货币供给理论

这一新的银行资产理论出现于20世纪70年代。该理论认为，只有银行能够利用信贷方式提供货币的传统观念已经不符合实际；随着货币形式的多样化，非银行金融机构也在提供货币，银行信贷市场面临着很大的竞争压力。因此，银行的信贷经营应该超越单纯提供信贷货币的界限，而应该提供更加多样化的服务，如购买证券、开展投资中介和咨询、委托代理等配套业务，银行信贷的经营应当与银行整体营销和风险管理结合起来，发挥更大的作用。

超货币供给理论在世界各国，尤其是发达的经济体中具有较大影响。在这种理论指导下，全球范围内出现了商业银行全能化、混业经营的发展趋势，以及其他泛金融行业的兴起也与此有关。但是，商业银行涉足新的业务领域和盲目扩大的规模也是当今世界金融业风险的一大根源，金融的证券化、国际化、表外化和电子化使金融风险更多地以系统性风险的方式出现，对世界经济发展的影响更为广泛。如20世纪末的亚洲金融危机和21世纪初美国的次贷危机，一旦危机爆发，其规模和影响范围如同"蝴蝶效应"，直至造成整个世界经济走向衰退。

银行信贷理论的发展过程也就是商业银行信贷发展和金融创新的历史，它揭示了商业银行发展既要努力拓展业务又要着力控制风险这个永恒的主题。

第二节　信贷资金运行的基本原理

信贷资金运行指信贷资金的筹集、分配、收回、再筹集、再分配和再收回的循环运动过程。

一、信贷资金来源

一般来讲，商业银行的信贷资金来源包括自有资金和负债资金两部分。

（一）自有资金

自有资金即资本金，主要包括股本金、储备资本以及未分配利润。股本金是银行成立时发行股票所筹集的（或股东投入的）股份资本；储备资本即公积金，主要是税后利润提成而形成的，以及用于弥补经营亏损的准备金；未分配利润指经营利润尚未按财务制度规定进行提取公积金或者分利处置的部分。在商业银行的全部信贷资金来源中，自有资金所占比重很小，在我国目前一般为全部资金总额的13%左右。法定资本金比例由银行业监管委员会制定最低标准。

（二）负债资金

银行负债资金来源比较广泛，主要包括吸收各项存款、发行金融债券、同业拆借、向中央银行借款等，其中存款业务是商业银行最主要的负债业务，同时也是信贷资金最大的来源，存款资金在我国大体占到全部信贷资金的80%以上。需要指出的是：尽管向央行借款和同业拆借资金也是商业银行信贷资金的一部分，但它们的功能主要是弥补信贷资金主体在运行过程中出现的暂时流动性不足，并不能真正不间断地参与社会生产和资金周转。

二、信贷资金的运行形式

信贷资金的运行在商业银行主要表现为各项存款的不断存入和提取，各项贷款的不断发放和收回。这种以未来偿还和支付利息为条件，在时间上不断继起，在形态上同时并存，彼此交错进行的运动过程，构成信贷资金运行的形式。

信贷资金在"存取贷还"任何一个环节上的中断和任一形态上的滞留，都会导致信贷资金运行的中断。

如我们已经了解到的，信贷资金运行是与社会再生产运动紧密联系在一起的。从银行吸收存款到收回贷款本息的全过程，依附在一个社会再生产过程之上。当信贷资金参与企业生产经营活动，转变为企业经营资金以后，信贷资金不间断地从货币资金、生产资金和商品资金间依次转换，并呈现出"三重支付、三重回流"的特点。

第一重支付是存款客户将资金以一定期限和利息要求将货币使用权让渡给银行支配；第二重支付是银行将筹集到的资金在一定的期限内让渡使用权给借款人，即把货币资金借给客户使用，收取高于筹资成本的让渡费用（贷款利息）；第三重支付是借款人将信贷资金转化为生产经营资金或实现消费功能，用于购买原料、支付生产费用和消费支出，投入社会再生产的过程。经过社会再生产过程，信贷资金在完成生产和流通职能后，带着销售利润回流到借款人的手中，这是第一重回流；借款人将贷款本金和约定的利息归还给银行，这是第二重回流；银行将存款资金返还客户并支付其约定的利息，这是第三重回流。信贷资金的这种"三重支付、三重回流"的运动形式是区别于财政资金、企业自有资金和直接借贷资金的重要标志：财政资金是单方向支付运动，不涉及归还、回流；企业自有资金是一次性支付、一次性回流的价值运动；而直接借贷资金只有双重支付和双重回流。只有信贷资金，由于商业银行的信用中介职能，需要完成信贷资金价值的三重支付和三重回流，才能周而复始地不断运动，这其中任何一次回流出现问题，信贷资金均无法继续运动。

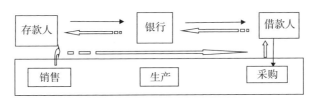

图 4-1 信贷资金"三重支付、三重回流"运动形式

三、信贷资金运动的本质要求

（一）信贷资金使用权是有条件的让渡，因而必须以偿还为前提

客户存款和银行出借货币只是暂时出让货币的使用权，并非出让货币的所

有权，同时这种暂时出让是要得到报酬的，即利息。因为银行信贷资金是客户的存款，而存款也是要还本付息的，这就决定贷款必须偿还和收息，这是贷款区别于拨款的基本特征。信贷资金作为货币商品，它的借贷同样是一种商品买卖关系，应该按照商品经济法则办事，遵循价值规律，做到资金的有偿使用，保证按期偿还贷款本息。

（二）信贷资金的运动必须基于社会物质生产和流通

单纯的货币出让并不能带来价值增值，如客户把资金交给银行，银行并不将资金贷给客户，而是锁在自己的金库里，那么这个资金不管经过了多长时间，依然不会产生一分钱的价值增值。信贷资金只有被银行贷出，现实地进入企业经营过程，不断从生产领域流向流通领域，又从流通领域流入生产领域，才会被社会生产过程吸收利用，带来价值增值，从而有能力按期还本付息。

（三）信贷资金只有通过支持有效益的生产流通，自身才能获得真实的和良好的经济效益

在衡量信贷资金的经济效益时，不仅要认真地考量使用信贷资金的企业能否实现预期的经济效益，按期归还贷款，更要从整个国民经济协调发展着眼；因为个别生产是否正常、能否持续最终要取决于全社会生产的效率。特别是银行的消费类贷款，表面上看，信贷资金并未现实地参与了商品生产活动，其货币价值最终被消费掉了；但实际上，消费者本身的未来还款来源来自与社会商品生产密切相关的领域，当整个社会生产效益下降时，银行信贷资金的安全便无法得到保障。

（四）信贷资金的运动是以银行为轴心的运动

存款的组织依赖于银行的信用，贷款的发放与收回依赖银行的专业管理能力，所以，银行在信贷资金运行中承担着维护资金流动性、安全性和效益性的关键使命。信贷资金运动以银行为轴心，既是市场经济的客观要求，也是信贷资金发挥作用的基础条件。信贷资金作为重要的社会生产要素，其对于整个社会经济的持续、协调、健康发展具有重大的影响作用；它不仅是微观经济活动中的重要元素，也是国家宏观调控经济活动的重要抓手；商业银行在坚持按信贷资金运动规律办事的同时，也要加强信贷业务管理，在不断提高资金使用效益的前提下，支持国民经济持续、稳定、健康发展。因此，信贷业务必须坚决服从国家的宏观调控政策，充分发挥信贷资金在宏观经济调控中的作用。

第三节 信贷业务基本过程

按照商业银行风险管理原则，信贷业务不能由一个人独立、全程完成操作，需要将信贷业务办理过程中的一系列业务职能进行分解，并按照一定原则在业务过程中进行分配、定位和组合，以实现信贷风险在不同业务环节之间的相互制约和有效控制。在一个完整的信贷过程中对各种相对独立的作业环节进行抽象，可以得到一个正常的信贷业务必经的作业环节：业务营销、贷前调查、审查审批、放款作业、贷后管理、信贷资产风险评估及不良资产处置，构成环环相扣的业务运作过程。

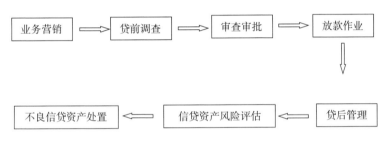

图 4-2 正常信贷业务必经的作业环节

一、业务营销

如任何商业行为一样，主动销售的一方第一件事情就是营销。信贷业务营销的目的就是为银行信贷业务寻找市场机会和客户，其主要的任务是：分析信贷市场、筛选目标市场；开展市场营销、激发市场需求；锁定目标客户、建立信贷关系；收集市场反馈，提出改进策略。

（一）市场分析，确定政策

市场分析是商业银行对信贷业务市场状况进行调研分析，以确定本行信贷业务的目标市场以及信贷投向政策，为全行信贷政策的制定提供客观依据，确保信贷营销工作的方向正确，目标清晰。其主要工作内容是：对本辖区范围内的经济状况和主要行业、业务领域进行定期调研，分析各类现实的或潜在的信贷对象的经营动态和发展方向，发现潜在机会和威胁；根据本行总体信用风险管理政策以及信贷业务竞争能力现状，分析研究本辖区信贷市场的分类和排序，制定具体目标市场的营销策略、方式、措施；收集、分析存量信贷客户和信贷资产的运行状况和风险管理情况，向中、后台管理部门提出信贷业务政策、流程、产品功能的改进意见，并协助相关部门进行改进和更新。

（二）开展市场营销、激发市场需求

在目标市场筛选、信贷政策确定以后，销售部门需要根据目标市场需求和信贷政策导向制定本身的业务产品以及向市场进行推广的相关营销策略，并展开相关的销售活动和售后服务活动。其主要的工作内容有：根据目标市场的信贷需求状况和本行可提供的信贷产品，制定市场宣传策略，并在适当的渠道，以适当的形式进行宣传；向产品管理部门提出合适的信贷产品需求计划，会同产品管理部门对信贷产品进行定价，并根据营销需要，制定信贷产品的阶段性价格策略；根据产品销售的目标客户确定产品的投放渠道，制订和下达销售计划，并根据销售计划开展营销活动以及相关的销售激励活动。

（三）发现目标客户、锁定有效信贷需求

在实际的信贷业务营销中，商业银行选择客户不是选择一般意义上的"最优"客户，而是选择"有效"客户。所谓"最优"客户，往往是多家银行激烈竞争，在交易过程中居于强势地位的客户。这种客户提出的业务需求对银行来讲，可能并不是有效的需求。所谓有效业务需求是指：一是符合本行信贷政策优先鼓励方向；二是业务具有可以接受的安全边际，风险可控性强；三是业务具有可接受的盈利边际，符合商业银行自身的经营需要。信贷营销的主要工作就是致力于发现客户需求的结构性特征，通过有效需求的筛选，锁定合适的目标客户，然后通过本行特有的优势去吸引目标客户，促使其与本行建立稳定的信贷业务关系。

（四）收集市场反馈，提出改进策略

银行信贷的售后服务工作一般是由营销人员结合贷后管理工作进行的，主要目的是收集产品的风险控制状况和客户对产品功能的反馈意见，发现信贷业务政策、流程、风险管理以及产品功能中存在的问题和漏洞，并向有关中后台管理部门反馈，提出改进或创新意见。

二、贷前调查

贷前调查指信贷业务人员依据相关法律法规及商业银行有关尽职要求，在贷前收集整理借款人相关信息资料基础上，对借款人及其申请的信贷业务风险收益状况进行调查分析、撰写调查报告和出具调查结论的工作过程。贷前调查是信贷业务销售部门的基本职责和核心任务。其工作在某种意义上讲也是全部

信贷业务成败的第一层基础。高质量的贷前调查可以降低商业银行与借款人之间信息不对称状况，发现可能影响贷款安全的风险隐患，有助于商业银行作出正确的贷款决策。贷前调查的主要任务是：

（一）收集、核实、调查、分析客户基本状况

一般需要收集并核实客户的基本信息，如客户住所、营业执照、法人信息、经营及财务信息等。对客户当期和前三年的经营活动和财务收支活动进行调查，并对需要的经营指标和财务数据进行行业类比和趋势性分析，得出客户经营状况是否健康的结论。同时需要调查客户信用活动情况，得出客户信用记录是否良好的结论。个人客户主要了解其收入与消费之间的匹配状况，以及个人信用情况。

（二）调查分析客户融资用途和还款来源

这是贷前调查工作的核心内容，也是贷款风险管理的基础。了解并核实客户融资的真实用途，揭示资金在客户使用过程中的主要风险点；了解并分析客户可用于归还贷款本息的现金流是否可靠，揭示客户还款第一来源中可能存在的风险。

（三）核查客户提供的贷款担保情况

对于客户提供的第三方保证，应当核查保证人的保证意愿、保证能力以及可能违约的风险；对于客户提供的抵质押物，核查其真实性、抵质押价值和变现能力，并在贷前调查报告中予以揭示。

（四）其他可能影响到贷款业务决策的情况

此类情况很多，如企业经营风格、同类企业竞争态势、技术更替趋势、个人家庭状况等，在此不一一列举。

三、审查审批

审查审批指信用业务风险管理人员在业务人员贷前调查工作的基础上，依据信贷政策、制度和管理办法，对业务销售部门提交的客户评级授信、融资业务方案和抵押品价值进行信用风险审查、专业技术审查与法律审查，并出具审查审批结论意见的工作过程。审查审批环节的主要功能是统一掌握银行的业务风险偏好，使各类信贷业务符合法律法规、监管要求、信贷投向政策以及风险管理政策。

信用业务审查主要有以下内容：

（一）客户信用等级评审

客户信用评级是指按照一定的方法对客户各种基本素质及相关情况对信用

状况的影响进行量化评估，得出各类不同客户间可比较的信用可靠度等级，作为银行是否授信及开展信用业务的条件、价格高低的依据。

（二）客户及项目授信审查

授信是指银行对借款人在信用等级评审基础上，结合客户经营规模和本行信贷政策，授予客户一个信用总量（包括各类融资和非融资信用，下同）的最高额度。客户授信即对一个客户的信用限额，项目授信即对一个项目的信用限额。客户及项目授信的目的是从总量上控制银行对一个客户和项目的信用总量，从而保证信用适当、风险总量可控。

（三）信用业务合规性审查

信用业务是否合规既是影响贷款质量的主要因素之一，也是监管部门监管的核心内容之一。因此，在进入信用风险审查前，必须确保提交审查的业务是合规的。合规性审查的主要内容有：借款人主体资格审查、业务准入审查和贷款用途审查。

（四）融资业务信用风险审查

信用风险审查是指根据本行信用风险管理政策和审查要点对相关融资业务申请进行信用风险承担水平的审查。目的是确保各类融资业务的风险含量控制在全行加权风险资产的限额之内。信用风险审查的要点主要有：客户主要经营管理情况审查，总体把握客户融资风险的可控性；融资适度性审查，防止借款人过度融资和挪用融资；客户或有负债审查，防止客户担保风险向本行传导；还款来源的可靠性审查，确定客户履约能力；贷款方案审查，判断其合理性。

四、放款作业

放款作业是银行内部对经过审批同意发放的信用业务进行操作处理。放款作业的主要任务是根据信用业务审批要求和各项提款条件，将款项发放至客户账户。其主要的工作任务是：受理审查审批部门提交的放款业务资料，审查提款业务资料的完备性；审查相关合同，落实放款条件；依据合同进行放款操作；收集整理信贷业务档案资料，移交综合档案管理部门入库保管。

五、贷后管理

贷后管理指银行信贷资金支付到客户账户后，银行对其进行的跟踪管理。贷后管理主要任务是了解和掌握客户对信贷资金的用途、使用效果以及运作过程是否与银行业务决策时的情形相一致，是否出现了不利于信贷资金安全收回的意外情形，以确定银行是否需要采取新的风险防控措施。贷后管理的主要内容有：信贷资金用途检查，检查客户是否遵守与银行约定的资金用途，使用信贷资金。信贷资金使用效果检查，信贷资金在实际运营中，效果是否与贷前调查的预判相一致。担保状况的检查和分析，检查担保在信贷业务存续过程中是否发生了劣变。到期管理，在融资到期时，提示和督促借款人准备足额的还贷资金，及时收回贷款本息。

六、信贷资产风险评估

信贷资金一旦进入实际的资本循环过程，本身就包含了不能偿还的风险。从这个意义上讲，银行绝大部分信贷资产都是包含了一定损失可能的风险资产。银行对信贷过程的质量把控，能够部分地减少信贷资产风险，但不能完全消除信贷资产中蕴含的风险。因此，商业银行必须对自身信贷资产中的风险含量进行经常性的评估和揭示。信贷资产风险评估和分类一般是根据国际通行规则（如《巴塞尔协议》）和监管部门有关规定以及信贷资产质量分类评级法进行。风险评估主要通过衡量全部资产（主要是信贷资产）中包含的加权风险量，用于资本充足率管理，防止银行进行高杠杆风险运作，以保证商业银行稳健经营；风险分类主要是通过对具体信贷资产的某些特征判断，对全部信贷资产进行等级分类，以确定对信贷资产提取坏账拨备的比例和高风险信贷资产处置措施，以保证商业银行的信贷资产质量处于比较良好的状态。

七、不良信贷资产处置

不良信贷资产主要指银行按照五级分类（或12级分类）办法评估，属于次级、可疑和损失类的贷款。对不良信贷资产实行全面管理与处置化解，是商业银行信贷经营中的必备环节，其目的是通过对不良信贷资产的有效处置，使商业银行信贷资产始终处于优良状态，保持信贷经营健康可持续。不良贷款的处置方式一般有：债务重组、企业兼并重组、依法清收、财务核销等方式。

第四节　信贷业务基本分类

信贷一般指商业银行向其客户进行融资或增信的行为。通过资金让渡使用，到期收回本息或通过承诺代位履约，收取费用。信贷业务有广义和狭义之分。

广义的信贷业务可以包括银行全部信用业务，如资产、负债和中间业务等。狭义的信贷业务仅指银行的授信、贷款、承兑、贴现、信用证、保函等业务。

根据信贷业务管理的需要，通常对信贷业务作如下分类：

一、按照业务核算方式分类

根据是否占用银行信贷资金，是否在银行资产负债表内进行核算，把全部信贷业务分为表内信贷业务和表外信贷业务。

（一）表内信贷业务

表内信贷业务指商业银行的信贷资金借贷业务。即将约定数额的资金按约定的利率暂时借给客户使用，客户在约定期限内，按约定的条件进行还本付息的信用活动。这类业务因发生了资金使用权的现实转移，银行与客户之间发生了实质性的债权债务关系，业务被记载于银行表内核算，故称表内信贷业务。如银行发放贷款或对客户提供的票据进行贴现。

（二）表外信贷业务

表外业务指商业银行根据客户要求，为客户的交易活动提供相应的信用保证。因银行在这个信用保证活动中并未实际动用信贷资金，按照现行的会计准则，这类活动不记入资产负债表内，不构成银行表内的资产负债，故称作表外信贷业务。这类业务中，银行与客户之间的债权债务处于"或有"状态，但这类信用活动在客户违约的情形下可能转变为银行的现实资产或负债。如担保业务和承诺业务。担保业务指商业银行接受客户委托对第三方承担直接付款责任的业务，包括担保（保函）、票据承兑、信用证等；承诺业务指商业银行向客户承诺在未来某一时点按照约定条件向客户提供约定的信用业务，包括贷款承诺、信用资产转让或回购等。

二、按承担贷款本息收回责任分类

（一）自营贷款

自营贷款指银行以合法方式筹集的资金自主发放的贷款，由银行自行承担贷款风险，并由银行收回本金和利息。自营贷款是商业银行最主要的贷款方式，按贷款对象不同，又分为个人贷款和公司贷款。

1. 个人贷款。指商业银行依法向自然人发放的贷款。一般为消费类贷款，也有部分经营性贷款。

2. 公司贷款。指商业银行向公司类法人组织发放的贷款。

另外，我国法律和监管规定不允许商业银行向政府行政机关、非营利社会团体和机构发放贷款；但实际经济生活中，类似组织的融资需求大量存在，商业银行通过一些变通的方式（如与非银行金融机构合作）也在进行操作，这方面的信贷业务（也称类信贷业务）发展尚有待法律层面上的突破。

（二）银团贷款

银团贷款指由一家或数家具有贷款资格的银行牵头，多家银行或非银行金融机构按协议份额出资参与，采用同一贷款协议，相同贷款条件对同一借款人或项目提供融资的贷款方式。银团至少由两家以上银行或非银行金融机构组成，一般适用于大型客户或项目建设。但在现实经济生活中常见的多家银行联合对一个借款人或项目贷款并不属于银团贷款，银团贷款必须具备以下特点：

1. 签有银团协议。以银团协议作为各家参与行权利义务的依据。银团协议通常需要明确：成员行、成员行在银团中的角色、各自出资份额；贷款对象、贷款条件、贷款期限、利率和费率；各成员行的权利、责任和义务；成员行违约责任和罚则、法律责任等。

2. 统一贷款运作。尽管有多家银行和金融机构参与，但银团的运作是统一和相对独立的。因此在银团中会设置不同角色来处理各种贷款事务。如：

牵头行。其任务是负责银团组建、起草银团协议、主持银团会议协商贷款条件、期限、利率等，协调成员行关系等。一般由出资份额最大的行担任，也可由两家以上份额较大的行担任。但一般的惯例是，牵头行在银团中的比例不低于20%。

管理行。负责贷款项目的尽职调查、风险评估、草拟贷款合同及相关担保协议；归集成员行提供的信贷资金、向借款人提供提款服务、负责向借款人收取利息和费用并按协议向成员行分配；负责贷后管理和收贷，代表银团处理客户违约事项。管理行由银团成员协商确定，通常由最大牵头行或借款人所在地成员行担任。

参与行。负责按银团协议按时提供资金，参与银团协议和借款协议的制定，分享银团利益。

3. 按比例承担权利义务。贷款根据银团协议比例组建，统一经贷款管理行出账，回收亦然。贷款收益剔除协议规定的费用分配外，按贷款出资比例分配，贷款违约形成的风险也以贷款出资比例分担。

（三）特定贷款

特定贷款指经国务院批准并对贷款可能造成的损失采取相应补救措施后责

成国有独资商业银行发放的贷款。这种贷款政策性成分比较多，一般用于国有企业的重大设备改造、国家重点工程建设、国家重点扶贫项目、成套设备出口项目（卖方信贷）、国家重点科研项目投资和重要农产品收购储备等。国家政策性银行成立后，这类贷款正在逐步淡出商业银行信贷经营领域。

三、按贷款期限划分

按贷款期限分类是国家有关监管部门根据监管需要以及商业银行为自身管理需要，按贷款期限的长短对贷款做的类别划分。根据我国监管部门的有关规定，贷款期限类别一般按如下划分：

（一）短期贷款

短期贷款指期限在 1 年以内（含 1 年）的贷款。

（二）中期贷款

中期贷款指期限在 1 年以上（不含 1 年）5 年以下（含 5 年）的贷款。

（三）长期贷款

长期贷款指期限在 5 年以上（不含 5 年）的贷款。

上述分类只是管理意义上的，贷款期限的具体选择和设定，是商业银行与借款人根据资金用途、现金回流的实际情况协商确定，在保证贷款安全性的前提下兼顾企业财务安全，减少不必要的资金闲置和财务成本，以获得最大财务效益。

四、按担保方式划分

商业银行贷款一般会根据贷款的风险预判采用一定的担保措施。以设置的担保措施的不同，贷款分为信用贷款和担保贷款两大类。

（一）信用贷款

信用贷款指凭借款人本身的信誉，银行未做任何担保要求而发放的贷款。一般而言，银行确定是否采用信用贷款形式，除了根据借款人历史上良好的信用记录外，还需要查看借款人还贷的第一还款来源是否充足。

（二）担保贷款

担保贷款指借款人向银行提供一定的财产或第三方信用作为第二还款来源的贷款。根据贷款担保的不同形式，可分为保证贷款、抵押贷款和质押贷款。

1. 保证贷款。指银行以第三方保证（在借款人不能按时偿还贷款时，按约定代为承担还款责任）发放的贷款。这种第三方还款保证从法律意义上分为一般保证责任和连带保证责任两类。一般保证责任指贷款到期后，在借款人履行还款的法律责任后，仍无法完全偿还贷款的，由保证人承担代位还款责任；连带保证责任指贷款到期后，无论借款人是否能够履行还款责任，保证人均有义务应贷款人要求履行还款义务。商业银行的保证贷款原则上应约定采用连带责任保证方式。

2. 抵押贷款。指银行以借款人或第三者提供的财产作为抵押担保而发放的贷款。按抵押财产的属性分为不动产抵押和动产抵押。不动产通常指土地、房产、设备等不可移动的财产，动产通常是企业生产的原材料、产成品等可非常容易进行移动的财产。不动产抵押通常应当经过法律认可的行政机关或社会中介机构进行抵押登记后才能生效。动产抵押一般需安排第三方监管，确保抵押期间抵押物完好无损。

3. 质押贷款。分为实物质押和权利质押两类，指银行以借款人或第三者的动产或权利作为质物而发放的贷款。实物质押一般需要较高价值的动产，其与动产抵押主要区别是实物的保管形态，作为抵押物的动产通常由贷款人委托第三方进行监管，而作为质押物的动产，则必须将实物转移到银行进行保管。作为质押物的权利一般指具有显性市场价值并能够进行变现的权利，在该权利项下，所有人享有该权利的收益权和处分权。权利质押则类同不动产抵押，需经过法律认可的行政机构或社会中介机构进行登记后才能生效。

五、按贷款用途划分

不论何种贷款，借款人都有实际的用途。银行通常根据贷款用途不同，设计不同的贷款品种和风险管理措施。所以按贷款用途划分贷款，对信贷经营和管理具有十分重要的意义。但如果按照每一个贷款的具体用途进行贷款分类，就可能分出无数别类，所以一般商业银行均以用途大类来划分贷款，并据以安排信贷流程、贷款条件和风控措施。

（一）消费类贷款

消费类贷款主要指银行向合格自然人发放用于指定消费用途的贷款。如个人住房贷款、助学贷款、汽车消费贷款、家居消费贷款、综合消费贷款、留学生贷款、校园贷等。消费类贷款的特点是：贷款用于消费，其价值运动是单向的，货币经过使用趋于消亡。而贷款的归还则依赖于借款人未来收入，或其他可用于还贷的资金来源。所以，消费贷款在用途管理、贷后管理和还款保障措施的安排方面均有别于其他贷款。

（二）流动资金贷款

流动资金贷款指银行为满足借款人在生产经营过程中的短期资金周转需要，并以本次资金周转回归的现金流作为第一还款来源而发放的贷款。企业在生产经营的资金周转过程中，对流动资金的需要一般来自四个方面：一是企业集中采购原材料发生的集中支付需要；二是企业在生产过程中，对在产品和产成品临时占用的需要；三是企业在销售产品过程中，垫付买方延期支付的需要；四是企业扩大再生产引起自有流动资金暂时发生缺口的需要。银行根据客户对流动资金需求的具体情况进行贷款安排，一般有：营运资金贷款，主要用于企业补充自有流动资金的暂时短缺，通常是中短期贷款；贸易融资，主要帮助企业解决采购、储备、销售过程中的临时资金短缺，一般均为短期融资。另外，对于企业或有的短期资金需求，银行也会采用类似备用贷款、法人账户透支等短期融资方式加以解决。

（三）项目贷款

项目贷款指银行为了满足借款人在生产经营过程中新建、扩建、开发、购置或更新改造固定资产投资活动而产生的中长期资金需求，并以项目未来产生的折旧作为第一还款来源而发放的贷款。按项目性质、用途和产品开发生产不同阶段划分，项目贷款主要包括项目融资、设备采购、固定资产贷款、项目营运期贷款、出口买方信贷、外汇转贷款等具体品种。房地产开发贷款从大类上讲也属于项目贷款，是银行专门用于与企业房地产的开发、经营活动有关的贷款。

（四）并购贷款

并购贷款指银行支持企业间收购、兼并行为而发放的贷款。并购贷款与一般的公司贷款具有明显不同的特点：第一，贷款基于的交易对象不是商品，而是企业。从财务角度上看，交易的不是使用价值，而是资产负债的集合体。第二，贷款资金的价值运动类似于资本运动，其价值回归不是单纯的销售收入，而是被并购企业的综合盈利水平。第三，相对于普通的流动资金贷款和项目贷款，并购贷款的还款来源更加依赖于借款人的综合偿债能力。因此，此类贷款对于商业银行而言，对风险管理的要求更高。

第五章　信贷业务关系人

信贷业务关系人指信贷业务过程中涉及的各方利益相关人。各个关系人之间在信贷业务过程中的相互联系，则称为信贷关系。了解信贷业务关系，对于理解信贷业务的组织和运行意义重大。

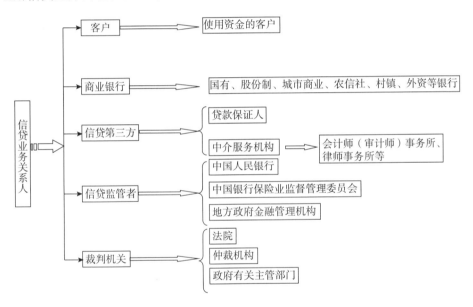

图5-1　信贷业务关系图

第一节　客户

客户指在信贷业务关系中，与商业银行处于借贷对立面的实体，可以是法人，也可以是自然人。客户与银行在一个信贷业务中构成了矛盾的对立统一体。没有客户就没有银行，没有银行也无所谓客户，他们相互依存，共同发展。

对于银行信贷业务而言，客户主要有两类：提供信贷资金的客户和使用信贷资金的客户。

一、提供信贷资金的客户

提供信贷资金的客户主要是存款客户。存款客户将自身所有或持有的货币资金，以一定的期限和约定利率存放在银行账户中，授权银行可以使用这些资金，从而成为银行开展信贷业务的物质基础——信贷资金。

我国商业银行中，存款客户一般分为个人存款客户和对公存款客户。由于我国现行法律法规和商业银行惯例不鼓励自然人在银行开立纯粹用于结算的账户，因此个人存款通常表现为储蓄存款，包括活期储蓄、定期储蓄和大额可转让存单。对公存款是指商业银行通过客户普通结算账户和定期存款账户吸收的法人存款，包括一般性存款、同业存款和财政性存款等。一般性存款的存款主体为各类企事业单位存款，这是对公存款的主要来源。同业存款指金融机构之间开展的同业资金存入与存出业务，其存款主体为商业银行以及其他非银行金融机构。财政性存款主要是财政金库款项和其他特种公款等，包括国库存款和其他财政存款。

存款客户向商业银行提供了绝大部分信贷资金来源。除此以外，商业银行为了满足其信贷资金流动性的需要，也向中国人民银行（中央银行）进行临时借款，以及向银行同业进行短期资金拆借，作为信贷资金来源的必要补充。

二、使用信贷资金的客户

使用信贷资金的客户也就是通常所讲的借款人。借款人通常因为生产经营和投资活动中自有资金不足或者当前收入不足支付当前消费需要，而愿意在一定期限内、以支付一定的利息为代价向银行请求信贷资金支持。

在我国商业银行信贷实务中，一般把借款人分为个人信贷客户和法人信贷客户两大类。这种分类主要是由于个人客户和法人客户在信贷需求、政策、管理和风险管控方面存在一定的差异。个人客户的信贷需求主要是满足消费需求，其信贷的依据是个人未来可预期的收入，客户数量多而单个客户的贷款量相对不大，风险贷款追索可以覆盖到借款人个人全部财产以及生命存续期。而法人客户则完全不同，法人的信贷需求主要是满足其经营过程中的资金周转和扩大再生产的需要，其信贷依据是客户未来产生的经营现金流状况；法人贷款不仅数额大，而且往往是以法人财产为限履行清偿债务责任，法人破产清偿后贷款债务就趋于灭失。由于这些方面的不同，因此银行在信贷政策、信贷管理、业务处理和风险管理方面均会作出不同的安排。

目前我国相关法律明确支持的个人信贷客户是：具有完全行为能力的中国公民、具有合法有效的身份证明及贷款行所在地户籍证明（或有效居留身份证明），年龄符合商业银行要求，工作稳定或者有稳定经济收入，具有还本付息能力的自然人。但实践中，部分具有未来还款来源的无当前收入者，如大学生，部分符合信用条件但没有城镇户口的农民工或农村人口，如农民，也被允许向商业银行或其他金融机构申请特种用途的消费贷款，如助学贷款、助农贷款等。因此，个人信贷客户实际上就是符合商业银行信贷安全边际要求的、具有向商业银行提出信贷需求意向的自然人。

法人信贷客户是指以某种经济组织形式存在的、符合商业银行信贷安全边际要求的、具有向商业银行提出信贷需求意向的企事业法人和盈利性组织。目前我国法律不支持政府行政机构向商业银行贷款，因此尽管政府行政机构从法理上讲也是法人组织，但它不是商业银行的贷款客户。

依据我国有关法律、法规，作为企业法人的信贷客户主要有个人独资企业、合伙企业和公司三类。个人独资企业，即为单一自然人出资经营、所有和控制，并由其独立承担经营风险和享有全部经营收益的企业。个人独资经营企业一般是无限责任企业，出资人以其个人的全部财产承担经济责任。合伙企业，即自然人、法人或其他组织依照《中华人民共和国合伙企业法》在中国境内设立的，由两个或两个以上的自然人通过订立合伙协议，共同出资经营、共负盈亏、共担风险的企业组织形式。公司，即依法设立的，有独立的法人财产，以营利为目的的企业法人，其两种主要形式为有限责任公司和股份有限公司。公司按承担经济责任的范围分为有限责任公司和无限责任公司两类，有限责任公司以公司财产为限对公司债务承担清偿责任，无限责任公司则在公司财产清偿完毕后，还要追索出资人的个人财产来清偿剩余债务。另外，我国也经常按照企业所有制类型和经营规模对企业进行分类。

法人信贷客户中，除了企业法人外，商业银行也向除法律规定不能贷款的法人组织（如政府行政机构、慈善组织、军队等）以外的其他法人组织进行融资。如学校、医院、科研机构、文化事业单位等。

第二节 商业银行

商业银行是信贷资金运动的中介，是连接资金提供方和使用方的桥梁和纽带，也是提高社会资金使用效率的重要载体。商业银行在社会总体资金的运动中扮演的角色是：一方面，商业银行利用国家赋予的法定中介职能和自身金融服务功能中衍生出来的资金归集功能，以及经营中建立起来的信誉，向社会公众借入闲置资金，把众多个别的、小量的、闲置时间不同的资金变为一个巨大的、长期的、相对稳定的、可用于出让的信贷资金；另一方面，商业银行作为信贷资金的代表，根据国家经济、金融政策和社会经济活动状况，通过自身网络、服务触点为信贷资金寻找恰当的使用者，运用自身的专业金融知识和风险管理技能管理这些信贷资金，使资金通过运用产生效益。

目前我国的商业银行主要分为六大类，第一类是国有商业银行，如工农中建交五大国有商业银行；第二类是股份制商业银行，如招商银行、浦发银行、中信银行、华夏银行、平安银行等；第三类是城市商业银行，如北京银行、上海银行、浙商银行、天津银行、江西银行、温州银行等；第四类是农信社及农商银行，如江西省农村信用联社、浙江省农村信用联社、吉林省农村信用联社、绍兴县农商银行、成都农商银行等；第五类是村镇银行，如北京密云汇丰村镇银行有限责任公司、国安村镇银行、平湖村镇银行等；第六类是外资银行，如汇丰银行、花旗银行等。

另外，近年来国家允许民营资本组建商业银行，如温商银行、网商银行等，但此类银行除了发起资本与股份制商业银行有所区别外，实际上是普通的股份制银行。

在我国还有一类政策性银行，如国家开发银行、中国进出口银行、中国农业发展银行，它们尽管不属于商业银行，但这些银行也部分地从事商业银行的信贷业务。

第三节　信贷第三方

单个信贷资金的运行，从理论模型上讲只涉及客户、银行，或者更细分一点，只涉及存款客户、银行和借款客户。但信贷业务在实际运行过程中，仅有这两方是不够的，还涉及其他方面的参与者。

一、贷款保证人

在信贷业务过程中，银行对一些借款人的还款承诺不够信任的时候，需要借款人提供一定的贷款担保，以保障万一借款人在贷款到期时无法履行还款义务时，贷款仍能得到必要的代偿。贷款担保除了物权质押或抵押以外，也可以由借款人提供第三人担保，该担保人即为贷款保证人。

贷款保证人可以是具有相应代偿能力的个人、企业、其他法人组织，也可以是专业的融资性担保公司或担保基金。保证人在信贷业务中的功能是：为借款人履行借款合同项下的债务向银行提供担保，当借款人不按借款合同履行到期债务时代位履行还款义务。其对信贷业务的意义是为借款人增加信用，使信贷业务的开展更加顺畅。从法律上讲，保证人提供保证的形式有两种：一般保证和连带责任保证。一般保证只是对借款人履行还款责任以后的剩余债务进行代偿；而连带责任保证则是指保证人具有与借款人同等的偿债责任，当借款人不能按期履约时，银行可以直接向保证人主张权利而无须等到借款人清偿完毕。所以，在签署贷款保证合同时银行一般应当主张连带责任保证。

就信贷业务而言，对保证人的管理需要关注三个方面：一是保证人是否具备签署保证合同的合法资格，即保证合同在保证主体方面是否具有合法性；二是保证人是否具有相应的保证能力，能否在借款人不能履约时承担起代位还款的责任；三是保证合同约定的保证形式，是否与本行的要求相一致。

二、中介服务机构

社会中介服务机构作为市场经济深度发展的产物已广泛介入商业银行信贷业务各个环节之中，并发挥着日益重要的作用。这些中介机构主要服务于商业银行在信贷过程中依靠自身能力难以做好的事项（如专业性不够、成本较高、信息收集困难、公信力不够等方面的事项），以使信贷活动成本更低、更加安全可靠。

目前我国商业银行信贷过程中一般有以下中介机构介入：会计师（审计师）事务所、律师事务所、资产价值评估机构、物流监管机构、抵（质）押物登记机构、保险机构、公证机构、征信机构。

（一）会计师（审计师）事务所

会计师（审计师）事务所主要为商业银行提供企业财务报表的审计服务。企业财务报表主要包括资产负债表、利润表、现金流量表、所有者权益变动表（或股东权益变动表）和财务报表附注。企业财务状况是企业生产经营过程和经营结果的直接反映，也是商业银行判断客户是否为合格借款人以及安排贷款数量、期限和风险控制措施的重要依据。尽管从理论上讲，银行信贷人员应当具备读懂并发现企业财务报表问题的能力，但从专业能力的角度上讲，银行信贷人员在企业财务管理方面毕竟只是"业余水准"，而这项工作对于银行信贷安全来讲又极端重要，因为如果企业财务报表的完整性和真实性存有问题，那么商业银行的信贷决策、风控措施和贷后管理措施就会全部失效。所以，银行需要依赖专业会计师的帮助来完成这项工作。

对于银行而言，对会计师（审计师）事务所的管理需要关注两点：一是会计师（审计师）事务所的执业经验和会计师的专业能力，避免出现委托事项与其能力不能匹配，导致审计工作质量不高的问题；二是会计师（审计师）事务所的诚信程度，杜绝会计师、审计师出现人为的道德风险。

（二）律师事务所

律师事务所主要为银行提供法律顾问和法律事务服务。虽然银行信贷业务基于业务参与各方的诚信，但在市场经济体系中，一切经济关系最后均应当以法律为依据。银行与客户以及银行与其他关系人的所有交易行为均需依法签订合同和协议，并依据合同和协议规定行使相关权利、履行相关义务。尽管很多商业银行内部设有专门的法律事务机构从事信贷业务过程中产生的相关法律事务，但是也有许多太过复杂和太过专业的法律问题是银行自己的法律事务人员难以有效解决的，需要专门的法律专家提供服务，所以商业银行也会经常聘请专门的律师事务所为自己提供相关服务。

对于银行而言，对律师事务所的管理也要关注两点：一是律师事务所的执业经验和律师的专业能力，避免出现委托事项与其能力不能匹配，导致相关法律事项失误和失败的问题；二是律师事务所和律师的诚信程度，杜绝发生人为的道德风险。

（三）资产价值评估机构

信贷业务需要资产评估服务主要源于贷款的抵质押物管理。许多时候借款人向银行贷款需要提供担保，引发银行确认贷款担保物价值的需要。正是由于贷款担保物的价值以及变现方面的因素对于贷款决策、贷款数量、期限和风控措施的安排具有极其重要的意义，所以银行必须依靠专门的资产评估机构来帮助进行评估。这类资产评估机构，一般指依据国家《资产评估机构审批和监督管理办法》《房地产估价机构管理办法》和《土地估价中介机构管理办法》设立并取得相应的评估从业资质，向社会提供资产评估服务的资产评估、房地产估价、土地估价及其他专业资产评估机构。

目前我国此类资产价值评估机构比较杂乱，归口监管不一，监管总体不够严格，经常导致资产评估结果差异较大，可信度不高。银行对此类评估机构的管理，除了要关注其执业能力和执业道德水准以外，应当建立统一标准的准入门槛，以防止出现评估质量影响信贷安全的问题。

（四）物流监管机构

物流监管指拟融资的企业把抵质押商品存储在物流企业的仓库中，然后凭借物流企业开具的仓单向银行申请授信，银行根据质押商品的价值和其他相关因素向企业提供一定比例的授信额度，并委托物流企业代为监管质押物。物流监管机构是指经国家工商管理部门批准设立，具有运输、配送、仓储及监管等专业资质，为银行金融业务提供第三方监管服务的企业。当前，以仓单出质向银行叙做短期融资的情况较少，物流监管机构介入银行信贷业务大多只是受银行委托向贷款企业派驻仓库第三方监管，例如，派员参与企业仓库监管、对企业仓库进行"加锁"管理、安装探头等。由于目前法律层面上对第三方监管缺乏明确的权利义务和承担经济责任方面的规定，因此，银行在委托物流监管时，对选择监管机构、订立委托监管合同应当格外谨慎。

（五）抵（质）押物登记机构

根据我国相关法律规定，银行与贷款人（或抵押人）就贷款抵（质）押事项签订抵押合同后，必须就该抵（质）押合同项下的抵押物到法定登记机构进行登记，取得他项权利证书或者抵（质）押登记证书，以取得法律对该抵（质）押事项的确认。理论上，未经登记的抵（质）押权不受法律保护。

办理抵押物登记的部门如下：以建设用地使用权抵押的，为核发建设用地使用权证书的土地管理部门；以城市建筑物（含正在建造的建筑物）或者乡镇、村企业的厂房等建筑物抵押的，为县级以上政府房地产管理部门或同级人民政府规定的其他部门；以森林、林木、林地使用权抵押的，为县级以上政府林业主管部门；以矿业权抵押的，为县级以上地方人民政府地质矿产主管部门。以法律未明确抵押物登记部门的其他财产抵押的，如生产设备等，可以在抵押人所在地的公证机构进行登记。

办理质物的登记机构有：以银行间债券市场托管的记账式债券质押的，为中央国债登记结算公司；以证券交易所、证券结算机构登记、托管的基金份额、股权、记账式债券质押的，为中央证券登记结算公司；以银行柜台交易系统购买的记账式债券质押的，为承担托管责任的承办银行；以期货标准仓单质押的，为开具标准仓单的期货交易所；以公路收费权、电费收费权、普通应收账款质押的，为人民银行征信中心应收账款质押登记系统；以商标专用权或非上市公司股权质押的，为工商行政管理部门；以专利权质押的，为中国专利局；以著作权质押的，为国家版权局。

（六）保险机构

一般情况下，以房屋、车辆、林产等抵押方式办理的贷款业务都必须对抵押物办理保险，保费通常由借款人缴纳，特殊情形下也可以由银行缴纳，但必须以贷款银行为保险第一受益人。目前我国保险机构较多，选择哪家保险公司进行保险，一般由银行与贷款客户协商确定。

（七）公证机构

公证机构指依法设立的，根据自然人、法人或者其他组织的申请，依照法定程序对民事法律行为、有法律意义的事实和文书的真实性、合法性予以证明的机构。在现行法律中，没有规定借款合同和担保合同必须公证，公证与否并不会对借款合同和担保合同的法律效力产生影响。所以，签订相关合同文本，是否要到公证机构进行公证，由合同双方当事人自行决定。

（八）征信机构

在我国，与商业银行信贷业务相关的征信机构主要是中国人民银行征信中心。商业银行信贷业务过程中，使用征信机构的目的主要是核实客户身份，查看信贷客户的信用状况以及违约记录，杜绝信贷欺诈。同时，将信贷客户在本行业务过程中的信用状况纳入征信中心的信用信息基础数据库和动产融资登记系统，通过征信系统在企业及个人社会经济生活中的约束性和影响力，有助于培养和提高借款人遵守法律、尊重规则、尊重合同、恪守信用的意识，提高其诚信水平。

第四节　信贷监管者

全社会信用体系涉及面十分广泛，从商业银行信贷业务直接涉及的关联方看，除了中介服务机构外，还有业务监管机构和裁判机关。如果说中介机构提供的服务，为借贷双方扫清了信用信息不对称引起的各类问题，那么业务监管则从法律法规方面对借贷双方的行为进行规范，从而保证借贷业务符合宏观调控和法律法规的要求。

根据《中国人民银行法》《商业银行法》和《银行业监管法》规定，我国商业银行信贷业务的监管者主要是人民银行和银保监会。近年来，随着金融业务体制改革和行业发展，各级地方政府也组建了属地金融监管部门，制定了相应的监管法规和制度，对属地银行业机构的业务和经营活动进行监管。因此，各级政府的金融监管机构也是商业银行信贷业务的监管者。

一、中国人民银行

根据《中国人民银行法》规定，人民银行的监管职能基本定位于维护金融体系的整体稳定，防范和化解系统性风险，主要着眼于通过相关的货币政策和外汇政策工具对金融市场整体进行宏观调控，牵头建设和维护与金融业有关的社会信用体系，发挥监管的基础性作用。在法律明确列举的、与货币政策和金融系统风险控制密切相关的特定领域以及外汇管理方面，人民银行根据国务院授权，可以对具体的银行业机构实施具体监管。如当银行业机构出现支付困难可能引发区域性或系统性金融风险时，经国务院批准人民银行可以直接接管相关的银行业机构，实施具体的风险化解措施。

运用货币政策工具，透过市场货币供应对银行业的信贷行为进行干预是人民银行实施宏观调控的主要手段。央行调节社会信用总量的手段很多，主要有：调整存款准备金率、调整基准利率、央票公开市场操作等。这些政策工具的操作影响到基础货币供给数量，对商业银行而言具有倍数派生效应，俗称"银根"调控。如央行对商业银行再贷款的利率调整，当经济发展需要更多货币时，央行会降低放款利率，鼓励商业银行向其借款，从而放松"银根"；反之则会提高放款利率，限制商业银行向其借款，从而抽紧"银根"。因此，央行的再贷款利率，在很大程度上也会影响到商业银行的商业贷款利率，进而影响整个经济体中的信贷规模。再如，降低存款准备金，则意味着商业银行可以动用更多存款用于信贷，相当于"银根"松动，反之则是抽紧"银根"，使商业银行信贷规模趋于紧缩。同理，央票的市场操作和基准利率的调整，均会导致市场信贷规模的松紧。

二、中国银行保险监督管理委员会

中国银行保险监督管理委员会于2018年由原银监会和保监会合并成立，原银监会在36个省级和计划单列市设立监管局，在地市设立监管分局，在主要县市设立监管办事处。具体监管职责包括：

（一）市场准入监管

市场准入监管包括银行机构的设立、撤并和迁移，以及对高级管理人员任职资格进行审核和监管。

（二）经营管理监管

制定并发布对银行业机构及其业务活动监督管理规章、制度以及审慎经营规则和业务指引。对银行业机构贯彻执行上述规章和指引的情况，以及内部管理制度和内部控制状况进行检查监督。

（三）业务活动监管

对银行业机构的各项业务和经营活动的合规性进行检查和监管，包括对业务范围、业务经营、同业往来、结算服务和利率、收费等具体活动进行检查和监管。

（四）风险状况监管

对银行业机构的业务风险状况进行核查和监管。

（五）信息披露监管

要求银行业机构定期报送相关报表和经营管理资料，并负责督促银行业金融机构如实向社会公众披露相关信息。

银保监会被国家授权对银行机构违反监管规定的行为作出处罚。总体上看，银保监会系统的监管属于具体的、直接的、带有刚性要求的监管，与人民银行的调控式监管有所区别。对商业银行的具体经营活动来讲，具有更强和更直接的约束力。

三、地方政府金融管理机构

2002 年自北京设立金融办以来，随着新一轮地方机构改革的深入，各级地方政府普遍加大金融管理机构建设的力度。目前在全国省、市以及县级政府中普遍设立了由金融办发展而来的地方金融监督管理局。

多数地方政府的金融监管工作由地方政府的金融管理机构负责，协调"一行两会"和全国性金融机构在当地的分支机构开展工作，推动地方金融创新、维护地方金融秩序。其主要职责有：引导鼓励和支持各类金融机构的改革创新、拓展业务，加大对地方经济和各项事业发展的支持；研究分析本地金融形势和金融业务运行情况，制订本地金融及金融产业发展的中短期规划和工作计划；负责地方信用体系建设工作，组织协调有关部门建立和完善信用制度及法规体系，监管信用中介机构；监督管理地方贷款担保机构、担保基金，指导本地开展贷款担保业务；组织协调规范、整顿和维护本地金融秩序，防范化解地方金融风险；研究地方金融安全政策和措施，促进本地金融安全等。

地方金融管理机构的作用介于宏观调控与直接监管之间，主要职责是协调一行两会的监管政策在本地落地实施和相互配合，同时对一行两会监管范围之外的参与金融活动的机构、组织和业务活动进行监管和约束。对于商业银行业务经营而言，具有一定的约束力和规范作用。

第五节　裁判机关

在我国，与商业银行信贷业务密切相关的裁判机关主要有法院、仲裁机构和政府主管部门。裁判机关的作用主要是解决和协调信贷业务过程中，银行与客户借贷双方产生的经济纠纷。

一、法院

法院是依据宪法设立的国家机关，通过审判活动惩治犯罪分子，解决社会矛盾和纠纷，维护社会公平正义。就商业银行信贷业务而言，法院代表国家法律意志，最终裁决银行与客户双方的借贷纠纷。

银行与客户之间就信贷业务产生纠纷，一般采用协商方式解决。当协商方式无效的时候，应当通过法律方式进行解决。法律方式解决的最终形式就是向法院提起诉讼。依法诉讼一般经过以下环节：

（一）起诉

借贷双方之一，向人民法院递交起诉状，要求涉诉的对方履行合同义务，赔偿经济损失。涉诉对方一般是借贷主体中的被告，起诉方和被诉方也可以根据纠纷的具体情况，向法院申请追加相关第三人为被告。

（二）法院审理

法院审理一般有立案、管辖地审查、涉诉纠纷审理、庭审辩论、法庭合议等环节。参加诉讼的银行在这些环节中需要注意的事项，一是诉前保全。即在起诉开始前申请法院冻结被告的账户及有关资产，以避免被告方转移资产。二是解决管辖地争议。一般而言，银行与客户应在业务合同中明确诉讼管辖法院，但也有出现没有约定或在法院有关规定中存在异议的情况，银行应在诉讼立案后，解决存有异议的问题，争取将诉讼管辖法院指定在对自身有利的地方。三是收集证据、进行诉讼论证、选聘合适的律师对诉讼进行代理，以确保诉讼朝有利于银行的方面进行。

（三）判决

法院经过庭审、合议，最后会对案件依法进行判决。法院判决分为一审判决、二审判决和终审判决。诉讼双方对一审判决不服的可以在规定的时间内向一审法院的上级法院提起上诉，由上级法院进行二审；二审原则上为终审。但当事人对二审判决仍然不服的可以向更高级别的人民法院申诉；更高级别的人民法院经过复审，会作出"维持二审判决""发回重审"或由其直接重审后判决。最高人民法院为我国最终判决机关，对最高院终审判决仍有异议的，只能通过最高人民检察院提出抗诉，由最高法院重新审理。作为商业银行，在这个阶段应重点关注是否接受判决结果，是否需要向上级法院提出上诉或申诉。同时，做好上诉或应诉的各项准备工作。

（四）判决执行

法院的判决，当事人在规定时间内没有上诉，即为生效判决，被告一方应当按法院判决结果在规定的时间内履行相应义务。被告一方如不履行相应的义务，人民法院可以进行强制执行，包括采取相应的法律制裁措施。商业银行在判决生效后要主动督促被告方履行判决义务，同时，做好向法院申请强制执行工作和相关的配合工作。

二、仲裁机构

仲裁机构一般指依法设立的，由非司法机关仲裁员组成的，专门进行民事纠纷调解、裁决的机构，通常称为仲裁委员会或仲裁庭。

尽管仲裁也是"以事实为依据，以法律为准绳"，其裁定也具有法律效力，但仲裁庭与法院不同：一是仲裁必须双方自愿，而非原告方的单方行动。争议双方只要有一方不愿意采用仲裁方式，就不能仲裁。二是仲裁原则上以调解为主，促成双方达成和解，而非法律判决。三是仲裁庭的裁定不能动用国家机器强制执行。且经过仲裁的纠纷，人民法院不再受理其诉讼。四是仲裁采用"一裁终局"，不存在复裁过程。

对于商业银行与客户之间的信贷纠纷，采用仲裁的好处是：灵活、快捷、成本较低。但采用仲裁也存在一定的难度和执行风险，如与客户达成一致意见比较困难，同时很难控制客户不执行仲裁结果的风险。因此，在商业银行的信贷业务实践中，仲裁方式一般应用于小额资金纠纷或商业银行本身作为被告的纠纷之中。大额信贷纠纷，特别是客户无力偿还信贷本息的，一般应当采用诉讼方式。

三、政府有关主管部门

在我国的信贷业务实践中，还存在大量的纠纷，不适合直接采用法律裁判的方式，需要借用政府行政力量进行调解处理。如涉及与国有企业有关的信贷纠纷、涉及与民间集资有关的信贷纠纷等。政府部门参与信贷纠纷的调解与裁判主要依据政府的公信力以及其在经济秩序管理方面的行政权力，对纠纷双方具有一定的制约作用，特别是执行简便、成本低廉，所以也通常被民间作为纠纷调解的第一选择来使用。但需要注意的是，政府部门的调解与裁判，一般不具有法律意义上的强制执行力，纠纷双方不服的，仍可通过法律途径进行解决，甚至可以向法院对政府部门的不当作为提起行政诉讼。

第六章 信贷业务组织

静态看，信贷业务组织是商业银行具体承担和实现信贷业务的基本载体。动态看，信贷业务组织是指商业银行根据国家法律、监管要求和经营目标，将自身的各种经营资源，包括人、财、物、渠道、技术、权限、客户资源等，按照一定的逻辑进行合理组合，以实现信贷业务过程的管理行为。

第一节 信贷组织架构

信贷组织一般指商业银行内部各种信贷职能组织以及组织功能的设计和结构化安排。理论上讲，信贷业务过程决定了业务流程的总体设计要求，而业务流程的总体设计要求则决定了信贷组织架构及岗位的设计。但辩证地看，组织架构和岗位设计也会反过来影响业务流程的设计乃至整个信贷过程的运行。因此，实践中信贷业务组织往往从信贷组织架构设计开始。

从一个最简单的银行（无分支机构的单一银行）来看，实现一个完整的信贷过程，商业银行必须具备以下组织功能：

1. 制定信贷政策和原则，以确定本行的信贷偏好、贯彻和适应政府相关经济政策。

2. 有最基本的信贷制度和信贷业务产品，以使信贷业务对内可以操作，对外可以被客户感知。

3. 对信贷业务全过程按照风险隔离原则进行业务环节分离，以符合信贷经营的特殊规律和监管要求。

4. 对信贷资金进行具体运作，使信贷资金能够进入实际的循环周转，为客户提供融资，为银行创造收益。

5. 对信贷业务实施权限管理，以使大额风险管控集中在主要管理者手中，分散小额信贷运作以提高业务效率。

而对体系较为庞大的大中型商业银行，则还需对各个分支层级和业务渠道的信贷功能进行定位和区分，以实现全行整体信贷功能结构合理、运转流畅。按照金字塔式职能型公司组织原理，上述信贷组织功能的实现，纵向分为决策层、管理层、执行层；横向分为市场接触营销、产品支持、业务操作、风险控制、政策制度管理、执行检查及反馈纠正等职能部门，各种职能部门根据自身职能，相互协调配合实现全部组织功能。

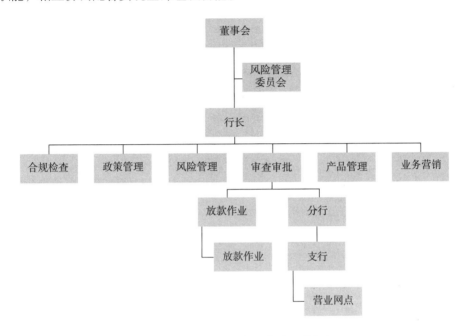

图 6-1　大中型商业银行各种职能部门

一、信贷组织纵向架构

纵向组织架构指信贷业务的组织功能在整个商业银行纵向层面上的安排。小型银行一般由决策管理层和执行操作层组成；大中型商业银行一般由决策管理层、经营管理层和执行操作层组成。决策管理层一般指股东大会下设的董事会及其专门委员会；经营管理层一般指履行日常经营管理职责的高级管理岗位及相关管理部门；执行层主要指具体进行业务运作的机构及其作业岗位。

（一）董事会及其专门委员会

董事会是商业银行股东大会下设的最高风险管理和决策机构，承担商业银行风险管理的最终责任，对股东大会直接负责。在信贷业务方面，董事会负责审定全行风险管理的战略决策，确定商业银行可以承受的总体风险限额水平，确保商业银行能够有效识别、计量、监测和控制各项信贷业务所承担的各种风险。

董事会通常下设风险管理委员会，专门审查风险管理战略、重大信贷业务和投资风险活动，对高级管理层和相关职能部门履行风险管理和内部控制职责的情况进行定期评估，并提出改进要求。

（二）高级管理层

高级管理层指对全行业务经营和管理活动具有重大影响，直接对董事会负责的经营管理执行人员。在商业银行，一般指行长、副行长、执行董事、董事会秘书、首席风险官、财务官、信息官等。高级管理层在信贷经营、管理方面的主要职责是根据董事会提出的风险管理政策，制定经营过程中具体的风险管理程序和操作规程，及时了解掌握全行和分管领域的业务风险水平及其管理状况，并确保商业银行具备足够的人力、物力和恰当的组织结构、管理信息系统及技术手段，有效地识别、计量、监测和控制各项业务所承担的各项风险，并对信贷业务的总体风险控制水平负责。

（三）信贷业务执行层

信贷业务执行层一般由信贷业务的前中后台部门和业务保障部门组成，并从总行一直延伸到基层分支机构的相应部门和岗位。尽管从执行层的各级岗位职责看，具有很大差异，越到上级层面，制度管理、产品设计和流程控制职能越强；越到基层，客户营销、业务操作和贷后管理的职能越强，但执行层的总体职能就是确保全行信贷业务战略、风险管理政策、基本规章制度的有效落地和执行，推动信贷业务稳定健康可持续发展。

二、横向功能性组织架构

目前，我国商业银行一般都是根据各种信贷业务功能所处理的对象和功能不同，按照信贷业务过程把整个信贷职能分为前台业务、中台业务和后台业务，设立不同职能的部门以确保信贷业务的风险管理要求在组织体系内得到落实，使各种在实际信贷业务运行过程中可能出现冲突的业务职能在这一组织架构内得到相互制衡。

（一）信贷业务前台

信贷业务前台的功能主要是作为商业银行与客户往来的"触角"，其任务是负责客户营销和维护，销售信贷业务产品。他们负责分析目标市场和寻找目标客户，对客户提出的信贷需求进行尽职调查，发起内部信贷业务流程，向贷款的审查审批机构提供客户基本资料、动态情况和业务申请，并对已经发放的贷款实施贷后管理、报告贷款使用状况。信贷业务前台的主要责任是确保信贷客户质量合格，提供的尽职调查报告真实可靠，贷款使用符合合同规定、运行正常。此外，信贷业务前台还负责收集客户需求，向信贷业务中后台反馈，协助业务创新。前台业务组织根据商业银行本身的经营传统、目标市场、客户结构等因素来决定设置。如有的小型银行只设立了市场营销部或客户经理部，而一些大型银行则根据客户对象不同设立了公司业务部、普惠金融事业部、个人金融业务部、网络融资业务部、国际业务部等。

（二）信贷业务中台

信贷业务中台的基本功能是为业务前台有效开展信贷业务营销提供产品支持和风险管控。其主要任务是根据客户需求设计相应的信贷产品，改善产品功能，提高服务效率；对信贷业务前台发起的信贷业务进行授信管理和审查审批；对已获批准的贷款业务履行必要的法律手续和业务技术审查，并发起放款流程。其主要职责是贯彻落实全行的信贷政策、规章制度和风险偏好；响应前台反馈的业务新需求，对这些新的业务需求进行研究，创新产品办法以及管理要求。

信贷业务中台组织的设置主要是根据商业银行本身的需要，但一般包含三种不同功能的部门：一是负责信贷产品管理的部门，通常是按产品条线设计的，如项目信贷部、工商信贷部、个人信贷部、国际业务部、资产管理部、投资银行部等；二是信贷业务审查审批部门，如风险管理部或审查审批部；三是放款管理的部门，如放款部等。

需要指出的是，国内现有的商业银行中，大多数并未将信贷产品管理和放款管理独立设计成中台业务，而是将这些职能交由前台营销部门承担。前中后台职能在组织架构上的交叉，一定程度上导致了新产品的过度开发和信贷操作风险的失控，这方面的问题需要在商业银行今后的发展中逐步加以改进和完善。

（三）信贷业务后台

信贷业务后台的主要功能是：向银行内部导入国家对经济金融的有关法律、政策、外部监管规定，按照董事会和高管层对于本行信贷决策、风险偏好的有关要求，制定、发布和贯彻本行具体可执行的风险管理政策、信贷政策和制度、信贷业务管理要求；对信贷资产进行风险监测和预警，按照监管规定组织信贷资产质量分级并实施管控；组织对不良贷款进行分类处置；对信贷前、中台的业务过程及行为进行合规性检查和纠正；就全行信贷业务经营状况、资产质量状况、业务合规状况向高管层和监管部门进行报告。其主要职责就是确保全行信贷业务经营符合法律法规和监管要求，业务发展结构符合董事会和高管层作出的风险管理决策，信贷业务总体运行平稳可靠。

　　信贷业务后台组织的设置一般是商业银行内部负责信贷政策制定、风险管理、控制和处置的部门。如信贷政策、制度管理部门，风险管理部门，合规管理部门等。

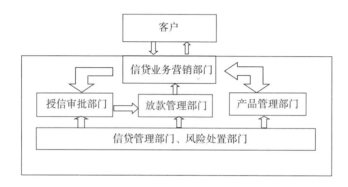

图6-2　大中型商业银行信贷业务后台组织的设置

　　根据中国银保监会规定，商业银行应在前、中、后台各个环节设置"防火墙"，确保其信贷前中后台相互独立，互不干扰，形成闭环管理。

　　案例 A.　[基本情况] 建设银行在业内首创"信贷工厂"小企业经营中心专业化运作模式，实行客户拓展营销与信贷业务办理相互独立运作，中、后台业务集中处理，工厂"流水线"式作业，各环节岗位相对独立，客户评级、额度授信、贷款支用三个环节合并的"小企业综合授信"操作模式。在防范操作风险和道德风险的基础上，重点控制风险多发易发环节，减少繁杂流转环节，缩短信贷业务运行时间，有效地提高了工作效率。据统计，通过"信贷工厂"审批的贷款平均用时仅 2.5 天，较以往传统融资模式的平均运行时间缩短了近一倍。

　　1. 组织模式。建设银行"信贷工厂"采用的组织架构是准事业部制，在总行设立准事业部制的小企业业务部，实行专业化的业务经营与管理，减少不必要的管理层级。从总行、一级分行到二级分行构建三级中小企业经营中心的基本组织结构，形成分层级管理下相对独立的考核体系。总行和一级分行设立小企业中心，对中小企业业务归口管理，不直接经营，主要职责在于负责小企业业务的信贷政策制定、信贷规模配置、考评方案建立、产品创新研发、营销组织推进、业务监督指导等工作。一级分行小企业中心可以向下授权、下放审批权限，扩大基层机构中小企业经营的自主权。所在区域的各项小企业业务集中在当地的小企业经营中心，各下辖支行配备小企业专职客户经理，负责客户前期营销拓展工作。最大优点是能充分利用现有资源，在不失专业化服务的同时发挥"点多面广"的优势。

2. 业务流程。建设银行中小企业信贷业务流程分为营销管理、评价授信、信贷审批、信贷执行、贷后管理五大模块。推行"五个集中"，即集中批量化营销、集中抵质押登记管理、集中放款管理、集中非现场监测管理、集中档案管理。整体作业流程设计主要围绕中小企业客户数量众多和资金需求时效性强的特征，变"部门银行"为"流程银行"，将小企业业务流程划分为多道工序，按统一的标准专职专岗相互衔接，独立操作完成。作业流程主要步骤包括营销管理模块、评价授信模块、审查审批模块、信贷执行模块以及贷后管理模块等五个主要环节。

3. 业务运行。一是设计客户筛选模型，建立营销目标客户库。将重点关注的客户情况用适当的指标进行量化，针对不同行业和不同客户，设定科学的客户准入参数，根据市场调研建立小企业目标客户库，从客户源头控制业务质量。二是以客户的基本结算户营销为龙头，择优跟进信贷业务。以巩固和扩大优质客户群体为目标开展基本结算账户营销活动，透过客户经营活动资金收付结算情况，判断企业的成长性和经营风险，为信贷业务的跟进提供参考。三是严把准入退出关。特别强调对从事"客户评价、信贷审批、信贷执行"三种关键岗位的人员选拔，做到专家管理。四是采用适合小企业特点的风险预警办法，做实贷后检查。加强各操作环节与基层行客户经理的沟通和配合，建立主管行长、小企业中心主任不定期抽查小企业贷款情况制度，强化贷后风险控制。

[案例点评] 小企业信贷问题是全球金融业的一大热点问题。从银行信贷经营角度看，小企业信贷有平滑经营规模、提高经营效益的特点，是银行信贷经营中不可或缺的一个重要组成部分。但小企业本身的特点是数量多、实力弱、生命周期短；其信贷特点是量小、频繁、期限短、风险暴露快。因此，如何适应这样的特征，做大做好小企业信贷经营，既发挥其对于银行信贷经营的优点，又能有效管理好信贷风险，对于银行，特别是大型银行来讲，是一个巨大的挑战。

本案例是中国建设银行某分行在解决中小企业信贷中的关于业务组织架构和运作流程问题的一个具体探索。类似探索在其他大型银行中也有。如中国工商银行的"小企业专营"体制、一些城市商业银行的"包收包贷"制度等，这些都从不同角度对小企业信贷工作中的"效率和风险"如何平衡掌握进行了探索。

案例 B. ［**基本情况**］P2P 借贷是一种将非常小额度的资金聚集起来放贷给有资金需求人群的民间小额借贷模式。P2P 是"Peer－to－Peer"的简写，个人对个人的意思。P2P 借贷指个人通过第三方平台（P2P 公司）在收取一定服务费用的前提下向其他个人提供小额借贷的金融模式。

以拍拍贷平台为例，该平台于 2007 年 6 月在上海成立，注册资本 10 万元人民币，是我国首家 P2P 小额无担保网络借贷平台。拍拍贷自成立以来发展迅速，经历了 8 年的发展时间，其交易规模迅速增长，连续 5 年保持高于 200% 的增长速度，至 2015 年上半年成交额突破 13 亿元人民币，同比增长 209.3%。

拍拍贷定位于单纯的网络信用中介平台，拍拍贷的运作模式属于典型的网上 P2P 借贷模式，即借款人把自己的借款原因、借款金额、预期年利率、借款期限列到平台，多个投资者根据借入者在网站上提供的资料和信贷平台对借款人信用评估结果进行风险的评判，从而为是否投标提供参考，拍拍贷网站只充当信贷交易平台，资金贷出和借入由双方直接联系定价，拍拍贷平台的收入来源主要是收取信贷交易服务费，即对成功借款者收取本金的 2%（借款期限 6 个月及以下）或本金的 4%（借款 6 个月以上）的成交服务费。另外借款者和贷出者充值和取现还需要承担充值服务费和取现服务费，单笔 3 元到 10 元人民币。

拍拍贷有自己的信用等级评定机制，在对用户评分之后，根据用户的得分划分为六个信用等级，信用等级用英文字母表示由高到低依次是 A 级、B 级、C 级、D 级、E 级、HR 级。拍拍贷控制风险的方式主要是鼓励出借人在投资时选择分散投资，同时平台加强催收。拍拍贷中的贷款期限一般比较短（1 个到 12 个月不等），这在一定程度上降低了风险。

［**案例点评**］拍拍贷作为 P2P 网络信贷平台运行比较成功的案例，平台整合了搜索引擎、社交网络、信息处理和云计算的优势，能够克服市场信息的不对称性，达成点对点的直接交易，并且有效降低信贷的交易成本。P2P 信贷平台包容性的价值主张、差异化的客户定位和独特的运营模式，对商业银行的零售信贷业务有一定的竞争与替代作用。当然，作为信贷领域内的新兴事物，这种互联网金融业态还处于不断完善和发展之中，其存在的一些问题也为业界和客户所诟病，如高利贷覆盖风险问题、暴力催债问题、虚假和不当营销问题等。但不管怎么说，在信息技术革命和智能化发展的时代里，它们对商业银行传统信贷业务的挑战是存在的。商业银行应当正确看待由此带来的挑战，积极应用大数据、云计算、人工智能带来的技术升级，在新的时代里开创信贷业务的新

局面。

案例 C. ［基本情况］浙江网商银行股份有限公司于 2014 年 9 月 29 日被银监会批准筹建，是我国首批获准筹建的 5 家民营银行之一。网商银行由阿里巴巴旗下的浙江蚂蚁小微金融服务集团、上海复星公司、万向三农集团、宁波金润资产经营公司共同发起设立，分别持股 30%、25%、18% 和 16%。浙江网商银行的发展定位于纯粹的网络银行，即不设线下实体网点且不受地域限制的"纯网络银行"。其运营方式并不同于传统的银行，它是以互联网为平台面向小微企业和网络消费者开展金融服务的民营银行，按照"小存小贷"模式为小微企业和网络消费者提供有关贸易与生活方面的金融解决方案。

1. 运营模式：浙江网商银行以全流程网络经营模式运营，以互联网为主要手段和工具，提供全线上运作、网络特色、适合网络操作、结构相对简单的金融服务和产品。

2. 产品服务：网商银行主要采取"小存小贷"的业务模式，目标客户群体为电商背景的小微企业和个人网络消费者；提供 20 万元人民币以下的个人存款产品和 500 万元人民币以下的贷款产品。此外，还对产品设有比例、单户总额要求。

3. 运营理念：期望能用互联网的技术、互联网的理念，尤其是互联网的信用，去提供适合小微企业和草根消费者的金融服务。

［案例点评］与传统商业银行相比，网商银行作为新型的网络银行，一方面通过其信息科技手段提高了信贷业务的经营效率，大量节省了线下运作的成本；另一方面作为第一个"吃螃蟹"的纯网络银行，也面临着多重考验：

一是如何提高公众信任度。银行业的经营主要依靠银行在公众中的信用，由于网商银行是由民间资本控股且风险自担的银行，尽管股东背景较强，但相对传统商业银行的政府背景还是有所逊色的。加之其业务全部依托于互联网，技术与安全方面的风险也会削弱它的公众信用程度。

二是如何有效防范小微企业信用风险问题。由于其服务的主要客户是小微企业，这些客户本身存在财务不透明、经营不规范等问题，加之网商银行的全线上操作模式，尽管大数据分析有助于银行解决信息不对称问题，但是以现有的大数据分析技术，是否能够完全解决客户之中恶意掩盖不良信息的问题，有待于时间的检验。

三是如何符合监管的问题。网络银行是一个新兴的金融业态，其运作存在自身特有的规律，与传统的实体银行不完全相同。但我国的监管法律制度尚未涉足这个领域，对网络银行的监管仍会在很长的时期内按照实体银行的模式进行。这就可能产生两方面的问题，或是监管方式过紧限制了网络银行的发展，或是监管方式过松给经营者利用法律和监管空白从事违规活动提供了灰色空间。

这些问题都需要社会各个方面的关注，鼓励其创新，引导其合规发展。

第二节 业务流程组织

信贷业务流程指一个合格的信贷业务从发起到贷款收回、结清与客户间的债权债务关系所经过的银行内部业务环节链条，这一业务环节链条是具有明确方向、环环相连、延续不断的作业过程。

信贷业务流程首先与信贷产品紧密相连，不同的产品会有不同的流程；其次与信贷业务的作业内容有关，不同的作业内容会有不同的流程；最后是与银行内部的信贷组织架构、岗位设置以及权限分布有关，不同的组织架构、岗位设置和权限分配方式，对流程也会构成重大影响。由于信贷业务流程是信贷业务开展的重要基础，类似于工厂制造的流水线，其构建的科学性、合理性将会直接影响商业银行信贷业务的效率和风控水平，因此，每家商业银行都会将此作为信贷业务开展的重要基础工程加以研究和建设。

正因为信贷业务流程受到多种因素的影响，所以要以一个固定的程式来表达丰富多彩的业务流程是不太可能完成的任务。但是，商业银行信贷流程无论怎样变化，它的终极任务或目标是一致的，即要在风险管控和业务效率之间取得高度默契，达成动态平衡。这就为研究高效的信贷流程提供了根本依据。

一、信贷业务流程设计原则

尽管商业银行通常都设置不同的信贷业务作业流程，用于处理各种不同内容的信贷业务，但其设置业务流程的指导原则大体是一致的。这些原则被用来规范信贷业务流程中各岗位的基本责任、操作要领和业务流转顺序，使信贷业务在流程中实现风险控制与业务效率的平衡。

（一）岗位制衡原则

岗位制衡是指在整个信贷业务流程中，必须将业务发展与风险管控的职能加以区分，并分别设置操作岗位，以达到业务发展与风险管控之间相互制衡的目的。

信贷业务是将信贷资金授予客户使用并期待客户在约定到期日全额归还贷

款本息的业务。期间不仅面临客户信用风险、市场风险和流动性风险，还有银行内部员工的道德风险和技能风险。因此，必须将信贷业务的主要作业环节加以梳理，并对一些具有关键意义的重要业务环节单独设置岗位、专人操作，不仅使岗位工作人员更加专业，同时使不同岗位的角色冲突在业务流程中得到制衡，从而使银行对业务的全貌认识更加客观、全面。

从信贷作业角度看，贷款全流程中对业务具有内在角色冲突可能的环节主要是：贷款营销、贷款审批、放款作业、贷后管理和风险处置。贷款营销的职能主要是销售贷款产品，它的目标指向是获得尽可能多的客户，销售尽可能多的产品；贷款审批的职能主要是审查贷款的风险状况和信贷投向是否符合本行风险管理政策，它的目标指向是尽可能地减少贷款风险含量和符合本行风险政策；放款作业的职能主要是按照贷款审批要求以及本行信贷制度将贷款合规发放到客户账户，它的目标指向是落实审批要求和放款规则及作业制度；贷后管理的职能主要是了解掌握客户使用信贷资金的状况，它的目标指向是确保客户按期还本付息；风险处置的职能主要是对已经形成风险暴露的贷款进行化解和处理，它的目标指向是尽可能将不良贷款从贷款账目上清除，从而将银行信贷的风险敞口保持在可容忍的限度内。

从不同作业环节的目标指向上观察，这些环节上的业务角色在某种意义上具有内在矛盾冲突的可能。而银行在整个信贷业务流程中将这些环节予以分割，并独立设置岗位，不仅减少了由于业务角色冲突带来的作业弊端，也在信贷流程中设置了岗位制衡的机制。在这种机制的制约下，银行能够更好地识别、防止和控制业务风险以及内部人员的道德风险。当然，在这五个关键环节中，贷款营销和贷后管理这两个环节的业务职能虽然不同，但具有一定的互补性和制约性，把贷后管理职能落实到营销岗位，有助于约束营销岗位毫无风险意识地推荐客户、销售产品。因此实践中，银行一般都把这两个环节归纳在同一个岗位上。所以，目前所谓"三岗分离"，主要是指实际贷款运作岗位与审查审批岗位的分离，即"审贷分离"。但"三岗分离"概念在中国的银行业中提出时间较早，尚未涉及放款和不良资产处置的分离，因而需要在实践中进一步"与时俱进"。

（二）顺流程作业原则

信贷业务流程指一系列业务环节构成的作业过程，它带有明确方向。在业务流程设计上，银行通常采用"矢量"符号来连接各个业务环节，即要求："所有业务环节只有经前手发起，后手才能办理，禁止逆流程操作"。这种流程设计原则，主要出于两个方面的考虑：

1. 业务本身的逻辑性。信贷业务的起始一定是客户申请，这是因为信贷业务是一种借贷关系，发生这种关系的主导方面是客户，只有客户需要借钱，信贷业务才有可能成立。一般来讲，银行的前台营销部门就是受理申请部门，客户经理或信贷员是受理业务的岗位。客户申请发起后，客户经理才能进入尽职调查，与客户达成业务意向，并向审查审批部门提交贷款的初步方案。而审查审批部门的审查对象就是前台营销岗位提供的贷款报批方案，否则审查就成了无本之木、无源之水了。同理，放款作业也只能得到贷款的终审方案才能进行操作，贷后管理只能等到贷款发放到位后才能开始。所以，顺流程操作本身是业务逻辑决定的。

2. 银行防止内部人道德风险，更有效地规避信用风险。所谓逆流程操作是指后道程序驱动前道程序作业，如审批人要求营销岗位按照审批人意见提交贷款方案、客户经理要求客户按照银行意见提出贷款申请。这种操作明显的弊端是以结论演绎事实，其中蕴含的道德风险不言而喻。

当然，现实生活中存在大量的"高层营销"现象，即具有银行审批人角色的领导（如行长）介绍信贷客户给营销部门，营销部门按照领导的意图操作信贷流程。从概念上讲，这种现象并非一定是信贷"逆流程操作"，因为行长在营销客户的时候，本身并不代表审批人角色，而是代表了银行的高级营销岗位。从理论上讲，尽管行长介绍了贷款客户，但信贷流程依然需要从客户申请开始，经过尽职调查、审查审批、放款管理才能发放。通过这样的流程是可以防止"先有结论，再补材料"的弊端的。

但遗憾的是，由于银行高级营销管理岗位与审批人岗位兼于一身的现实，使"高层营销"在很多实际工作中普遍存在"逆流程操作"弊端，这也是我国商业银行目前信贷管理中亟须研究的重要问题。

（三）双人操作原则

信贷业务流程在银行内部的任何一个环节均需具有两人以上进行作业见证，单独操作得出的结果视为无效结果。这一原则一方面来自"账要复核，钱要复点"的银行传统惯例，以及国际银行业惯例——"四眼原则"，另一方面也来自信贷业务本身的复杂性。因为信贷业务决策的所有依据都是建筑在对借款客体未来趋势的判断上，这种判断单凭一个人的主观判断可靠性是不够的，因此需要两人以上共同把关。另外一个重要原因则是来自对内部人员道德风险的防范，防止员工出于个人目的故意歪曲事实真相。

"双人操作"在信贷流程的设计中，主要体现在三个环节上：

1. 在"尽职调查"环节上，需要安排两名调查人员对同一个信贷业务申请同时进行尽职调查，各自发表意见，以保证尽职调查材料的真实性和完整性。

2. 在审批环节上，对贷款初步方案的审查需要安排独立的审查人，审查人的意见需要经过审批人再审同意后，贷款才能通过审批。同时对于大额信贷业务，还需安排多人参与的集体审贷，来确保贷款的审批质量。

3. 在放款环节上，需要安排独立的放款审查和操作岗位，确保放款作业符合贷款合同、贷款审批意见的要求。另外，其他的一些作业流程，如贷款担保抵押、贷后管理、风险贷款处置等，一般也应当有两人参与操作。

（四）职责清晰原则

由于业务流程设计时对各个业务操作环节进行了分解和隔断，因此整个信贷业务的风险管理责任也必须进行清晰的分解，并落实到相关的业务岗位上，否则，整个信贷风险管控就会失效。一般来讲，信贷业务的风险来自三个方面：一是客户违约风险（即信用风险）。形成信用风险的原因很多，如市场风险、客户管理风险、欺诈风险、国家政策变化、自然灾害等。但归纳起来，对银行预判风险产生重大影响的有两个方面：尽职调查资料的真实性和对风险偏好把握的合理性。二是合规风险。如业务对象、内容、方式违反国家法律法规、行政规章和外部监管规定，被相关部门处以惩罚造成业务损失。三是操作风险（包括内部人道德风险）。如违章作业、未落实审批要求、相关合同瑕疵、贷后疏于管理、监守自盗等造成业务损失。这些风险都应当在信贷业务流程设计中加以认真甄别，并按照各个业务环节的主要职能分布，逐一落实到相关的岗位职责中去。例如，客户经理岗位必须对尽职调查的真实性负责；审查审批岗必须对业务的合法合规性以及风险偏好适度性负责；放款作业岗必须对审批要求的全面落实负责等。只有把这些风险防控职责切实分解落实到具体的业务岗位，整个业务风险的控制才有可靠的基础。

二、主要业务流程中岗位设置及其职责分工

一般信贷流程必经建立信贷关系、信贷业务受理、尽职调查、评级授信、审查审批、放款作业、贷后管理、本息回收、风险处置等环节。在本节前半部分我们已经对涉入具体业务流程中的、具有内在角色冲突的业务环节作了分析，根据这个分析，银行在信贷业务流程中至少应当设立四大类岗位，对这些业务环节的操作加以分割，以制衡各种内在角色冲突。

（一）营销岗位

营销岗位指银行信贷前台部门中专门从事客户营销、业务产品销售和客户关系维护的岗位。通常将这个岗位称为"客户经理"或"信贷员"。这个岗位作为银行直接接触客户、完成业务营销的岗位，是银行与客户之间发生业务联系的触角和桥梁。相对客户而言，客户经理代表银行受理客户的各种业务申请，收集客户有关资料，对客户的业务需求进行调查评估，与客户进行业务谈判，并对客户的融资业务进行贷后管理。相对银行而言，客户经理代表客户向有关业务部门介绍客户情况、业务需求和有关要求，促进银行与客户达成业务交易。所以，营销岗位在整个业务链条中处于前端，其主要的岗位目标是获客和拓展业务。当然，作为银行信贷业务的"入口"，营销岗位的职责当中，也必然要赋予风险管理的要求。就如同一个人，如果"口不择食"，那么即使有再强大的肠胃功能和肝肾功能，也是无法抵御外部伤害的。

营销岗位在整个信贷业务链中，其主要的任务和责任是：接触营销客户，动员客户来本行开户办理业务；承揽客户的存贷款业务，完成上级下达的营销任务；接收客户申请，发起信贷业务流程，承办必要的案头工作；承担相关的尽职调查工作，完整真实反映客户状况和融资业务情况；承担贷后管理工作，了解客户和融资的动态情况，及时准确向上级报告；协助本行各个产品条线销售本行各类金融产品，做好产品的客户直销工作等。具体包括：

1. 获客。即寻找和获取具有信贷业务需求的有效客户，并且多多益善。所谓有效客户，是指符合银行信贷业务基本条件的客户；所谓获取，就是与客户达成业务意向并建立相对稳定的信贷业务关系。

2. 尽职调查。即对客户以及客户提出的业务需求进行尽职调查，向银行信贷业务中、后台真实揭示客户以及客户提出的业务需求中具有风险特征的状况，如客户的信用状况、资金用途、还款来源、担保的可靠性等，并对其真实性和完整性负责。这个动作类似于人体的眼睛和舌头，它的功能就是将吃进口中的东西的硬度、味道、形状向大脑进行揭示，以规避摄入有毒、有害的东西。

3. 业务谈判。代表银行与客户就业务条件、方式和要价进行协商，达成初步一致的意见。

4. 向银行中、后台发起业务流程。代表客户将业务申请和本岗位得出的尽职调查报告和意见提交审查审批，并跟踪、督促和推动业务进度。

5. 贷后管理。在信贷业务存续期内按照贷后管理工作的具体要求和时间频度对客户使用信贷资金的状况进行现场和非现场检查，定期收集、分析客户各种报表、资料和情况，及时向中、后台部门报告信贷资金使用过程中以及担保主体存在的风险隐患，提出风险分析结论，并及时采取有效的防范措施。

6. 本息回收。根据合同约定及时提示客户准备还本付息或兑付银行承兑汇票、信用证项下的资金，查验客户还贷资金到位情况，确保客户按时履行归还本息的义务；根据客户还款相关凭证，办理相关的担保释放手续；按照相关要求将有关档案移交档案管理部门保管。

（二）审查审批岗位

审查审批岗位指银行信贷中台部门中专门从事风险审查和偏好把握的岗位。这个岗位在银行内部通常分为两个相对独立的岗位："审查员"和"审批人"。"审查员"的任务主要是对营销岗位提交的业务方案进行风险评估和审查；"审批人"的任务主要是对审查结论进行复审，并根据自身权限对业务方案提出终极意见。总体来说，审查审批岗位是银行掌握信贷业务风险偏好，识别和筛选有效客户和业务的主要环节。类似人体控制食物摄入的神经系统，经过对食物硬度、味道、形状的辨别，向嘴巴发出指令：接受风险可控的食物、拒绝风险较高的食物。

审查审批岗位在整个信贷业务链中居于中间环节，其主要的任务和责任是：

1. 信用评级。根据营销岗位对借款人品行、能力、自身经济实力、经营环境变动趋势、实现收入的可持续性以及担保状况等情况的尽职调查，按照一定的分析评价模型进行定性、定量分析和评估，对客户的信用状况给出一个特定的信用等级，应用于对客户的授信管理、业务审批以及其他业务管理之中，并对评级的准确性负责。

2. 客户授信。客户授信指银行根据自身的风险管理政策及风险偏好，对不同客户提出的银行最大的信用业务限额。通常这种限额表现为对客户不同信用业务的风险加权后的最高额度。审查人员对调查人员提交的客户相关资料进行风险审查和评估，分析客户主要风险点，按一定的规则计算后提出授信方案及风险控制措施，作为客户办理具体信用业务时的限额依据，并对限额的合理性负责。

3. 信用业务审查。指审查员对营销岗位提出的信贷业务初步方案，依据国家、监管部门、银行内部有关政策、规定和制度要求进行合法合规性审查，以及"安全性、流动性、效益性"审查，揭示贷款方案中存在的风险隐患，提出风险管控措施和要求，提出调整或修正的业务方案并提交审批人作为审批依据，并对提交审批的业务方案合规性以及风险偏好合理性负责。

4. 专业技术审查。专业技术审查是指对信贷业务方案中涉及的、有可能影响到信用风险程度的非信用风险因素进行审查。如国际信用证条款中不符点审查、业务合同的法律审查、作为业务依据的商业单据审查等。一般此类审查均由银行内部的相关专业部门负责，向审查员提交审查结论，并对审查结论的正确性负责。

（三）放款作业岗位

放款作业岗位指银行信贷中台部门中专门从事融资操作的岗位。这个岗位在银行内部有时分为若干个相对独立的岗位，组成一个相对完整的作业链。如"放款审查员""合同管理员""档案管理员"等。"放款审查员"的任务主要是对审批人审批的业务方案进行审验，确认放款前审批意见已经全部落实，发起放款作业流程；"合同管理员"的任务主要是对业务项下各种业务合同进行条款审核，合同用印管理、落实核保及抵押登记；"档案管理员"的主要任务是收集并妥善保管各类业务档案。这些岗位细分总起来说只是为了在业务量较大时，工作更加专业化以及提高作业效率，其各个岗位之间基本不存在角色冲突。所以，在业务量较小的机构中，也是可以综合成一个岗位进行工作。放款作业岗位是银行控制和防范作业过程中人为因素造成业务操作风险的主要环节，也是制约前台营销岗位故意违反审批意见发放贷款的主要措施。

放款作业岗位在整个信贷业务链中也居于中间环节，其主要的任务和责任是：

1. 合同审查。审查本次业务的融资合同、借据凭证、担保合同等协议文本、条款是否符合法律、制度以及经审批同意的业务方案要求，发起合同用印流程，并对所签合同和借据的合法性、合规性和有效性负责。

2. 放款审查。包括审批手续的完整性、担保核验和登记，融资条件落实情况核查、贷款资金支付方式审核、放款前档案收集及核验，并对放款前各项工作完全实施到位负责。

3. 放款操作。放款审查并核准后，按本行规定流程发起放款操作，将款项按合同规定发放到指定账户，对放款操作的正确性负责。

（四）风险处置岗位

风险处置岗位指银行信贷后台部门中专门从事信贷风险处置工作的岗位。风险处置指客户出现违约后，银行对处于风险暴露状态的贷款资产进行专门化解和处理。由于处于风险暴露状态的贷款资产一般都是因为客户违约引起的，而客户出现违约状况说明客户的状况与其贷款时的状况已经发生了重大的负面变化，不再是一个合格的借款人。银行对于这样的客户已经不适合通过正常的贷款管理流程进行管理，因此，一般都会把此类贷款从正常的管理体系中剥离出来，设置专门岗位按照特殊的管理流程进行处理。

风险处置岗位在整个信贷业务链中居于末端，其主要的任务和责任是：

1. 逾期贷款催收。一般讲，贷款风险暴露始于客户不能按约定归还贷款本息，在贷款形态上反映为"逾期"。贷款逾期的原因很多，归纳起来大体有三类：一是客户疏忽导致还款资金准备不足；二是客户资金周转出现暂时困难，导致还款资金未能及时到位；三是客户经营出现重大困难，难以筹措足够资金归还贷款。对于第一类情形，主要是贷后管理没有及时提示客户贷款到期的问题，应当由营销岗位加以改进。而第二、第三类情形，则应当纳入风险处置岗进行处置，并由风险处置岗承担催收合法性和有效性的责任。我国民法有关于债务纠纷诉讼时效的规定，债权人在连续两年的时间内没有向债务人催讨债务，即丧失诉讼时效。也就是这笔债务不再受到法律保护。因此当贷款逾期后，银行必须定期向借款人发送到期贷款催收函，并确认该催收函已经送达借款人或借款人应当已经知晓。

2. 债务重组。由于引起贷款逾期、风险暴露的原因各不相同，其预后也会大相径庭。一般来讲，不良贷款的预后分为两种：一是通过一定的经济措施，解决了借款人遇到的偿债资金不足的问题，贷款本息得到偿还；二是通过所有可能的经济措施都无法解决借款人偿债资金不足的问题，借款人最终走向破产，贷款本息需要依赖法律措施加以清收。对于第一类预后情形，银行通常主张通过与企业协商，采用债务重组方式来化解贷款风险。债务重组指：银行对借款人的融资数量、方式、期限、担保方式等进行重新安排，使之符合借款人现金流的运动现状，以化解借款人在特定时点上现金流短缺而造成违约的风险。风险处置岗的任务就是调查了解借款人现金流短缺的原因，并与企业协商提出债务重组方案，提交银行有权人审批决策，并对调查情况的真实性和提供方案的有效性负责。

债务重组的最高形式是借款人兼并重组，即商业银行采用投资银行手段，寻找合适的投资者对借款人实施兼并或收购，落实贷款的还款来源或将不良贷款转移至新的投资人，重新签署以兼并（收购）方为承债主体的借款合同。

3. 法律诉讼。对于第二类预后情形，银行通常主张通过法律手段主张债权。风险处置岗的主要任务是收集起诉材料和证据、聘请律师、依法实施诉前保全、代表银行向法院提起诉讼、参与诉讼全程，胜诉后配合法院执行，并对所有上述工作的合理性和有效性负责。

4. 依法处置。采用法律诉讼的不良贷款，无论胜诉或是败诉，都有可能出现无法全部收回债权的现象。如胜诉执行终结仍遗留未收回的债权，或虽未终结但借款人已无财产可供执行；抵押物流拍无法转让变现；担保瑕疵法院不支持；企业破产清算以后不能偿还的贷款等。银行必须将这些遗留在账上的不良贷款进行处置，否则银行的不良率就会日积月累，最后危及银行经营。对于这些遗留的不良贷款，理论上应当以银行的利润加以覆盖，但通常这些遗留的不良贷款仍会具有一定价值，如流拍的抵押物、尚有担保责任可以追索的贷款等。所以，银行一般会以"抵贷""出售"等方式处理这些债权。风险处置岗的任务就是将这些尚有处置价值的债权以适当的方式在市场上进行转让，并对转让方式的合规性、回收价值的合理性负责。

5. 核销。指对不良贷款最终的损失价值用银行利润的一部分（呆账、坏账准备金，也称拨备）进行财务销账。风险处置岗的任务是认定不良贷款的损失金额、收集相关凭证、资料、证据，按内部规定进行组卷上报有权人进行审批，并对组卷材料的真实性、完整性、合规性负责。

除了嵌入具体业务流程的这四类岗位外，银行在整个信贷管理中，还有另外两类岗位：一是信贷管理岗位，主要是负责制定、贯彻、检查信贷政策、制度，确保整个信贷业务合规经营；二是信贷产品管理岗位，主要是根据经营需要，研发和管理具体信贷产品，组织信贷产品的销售和经营，使信贷业务经营落实到具体的业务载体之上。

三、业务流程组织

岗位分工明确以后，业务流程组织的任务就是把这些岗位按照业务环节先后顺序串联起来，使之形成一个顺时针流转的业务处理程序。

这种岗位与业务环节的串联，需要遵守两个原则：一是岗位任务和责任清晰，尽可能排除岗位间结合部的模糊地带，防止岗位间推诿或越位。二是流程方向明确，每个岗位的前手和后手定义清楚，确保不发生逆流现象。

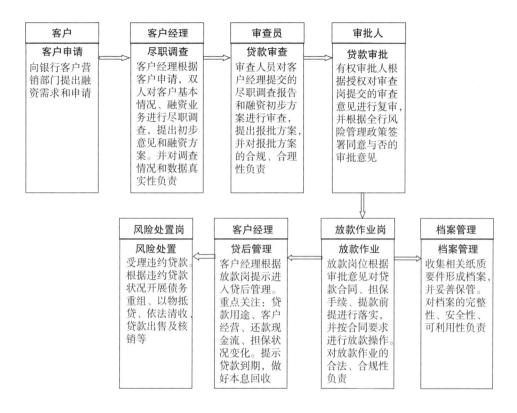

图 6-3　信贷业务流程组织示意图

第三节　信贷岗位管理

岗位设置、任务分解是实现信贷业务职能和流程的现实基础。没有具体的工作岗位和岗位职责，业务职能便无法准确落实，业务流程也无从谈起。

信贷岗位管理的任务，一是任务与职权匹配，使岗位权责与其承担的任务相适应；二是人岗匹配，并通过恰当的管理机制使员工符合岗位工作要求。

一、岗位准入

岗位准入管理顾名思义即对员工进入岗位的资格或条件进行管理。

（一）制定岗位说明书

简单地讲就是对岗位工作的任务和责权进行界定，以便使业务关系各方，特别是进入这个岗位工作的员工明白这个岗位是干什么的，有怎样的职权，负有怎样的责任。正常情况下，银行应当将岗位说明以文字的形式制成岗位说明书。

岗位说明书至少应当包括如下内容：

1. 岗位的设置目的。即为什么要设置该岗位，它的主要职能是什么。如客户经理岗位，是银行用以接触客户、了解客户、维护客户关系、销售银行产品、做好售后服务工作的主要岗位。

2. 岗位任务。即岗位的主要工作任务或工作目标。岗位任务在说明书中一般仅列工作内容，年度或年中工作任务一般以附有定量指标的"岗位绩效合约"进行说明，并作为岗位说明书的附件。

3. 岗位职权。即岗位可以从事哪些工作。这里需要注意的是，岗位说明一般仅指岗位的基本事权，不包括上级根据员工个人素质，临时授予个性化的特别权限。授权内容均应当标明业务的具体处理权限，这些具体的业务权限，一般以岗位授权书形式作为岗位说明书的附件。

4. 岗位责任。即本岗位主要对哪些工作结果承担责任。岗位责任应当根据岗位任务和职权的分布来进行划分，凡是本岗位从事的工作，其结果均应由本岗位承担相应责任。如客户经理，其岗位责任主要有两个方面：一是对客户维护、业务拓展不力承担责任；二是对尽职调查反映客观情况的真实性、完整性和及时性承担责任。

5. 岗位禁止。即对一些与岗位履职有关的重大冲突性行为给予明确禁止。例如：客户经理岗位，其履职过程中必定会接触到客户的商业秘密，因此客户经理岗位必须禁止向无关人员泄露客户的商业秘密以及利用履职过程中知晓的商业秘密谋取私利。

（二）岗位准入管理

岗位准入指银行安排合适员工进入信贷岗位工作的相关要求和制度。

1. 岗位资格设置。指银行根据各个不同信贷岗位所承担的责任和任务制定进入该岗位必须具备的资格条件，岗位资格设置工作一般由岗位所在的业务部门提出，经人力资源管理部门认定后颁布。岗位资格条件一般分为两类：一类是基本的上岗资格，另一类是从事岗位工作的特殊资历要求。

（1）上岗资格。通常是对于完成岗位工作所需要具备的最基本的素质和能力要求。对于信贷岗位来讲，一般的资格要求有：基本素质方面：年龄、学历、银行业从业经历等；能力方面：基本信贷专业知识、信贷从业经验等。

上岗资格主要是用来筛选初步合格的信贷工作人员，如备选的信贷人员、见习信贷人员等。真正可以进入岗位工作的，还需要符合目标岗位的特别资历要求。

（2）特殊资历要求。通常指对特定的信贷岗位提出的具体的特殊要求。如审查岗位至少具有 3 年以上信贷相关岗位的从业经验；涉及大客户管户的客户经理至少具有 2 年以上零售信贷业务经验，具有相关的结算、信托、租赁、投行、资管、机构业务知识等；涉及信贷制度管理的岗位至少具有营销、审查、放款工作经历，并具备较高等级的从业资格；涉及信贷产品管理岗位需要具备财务、结算、资产负债管理等知识。

2. 岗位资格认证。岗位资格认证指银行人力资源主管部门根据岗位资格条件对候选人选进行认证的过程。这一过程一般分为三个阶段：一是收集、验证候选人基本证明材料。如身份证、学历证件、从业档案等，与资格条件进行对比，淘汰不合格人选。二是书面考试。按照资格条件的要求，对相关专业知识进行考试，确认候选人掌握专业知识的程度，并淘汰不合格人员。三是考察。考察的目的主要是了解候选人的实际工作能力、过往的工作表现和职业行为倾向。考察方式一般是面试，但对于重要的信贷岗位，考察工作还需要采取实地了解，广泛听取候选人有关的各方面人士的反映，综合考量候选人是否合适从事目标岗位工作。

3. 持证上岗。候选人通过岗位资格认证后，由人力资源管理部门授予上岗资格证书。在相关目标岗位出现空缺时，持证者允许被安排进入目标岗位工作。无上岗资格证者禁止从事相关岗位工作。

二、岗位等级管理

在信贷职能分解过程中，各种不同职能、不同任务的岗位，对人员的素质和能力要求是不同的，而且这些不同的素质、能力和资历要求在整个信贷业务岗位中呈现梯度分布。区别这些岗位的类型和等级对于银行合理使用人力资源、严格把控信贷业务风险、打造结构合理、技能高超的专家队伍具有重要意义。

岗位等级管理是指将岗位分类、职责、权限进行横向平衡、纵向分级、事权匹配的过程。

（一）岗位分类

岗位分类的目的，是对所有信贷岗位承担的任务繁简、难度大小以及职责轻重进行确认，以便于对岗位进行纵向分级和事权匹配。如按专业将信贷工作岗位分为业务营销、业务审查、审批决策、放款作业、风险管理、政策及制度管理、档案管理等；按工作任务分为操作岗位、营销岗位、产品管理岗位、风险管理岗位、政策制度管理岗位、信贷决策岗位等；按客户大小分为大型集团客户、一般法人客户、小微企业客户、个人客户；按业务复杂程度分为流动资金贷款、贸易融资、项目融资、并购融资、投行主理业务、类信贷业务等。

（二）横向平衡

横向平衡指将各种分类岗位以专业类别为主线，根据不同岗位承担的任务繁简、难度大小以及职责轻重进行等级序列划分。这种划分的主要依据有：

1. 重要性。即这类岗位在整个信贷业务中所承担责任的重要程度和对其他关联岗位的主导程度。

2. 复杂性。即完成岗位工作任务需要运用多种知识、技能进行个案化处理的程度。

3. 综合性。即完成岗位工作任务需要协调其他岗位共同工作的程度。

4. 可控性。即本岗位工作对业务对象的影响力和可控制程度。

根据上述因素，综合评估各类岗位对从业人员的素质、能力和资历的不同要求，据以划分可比较的等级序列。通常在商业银行信贷岗位序列中，信贷决策类岗位为最高级别，向下依次为信贷政策管理类岗位、信贷营销类岗位、信贷审查类（含风险管理类）岗位、信贷产品管理类岗位、放款作业类岗位、其他操作类岗位。

需要注意的是，岗位横向平衡不是将这些类别的岗位按照划定的等级进行简单排列，而是一个纵横交错的矩阵排列。

（三）纵向分级

岗位分级指在同一类岗位中对具体承担不同难度任务的岗位进行分级。岗位纵向分级的依据大体也是任务的重要性、复杂性、综合性和工作难度。例如，将信贷业务营销岗位（如客户经理）按分管客户为标志分解为大型客户管户经理、一般法人客户管户经理、小微信贷客户管户经理、个人客户经理；按岗位工作任务分解为营销主管、等级客户经理、客户经理助理、见习生等。岗位纵向分级后，就可以得到全部信贷业务岗位的等级分布图（见图6-5）。

（四）事权匹配

事权匹配指对各个等级的信贷岗位进行事权划分和职责配套。事权匹配的总原则是：每个岗位都必须有明确的事权范围与岗位准入条件相匹配；每一级

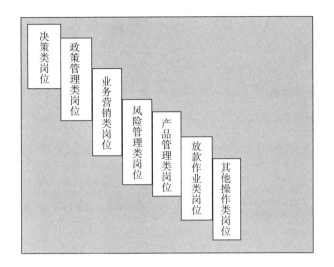

图6-4 岗位横向平衡

信贷决策岗	信贷管理岗	信贷业务营销岗	风险管理（审查）岗	产品管理岗	放款作业及一般操作岗
一级					
二级					
三级	一级				
四级	二级	一级			
五级	三级	二级	一级		
	四级	三级	二级	一级	
	五级	四级	三级	二级	一级
		五级	四级	三级	二级
		六级	无	四级	三级
				五级	四级
					五级

图6-5 全部信贷业务岗位等级示意图

岗位的事权分配均须与本行业务分布与信贷人员结构相匹配；所有事权的分配应该涵盖本行全部信贷业务事项，并且做到相互衔接，不留空白。例如，信贷业务营销岗位：一级营销岗的事权：允许从事集团总行直营的信贷客户的业务营销相关权限；二级营销岗的事权：允许从事分行级直营的信贷客户的业务营销相关权限；三级营销岗的事权：允许从事支行经营的、授信总额在3 000万元人民币以上的中型信贷客户业务营销相关事项；四级营销岗的事权：允许从事

授信总额在 1 000 万 ~3 000 万元人民币的小型企业信贷客户、1 000 万元人民币
以下的个人信贷客户业务营销相关事项；五级营销岗的事权：允许从事授信总
额在 1 000 万元人民币以下的小微企业信贷客户、200 万 ~ 500 万元人民币个人
信贷客户的业务营销相关事项；六级营销岗的事权：允许从事授信总额在 200
万元人民币以下的个人信贷客户的业务营销相关事项。

三、信贷人员执业管理

信贷人员上岗以后，银行通过对信贷业务人员的执业管理，使得"人岗匹
配"工作长期有效，并且使信贷业务人员不断地在这样的机制下成长和发展。

（一）执业培训

信贷业务是一项随着经营环境变化而不断有所变化的工作，信贷人员对于
经营环境的变动和内外部政策、制度的变化应当具有特别强的敏感性和适应能
力。因而，信贷类的岗位特别强调经常性的岗位培训，使岗位工作人员不断地
保持对于环境变化的适应能力。

一般来讲，商业银行信贷岗位的执业培训分为两大类：

1. 基础性培训。广泛地应用于在岗人员的晋级、轮岗等方面，其培训的内
容通常是按照目标岗位的基本能力要求来设置的。培训组织者通常是银行的人
力资源管理部门或专门的培训教育机构，培训周期通常较长，且需要经过考试
考核颁发正式的岗位等级资格证书。

2. 适应性培训。通常是根据政策、制度、业务、产品的变化，组织在岗人
员及时学习，提高在岗人员工作的适应能力。其培训通常是由信贷相关部门根
据需要自行组织，培训内容为新形势、新政策、新制度、新业务、新产品等，
培训对象一般是与培训内容有关的岗位工作人员，培训周期往往较短，如半天、
一天等，有时也可与布置工作的会议结合起来进行。此类培训以讲授为主，结
合工作讨论，使学员理解掌握新的知识、办法，一般不做考试考核，也不发放
培训证书。

（二）工作年检

工作年检指银行管理部门（通常是人力资源管理部门或专门组织的年检工
作小组）对信贷工作人员的年度工作和工作质量进行考核检查，类似汽车驾驶
员的年检。通过工作年检来衡量信贷人员与岗位工作要求之间的差距，从而为
下一年度信贷岗位管理提供依据。

工作年检一般分为三个方面的内容：涉及岗位工作有关的新政策、新制度、

新业务、新技能的掌握程度；一年来岗位工作质量以及一年来岗位工作中取得的主要业绩。

1. 业务知识更新考试。通常采用年度考试方式进行。区分不同岗位，以国家有关部门、监管机构、上级行等有关方面当年更新的新政策、新制度、新业务、新技能为考试内容进行书面考试，测试参考者对业务知识、技能的更新程度，记录考试成绩。这部分内容的成绩应当占到全部年检成绩的30%左右。

2. 年度岗位工作质量评价。通常采用岗位工作抽检和查阅差错记录的方式进行评价。一般采用百分制倒扣方式，即所有岗位工作给定100分，然后对抽检的工作质量不符点以及年度内工作差错和违规记录进行扣分，得出具体岗位工作人员的工作质量得分。这部分内容的成绩一般也占到全部年检成绩的30%左右。

3. 岗位工作绩效考核。通常采用年度岗位绩效合约完成情况进行考核。这部分内容的成绩一般占到全部年检成绩的40%左右。

年检结果主要应用于岗位管理的三个方面：一是根据年检情况决定对信贷工作人员进行相应的奖惩，激励优秀鞭策落后；二是对全体信贷人员的执业素养作出基本判断，据以制订次年信贷专业执业培训计划；三是根据年检结果对部分信贷人员实施岗位调整，包括岗位晋级、降级、转岗、退出。

（三）职业生涯管理

员工职业生涯管理是商业银行人力资源管理中的一个重要内容，其不仅影响着银行员工的自我发展意识、忠诚度和积极性，而且影响着银行本身的人力资源成本和创利能力。

信贷人员职业生涯管理指对一名信贷人员从入职开始到离开信贷职业的整个职业生涯全程进行有目的、有计划、有步骤的培养和管理。

银行对信贷人员的职业生涯管理大体分为三个方面：职业发展通道设计；员工职业生涯规划；职业发展管理。

1. 职业发展通道设计。职业发展犹如一次有目的地的长途旅行。

（1）设计职业发展的出发地和目的地。即职业发展从哪里开始，到哪里结束。一般来讲，信贷职业的出发点在入职起始岗位。起始岗位对于每个人可能不完全相同，大部分人可能是从信贷专业最低的岗位开始，但也有一些人是从银行别的临近专业转岗过来的，因此，这些人的职业发展起点就会略高一点。但不管何种情况，信贷作为银行内部一个复杂程度较高的专业，必须要求专业人员具有较扎实的信贷知识和能力基础，因此所有将以信贷职业作为自己职业发展基础的人，其起点均不宜超过初级岗位。而职业发展的目的地，理论上讲就是信贷专业的最高等级的岗位。但如果每个人都奔着唯一目标去，那么结果就是99%的人均无法到达目的地，从而形成强烈的挫败感和离职潮。因此对不同的个人而言，其目的地也要根据具体的素质和潜力来规划不同的目的地。例如，有些人可能循着一个路径上升到本专业类别的高级岗位，而有些人可能会中途转岗到其他的专业岗位甚至别的职业发展通道上去。但无论何种情形，作为一个组织必须为所有员工指出整个职业生涯的出发地、目的地以及发展路径。

（2）设计合理的职业发展路径。作为商业银行，培养一名高级信贷人员并非易事，它不仅需要学习大量的知识和技能，而且需要大量信贷实务经验的积累，这些都需要时间和不同岗位的历练。因此，在职业发展的出发点到目的地之间，必须规划若干条可行的路径和岗位节点，并按照信贷知识和技能获得的客观规律设计最低的岗位工作时间，以保证通过这些路径培养出来的员工，具备了上一级信贷岗位所要求的基本素质和能力。通常银行在设计职业发展路径时，采用的是本行现有的岗位等级序列。所以，银行的岗位等级管理制度是开展员工职业生涯管理的基础。一些银行往往在岗位等级设计上没有注意员工职业生涯管理的要求，导致了在员工职业生涯管理中出现不必要的障碍。如有的银行对岗位层级设计过宽，从最初级到最高级只有 5 个等级，导致许多员工长时间在一个等级上"漫步"，从而丧失信心和自我发展的动力。

2. 员工职业生涯规划。如果说银行对职业生涯管理设计是一个员工职业生涯发展的总"地图"，标有不同的目的地和发展路径，那么员工职业生涯规划就是在这个总地图上画出一条属于员工个人的发展线路图。总地图是属于组织上给定的发展通道和规则，线路图则是员工和组织共同规划的属于员工个人的发展线路。

制定这样一个线路图，不是银行单方面的行动，而是银行和员工共同的行动。从银行方面，需要告诉员工的有以下内容：（1）银行总体的岗位设计和专业发展规则；（2）银行当前人力资源状况和未来对人才的需要愿景；（3）银行对员工基本素质的评估和发展前景的建议。

从员工个人方面，需要告诉银行的是：（1）自身的发展愿景；（2）自我素质评估和发展信心；（3）接受挑战和困难考验的决心。

当银行与员工个人对职业生涯规划方面的一些重要问题（如发展目标、路径选择、发展规则）取得一致时，员工职业生涯规划就大体完成了，这个规划包括了职业发展目标、发展路径中的中间环节、发展规则安排、组织支持措施、个人承诺等内容。

3. 职业发展管理。员工职业生涯规划一般不要求与员工签订正式的书面协议。但作为银行的人力资源管理部门，应当就员工发展过程中的各种支持措施和考核节点作出必要的管理计划，以保证在长期的管理过程中据以逐步实施。

这个管理计划一般应包括以下内容：被管理对象的基本情况；职业发展目标及阶段性岗位目标安排；培养方案及主要内容；管理执行人（通常应当指定内部导师，对被管理的员工进行辅导和评价）；考核及评价标准。

在整个职业生涯管理过程中，银行的人力资源管理部门还应当就阶段性培养结果做好全程记录，并及时与员工本人做好沟通，根据阶段性培养情况，与员工本人讨论是否对职业生涯规划进行必要调整。

一般来讲，职业生涯管理的初期应当贯彻"预期确定、小步快走"的原则，即岗位晋升跨度较小、时间较短、达成较易，使从业人员从中获得信心和满足感，达到激励他们不断挑战自我、提升成长动力的目的。而进入职业生涯中期以后，则应逐步提高标准和要求，使真正具有发展潜力者脱颖而出，从而构建起结构、素质与银行信贷业务发展相适应的专业人员队伍。

案例 [基本情况] G公司主要是生产、销售光学类镜架、镜片产品的小型合资企业。当地J银行分别于2012年8月1日、2012年9月6日为该企业累计发放贷款两笔、金额共计843万元人民币。其中一笔为国内保理业务，贷款金额人民币450万元，以购货方H公司为G公司代理出口形成应收账款人民币528万元作为质押；另一笔为出口信用保险项下的贸易融资业务，贷款金额62万美元，以企业出口形成的应收账款87万美元作为质押，并由某信用保险公司提供短期出口信用保险。

但贷款发放后，G公司法人代表失联，存在骗贷行为，贷款不到3个月便形成不良。经贷款检查核实，该企业的两笔融资办理过程中存在以下问题：

1. 虚假贸易背景。J银行为该公司办理的第一笔人民币450万元的国内保理业务，销往H公司货物交易的增值税发票为虚假发票，"报关单"属伪造。第二笔62万美元出口信用保险项下贸易融资，未经出口报关行核实报关单的真实性，只是在网上进行初步核实。事后经核实，这笔出口贸易也是假的。

2. 贷款发放前，2012年7月4日G公司在其他银行的贷款已经出现逾期，公安部门已接到关于该企业涉嫌偷逃税和出口骗税的报案，而贷款银行没有及时了解到此信息。

3. 未对企业生产经营情况和财务情况进行调查核实，也未对企业的信用状况进行调查。调查报告仅依据企业提供的情况进行编写。

4. 信贷调查人员不具备相应信贷资质。主办这两笔贷款调查的信贷人员是一周前才从柜面业务岗位调入信贷部门的"见习信贷员",不仅还未取得相应的信贷业务从业资质,而且以前也未从事过信贷业务。

5. J银行未完全按照双人原则从事信贷尽调工作。这个银行的主管信贷人员因产假未到岗工作,所以整个业务的尽职调查到办理均由上述"见习信贷员"一手操作。

[**案例点评**] 信贷是银行工作中带有较强专业性的工作,类似医院的"手术治疗"。如果一家医院让护士去给病人开刀,试想还有哪个病人敢去这个医院看病?本案例中,由于信贷调查人员不具备贷前调查所要求的基本素质和判断能力,又存在单人尽职调查,对明显的风险点没有认真调查核实,未能及时发现存在的问题,导致G公司骗取银行贷款得逞,给J银行带来了较大损失。所以,这类问题与其说是业务问题,不如说是管理问题。这个案例给我们最大的启示是:必须使用合格人员从事信贷业务,坚持"专家执贷"的原则;必须坚持信贷基本制度,杜绝任何"侥幸心理"。

第三篇
经营流程

第七章　信贷客户关系管理

对于商业银行而言，客户是其经营之本和盈利之源。稳定的客户基础和优质的客户群体是商业银行在经营竞争中立于不败之地的根基。但是，稳定的客户基础和优质的客户群体不是天然形成的，在有众多竞争者的市场中，打造一个稳定的客户基础，保有一批优质的客户群体，是商业银行经营中的头等大事。另外对于商业银行而言，客户是自在的，他们不是被捆绑在特定商业银行身上的，所以商业银行需要不断地对自己的客户群体进行维护和更新，以期不断发展和优化。

客户关系维护工作按工作环节区分，大体可概括为获客、活客和结构优化。就信贷客户而言，主要表现为客户拓展、客户关系维护和客户质量提升。

第一节　客户拓展

客户拓展即吸收新的信贷客户。其工作表现为客户识别、客户营销、建立信贷关系。

一、客户识别

不是所有人都能够成为商业银行的信贷客户。那么，什么人能够成为商业银行的信贷客户呢？简单讲就是符合两个方面条件的人，则能够成为商业银行的信贷有效客户。

（一）有意者

有意者即本身具有向银行进行融资意向的客户。本身具有回避举债倾向的人是不能，也不会成为银行的有效信贷客户，即便你把他发展成信贷客户，后续的需求发掘也会非常困难，因此这类人可以在客户识别中予以排除。但是，具有融资意向仅仅是成为银行信贷客户的必要条件而非充要条件，这类人能否成为银行信贷客户的拓展对象，还需要满足合格借款人的各种条件。

（二）合格借款人

合格借款人是指客户的自然特征符合国家法律法规、监管规则、银行信贷管理要求的客户。合格借款人需要满足以下基本条件：

1. 借款人符合我国法律规定的条件。

（1）具有法定的民事行为能力。不具有民事行为能力的借款人不能成为信贷客户。例如：非法人组织，如工厂的车间、企事业单位的内设机构等；不具有完全民事行为能力的个人，如非成年人、智障者、囚犯、生活不能自理的老年人等。

（2）法律及行政规章未禁止其举债。一些组织尽管具有完全民事行为能力，但我国法律或有关行政规章禁止其向银行举债的，也不能成为信贷客户。例如，国家行政机关、部门、军队、慈善组织等。另外，还有一些法人组织受到国家行政规章的限制，也不能进行完全意义上的融资活动，如公立的医院、中小学及以公益为目的的法人组织等，国家限制其向商业银行进行基本建设融资。

2. 具有偿还债务的经济能力。即借款人具有可预期的稳定的未来经营现金流或经济收入，能够覆盖未来归还银行融资的需要。

3. 具有良好的信用记录。借款人在过往的经营和生活中，没有重大违约、失信记录。商业银行一般通过人民银行的征信系统查询其信用记录或通过司法系统查询其涉及经济纠纷的情况。

4. 符合商业银行本身有关规定。例如，信贷政策规定的准入条件、客户政策规定的准入条件、产品办法规定的客户适用条件等。

（三）客户识别管理

商业银行依据上述条件对客户群进行筛选，提出目标客户清单，建立目标客户库，为后续获客营销提供目标指引。客户识别管理在各家商业银行有所不同，从目前情形看，主要有两种方法。

1. 基层主导。这种方法的基点建立在商业银行的基层经营机构。通过基层机构的客户经理在本辖区范围内，根据借款人条件进行筛选，形成基础资料，层层向上报告，经有权上级审查后，纳入目标客户库。这种方法的优点是基层机构具有较大的主动性，其筛选的客户具有较强的可营销性，营销的成功率较高。但这种方法的缺点也比较明显，即上级行在信贷结构布局中处于被动地位，存在基层营销什么上级审批什么的问题。同时，基层主导客户识别，还存在视野不够的问题，即基层看到什么就推荐什么，没有看到的客户就会被排除在目标客户之外，形成目标客户面较窄的问题。另外，基层主理有时还会存在故意回避的倾向，即某些优质客户营销难度很大时，基层会故意回避，造成客户群结构不优的状况。

2. 上级行主理。这种方法的基点建立在宏观信息和大数据统计基础之上。上级行通过对自身业务信息、工商管理部门、税务部门、海关以及其他有关行政管理部门的信息数据进行统计分析，根据借款人条件进行筛选，形成目标客户清单，再层层下达基层机构确认并推动营销。这种方法克服了基层主理的缺点，使商业银行在信贷结构总体布局中更加主动，同时也使基层营销的视角更加宽广。当然，这种方法的缺点是基层缺乏主动性，对目标客户营销的难度增加，成功率偏低。需要上级与下级加强配合，进行联动营销。

二、客户营销

前台业务营销部门根据目标客户清单开展客户营销工作。客户营销在方法上大体有三种：直接营销、间接营销、吸引式营销。

（一）直接营销

直接营销指商业银行锁定目标客户后，客户经理采用主动上门，介绍自己的优势和业务，了解客户需求以及客户的基本情况，与客户达成合作意向的营销方式。直接营销的方式通常被用于大中型法人客户一对一的营销中。这种营销方式的优点是信息沟通直接，业务供需谈判充分，尽职调查和风险管理可以在营销过程中同时展开，达成合作意向的概率较大。但这种营销方式的缺点是需要逐个客户进行拜访和沟通，获客的效率较低；另外，除非新注册的企业或单位，一般情况下客户已经存在一家甚至数家合作银行，如果本行没有特别适合客户的业务产品或金融服务，客户经理要说服客户与本行达成合作的难度较大。所以在营销过程中，银行要特别注意以下几个方面：

1. 事前掌握客户需求。目标客户锁定后，客户经理应当通过各种渠道了解客户对银行的各种需求，了解客户对现有合作银行服务的满意程度，以及客户迫切需要银行提供哪些方面的服务。客户经理必须明白，客户对银行服务的需要是全方位的，不仅仅是对于融资方面的需要，还有对结算、支付、代理、信息咨询甚至非金融服务方面的需要。许多时候，与客户达成合作意向的契机并不是满足其融资需要，或者提供比其他银行更加便宜的融资服务。例如，一家服装连锁销售企业，其对于各个连锁销售点的资金管理更感兴趣，而本行可以利用现金管理系统提供其总部集中管理资金的服务，对这个客户营销的成功概率就会大大增加。再如，有的企业正在谋划一体化多元经营，假如本行可以提供从帮助其论证可行性、物色合适的并购对象、提供尽职调查服务以及到解决并购融资等一系列并购顾问服务，那么与这个客户达成合作的可能性也将大大提高。所以直接营销的关键就是要事前掌握客户需求的"痛点""痒点"，有针对性地进行营销，切忌漫无目标地进行"对牛弹琴"式的游说，更不能自降身段，采用"恳求"式的方式进行营销。这样的营销，即使取得了成功，也会对今后的业务合作在价格谈判、风险管理方面埋下隐患。

2. 注意营销位势差异。对银行来说，在直接营销中属于主动邀约的一方，营销人员的地位安排对于营销是否取得成功影响巨大。一般来讲，银行营销人员与客户代表的地位要基本处于对等状态。这不仅仅是满足客户心理需要的要求，也是合作谈判能够深入、较快取得共识的前提。银行与客户的合作是两个利益主体之间的合作。代表客户与银行谈判合作事项的人员一定是能够在合作利益上作出决定的人员，或者是被授权作出决定的人员。同理，代表银行与客户谈判合作的人员也必须具有相同的地位。如果双方地位不对等，说了都不能算数的话，谈判就只能停留在意向的表层，而无法深入实质层面，合作成功的概率就会很小。另外，在中国传统的"官对等"文化下，银行派遣层级过低的营销人员与客户谈判的话，甚至连客户的主要决策者都见不到，更无法深入了解客户信息，洽谈合作方式了。当然，银行方面能够主动提高营销位次，无论对于客户的心理影响还是日后的业务合作都是有利的。所以如果目标客户对于本行属于十分重要的客户，那么银行的高管层应当亲自出马进行营销。

3. 利用各种影响力促进合作谈判。客户不是独自存在的社会主体，按照辩证法的观点，客户存在于社会的各种系统之中，受到各种各样的系统影响。例如，客户的主管部门、客户销售系统的上下游、客户主管领导的人际关系系统等。银行的营销人员要善于把握这些系统影响，来推动和促进合作谈判的顺利进行。

（二）间接营销

间接营销指商业银行锁定目标客户后，利用客户存在的各种系统影响，进行链式营销的方式。因为客户总是处于各种系统之中，特别是信贷客户始终处于相关的经济链条中。所以从宏观上观察，客户总是存在于类似"鸡吃谷、猫吃鱼、老虎吃绵羊"这样的生态链中。银行可以通过处于生态链中能够对目标客户产生决定性影响的政府机构、企业或上下游供应链，批量性地获取客户。例如，农民生产的稻谷通常都要交售给储备粮公司，储备粮公司采用何种结算方式对粮食生产者与哪个银行发生结算合作关系具有决定性的影响作用。一家银行如果与储备粮公司对接了非现金结算系统，那么在粮食收购季节里，粮食生产者就会大批量地到这家银行开户，办理金融业务。又如，电信、移动、联通等通信巨头往往是光缆、线缆生产商的销售对象，由于其处于销售链条的强势地位，一般供应商都会接受 3~6 个月的赊销账期。如果一家银行与电信、移动、联通等公司签署了应收账款公开保理协议，那么这些光缆、线缆生产商大概率地能够成为这家银行的保理业务客户。再比如，在产业链中具有固定产销供应的群体中，资金会按照特定的方式和周期在这群客户之间连绵不断地周转，银行可以采用特定的信贷产品，将这些客户绑定在自己设计的资金循环链条中，通过降低客户营运成本，批量获取客户。例如，一家制造矽钢片的企业，它的固定上游供应商是马钢，下游固定的销售对象是电机制造厂家。银行可以通过与这家企业建立保理关系，并通过这家企业，对其下游制造厂商开立承兑汇票，将产业链中的资金交易变为信用交易，从而降低客户财务成本，吸引客户批量加入本行，成为本行的合作客户。

所以间接营销的方式通常被用于特定客户群的营销。这种营销方式的优点是银行在获客过程中处于优势地位，能够快速、批量地锁定合作客户群，并且可以在选择客户过程中具有较大主动权。但这种营销方式的缺点是在批量获取客户以后，银行仍需要对其中客户逐个进行甄别，确定是否可以叙做信贷业务。另外间接营销条件下，银行能否从合作方取得相对垄断的条件，并对业务链条进行封闭，也是营销中需要特别关注的。

（三）吸引式营销

吸引式营销指商业银行在确定目标客户群后，对目标客户群进行比较广泛的需求调研，然后研发针对性的金融产品在市场上面向这些客户群进行推送，吸引客户来本行办理业务。如在媒体投放特定金融产品广告，像信用卡分期、住房按揭贷款、小额结算贷款等。吸引式营销方式通常被用于群体较大的个人客户或小、微型企业客户。这种营销方式的优点是推介面广，营销成本低廉，可以依托银行本身的各种渠道为客户提供业务咨询并进行揽客。但这种营销方式的缺点是针对性较差，与客户之间存在信息不对称的状况，获客的效率较低。所以在营销过程中，银行应当注意以下几个方面：

1. 注意产品功能的差异性宣传。吸引式营销主要是通过银行产品的功能吸引客户来行办理业务。所以银行在开展市场营销时应当注意本行产品与他行产品在功能上或价格上的差异，突出本行产品给客户带来的利益，如方便、快捷、流动性强、价格实惠等，并使用容易引起客户注意的图片、视频、语言进行宣传。

2. 注意宣传场景的安排。由于吸引式宣传不是对具体客户安排的针对性宣传，因此场景的安排十分重要。例如，按揭贷款的宣传，通过媒体宣传的效果可能不如通过房交会、开发商销售渠道、住房中介进行宣传好；信用卡分期产品，通过商户或者在特定消费场景进行宣传，会比媒体广告效果更好。

3. 注意二次营销。一般具有使用本行业务产品意愿的客户在看到本行的产品宣传后，会主动通过本行的窗口渠道对业务办理的细节进行咨询，如本行的客服电话、网上银行、网点或员工，这时银行已经基本处于获客的临界阶段，各个接受咨询的渠道只要再加一把劲，营销就成功在望了。所以银行在外部宣传的同时应当注意对内部各个渠道进行产品营销技巧的培训和二次营销的组织，激励各个窗口渠道留住客户、激活客户。

案例 [**基本情况**] H公司是一家上市公司，主营无氟压缩机、电冰箱及其配件的生产和销售，经过多年发展，已成为我国冰箱无氟压缩机生产的龙头企业。在拓展国内市场的同时，该公司加大了海外市场的开拓力度，并通过实施"走出去"战略，在境外投资设点，彻底打通并充分利用境外尤其是欧洲的市场、技术和研发的渠道，成为企业的长期目标。2012年，该公司紧紧抓住欧洲金融危机的契机，收购濒临破产的全球第四大轻型商用压缩机制造商西班牙S公司。为完成收购项目，H公司在西班牙巴塞罗那设立了全资子公司B公司。在获知企业西班牙收购项目的信息后，G银行就H公司融资需求、价格、外汇资金结算、汇率风险规避等提供全方位的服务，并利用自身集团多年国际化发展的成果，积极与G银行西班牙巴塞罗那分行内外联动合作，有效满足了H公司西班牙收购项目的开户、结算、融资安排等一系列个性化需求，于2012年11月为H公司提供380万欧元外汇贷款和380万欧元购汇服务，为其投资760万欧元注册设立巴塞罗那子公司铺平了道路。

随后，B公司在日常经营过程中需要营运资金运转，拟向当地银行申请流动资金贷款，但由于B公司是新成立企业，业务规模较小，凭借自身的实力在境外获得融资难度较大。G银行根据H公司和B公司的资信状况、关联关系和银行授信等情况，制订了内保外贷业务方案，利用国内H公司的资信为B公司获得银行融资提供支持。

此方案得到了H公司和B公司的认可，以内保外贷的方式成功为B公司累计发放了3 200万欧元流动资金贷款，解决了B公司在境外的融资需求和融资难的问题。通过对 H 公司境外收购项目和巴塞罗那子公司业务运营的支持，G 银行累计办理对外担保 3 200 万欧元，发放外汇贷款 380 万欧元，结售汇业务 380 万欧元，中间业务收入 200 万元人民币，利息收入 90 万元人民币。

[案例点评] 1. 内外联动，为"走出去"企业提供全面综合金融服务。此案例中，B 公司仅凭借自身实力向当地银行申请融资，很难获得及时有效的支持。H 公司作为 B 公司的境内母公司，是一家大型上市企业，经营状况良好，与 G 银行保持长期稳定的合作关系。H 公司通过 G 银行开出融资性保函，海外分行以此为保障向 B 公司发放流动资金贷款，为境内外企业特别是关联企业提供综合性金融服务，有力地助推了企业海外业务的拓展，实现了银企利益的双赢。

2. 本外币联动，带动业务全面合作，实现银企共赢。本案例中，通过以内保外贷业务带动企业与 G 银行在本币业务方面的进一步合作，对于本外币联动起到了很好的示范作用。随着越来越多的企业"走出去"，跨境企业对全球金融服务的需求呈现多元化、复杂化和综合化的趋势，银行未来金融服务必将着眼于满足企业在全球范围内的业务需求，发挥境内分行与境外分机构内外联动的协作优势，是拓宽业务、提供本外币全面服务的必然趋势。

三、建立信贷关系

与客户达成合作意向或业务意向后，信贷营销部门应当着手开展与客户建立信贷关系。建立信贷关系的含义是商业银行与客户就今后发生信贷业务实施一系列必要的准备工作。实务中，建立信贷关系的工作可以与信贷业务同时展开，也可以分别进行。从我国商业银行现有实践看，个人、小微信贷客户或办理一次性信贷业务的客户，建立信贷关系一般是与具体信贷业务申请同步进行，但法人客户或日常信贷业务比较频繁的客户，一般是先建立信贷关系，然后根据客户需求逐笔办理具体业务流程。

建立信贷关系一般有如下内容：

（一）开立账户

商业银行与客户达成信贷意向后，客户应当向银行提出申请，并在该行开立贷款账户和其他相关账户，以备办理信贷业务之用。法人账户的开立，客户应当提供银行所需的各种文件、资料、财务报表以及客户法定代表人的签名样本和印鉴卡。个人账户的开立需要提供个人身份证件以及银行需要的各种证明材料。商业银行应当按照人民银行账户管理办法对客户申请进行审核。

（二）客户信用评估

商业银行应当对申请信贷业务的客户进行信用评估，为确定客户授信、办理信贷业务提供基本依据。信用评估的主要内容是确定影响客户信用的因素、对客户相关因素进行尽职调查和分析评估、确定客户信用等级。其基本方法在下面的章节中，我们会进行专门讨论。

（三）客户授信

在评定客户信用等级的基础上，根据本行的信用风险管理政策和授信管理办法，对客户进行授信。客户授信包括信用总量、分项授信以及授信使用条件等。信用总量是指本行对客户所有授信业务的最高限额；分项授信是指客户用于某种具体用途的授信限额，如分项为短期贷款授信，指客户在本行借用短期贷款的最高限额；授信使用条件是指客户在使用银行授信时应当符合的条件，例如，提供风险缓释工具，借款项目筹备进度或交易进展节点等。

（四）签署框架性信贷业务合作文本

上述准备工作完成之后，商业银行应当与客户就信贷业务合作的重要事项签署类似于"备忘录"之类的业务合作文本，以资双方共同遵守。信贷业务合作文本包括但不限于以下内容：

1. 双方基本信息。如名称、住所、法人代表及其委托人、联系方式、签字样本及印鉴样本等。

2. 合作意愿。表达双方就信贷业务展开诚信合作。

3. 合作范围及方式。包括信贷业务领域以及其他双方认可的业务领域，大体明确授信方式和价格执行区间。

4. 违约条款及争议解决。业务合作中出现违约时，如何进行处置；遇有争议事项如何解决等，包括制定诉讼管辖法院等。

5. 签署时间及双方印鉴或签章。

单纯办理信贷业务的客户可以按照银行内部的审批意见，直接签署贷款协议或业务合同。业务合同分为格式合同和非格式合同。格式合同是指合同其中一方提供的标准化格式文本，经对方确认无疑义后签章生效的合同；在银行贷款业务中，格式文本通常由银行方面提供。非格式合同是指无标准格式文本，合同内容经双方讨论同意并签章的个性化业务合同。非格式信贷业务合同文本应当经过银行专门的法律审查，方能签署。

第二节　客户关系维护

客户关系维护指银行的前台业务部门对于已经建立了信贷关系的客户，进行日常联系、沟通、协调，以维持与客户之间的良好业务合作关系。

尽管客户关系维护属于情景式管理，不同的银行、分支机构乃至客户经理个人都会有不同的理解和做法，但就商业银行对信贷客户关系维护管理来讲，还是具有相对可循的管理原则。这些管理原则概括起来大体有：专属维护、区别管理、诚信双赢。

一、专属维护

专属指每一个信贷客户都应该有一个相对固定的客户经理对其进行维护。这个客户经理在银行内部称"管户客户经理"。

对于管户客户经理而言，可能一个人需要维护几个乃至几十个信贷客户，但对于客户而言，他与银行打交道就是通过管户客户经理。所以管户客户经理的角色是：一方面代表银行受理客户的全部银行业务需求；另一方面代表客户与银行内部各个不同的业务部门联系，为客户提供"一站式"的综合金融服务。

银行为客户配备专属的管户客户经理至少有以下优点：一是便于客户联系银行，而不需要客户为了不同的业务需要与不同的银行部门、业务人员联系；二是便于银行综合了解客户，可以及时地、有前瞻性地了解客户需求，明了客户需求背后的真实动机；三是有利于银行建立对客户的"一站式"服务，通过专属的客户经理一揽子解决客户向银行提出的各种服务需求。

由于客户对银行的需求是全方位的，而管户客户经理并不是银行业务的全能人才，因此专属维护的概念不能仅限于为客户配备专属的管户客户经理。从客户关系维护的角度看，银行还需要为客户经理配置相对固定的各类业务专家，形成团队，支持客户关系的维护。这些业务专家在银行内部应当处于"矩阵式"管理架构之中，一方面他们在各个具体的业务部门从事专业业务工作，受各个业务部门管理；但另一方面他们又必须隶属于某一个管户客户经理团队，可以随时应管户客户经理的要求，为客户提供专业服务。

二、区别管理

银行属于服务行业，其客户来自各个行业，千差万别。大的有跨国集团、中央企业，小的有个人客户、小商贩、小企业。这些客户对银行信贷服务的要求不同，银行对他们了解的难度也不同。一般来讲，大客户的要求比较复杂，小客户的需求也许就非常简单。同时，在商业社会里，供求双方的规模实力决定了双方在交易中的地位，所谓"店大欺客，客大欺店"的情况是永远存在的。

因此，商业银行在客户关系管理上应当主动顺应这些特点，对各种不同的客户加以区别管理。

区别管理包含两重意义，一是将不同类型的客群按其需求特征分别管理；二是将不同规模的客户在银行内部进行分层管理。

（一）分别管理

国际商业银行通常将零售客户与批发客户加以区分，分别建立专门的事业部进行经营和管理。零售客户主要是指个人客户和中小企业客户，而批发客户主要指大型企业集团、机构客户以及金融交易商。在我国由于商业银行发展的特殊历史，银行业务传统以对公、对私进行区分，所以大多数商业银行是将个人客户和法人客户区别管理，在银行内部设立对公信贷业务部门和个人信贷业务部门来经营和管理。另外，近年来由于金融市场业务和资产管理业务的兴起和发展，商业银行之间以及与券商、保险、基金、信托等金融机构的交易及业务合作大量增加，所以很多商业银行也将机构客户从对公信贷业务部门中区分出来，设立专门的机构客户管理部门进行经营和管理。

将不同类型的客户群加以区别管理，其原因在于：

1. 适应不同客群的服务需要。不同客户群在金融服务需求上是不一致的。零售客户的需求大多集中于存款、结算和融资等银行最基本的、标准化的金融服务功能上，且面广量大，交易频繁，银行可以使用网点渠道和自助化工具满足其服务需要；而批发客户的需求更多集中于综合金融服务，需要银行体系内多个专业的协调配合，根据客户个性化要求量身定制，客户很难自助获得，也无法在单一的渠道中得到完整的服务，因此需要银行内部设立能够集成服务的专门团队提供服务。

2. 适应不同的风险管理类型。一般来说，零售客户群因其面广量多，而且基本采用标准化金融产品，风险管理主要是对金融产品风险和客群系统性风险进行管理，例如，产品本身的风险控制功能设计、产品销售制度的有效执行、市场环境变化应对等。而批发客户因其采用的基本上是个性化金融服务方案，且采用了结构性交易的复杂嵌套，各种交易之间存在多种风险交叉传递的可能，即便是单一的融资方案，也因为客户本身存在的复杂体系，而使得风险相对隐蔽和复杂。所以对批发客户的风险管理要比零售客户复杂，不仅要关注产品本身的风险、销售执行的风险，而且要重点关注客户本身的风险、参与交易的第三方风险、金融市场波动的风险等。区别管理有助于银行风险管理更加精准有效。

（二）分层管理

分层管理指将全部客户按照其规模大小、重要程度高低进行区分，对应银行内部的经营管理层级确定客户关系管理主体。对客户进行分层管理，在西方商业银行中也许是非常自然的一件事，但在我国传统的商业银行中，由于历史形成的"三级管理一级经营"体制中，客户不管大小均在基层支行进行管理。但随着金融服务市场化的推进，原有的客户管理体制正在受到剧烈挑战，迫使传统商业银行进行改变。迫使传统商业银行对客户进行分层管理的原因主要是：

1. 提高业务效率。传统商业银行的组织架构一般有四级，即总行、一级分行、二级分行、支行。客户管理全部在支行，而信贷业务的审批根据权限管理原则，除了少量零售信贷业务外，大部分集中在上级机构，大业务甚至集中在总行一级的机构中。所以大中型客户的信贷业务，往往从支行发起，逐级上报，形成较为漫长的审批链条，业务的效率往往较低。而在金融市场日益开放的今天，向客户提供融资的金融主体越来越多，效率的降低就意味着客户流失，特别是优质客户的流失。因此，商业银行要避免出现客户流失，就必须提高业务效率。

一般意义上，提高审批效率的关键在于缩短审批链条。而以下放审批权来缩短审批链条的方式，既不利于银行的风险集中管理，也不利于信贷资产的战略布局。所以只能、也必须上收客户管理权限，使信贷业务的发起端更加接近信贷决策端。

2. 提高决策信息精度。在客户未分层管理的条件下，信贷业务的决策信息是从支行逐级传递到决策机构的。就信息传递规律来看，传递的节点越多，信息失真的可能就越大。更何况客户关系管理层级处于支行层面，支行为了维护客户关系，往往会主动屏蔽一些负面信息，造成决策机构在审批中处于信息不对称的状态。此外，大型客户往往存在跨区域、集团化经营的状况，加之信息技术的发展，许多决策信息的产生并非在管户支行可以掌握的地方，支行提供的信息难免挂一漏万。所以为了提高决策信息的广度和准确度，也必须将大客户的客户关系管理集中到与客户规模大体对称的上级层面。

3. 提高营销效率。无论从客户的心理层面，还是从提高银行专业协同效率、提供更高质量的金融服务方案、进行对等的商务谈判方面，都必须将大客户的关系管理层面提高到与其业务要求相适应的层面上。这一点已经在前面进行了讨论，此处不再重复。

三、诚信双赢

无论何种客户，怎样管理，客户关系管理的基本原则是诚信双赢。违背了这一原则，客户关系恶化是迟早的事，客户离去也是必然的结果。

诚信双赢首先讲的是诚信。人无诚则友寡，人无信则不立。客户关系管理也是如此。对银行来说，客户是事业的合作者，是伙伴。虽然，一方面银行与客户在交易中处于各自的对方，具有各自不同的利益，但另一方面在交易中，他们处在同一个利益范畴之中，失去了对方，也就失去了交易。因此，他们必须小心维护这种关系，诚信对待对方。

所谓诚信就是诚实和信用。诚实的最高境界就是要考虑对方的立场和关切，实事求是地与对方讨论问题。不只是站在自身的立场上，为了得到自己的利益去忽悠对方，损害对方。信用的最高要求就是履约，"一口唾沫一个钉"，讲过的、承诺过的事项都应当尽力去办，不耍赖。在客户关系管理中，银行作为主导的一方，尤其要注意做到诚信。特别是要求管户客户经理必须做到诚信，因为他代表了银行，客户主要是透过管户客户经理认知银行的诚信程度。

双赢，是指在客户关系管理中追求达到的一种状态。很多人误解商业交易就是一种零和博弈，在一单业务中客户多了我就少了。其实不是，尤其是银行的信贷业务，更加不是零和博弈的游戏。信贷业务对于银行来讲，就是获取利息及其费用；对于客户来讲是利用信贷资金扩大经营获利能力。银行与客户在信贷业务上达到双赢状态，就是银行得到的利益能够覆盖成本，达到平均盈利基准，客户能够通过使用贷款得到比不用贷款更多的利润。如果这种状态被打破，那么客户关系便很难长久维持。如果银行在放贷业务中得不到基准收益，那么银行就会转向别的客户而放弃当前客户；如果客户因为使用贷款反而发生亏损，那么客户就会选择别的银行。另外，假如一个客户使用贷款不是为了赚取更多的利润，而是为了维持资金链，那么这样的客户银行最终也应当放弃。所以在客户关系管理中，银行必须主动关注银企间的双赢状态，对客户进行审慎选择，绝不能图一时收益而种下祸根。

第三节　卓越管理

客户关系管理是有境界的。一般的管理境界是使客户没有不满意，而卓越的管理境界是让客户更满意。没有不满意是指银行基本满足了客户期待中的需要，客户没有感到失望；而客户更满意是指银行不仅满足了客户期待中的需要，而且满足了客户尚未想到的需要。如果银行在客户关系管理中做到了卓越管理，那么客户关系将牢不可破。

一、了解客户潜在需求

任何客户都存在潜在需求。客户关系管理除了尽量去满足客户已经提出来的业务需求外，还应当致力于去了解和掌握客户的潜在需求。各种各样的客户具有各种各样的潜在需求，客户经理应当怎样去发现这些潜在需求呢？

一般来讲，潜在需求没有成为现实需求的原因来自于两个方面：一是客户本身没有意识到"原来我的企业还可以这样去发展"；二是客户不了解"原来银行业务还能做这样"。因此，客户经理了解客户潜在需求应当从两个方面入手：一是深刻了解客户经营管理状态以及其中的缺陷，发现可以改进和完善的路径；二是向客户宣传银行业务可以实现的功能，使客户更加深入地了解银行的服务功能。

（一）了解客户

这里讲的了解客户与银行的尽职调查有所不同，其侧重点在于发现客户经营管理中存在的可以通过使用银行产品进行改善的地方。一般侧重于对客户的商业模式、结算方式、财务管理的考察和了解。

1. 关于商业模式。商业模式即客户的盈利模式或经营方式。传统的商业模式，如制造业，通过制造和销售进行盈利；商业，通过批发和零售之间的差价进行盈利；服务业，通过提供服务收取费用进行盈利。但一些新型的产业，其盈利模式也许令人费解。如共享单车，表面上是通过收取费用，但如果简单理解这种模式，就难以理解其如何盈利？因为这种模式中，收费之低，完全难以覆盖其成本开支。事实上，共享单车在其服务模式中嵌套了资金营运模式。通过收取"租车押金"，将投入购买单车的资金全部收回（甚至超过投入资金），使得服务模式成为完全无本的买卖。同时将回收的资金投入其他的盈利事业中，创造新的利润。

银行对客户商业模式的深入了解，有助于发现客户对于银行业务的潜在需求。上述共享单车如果是依托在银行现有客户上的，那么银行至少能够获得短期融资的机会和小额结算支付服务的机会。再如，一个服装制造商，传统的商业模式是制造服装卖给服装销售公司，赚取制造差价。但这家制造商的设计和制造质量很好，经常被服装销售公司贴牌销售。像这样的制造商完全可以制造销售一体化，通过专卖店创立自己的品牌。一旦这种潜在可能被现实化，银行就能获得很多业务机会。如并购融资、长短期贷款、现金管理等。

2. 关于结算方式。指客户完成交易过程中采用的结算方式。结算方式的不同也会引起客户对银行服务需求的变化。一般说，结算方式主要取决于客户与其商品（或服务）交易对手所处的地位。处于强势地位的交易对手往往会选择有利于自身的结算方式，例如，延期付款、信用证、银行承兑汇票甚至商业汇票交易，或采用有利于自己的外汇币种进行结算。如果银行的客户是处于交易链中弱势地位的一方，在对手延期付款的情形下，银行会获得客户应收账款保理的机会，而在结算币种不利于客户的情形下，银行会获得外汇交易风险管理的机会。

3. 关于财务管理。在实务中，很多客户并不擅长财务管理，或者对财务风险的认知比较浅薄，因此在财务管理方面存在一些问题，导致其财务效率偏低，或者财务风险较大。例如，有的客户将大量资金沉淀于原材料、应收账款之中，导致资金周转缓慢、财务费用高企；有的客户大量使用银行表外信用，通过短期信用累积效应套将资金用于固定资产投资，导致财务风险加大；有的客户使用借入资金不当，不仅财务成本较高，而且积累了大量的财务风险等。客户经理通过深入了解其财务上存在的问题，可以提出恰当建议，不仅帮助企业改善财务管理，而且也为银行本身创造业务机会，取得"一箭双雕"的效果。这样的例子在实践中不胜枚举。

（二）向客户宣传银行业务

很多客户对银行业务的了解只是局限于对银行产品的使用经验，对于从未使用过的银行产品，特别是银行的组合产品了解是不全面、不深刻的。银行的客户经理如果注意宣传本行的业务产品，特别是在对客户潜在需求了解的基础上有针对性地介绍本行的相关产品，经常会收到意想不到的效果。例如，2012年，某企业在境外中标工程，需要较大额度的资金支持。但由于企业在境外无资产可供抵押融资，自身从境内汇出资金又受到国家外管政策的限制，处于进退两难的境地。某商业银行的客户经理及时向企业介绍该行的"内保外贷"产品，帮助解决了该企业的问题，不仅做成了这单信贷业务，还促成企业将其全部的国际结算业务转至该行办理。

二、分享信息和经验

银行与客户之间存在知识和经验的偏差。一般来讲，客户更专注于其本身的行业及其企业的发展，而银行则更多地掌握行业面上的情况以及宏观经济环境的变动。从这个意义上讲，银行与客户之间存在知识和经验互补的空间。

一位优秀的客户经理应当清楚地了解，客户一旦与银行结成合作关系，银行就有义务协助客户共同成长。因为客户的发展决定了银行的发展，客户始终保持优良品质，银行才能从根本上避免风险的发生。所以，客户经理在客户关系维护中必须主动将自己了解的情况及经验与客户进行分享。

银行与客户分享的知识和经验一般集中在对宏观经济发展的认识、国家经济政策及行业政策的解读、行业总体发展情况的判断、与客户发展相关的行业发展情况以及其他企业成败的经验教训上。

（一）定期交换看法

一般情况下，特别是一些层次不高的客户，其对宏观经济的信息渠道以及研究是不足的。而银行依托其庞大的组织和专门的研究力量，相对而言对宏观经济的研判会比较准确，对国家经济政策的变动会比较敏感。所以，银行在客户关系维护中，可以利用本行的各种信息和研究成果与客户进行交流，帮助客户进行解读，提高对宏观经济的把握能力。

这种交流在具体的客户关系维护中，通常是定期的（年底、年初或国家发布重要政策之时），以拜访或约见形式安排的。银行方面需要安排相应的研究人员或具有较强沟通能力的高管人员就专门的课题进行当面交流，并提供必要的参考资料。必要时，可以就客户感兴趣的问题展开讨论，提供咨询意见。

定期交换看法时，银行的客户经理需要结合对客户一个时期以来的业务合作及经营发展情况，交换看法和意见，在合作的实务层面与客户达成共识，对存在问题提出改进措施。

（二）提供必要的决策参考信息

对银行而言，客户谋划经营决策是重要管理节点。这个节点上没有必要的跟进，无论是对客户关系管理还是对信贷风险管理来讲都会是致命的。所以，客户经理在客户关系的日常维护中，需要十分关注客户重要经营决策的谋划与调整，及时作出反应。

在这个节点上，银行方面除了要尽量了解客户的决策方向之外，还要积极争取参与客户的决策过程，利用自身的优势协助客户了解相关的决策参考信息，提供必要的参考意见。如果客户的经营决策涉及银行服务的，银行方面应当跟进研究，及时提供相关的解决方案。必要时，应当提前启动业务流程，以最快的速度响应客户需求。

（三）分享经验

客户也许对自身有深刻的了解，但他们的经验只局限于自身。而银行在信贷业务中经常接触到大量客户，了解各种客户成功与失败的轨迹和原因。在企业经营诊断中拥有特殊的经验优势，类似医生的临床经验。分享自己所了解的这些经验教训，对客户来讲无疑是十分宝贵的。同时，银行分享这些经验教训，也从另外一个方面，保护了自身的信贷安全。这种分享运用好了，会大大加深客户对银行的信任，从而从根本上巩固与客户之间的关系。例如，2008 年国际金融危机之时，一些纺织原料制造商，由于过度使用信用证方式，利用远期信用证叙做短期原材料贸易，套取大量现金投入基本建设。当石油价格暴跌之时，出现无法兑付到期信用证而倒闭破产。某银行在与客户分享经验中反复谈到了这些案例中"短贷长用"对于企业的财务风险以及应对策略，被客户采纳。客户随后调整融资策略，采用长期贷款偿还了相应的短期贷款和表外信用业务，尽管融资成本略有提高，但有效避免了资金链被拉断的风险，巩固了自身的发展优势。以后这个客户就成了这家银行的铁杆客户，客户经理也成为客户非常欢迎的"高参"。

三、引导客户新需求

从金融历史考察，客户需求和银行的金融创新从来都是相互影响、相互促进的。银行与客户的合作不是被动等待客户提出业务需求，而需要积极引导和开发客户需求。例如，在市场经济发展初期，企业与银行的合作一般仅出于存款、结算、汇兑和信贷等方面，随着市场经济体制的建立和发展，金融市场开始发育，银行不仅从事上述业务，还运用自身的信用优势与其他的金融机构合作，为客户提供资本运作服务。如为客户进行闲置资金理财服务，提供基于主业一体化的并购、出售和投资服务，以及各种财务风险管理服务。这类新型的服务或金融产品，对客户而言是不熟悉或不了解的，银行在这些领域中的创新和发展，在实务中起到了引导客户新需求的作用。

但金融服务的创新犹如一柄"双刃剑"，应用好了，能够为客户创造价值，取得双赢的效果，应用不好则有可能伤害客户，导致双输败局。例如，在外汇交易风险管理中，采用远期外汇交易的方法可以为客户未来外汇收入锁定交易价格，能有效地规避汇率波动风险；但如果以投机性目的开展无远期外汇收入保障的单边远期外汇交易活动，则有可能造成客户巨额亏损。再如，为客户提供资产管理服务，可以提高客户暂时闲置的资产增值空间，但是如果为了博取资产的市场价格波动差价，无节制地抽取主业资产进行投资理财，则有可能造成客户血本无归。因此，银行在客户需求开发中应当把握如下原则，趋利避害。

（一）巩固客户主营业务，不鼓励客户投机冒险

银行在为客户提供增值服务时，必须把握所提供的产品或服务是否能够给客户的主营业务带来帮助，至少不会影响客户主营业务的正常开展。例如，一个制造业客户在城市建设的"退二进三"政策中获得以城市中心地块换取郊区更大地块的机会。企业有两个选择：传统的做法是让出城市地块拿到国家补贴，在新地块上建设更大的工厂，并且有余力偿还原来的银行贷款；或者客户选择银行融资购买新地建设新的工厂，再向银行融资开发原有地块。前者对于客户来讲，显然是机会价值利用不足；而后者则会大大增加企业负债水平，短期内可能出现偿债能力不足而面临流动性风险。在这样的情形下，作为银行应当与客户讨论如何有效利用机会价值，又能规避主业风险的办法。比如，利用银行融资建设新的工厂，然后以城市中退出的地块寻找开发商合作开发，截断房地产开发项目消耗主营业务现金流的通道，做到既利用了机会价值，又保障了工厂的正常运营。而银行在此项合作中，不仅保持并扩大了对客户的原有融资份额，而且可以获得与新的房地产开发项目的合作机会。

（二）支持客户提高主营业务效益，防止客户"脱实向虚"

客户经营需要不断提高其经营效益，这是客观使然。银行在与客户合作中必须围绕这一要求展开，包括银行业务的创新和客户需求开发。讲一个典型案例：有一家从事纺织原料 PTA 生产的企业，其原料 PX 从国外进口。传统的合作模式是银行贷款—购汇—T/T 汇款结算。后来银行建议客户采用 3 个月远期信用证＋远期外汇交易锁定付汇成本，为客户节省了大量的财务成本，也为银行赢得了不少国际结算和衍生风险管理业务。但是，后来该客户发现远期信用证业务与其贸易周期具有一定的时间差异，在这个时间差中，客户可以获得大量几乎没有成本的现金流：3 个月的远期信用证在 3 个月后到期支付，而在当时 PTA 旺销的情况下，从 PX 到厂到 PTA 销售实现也许只需要 2 个月时间，其销售款有 1 个月时间滞留在企业内部，于是客户开始挪用这个现金从事投资业务。乃至后续的经营中，客户逐渐要求银行将 3 个月的远期信用证延长至 1 年，占用其 10 个月的销售现金，甚至不再以生产需要进口 PX，而是直接在境外从事 PX 的转口贸易，大量套取现金从事固定资产投资和石化产品的期货投机。这种暴利事业延续了若干年，到 2008 年国际金融危机时，石油价格暴跌导致下游产品价格暴跌，这家企业大量远期信用证集中到期无法兑付，最终导致破产，银行数十亿元融资无法收回。从这个案例中，清楚地看到银行支持客户提高经营效益如果偏离了客户主业，鼓励客户"脱实向虚"谋取市场价格波动的利益，最终导致双输败局的惨痛教训。

（三）必须从双赢的目的出发，绝不要求客户做只对银行有利的事情

在市场经济条件下，银行作为要素供给的单位，对客户，尤其是中小型客户有着很大的话语权。一些银行的分支机构或客户经理往往会利用这个话语权，向客户提出这样那样的业务要求，而这些要求往往只是为了银行的需要甚至是为了自身考核的需要。客户有时迫于对银行的依赖而勉强答应了，但其内心的不满一定会逐步积累起来。一旦出现合适的机会，客户就会毫不犹豫地抛弃这家银行。在实务中，经常会碰到这样的例子，一家客户跳槽到另一家银行合作时，唯一的理由只是："原来那家银行太'牛'了"。所以，要真正维护好客户关系，开发客户潜在需求是必要的，但一定要基于"双赢"，即便是客户主动提出的业务，也要分析是否客户的真实意愿，否则客户关系是无法维持的。

第八章　信用业务调查

信用业务调查指商业银行依据相关法律法规及有关尽职要求，在收集整理借款人相关信息资料基础上，对借款人信用、有关信贷业务的风险状况、涉贷资产价值进行调查、分析、撰写调查报告和出具调查结论的工作过程。实际工作中，信用业务调查也称"尽职调查"，对全部信贷业务决策起着基础性作用。尽职调查质量决定了信贷业务的质量，尽职调查失效必然导致信贷业务失败。

第一节　角色分配及工作职责

信用业务调查是商业银行信贷业务的实务基础和关键环节，贯穿整个信贷业务过程。信贷业务中涉及需要进行尽职调查的大体有四个环节，分别为客户准入、贷前调查、贷后管理和不良贷款处置。

根据国际银行业惯例和我国银行业监管规定，信用业务调查应当贯彻"双人调查"原则。在我国商业银行实务中，信用业务调查被嵌入在信贷业务流程之中，其工作过程中一般会涉及四个角色。即第一调查人、第二调查人、调查复核员、报告审定人。

一、调查角色分配

（一）第一调查人（以下简称一调）

一调是信用业务调查的主要调查人，一般由客户的管户客户经理担任。一调的任务是负责根据尽职调查目的和要求，提出调查的内容和计划，承担收集相关信息资料的主要任务，牵头会同第二调查人（以下简称二调）进行实地察看和相关访谈，根据收集的信息和调查取得的各种材料，会同二调对相关目的进行分析研判，主笔撰写尽职调查报告，提出调查结论。

一调应当对取得的信息和相关材料的真实性、完整性负主要责任。

（二）第二调查人

二调是信用业务调查的参与者。一般由其他信贷客户经理或客户经理主管指派的、具有相应信贷资质的员工担任。二调的任务是根据一调制订的调查计划参与信用业务调查，特别是参与客户实地考察和相关访谈，并根据调查取得的信息和资料，会同一调对相关情况进行分析研判，协助撰写尽职调查报告。

二调应当对尽职调查报告的真实性、完整性发表独立意见，并对尽职调查报告的真实性、完整性负连带责任。

（三）调查复核

调查复核是信用业务调查的复核人。一般由客户经理主管担任。调查复核的任务是对调查人（包括一调、二调）出具的尽职调查报告中相关的信息、数据、材料进行审查，分析判断各种信息、数据、材料的真实性和完整性，审查尽职调查报告的分析方法是否合理，尽职调查结论是否恰当。必要时，调查复核可检查尽职调查人员的调查过程，要求尽职调查人员重新调查或补充调查。

调查复核应当对尽职调查材料的表面真实性和分析结论的逻辑合理性负责。

（四）报告审定人

报告审定人是信用业务调查最终结论的审定人。一般由负责信用业务前台营销的主要管理者担任。审定人的任务是对经过审核的尽职调查报告进行审查，依据尽职调查结论和本行信用业务政策，决定是否将尽职调查报告涉及的信用业务提交信用审查部门审查决策。除非尽职调查报告存在重大遗漏，足以改变尽职调查结论的情况，审定人一般不要求尽职调查人员修改尽职调查报告或重新调查。

报告审定人应当对尽职调查报告的论证过程及结论的正确性负责。

二、信用业务调查的基本原则

全面深入、细致严谨、高质量的尽职调查工作是商业银行开展信贷业务，进行信贷风险管理的基本保障，其工作质量直接决定了信贷质量和风险承担水平的高低。因此，信用业务尽职调查工作必须遵循以下原则：

（一）勤勉尽职

尽职调查各环节工作人员应依据规定的流程和尽职要求履行调查职责，依法合规、勤勉尽职地开展调查工作。

（二）独立客观

尽职调查人员应按尽职要求独立开展调查工作，客观地分析判断客户生产经营情况和业务风险。其他人员不得以任何理由干扰尽职调查人员独立、客观、公正开展尽职调查工作。

（三）真实可靠

调查人员应当认真地审查、核实企业提供的原始凭证、资料，保证通过各种渠道和方法取得的数据资料能全面真实地反映企业的经营发展情况，杜绝凭空想象和弄虚作假。

（四）简明扼要

信用业务涉及的信息众多，关系复杂。调查人员既要在调查过程中尽可能多收集各种相关信息材料，又要针对不同行业、不同客户、不同信贷业务要求，紧扣信用业务的主要风险点有重点地展开调查工作，做到去粗取精、去伪存真。

（五）保守秘密

调查人员应严格按照银行有关规定使用调查过程中获知的客户信息，不得随意向第三方泄露，更不得利用这些信息谋取不当利益。

第二节　信用业务分类调查

尽职调查的主要目的是为信贷决策提供依据和第一手材料。信贷业务调查按业务类型分，大体涉及四个方面：客户资信调查、贷前尽职调查、贷后跟踪调查和不良资产处置尽职调查。

一、客户资信调查

商业银行对客户资信调查的主要目的是掌握客户的信用状况和违约概率，对其进行信用评级。实际生活中影响客户资信的因素很多，作为商业银行而言，对客户资信调查的主要内容有：

（一）客户经营类型

客户经营类型即客户的商业模式。不同类型商业模式，其经营风险的表现形式各不相同。如果对所有客户不加区别地采用同样的调查内容，可能难以得出正确的调查结论。如金融机构的经营模式与一般工商企业的经营模式完全不同，也无法同等比较；制造业与商贸流通业的资金结构和周转方式具有很大不同，同样的数据指标得出的结论可能完全相反；小微企业财务制度不健全，仅仅依靠报表数据很难得出企业的真实经营状态，必须辅以企业物流、生产要素消耗等实际运行指标的考察等。所以，商业银行首先要了解客户的经营类型，运用同类企业的一般风险规律来引领整个数据材料的分析和客户资信情况的判断。

（二）客户经营环境

经营环境指客户经营所处的外部环境。所有客户均存在于特定的外部环境之下，外部环境的优劣和变动对于客户的经营和信用保持都是根本性的。例如，在垄断经营的条件下，客户具有很强的定价能力，即便是经营中存在很多问题，也不会影响其强大的获利能力和信用程度（如我国的三大通信巨头、"两桶油"等）。相反，在一个充分竞争、门槛很低的行业中，企业的经营空间会不断地受到竞争者和消费者的挑战，如果经营者不具备很强的竞争能力，其随时都会有被淘汰和失信的风险（如我国的服装、零售、餐饮等行业中的企业）。另外，一些行业可能处于没落阶段，特别是那些产品替代性很强的行业，即便是行业龙头，也可能难逃厄运（如信件邮递业、胶卷制造业、门店零售业等）。还有一些受到国家政策影响较大的行业，如20世纪末开始的房地产行业，受到国家住房政策改革的拉动，全行业暴利，以致造成"工、农、兵、学、商"一起来炒房的超繁荣景象；而2015年开始的"去产能"政策，使得大批处于产能过剩行业（钢铁、煤炭、光伏等）中的弱势企业债务高企、生存艰难。

经营环境的调查内容主要包括企业所处的行业景气程度，行业处于高度景气还是不景气周期；行业竞争度，行业属于少数寡头垄断经营还是充分竞争；行业盈利水平，属于全行业普遍盈利或是全行业普遍亏损；行业替代可能，新技术的产生和发展是否对行业产生了颠覆性改变，导致行业功能被其他行业所替代；国家政策导向，国家政策对本行业是否有较大影响，是正面的还是负面的，等等。通过这些方面的了解，分析判断客户未来经营的变动趋势。

案例[基本情况] X公司是集矿石采选、钢铁冶炼、钢材轧制于一体的国有大型钢铁联合企业，年生产能力为钢铁1千万吨，是国内中厚板材生产的大型骨干企业，其高炉等主要生产设备达到国内领先水平，部分生产机组达到国际先进水平。

受钢铁行业整体产能过剩影响，2011年开始X公司产品的市场价格大幅下降，盈利能力和偿债能力均持续下降，各项财务指标偏低，银行表内授信受到严格限制。在此期间，公司主要通过直接融资市场中的短融、中期票据等直接债务工具进行融资，解决生产必需的资金需要。2013年下半年钢材市场价格缓慢回升，销售收入和利润实现增长，各项指标有所好转，公司面临发展机遇。但在2014年，公司有20亿元人民币中期票据到期，如果以公司抽调自有资金归还到期债务，必然影响公司发展。因此，公司提出续发一期中期票据，解决发展资金问题。但公司发债受到产能过剩行业政策的环境影响，许多商业银行不愿介入该期票据的承销，导致其续发困难，企业资金周转面临困境。

G 行作为该公司长期合作的主力银行，考虑到公司续发债券有助于公司发展，同时也有助于维护公司的资金安全，决定响应公司要求，介入公司续发债券的承销。但由于债券数额巨大，G 行对客户的授信总额不足，无法全部承销该期续发债。经过研究，G 行采用了与券商联合承销的方法，解决公司中期票据的续发问题。通过与券商合作精准把握发行时间窗口，控制发行价格，加大营销力度，吸引投资者踊跃认购，债券份额全部销售给了投资者，承销商最终未包销任何份额。不仅解决了 X 公司中期票据续发需求，还争取到债券资金全额归集 G 行，带动了该行对公存款的增长。

[案例点评] 第一，要从大局考虑问题。X 公司属于周期性行业，在产业下行周期中往往受产能过剩、行业政策、信贷监管等方面的融资大环境影响，尤其是行业中规模较大的企业，不仅融资规模大，而且融资结构相对复杂，在行业面临下行周期时非常容易形成资金的短缺。在这样的周期性行业中，商业银行应当从大体上判断和把握企业的发展方向和信用能力，对其中优质企业采用逆周期的融资政策，帮助企业熨平周期性的资金占用波动，使其度过暂时困难，迎来新的发展机遇。第二，要从创新上寻求办法。该案例中，X 公司处于行业紧缩周期，银行授信面临紧缩，通过银行正常融资解决到期债务的兑付是不现实的。因此公司寻求通过直接融资解决问题方向是对的。但银行作为主承销商，其信用风险的承担能力也是有限的，况且，作为主要授信银行，公司的债务增加原则上也是会增加银行原有信贷业务中的实质性风险承担水平。因此，银行需要寻找风险共担者来分散其中期票据续发中的实质性风险，而通过与券商的合作，运用券商在直接融资市场上的专业优势，分散和化解风险不失为是一个较好的方式。

（三）经营者素质

对于具体的企业经营而言，企业的经营者（管理层）是企业持续、正常经营管理的根本保证。其中，企业家的个体素质以及管理层的群体素质至关重要，对其进行全面评价，有助于银行对客户信用风险的判断。

经营者素质由多个方面构成，商业银行一般着眼于调查和考察主要经营者（实际控制人）的个人素质，包括知识水平、经营能力、协调能力、品行和信用、健康状况等；行业背景，包括从业经历、专业素质、业内口碑等；经营作风，包括创新精神、创业精神、进取精神、法制理念等。

在经营者素质的调查方面，商业银行还需要关注企业高管层的团队素质和集体能力。包括团队的稳定性、统一性、团队素质结构以及团队合力状况。同时，要高度关注企业的内部治理架构和内控有效性等。

（四）经营能力

经营能力指企业在特定时期内的经营表现。从商业银行信贷业务的角度看，客户是否具有遵守还款约定的能力，主要是基于其经营能力。一般意义上讲，经营能力强，具有持续盈利能力和良好运营能力的企业，其信用违约的概率就会较小，反之就会较大。

商业银行对客户的经营能力调查主要是反映企业盈利能力、运营能力和竞争能力方面的相关指标。商业银行在调查中主要考察：企业的盈利能力，如营业利润率、总资产报酬率、净资产收益率、收入成本率等；运营能力，如总资产周转率、应收账款周转率、存货周转率、固定资产周转率、流动资产周转率等；竞争能力，如主营产品市场占有率等。

（五）偿债能力

偿债能力指客户在特定时期内动员财务资源清偿债务的能力。这种能力直接决定了客户对商业银行的信用状况，一般包括反映客户偿债能力有关的数据和情况。对商业银行而言，企业的偿债能力是关乎自身债权安全的最直接也最重要的因素。

企业的偿债能力通常表现为企业资产对于债务的保障程度。商业银行通常关注其长期偿债能力、短期偿债能力、现金保障能力和历史信用记录等。

长期偿债能力一般需要调查企业的权益对于负债的保障比例，如财务杠杆率、资产负债率、权益负债比、利息保障倍数和有形净资产对负债的保障比例等。短期偿债能力一般关注企业的流动资产对于流动负债的保障程度，如流动比、速动比、现金负债比等。现金保障能力通常指现金流债务保障率、现金到期债务比、全部资产现金回收率等。企业的历史信用记录一般通过人民银行征信记录考察其历史违约记录，也可从法院、公安等机关了解其涉诉、涉案的情形。

（六）发展前景

发展前景一般指客户的发展能力。如创新能力、技术装备、产销情况和近年来的成长速度等。商业银行在尽职调查过程中主要关注企业所在行业的景气度、企业的创新能力、企业的技术能力和装备水平以及企业近年来的成长速度等指标。

二、贷前尽职调查

贷前尽职调查指商业银行在具体融资业务发生前进行的尽职调查。贷前尽职调查是基于客户资信调查已经完成的情形下进行的。因此，贷前尽职调查主要关注：贷款用途、还款来源、担保情况、贷款合规。

（一）用途调查

贷款用途指借款人使用贷款资金的目的，如购买原材料、购置设备、支付采购或服务款项、偿还债务、投资项目等。

"贷款干什么？"是商业银行选择贷款产品和把控贷款风险的基础。不同用途的贷款有着截然不同的运动规律和风险含量。例如，企业采购原材料，其资金周转环节是购入原材料→生产→销售→货款收回。其资金周转环节基本固定，周期较短；如果是购置设备，其资金周转就是购入设备→提取折旧→进入成本→随销售逐步收回，尽管周转环节基本固定，但其回收周期相当于折旧年限；而如果是用于投资，其资金周转就会变成投资→分红→逐步收回。其中由于分红是不确定的，因此其周转周期也无法预测，很难确定。再比如贷款用于还债，则还款来源都无法确定，更不用说周转的周期如何确定了。

贷款的用途调查就是要揭示所有与用途有关的风险因素。包括交易背景调查、经营效益调查、资金安全调查。

1. 交易背景调查。正常情况下，借款人会向银行说明贷款的用途。但许多情况下，借款人提供的贷款用途并不是真实的，因此银行信贷调查人员需要对贷款使用的交易背景进行审查、核实。交易背景的审查，包括但不限于对交易相关的贸易合同、收货单据、发票、订单、中标通知或国家有关部门的审批件等资料进行查验。调查人员在分析贷款用途时，要对业务进行具体分析，如客户交易过程的具体描述、上下游客户情况、结算方式、业务周期、进展情况、配套资金及其他资金的落实情况，以及借款人要求的贷款品种、金额、期限等情况进行交叉验证，以确定交易背景的真实性和合理性。

在调查交易背景时，除了要验证客户提供资料的真实性外，还需要注意两点：一是有关证据显示的交易背景是否与客户的经营范围有关，是否符合企业经营的正常需要，以防止客户利用虚构交易套取银行信用；二是关注客户现有资金运用的合理性，以防止客户利用银行贷款抽取自有经营资金用于其他投资。因为客户借入银行资金后，客户的自有资金便可以挪作他用，一旦这样的情况产生，实质上与客户挪用银行贷款进行投资的道理是一样的。

2. 贷款的效益性调查。在确认客户贷款的交易背景是真实的和合理的以后，尽职调查人员应就本次贷款使用的效益性进行分析。一般意义上，只有客户的交易活动有效益，贷款按期还本付息才有保障。对项目贷款，商业银行一般要进行项目贷款评估，对其经济可行性和内部收益率进行评估，以确定贷款能否发放；对于流动资金贷款或贸易融资，一般采用成本效益分析法，即对企业购入材料、生产加工、销售、财务等成本进行分析，对照产品售价进行测算，评估其交易活动的效益性。而对于企业借款用于补充自身的流动性不足，并无特定交易背景的，则应立足于整个企业经营效益的分析，来判断贷款是否可行。

在贷款用途效益性调查方面需要注意的是：尽管一般意义上需要客户在使用贷款的交易中有盈利，但是企业在经营活动中是存在结构的，有时本次交易的目的是支持其他交易的实现，如企业购入实验设备用于新产品研发，本身可能并无效益，但对于企业整体经营具有重要意义。所以在贷款用途的效益性分析时，需要放宽眼界，站在整个企业经营的高度，来把握贷款在整个企业经营中对企业经营效益产生的作用。

3. 用途的安全性调查。不同用途的贷款，其安全性是不同的。正常生产的采购用途，其周转环节明确，只要把握了各个周转环节中的风险，贷款资金的安全回归便没有问题。但一些特别的用途需要，如企业借款用于弥补流动性不足、企业借款用于投资新的项目、企业借款用于新产品的研发和设施装备等，这些用途的资金，由于用途存在不确定性或资金使用的结果存在较大的不确定性，尽职调查人员应当就资金的安全性进行调查确认。

例如，企业借款用于弥补流动性不足。其危及贷款安全的主要因素是企业的短期偿债能力问题。企业流动性不足主要表现为短期负债长期占用出现短期资金周转不灵。银行发放一笔短期借款，可能暂时缓解了企业资金周转问题，但是企业如果继续将短期贷款用于长期投资中，那么，银行发放的短期贷款就会出现安全问题。因此，在调查中必须明确企业流动性不足的原因，以及企业未来应对流动性不足的措施，贷款方式安排才能做到"有的放矢"。

又如，企业借款用于投资新产品生产线或购买新产品研发使用的实验设备。其危及贷款安全的因素主要是：假如新产品研发或试产失败，现有的产品成本不足以摊销新产品开发成本。因此，尽职调查人员应当对现有产品分担新产品开发成本的能力进行调查分析，据以判断本次贷款的安全程度。

（二）第一还款来源调查

一般来讲，贷款的真实用途确定以后，还款来源基本也能确定。如采购贷款的还款来源是销售货款；保理融资的还款来源是企业收回的应收账款；固定资产贷款的还款来源是企业的折旧；用于企业并购的贷款还款来源是被投资企业的盈利等。但在实际的信贷运作中，除了跟单的贸易融资外，大量存在贷款期限与企业实际资金运作的节奏并不完全相符，所以"用什么钱还贷？"也是贷前尽职调查中必须涵盖的内容。

第一还款来源调查包括审查借款人未来还款现金流的可靠性；分析借款人财务结构，预测借款人未来债权债务变化；评估借款项目的经济可行性和现金流情况。还款来源调查实际上是对贷款到期日企业现金来源的分析和确认，也可以从另一个角度验证企业贷款的真实用途。"借钱还钱"是银行贷款的基本要求。银行用现金发放贷款，也要用现金收回贷款。一般地，像应收款保理、跟单信用证、订单融资、发票融资、承兑汇票贴现等融资方式，其到期现金流基本是确定的。但流动资金贷款、项目贷款、并购贷款等，由于贷款期限确定时，实际的现金回笼时间并未确定，所以常常会遇到贷款到期日与企业现金流节点错开的情形，甚至贷款到期，但销售并未形成，导致贷款逾期欠息。

所以，贷前调查必须考察贷款到期日企业是否具有相应的现金流用于归还贷款。这种考察是对确定用途的贷款参与企业生产经营流转的实际情况的调查。例如，企业采购原材料库存时间大约10天，生产加工时间大约20天，销售回款大约20天。那么企业正常采购资金的周转时间为50天。银行对此调查的意义在于可以恰当地安排贷款期限，避免贷款出现不能按期归还的情形。如上例中对企业采购贷款的期限定为60天比较合适，周转必需的时间50天，加上10天的宽限期一般可以避免贷款到期而现金流不足的情况。但如果这个企业贷了90天，那么企业资金就会出现闲置，而闲置资金就可能加入企业的第二个周转周期，从而导致贷款到期时企业缺乏现金的情况产生。同理，在企业项目贷款中也存在类似情形，项目贷款通过折旧返还，银行应当准确估算每年的折旧额以及折旧通过何种方式形成现金流来归还银行贷款。

对于一些具体用途不确定的贷款，尽职调查人员应当根据贷款确定的期限，调查到期日企业现金流的情况，并以一定形式与客户约定还款来源，如再融资、他行融资、发债融资或其他现金来源。

（三）贷款担保调查

贷款的偿还总是银行与企业对未来的约定，而未来总是带有不确定的。因此，银行除了搞清楚贷款用途、还款来源以外，还需要对意外情况有所准备。在贷前尽职调查中，尽职调查人员应当就"还不了怎么办？"的问题进行调查和分析。

"还不了怎么办?"实际上是对客户违约风险的判断和应对违约风险的措施安排。当然,最好的客户也许可以确定不会出现"还不了怎么办?"的问题,对这样的客户银行会安排纯信用贷款。但事实上这类客户只是"冰山一角",绝大部分客户都会存在"还不了怎么办?"的问题。

银行对"还不了怎么办?"的问题,一般是在贷款中采用担保措施。即要求客户对"还不了"的情形提供第三者担保或有价资产抵(质)押。

尽职调查人员需要对采用的担保措施进行调查和核保,以及对抵(质)押物进行价值评估,确保担保措施合法、足值、有效。关于贷款担保措施的有关内容,我们会在以后的章节中加以讨论。

(四) 贷款合规调查

贷前调查还有一个很重要的内容就是合规性调查。即贷款"是否依法合规"。

合规性调查主要反映在对客户贷款用途的调查上,一般的调查内容有:

1. 贷款用途是否违反国家法令。如贷款不得用于国家禁止生产、流通、交易的物品;不得向非法组织提供贷款;不得向关系人发放优于一般借款人的贷款等。

2. 贷款用途是否违反国家的产业政策、外管政策、监管特别规定等。如银行不得向借款人发放用于股权投资、股权收购和建设项目资本金的贷款;不得发放用于垫付建设项目资本金的流动资金贷款或项目临时周转贷款。

3. 贷款方式是否违反监管规定。如不得用多个借款人名义集中向一个借款人支付贷款;不得以同业资金 T + D 回购形式向借款人发放贷款。

4. 贷款是否符合本行风险管理政策。如行业信贷政策、绿色信贷政策、客户准入政策、风险缓释政策等。

另外,贷款合规性调查也要求银行的尽职调查人员在贷前调查中做到依法合规、尽职履职。

三、贷后跟踪调查

贷后跟踪调查是建立在贷款已经发放到客户账上,进入客户的生产经营周转基础之上的。贷后调查的目的是了解和发现贷款在使用过程中存在的问题和潜在风险,以便及时采取有效措施,化解和缓释贷款风险。当然,贷后调查也可以发现客户的潜在需求,为信贷业务营销打下基础。所以贷后调查的关注点在于：了解贷款使用现状，发现其与贷款审批时掌握的信息差异；了解企业经营的变化，发现这些变化对贷款风险的影响，并在此基础上提出贷款风险防范措施和建议。

（一）了解和发现贷款用途差异

商业银行在对客户贷款前，一般都经过了贷前调查、审查和审批环节，并就贷款用途、还款方式、担保方式等与客户签订了贷款合同。理论上，贷款的使用应当与约定一致。但事实上并非如此。总有一部分客户存在弄虚作假、未按约定使用贷款的情形。例如，在贷前刻意隐瞒部分关键信息，误导尽职调查人员作出错误判断；贷后挪用贷款用于非约定用途，从事高风险投资等。所以，银行在贷款发放后必须就贷款申报时的信息和贷款的实际用途进行跟踪调查。通过借款人对贷款实际支付对象来判断借款人是否挪用了贷款资金。如果贷款被挪作他用，那么贷款风险将很难控制。例如，一个服装生产企业的流动资金贷款被支付到了一家房地产公司，而不是布匹制造或批发商那里，这笔贷款大概率就是被企业挪用于房地产投资了。对服装企业的原材料采购贷款被挪用到对房地产的投资，那么可以完全判断这笔贷款已经超越了银行可以掌控的风险领域。这并不是说房地产投资的风险一定大于服装制造业的经营风险，而是因为，银行此前的调查、审查、审批所依据的事实和信息已经全部失真，所设计的风险控制措施完全失效，银行对这笔贷款的审批完全处于"裸奔"状态。

对于贷款挪用的情形，商业银行必须按照企业实际的贷款用途，重新评价其风险。根据重新评价的结果采用新的贷款方案、新的风险缓释措施来替换原来的贷款。如果重新评价其风险的结果是不能发放贷款的，商业银行应当立即宣布原贷款提前到期，组织清收贷款，并对违约客户实施制裁。

（二）了解企业动态变化

任何信贷决策都是以过去发生的信息和事件作为依据的，而企业经营总是在变化的，或是向好或是向坏。企业经营在贷后某个时间里持续向好，那么贷款风险就趋于不断减小；但是如果相反，那么贷款风险就在不断加大。因此，通过贷后调查了解和发现企业经营的动态变化，将有助于银行提前发现贷款风险的演变，提前采取有效应对措施来化解这些风险。

贷后调查了解企业的动态变化，除了关注贷款用途是否按照约定以外，还应当包括客户资信调查、贷前调查所涵盖的全部内容。特别需要关注的是：

1. 行业景气度的变化，尤其对于中长期贷款客户；
2. 客户经营班子的变化；

3. 客户经营能力的指标变化，特别是盈利能力、运营能力和竞争能力的变化；

4. 客户财务结构的变化，关注其偿债能力；

5. 客户经营现金流的变化趋势，综合判断客户未来偿还贷款的现金流状态。

企业动态变化的调查一般是按照间隔期进行的。对一些经营较为稳定的大中型企业，原则上间隔期为 6 个月；对于经营波动较大，对外部环境敏感性较强的企业，则需要缩短间隔期，如每季或每月一次。间隔期调查结束后，尽职调查人员应当出具调查报告，提出贷后管理的改进意见和建议。重要的变化情况，应当及时采取防止风险扩散和蔓延的临时措施。

另外，如果借款人有突发情况出现，如实际控制人无法履职、国家政策重大调整、市场发生剧烈波动、企业发生重大事故等，应当及时进行调查，提出应变措施。

（三）了解贷款担保现状

贷款担保在贷款的存续期间内并不是一成不变的。保证人在贷款存续期间内，由于其自身的经营状况、财务状况的变化会导致其保证能力的变化；担保物在贷款存续期间内，由于自然因素、管理因素、市场因素也会造成其内在价值的变化，从而导致担保能力的变化。因此，贷后跟踪调查中，尽职调查人员必须对贷款的担保存续和担保能力变动进行调查了解，确保担保符合贷款发放时的要求，如果担保能力变动导致贷款风险敞口扩大的，应当及时要求借款人追加担保或更换担保主体。

四、不良资产处置尽职调查

不良资产处置调查是指银行的信贷资产处于无法正常收回的情况下，必须采取特定方式进行风险处置前的尽职调查。

不良资产处置调查的目的是化解业已存在的信贷坏账。不管如何处置不良信贷资产，尽职调查的同一内容均包括对该笔信贷资产发生的全部过程进行调查，以确认参与该笔贷款的内部人员是否存在道德风险或过错过失，作为商业银行内部追究信贷责任的依据。所以，商业银行处置不良信贷资产应当采用换手调查的方式进行。所谓换手调查，是指参与不良信贷资产调查的人员，与原先参与贷款调查、决策、管理的人员实行隔离，以防止不良信贷资产处置过程中出现道德风险。

实践中，不良信贷资产的处置大体分为三种方式：一是第三方承债；二是企业兼并；三是减值出售。由于处置方式的不同，尽职调查的内容也会有所不同。

（一）第三方承债方式

第三方承债指银行贷款由别的企业、个人或组织承接，根据约定逐步偿还银行贷款。在这种方式下，银行贷款实际并未收回，只是在贷款对象、期限、条件上进行了重组。因此，对这种方式下的尽职调查，应当比照对新客户发放一笔新的贷款。如果承接的第三方与商业银行以前没有建立信贷关系的，对承接债务的第三方调查范围应当涵盖：客户的借款人资格审查、客户信用调查、贷前调查的所有内容。同时，一般情况下，承接债务的第三方会向银行提出一定的承接条件，尽职调查人员应当就对方提出的承接条件进行调查和评估。

尽职调查人员在尽职调查的基础上，应当对第三方承接债务的风险作出评估，提出是否同意该第三方承接不良贷款的建议和实施条件。

（二）企业兼并方式

企业兼并方式指其他企业对不良贷款企业实施兼并，并与银行就被兼并企业的不良贷款达成解决方案。这种解决方案可能有很多方式，最简单的方式就是无条件一次性偿还被兼并企业所欠银行贷款本息。在这样的方式下，银行无须进行尽职调查，直接收回贷款本息即可。但很多情况下，不是这样的理想状态。兼并企业会提出许多条件，如贷款重组到兼并企业名下、先还后贷、减值归还等。

如果兼并企业提出的方式是贷款重组，其性质与第三方承接债务是相同的，尽职调查工作应当比照第三方承接债务方式进行；如果兼并企业提出先还后贷方式，则尽职调查工作应当比照贷前调查的内容进行；如果兼并企业提出银行减值后一次性归还，则尽职调查工作应当比照贷款资产减值出售的内容进行。

尽职调查结束后，尽职调查人员应就企业兼并中对不良贷款处置的方式和条件出具尽职调查报告，并就是否同意兼并方式处置不良贷款提出建议和意见。

（三）减值出售方式

减值出售方式指银行将无法收回的不良信贷资产根据其内在剩余价值在市场上公开出售。不良信贷资产的内在剩余价值通常指贷款企业经过清算以后的残余价值、不良贷款的抵押物经过拍卖转让后可能得到的收益、贷款担保人经追索可能清偿的价值等。不良贷款减值出售前尽职调查的目的是调查、评估上述有可能追偿的资产和其准确价值，为拍卖转让提供标底价格。调查内容涉及贷款企业的资产负债情况、本行贷款的优先清偿顺序、抵质押物的市场价格、担保人追偿可能追回的价值，以及追偿这些价值可能需要花费的成本。另外，如果出售转让是定向的，还需要对受让方的支付实力进行调查评估。

尽职调查结束后，尽职调查人员应就贷款出售转让的价格标底和转让方式出具尽职调查报告，提出建议和意见。

第三节　尽职调查过程

尽职调查过程是一个收集信息、资料，调查相关情况，进行分析论证，去粗取精、去伪存真，得出符合客观实际情况的结论的过程。在商业银行信贷业务的尽职调查中，主要体现为收集信息资料、动态情况调查、综合分析研判、作出尽职调查结论等四个阶段。

一、收集客户基本信息资料

在信用业务调查中通常需要收集的客户信息资料大体有以下几类：

（一）客户基本信息

客户基本信息包括企业营业执照及最新年检证明、有关部门核发的特殊经营许可证；公司章程及验资报告；技术监督局核发的《组织机构代码证书》；《税务登记证》及最新年检证明；贷款卡及最新年检证明；法定代表人或负责人身份证明及必要的个人信息；客户联系人通信信息等。

（二）客户经营信息

客户经营信息包括最近及近三年相关财务报表；营运计划及现金流量预测；企业存、贷款信息，对外担保情况；银行要求提供的其他经营动态材料。

（三）企业信用业务申请资料

企业信用业务申请资料包括企业的信用业务申请；与授信业务相关的股东会或董事会相关决议、文件或具有同等法律效力的文件、证明；有关交易合同和协议。用于风险缓释的抵质押物基本信息、第三方担保的担保人信息（包括基本信息、经营信息、可以证明自愿提供担保的相关文件等）。

（四）银行要求提供的其他相关授权和信息资料

上述各项需收集的资料应包括原件或复印件，如客户提供复印件的，尽职调查人员应将复印件与原件核对无误，并在复印件上加盖"经核对与原件一致"并核对日期，签名确认。

个人客户需要收集的信息资料与企业客户有所不同，主要有借款人及配偶的有效身份证明、婚姻状况证明、户籍证明或本地固定住所证明、联系方式；借款人及其配偶收入证明或足以证明其收入水平的辅助证明；借款人工作证明；借款申请表；贷款用途证明材料，如购销合同、商品发票等；首付款证明（如需）；个人征信查询授权以及商业银行要求的其他证明文件和材料。

二、动态情况调查

对客户动态情况的调查一般有两种形式：

（一）直接调查

调查人员应对新建立信贷关系的借款人的主要生产经营场所或项目建设场所进行实地考察，现场核查有关客户的信息资料；访谈客户负责人或授权人，就客户生产经营情况、融资意向进行面对面的直接沟通了解；深入客户经营现场对借款人生产、销售、财务等部门进行调查、访谈，查验必要的财务账册和会计凭证，从不同维度验证借款人财务报表反映的数据，判断借款人内控制度、财务管理、现场管理的规范性和有效性，对借款人的经营管理状况得出综合结论。

（二）间接调查

间接调查即通过公开信息了解、第三方调查等方式，了解借款人的生产经营和信用状况。如借助报刊、网络、咨询机构等了解客户及其所在行业的情况，通过向税务、工商、海关等有关部门及房地产交易中心、产权交易中心等中介机构了解借款额相关资料，通过人民银行征信系统了解客户信用状况等。重大贷款项目，也可聘请相关专家、中介机构进行针对性的评估调查，获得相对客观、公正的调查结论。

三、分析评估

在调查的基础上，尽职调查人员要分析、归纳各种调查资料和结论，得出对客户是否可以接受为信贷客户的评估结论。

对调查材料进行分析的方法一般有定性分析、定量分析及综合分析三类。

（一）定性分析

定性分析主要应用于客户的主观信用状态，如经营者的素质、企业内部管理、历史信用记录、社会声誉、重大事件等，通过对这些情况的定性分析判断客户的行为倾向和履约意愿。

（二）定量分析

定量分析通常应用于对客户经营水平、发展趋势、偿债能力等可以量化的信用因素，通常采用的分析技术有宏观经济指标分析、行业趋势分析、企业经营活动分析、财务报表分析、现金流量分析等。通过定量分析，判断客户的信用能力。

（三）综合分析

综合分析即将各种定性、定量分析的结果按其对客户信用影响的程度，赋予一定的权重，将各种比较结果加权后得出客户信用的总体状况，判断客户是否可以被接受为本行的信贷客户。

四、作出尽职调查结论

分析评估结束后，尽职调查人员应当如实撰写尽职调查报告，对借款人的信用状况是否符合本行要求，是否可以与其建立信贷关系等问题提出明确意见和建议。

第四节　尽职调查常用技术

通过尽职调查核实借款人的有关情况，全面、真实、客观地揭示和评估贷款可能存在的风险，提出相应的措施，是银行贷款正确决策的依据，也是贷款投放质量的保证。尽职调查工作质量的好坏直接关系到信贷资产质量的优劣。因此，做好尽职调查工作需要尽职调查人员除了要有良好的责任心外，还要具备一定的工作技术。主要包括：

一、宏观经济及有关行业发展状况分析技术

尽职调查人员要根据国家宏观经济政策和产业经济政策的走向及调整变化，判断经济政策对贷款的影响程度，以及借款人所处行业的景气度和成长性，最大限度地规避宏观经济波动和政策性风险。

对宏观经济分析主要关注国民经济运行的相关指标，如 GDP 增长、PMI、PPI、CPI 等指数变动、工业增加值、固定资产投资、外贸进出口、社会消费品零售总额等宏观指标、金融运行、财政收支等财政、货币政策执行情况。从中判断宏观经济运行对微观经济和信贷运行的影响。对行业状况分析主要关注借

款人所处的行业情况，包括对行业分类，行业发展的历史回顾，行业发展的现状与格局分析，行业发展趋势分析，行业的市场容量增减，销售增长率现状及趋势预测，行业的毛利率状况，净资产收益率现状及发展趋势预测等进行研究。主要应用于研究行业的周期性变化，帮助判断不同行业的客户发展趋势。

对宏观经济和行业状况的分析主要采用趋势分析技术，即观察即期指标与历史指标的差异和离散程度，找出发展变化的规律性，来预测未来影响客户的环境变量。在趋势分析中，要注意历史数据的采集数量，一般至少需要采集 3 个观察点以上的历史数据进行观察，才能作为有效结论应用。同时，如果采集的是时点数据，则应当注意时点之间的可比性。例如，第一季度的经济指标与第四季度的经济指标一般不能类比，因为第一季度由于春节的原因，实际经济活动时间只有 2 个月左右；而第四季度是年末收官的时点，经济指标会有惯性上冲。

另外，某些宏观经济指标具有标准值，可以利用标准值判断宏观经济态势。如 PMI，其标准值为 50%，称为经济活动"枯荣线"。当 PMI 值高于 50%，一般认为宏观经济活动较为活跃，而低于 50% 时，认为经济活动趋于衰退；当 GDP 增速在 7% 左右时，一般认为投资增速 15% 为中位值，高于这个数值为投资活跃，低于这个数值为投资不足。

在对宏观经济活动和行业状况分析中，要十分注意这些宏观指标的变动与客户经营活动的关联性。重点分析与企业经营活动关联性大的指标，避免分析活动陷入数据堆砌、一团乱麻之中。

二、财务报表分析技术

财务报表分析是银行信用调查中最经常使用的分析技术。是指银行对客户财务报表中有关数据资料进行比较和分析，借此了解和掌握借款人的经营情况、财务状况、偿债能力，预测借款人的未来信用状况。

对尽职调查人员来说，掌握财务报表分析技术，首先应当学习掌握各类企业的损益表、资产负债表、现金流量表（简称"三表"）的编制口径和方法，以及使用财务数据计算盈利比率、效率比率、杠杆比率、流动比率的方法。这些方法是调查人员分析客户财务报表的基本工具。

尽职调查人员对客户财务报表的分析一般采用标杆对比法、同业类比法、趋势分析法等，对客户的经营活动和财务状况进行分析，判断其未来的信用状况。

（一）标杆对比法

标杆对比法即首先确定各类财务指标的标杆值，然后将客户财务指标与标杆值进行对比，观察其偏离情况。标杆值的确定一般有三种方式：一是行业内标杆企业的数值，这个数值可以是一家优秀企业的数值，也可以是若干领先企业的均值。二是银行同业内普遍认可的经验数值。例如，制造业的资产负债率，一般认为均值在55%，而商贸批发企业的负债率均值，一般采用65%。三是经过本行信用评审机构确定采用的标杆数值。这三种取值方法可以选用其中一种，也可以根据不同的财务指标选用不同的标杆数值。

（二）同业类比

同业类比即将客户的财务指标与其同类客户的财务指标进行比较。这种比较一般有两个目的，一是分析判断客户在同业中的市场地位和经营效率。通常采用经营规模、市场占比、盈利能力、资本效率、成长速度等相关指标与同类客户的相关指标进行比较等；二是分析判断客户的经营结构是否合理，通常采用制造费用、销售成本、固定资产比例、财务成本等指标进行对比。

（三）趋势分析

趋势分析即将客户主要经营指标如资产、负债、销售、成本、利润以及相关的财务比率，进行趋势性分析。一般采用客户前三年同类指标数据进行比较，观察客户经营的趋势是向好、持平还是趋坏。趋势分析需要注意结合行业环境进行，把客户的经营趋势放在行业周期之中进行比较分析，从而判断客户整体发展趋势是受外部环境影响还是个体自身原因形成的，进而把握其综合偿债能力。

当然，对财务报表分析也存在一定的局限性。一是会计政策与方法的可选择性，如收入和费用确认、存货的计价、固定资产折旧方法等方面都有几种选择，而每种选择都会对财务数据造成不同影响。二是人为因素的影响，有时客户为了实现某种目的，故意掩盖、夸大或缩小某些会计数据，使会计数据不能真实地反映经营活动的情况。所以在进行财务报表分析时要注意：

一是尽可能使用经注册会计师审计后的报表进行分析。

二是尽可能获取可以印证财务数据的其他相关资料，如会计报表附注，财务状况说明书，证券交易所、行业协会、投资咨询机构提供的有关资料，与财务数据具有一定相关性的企业经营和管理数据，如销售归行情况、工人工资发放情况、水电费支出情况、税务缴纳情况等。

三是使用同类企业有关数据进行类比，判断客户财务数据的真实性。

三、现金流分析技术

现金流的分析实质上是分析客户还款来源是否充足，到期还款能力是否可靠；是银行分析判断客户违约概率的重要分析技术。

评价客户贷款偿还是否可靠的主要依据是企业在还款节点上的现金流是否充足，而单纯依靠财务报表分析无法做到这一点。因为企业财务报表是采用权责发生制原则进行编制的。财务报表中反映的财务收益可能是已经收到的收益，也可能是应收未收的收益。另外，即使是已经收到的收益，也可能不是以现金形式存在，而是以实物资产形式存在。因此财务账面收入大于支出、盈利丰厚并不意味着客户在贷款到期日就有充足的现金偿付贷款本息。而现金流量的分析则更加客观地反映了企业的实际现金流转的情况；通过现金流分析，更有助于银行了解企业的还款能力。

现金流分析中，有现金流入、现金流出和现金流缺口三个概念。现金流入即企业有货币资金收入，现金流出即企业对外支出货币资金，现金流缺口指企业现金流入在时间上或数量上不能满足现金流出的需要出现的现金短缺；现金流分析另外还有经营活动现金流、投资活动现金流、筹资活动现金流三个概念。经营活动现金流指企业在主营业务中产生的现金流，投资活动现金流指企业在投资活动中产生的现金流，筹资活动现金流指企业在融资活动中产生的现金流。

（一）经营性现金流分析

经营性现金流指由于企业经营性活动产生的现金流入和流出。它们之间在某个时点上产生的缺口即为经营性现金流缺口。经营性现金流的计算方法为

经营性现金流净额 = 经营性现金流入 – 经营性现金流出

其中：

经营性现金流入 = 主营业务收入 + 其他业务收入 + 应交税金净额 + 应收账款及票据本期净减额 + 预收账款本期净增额 – 当期计提的坏账准备 – 支付的应收票据贴现利息 ± 特殊调整事项

经营性现金支出 = 主营业务成本或其他支出 + 存货本期净增额 + 应交税费净额 + 应付账款及票据本期净增额 + 预付账款本期净增额 + 库存商品本期净减额 – 当期列入生产成本、制造费用、折旧费和摊销的大修理费 + 支付职工工资支出的现金

一般情况下，经营性现金流缺口的产生表明企业通过正常的生产经营活动

获取的现金不足以支付生产经营活动所需要的现金支出。现金缺口趋于严重时，可能导致企业因支付停顿而陷于停产或半停产状态，甚至引发企业经营危机。

企业出现经营性现金流缺口的主要原因是：

1. 销售端问题。由于销售不畅导致销售量下降、销售价格下滑、赊销数量增加导致现金收入减少，而正常的采购活动并未减少现金支出，导致经营活动现金净流量为负数。

2. 供应端问题。由于原材料大幅涨价或预付货款数量增加，而销售端没有提价或没有预收款增加，从而引起经营性现金流缺口。

3. 生产成本问题。由于制造费、税收、工资等支出增加，而产品销售价格并未同步增加，导致经营活动现金净流量为负数。

4. 不当扩张问题。企业为了开发产品、新上生产线、扩大经营规模，过度利用经营性现金流投入设备购置，技术研发，导致企业当期经营性现金流出大大超过经营性现金流入，引起经营活动现金流缺口。

一般出现经营性现金流缺口时，表示企业经营在市场上处于弱势地位，其经营活动出现较大困难；或其财务结构出现不足以支撑其快速发展的问题，需要引起银行注意。但经营性现金流出现缺口并不意味着企业不能如期归还银行到期贷款。企业出现经营性现金流缺口时，还可以通过非经营性现金流来弥补，从而维持其正常经营和信用。

（二）非经营性现金流分析

非经营性现金流指企业因投资活动或筹资活动产生的现金流。

投资增加表现为现金流出，而投资收回或分红则表现为现金流入。投资收回不足弥补投资增加时，反映为投资活动现金流缺口。另外，融资增加表现为现金流入，而归还融资则表现为现金流出。融资增加不足弥补融资归还时，反映为融资活动现金流缺口。

非经营性现金流对于企业全部现金流产生重要影响。投融资活动可能产生正现金流量对企业的经营性现金流缺口加以支持，但同时投融资活动也可能产生负现金流量导致整个企业的现金流趋于枯竭。如企业盲目投资，使投资活动的现金流出现重大缺口，倒逼企业过度依赖筹资活动产生正现金流；或企业利用短期融资进行长期投资，造成短期融资到期倒逼企业抽取经营性现金流偿付融资的困局。上述情况一旦形成，假如后续融资活动无法跟进，就会形成企业全部经营性现金流缺口，导致企业经营停止和信用违约。

（三）现金流缺口分析

由于经营性现金流缺口是关乎企业存亡的本质性缺口，因此银行对企业出现现金流缺口时，主要关注其经营性现金流缺口的性质。但同时，非经营性现金流对企业的经营性现金流产生重大影响，银行在分析企业经营性现金流缺口时，必须辅之以非经营性现金流缺口分析。

在分析企业经营性现金流缺口时，如果是因为上述 1～3 点原因造成的，那么，企业的可持续发展就存在问题；对于这样的企业，银行需要在合作策略上进行调整，逐步减少甚至退出融资。而如果是第 4 点原因引起的，银行应当通过帮助改善客户的投、融资结构，使其现金流恢复正常。

银行在关注企业经营活动现金净流量时，也要特别关注企业的投资活动现金净流量。特别是当经营性活动现金流不足以偿还到期贷款时，银行要重点分析企业投资活动、筹资活动现金净流量的情况，要求企业收回投资，如通过变卖有价证券、出售股权、出售固定资产等活动弥补经营性现金流缺口，或增加筹资活动现金流，如发行债券、寻求银行增加融资、调整银行融资结构等，弥补经营性现金流缺口。如果投资活动现金净流量和筹资活动现金净流量均无法弥补经营性现金流缺口，企业就无法偿还到期贷款了。

四、押品价值评估技术

押品价值评估指银行内部资产评估人员根据各类押品的特点，综合考虑其市场价格、变现难易程度及其他各种影响押品价值的不确定因素，运用适当的评估方法定期或不定期地对押品价值进行评估认定的过程。

押品价值评估的基本方法大体有三种：市场比较法、收益现值法和资产重置法。

（一）市场比较法

市场比较法即在市场上搜寻同类商品，根据市场同类商品价格确定押品的价值。采用市场比较法确定押品价值时需要注意以下几点：

1. 押品的性质。如押品是固定资产，特别是房地产，由于其不可移动，且具有"级差地租"性质，市场价格比较时应当选取押品周边同类房地产的销售价格；如果是动产，则需要考虑押品的销售半径和运输费用；如果是机器设备、汽车等，则需要考虑这种机器设备的精神磨损状况。

2. 审慎估价。在同类押品的市场价格不一致，同类商品出现较多价格时，银行应当按照孰低原则确定押品价值。

3. 商标、专利等无形资产一般不采用市场比较法进行估价。另外，银行一般不接受不易保管、容易变质的商品作为押品。

（二）收益现值法

收益现值法指通过估算押品资产的未来预期收益并折算成现值，借以确定押品资产价值的评估方法。收益现值法对企业资产进行评估的实质是：将资产未来收益转换成资产现值，而将其现值作为待评估资产的重估价值。收益现值法的基本理论公式可表述为

$$资产的重估价值 = \sum 该资产预期各年收益折成的现值$$

这种方式一般应用于本身可用于营运、能够产生稳定现金流的押品价值评估。如经营性房地产、特许经营权、收费权。

但在使用收益现值法时需要注意的是：

1. 押品未来产生经营性现金流的稳定性，以及对未来经营性现金流则算的准确性。

2. 折现率的采用。采用不同折现率会对押品估值的计算产生巨大影响，银行需要审慎选择。

（三）资产重置法

资产重置法指按照重新购置押品需要支出的成本对押品价值进行评估。这种评估方法的实质是剔除了押品在抵押之前由于精神磨损造成的价值损失。如一些生产装备在构建时可能花费了较大的成本，尽管已经计提了部分折旧，但是由于技术进步、市场竞争等原因，现在重新构建这个生产装备也许只需要当时的一半价格或者更低。这种情况下，这项生产设备如果变现，其回收价值将大大低于现在会计账面上的固定资产净值。而作为押品，银行主要是考虑资产变现价值，所以对于一些精神磨损较快的押品，原则上采用资产重置法进行评估。

在实际的押品评估中，尽职调查人员应根据押品的类型、特点，以及在评估过程中所处的状态、评估时的市场条件及资料收集情况等因素进行选择。可以单独使用上述办法中的一种，也可以以某一种方式为主，参考其他两种方式评估的结果加以确定。如以上三种方法均无法满足评估需要，银行也可根据实际情况采用其他评估方法。

五、常用现场调查技术和方法

尽职调查人员应具备一般调查研究和取证工作技术，以便较好地完成现场调查工作。

（一）查看

实地查看借款人经营场所、办公场所、生产车间及生产设备、仓储情况和

抵押物现场情况，盘点存货，查阅生产、销售、财务记录和有关账册、会议记录。记录和复制相关资料，必要时可使用摄像、录音等影像工具进行原始记录。

（二）访谈

与企业负责人、财务主管等人员进行面谈，也可与企业一般员工进行交流。运用科学合理的提问方式进行询问，认真听取不同人员从不同角度对同一个问题的解答，交叉印证，综合判断，并做好相关记录。

（三）旁证

向客户索要贷款申请和授信审批所必需的资料。对收集的各项资料以及实地调查的相关情况，要通过其他渠道予以核对和验证。如通过新闻报刊、网络和咨询机构了解核查借款人行业地位和发展情况；通过税务、工商、海关等部门核实借款人生产经营情况；通过向借款人交易对手核实其订单以及贸易背景的真实性；通过向同行业企业和人员、行业协会等调查了解企业实际控制人的道德品行等情况；通过人民银行征信系统核查客户真实负债情况和信用记录等。

六、尽职调查报告的撰写

商业银行尽职调查活动一般在贷前或贷后进行，贷前尽职调查的目的主要是为信贷决策提供依据，而贷后尽职调查（包括不良信贷资产处置），主要是为银行采取进一步管理措施提供依据。因此，尽职调查报告的内容根据尽职调查目的不同而有所侧重。

（一）贷前尽职调查报告

贷前尽职调查是在客户提出贷款申请后，银行尽职调查人员在进行充分调查的基础上，写出的书面调查分析材料。尽职调查报告主要是报告借款人管理、经营、财务等方面的基本情况，资金需求及需求影响因素，分析存在的风险并提出相应的风险控制措施，是银行作出贷与不贷、贷多贷少的决策参考依据。一般贷前的尽职调查报告应当包括以下内容：

1. 借款人基本情况分析。包括借款人品质与诚信、经营外部环境、行业状况、借款人的经营情况、生产技术以及市场竞争力状况、经营管理情况等方面内容。

2. 借款人融资情况分析。包括借款人与银行业金融机构的合作关系，包括开户情况，各类融资余额，以往的还款付息情况、信用等级、授信额度及其占用情况。

3. 借款人信用等级评估结论。通过银行信用等级评级模型，综合定量、定性评价情况得出借款人的信用等级初评结论。如果与评级模型评级结果不一致，需详细说明调整的理由和依据。

4. 借款人财务分析。通过财务报表数据对借款人营运能力、盈利能力、偿债能力、成长能力等方面进行分析。

5. 贷款担保分析。包括保证人担保资格及代偿能力评价，抵（质）押物价值及变现能力评价等。

6. 贷款真实用途分析。通过对借款人经营规模及运作模式，季节性、技术性以及结算方式等因素的分析，测算借款人生产经营资金需求量，并依此判断其贷款的真实用途。

7. 贷款可行性评估结论。对贷款金额和期限与借款人现金流量和经营周期的匹配情况进行分析，并对贷款的风险与收益情况进行分析，给出贷款的可行性结论。

8. 尽职调查结论和建议。综合上述分析评估内容，由尽职调查人员给出包括贷款品种、金额、期限、利率、用途等在内的明确意见，并根据存在风险因素提出风险防范措施建议。

（二）贷后尽职调查报告

贷后尽职调查是基于贷款已经发放，并由客户投入实际运行，银行对客户使用资金状况的情况检查，揭示客户在贷款使用过程中存在的问题以及对贷款风险程度的影响，为管理者采取恰当的贷后管理措施提供依据。一般贷后尽职调查的报告内容有：

1. 贷款的真实用途是否符合贷款合同约定的范围。如果贷款使用不符合合同约定范围，尽职调查人员应当调查贷款的真实用途，以及该真实用途对贷款产生的实质性风险。并评估和分析其与合同用途之间的风险差异，向信贷管理者进行充分提示。

2. 贷款使用过程中，借款人的生产经营是否出现变化。如果在贷款存续期内，借款人的生产经营状况出现了与贷前调查不一致的情形，尽职调查人员应当分析这种变化对贷款风险产生的实质性影响。并对这种实质性影响给予量化评估，向信贷管理者进行充分提示。

3. 贷款存续期内，作为贷款担保的第三方以及抵质押物的状况是否发生了变化。对第三方保证的，尽职调查人员应当对其进行保证能力的即期评估，对于保证能力下降对贷款风险构成实质性影响的，尽职调查人员应当详尽报告。对于物的担保，尽职调查人员应当报告作为抵质押物的存在现状和即期市场价值情况，如果危及担保能力的，应当向信贷管理者进行充分提示。

4. 对贷款用途、借款人经营情况变化、担保情况变化进行趋势分析，判断其即期对贷款风险构成的实质性风险影响，并提出应对的建议和措施。

另外，如果贷后尽职调查属于贷款已经发生不良变化，需要采取措施进行化解和处置的，尽职调查报告的重点应当侧重于化解和处置可行性的分析和判断，并提出具体的、可行的化解和处置方案。

案例 A. ［**基本情况**］2010—2011 年，某房地产公司拍下城市中心区两块土地，向 B 行申请按揭贷款合作。并在公开的广告营销中承诺 2012 年 5 月 1 日向购房者交房。

B 行收取《国有土地使用证》《建设用地规划许可证》《建设工程规划许可证》《建设工程施工许可证》《商品房预售许可证》、政府批文、企业财务报表、验资报告，以及办理按揭贷款业务合作等所需文件后，便对该公司进行了按揭贷款合作准入，并陆续对购房者发放了按揭贷款。

但后续该房产施工进度缓慢，在交房日期临近的同时，建设工期却迟迟没有进展。公司相关负责人失联，项目办公室人去楼空，最后是许多客户逾期未拿到购买的房子，更有客户反映该房地产公司存在一房多卖的情况。

后经 B 行检查，确认该按揭项目存在以下问题：

1. 多名客户的按揭月供存在逾期现象。

2. 按揭月供存在批量还款现象。

经调查，这些客户有的是包工头，有的是公司员工或者老板亲戚，他们提供《房屋购买合同》办理抵押贷款，贷出来的钱被老板用于偿还工程款或支付员工工资等。

［**案例点评**］这是一则典型的假按揭案例。

第一，在按揭贷款合作准入时，客户经理未认真调查核实房地产公司以及住房项目建设的真实情况，导致没有资金实力、没有建设业绩的高风险客户进入了银行住房按揭合作名单；第二，办理按揭贷款时，客户经理没有认真核实购房者的真实购房意图，以致假按揭乘虚而入。

因此，客户经理在办理此类业务时，必须做到：

1. 严格落实实地调查制度。实地调查是整个信贷流程中的一个核心环节，调查内容包括企业经营是否真实合法、经营状况、项目进度等。一次不负责任的贷前调查，就可能导致一笔不良贷款的产生。

2. 严格落实贷后跟踪制度。贷款发放之后，有必要对发放对象的资金投向、实际使用情况等进行跟踪，确定风险状况，以便及时采取风险预警和防范措施。

3. 严格执行面谈制度。了解贷款的交易背景是否真实，核实个人贷款用途的真实性，防止不法分子冒名套取银行贷款，或信贷资金被他人冒领挪用。

案例 B. ［基本情况］S 公司拟投资建设一项产能 5 万吨/年的复合管道项目，根据可研报告，该项目总投资 6.2 亿元人民币，其中固定资产投资 4.8 亿元人民币，拟申请银团贷款 3.5 亿元人民币，其中 G 行参贷 1.5 亿元人民币。

尽职调查发现下述情况：

1. 借款人涉及对外担保代偿。财务报表分析和现场了解发现，S 公司提供了 8 000 万元人民币对外担保，且因被担保企业实际控制人失联，造成其对借款人形成了真实负债。S 公司通过自身和关联公司，向各家金融机构申请流动资金借款，用于履行担保责任（每年需支付利息约 450 万元人民币），并留存部分资金用于自身周转。

2. 隐瞒存在关联企业情况。尽职调查人员发现，企业财务往来和代偿，均涉及关联企业 Z 公司。S 公司介绍"Z 公司拥有 10 条管道生产线，年产 2 万吨，年销售收入达到 3.5 亿元人民币"。但尽职调查人员调查发现：Z 企业并无管道生产线，仅有四台管道接头生产设备，为 S 公司产品配套，测算其全年销售收入最多 2 000 万元人民币。

3. 销售收入不实。从 S 公司本身财务报表来看，年销售收入约 5 亿元人民币，但提供的增值税数据仅为 181 万元人民币，增值税与销售收入严重不匹配。销售收入中与 Z 公司的关联交易约 1.7 亿元人民币，提出对开发票形成的虚假销售外，S 公司真实实现的销售仅 1.75 亿元人民币左右。

4. 过度融资。根据人民银行征信查询，截至评估日，S 公司及关联企业 Z 公司共有融资 3.8 亿元人民币，全部为短期借款，其中履行担保责任约 8 000 万元人民币，其余约 3 亿元人民币全部为自用。而借款人真实销售收入仅 1.75 亿元人民币，销售与融资比已达到 1:1.7。

5. 短贷长用。3 亿元人民币融资全部为短期流动资金借款，其中至少有 1.5 亿元人民币短期融资被投入本项目土地购买和项目建设，短贷长用现象明显。

综上，尽职调查人员认为借款人主体实力有限，为获取更多银行融资，提供虚假财务信息，隐瞒企业真实情况，故终止了该项目尽职调查。

［案例点评］这是一则通过尽职调查，将潜在风险控制在源头的成功案例。案例中提示的几点，在尽职调查中值得关注：

1. 尽职调查前做好充分准备，现场尽职调查时才能够掌握主动，防止企业避重就轻，逃避问题；尽职调查过程中，应全面分析企业提供的资料有无自相矛盾之处，并积极主动到现场核实，通过实地观察，了解企业真实生产经营情况。

2. 分析财务报表时，应结合企业的实际情况判断报表的真实性，例如，存货、固定资产与现场观察是否匹配。销售收入应结合纳税凭证和水电气的使用量进行判断，同时应结合企业所有的设备数量及运行状态，分析企业的实际产能与销售收入是否匹配。

3. 由于项目贷款周期较长，市场不确定因素较多，因此，对项目贷款特别是工业项目贷款进行尽职调查时，不应片面地关注项目市场和担保方式，更应关注借款人主体承接项目的能力和自有资本对经营风险的保障程度。同时利用人民银行征信系统，尽可能了解企业的各方信息，如关联企业、融资情况、对外担保等，对企业承贷能力有更全面的判断。

案例 C.　[**基本情况**]　某行申报新营销信贷客户 F 公司的评级授信方案，申请信用等级 AA 级，授信额度 6 000 万元人民币。

F 公司成立于 2013 年 1 月，是该公司实际控制人从其原有控股公司中分立出来的一家公司。尽职调查报告介绍该公司主营萤石购销，中间环节采用委托代工方式。审查人员发现：

1. 企业基本信息不符。尽职调查人员从企业营业执照、公司章程中的经营范围、市环保局同意扩建生产线项目环境报告表批复且项目已经建成，以及报表中固定资产科目反映建筑物及设备生产线等共 6 300 多万元人民币、月缴电费约 30 万元人民币、企业员工 365 人等情况来看，该公司符合生产加工企业特征。但企业坚持该公司目前的主营业务为萤石购销总经销，只负责原矿石采购及合格产成品的收购，中间环节全部委托第三方加工，且生产线及设备已全部出让给加工企业，立项环评批复是根据环保局要求，以 F 公司名义统一上报审批，但并不承担生产中环保责任。当被要求提供生产设备产权证明、出售合同或付款凭证等资料判断设备产权归属及环保局证明时，企业却迟迟未能提供证明材料。

2. 企业报表信息不实。企业销售收入及成本费用与现金流量表中的经营活动现金流入、流出数额相差很大；企业提供的年度采购合同总价值 1 亿多元人民币与报表反映主营业务成本 4 亿多元人民币相差巨大；近两年审计报告中多处信息相互矛盾、数据前后错误等。对上述情况企业无法作出合理说明。审计报告信息及数据的真实性、严谨性存在疑问。

3. 贷款行进行新增流动资金贷款测算时，剔除了企业拟建深加工项目投入资金12 000万元人民币，但要求提供项目立项批复、实施进程及资金安排时，企业却一直提供不了相关证明材料。

[**案例点评**] 此案例属于贷款尽职调查不实。贷款行在尽职调查环节未做到认真调查企业基本情况，核实材料与信息之间是否匹配、是否真实，简单相信企业介绍，为业务后续审批环节带来风险隐患。

第九章　客户信用评估

客户信用评估是银行对客户偿债能力和偿债意愿的综合评价，其评级结果反映其一定时期内客户的违约概率。

信用评估原则上应当由商业银行内部的信贷业务审查部门或征信机构负责，以保证评估过程的独立性。信用评估人员应当在尽职调查基础上展开各项风险评估工作，因此，尽职调查人员应当保证尽职调查报告提供的各项数据、资料的真实、完整和准确。

第一节　经营环境评估

经营环境对经营而言是十分重要的，进而对客户信用的影响也是十分巨大的，银行必须对客户所处的经营环境进行分析和评估。经营环境包括客户所处行业环境、经济周期、国家政策等。

一、行业成熟度分析

一般行业都会经历新兴、成长、成熟和衰退四个发展阶段。客户所处的行业成熟度不同，其经营的风险也有所不同。

（一）新兴行业

新兴行业即由于技术革新、顾客需求变化带来新型商业机会而产生的行业，这种行业年增长速度一般在30%左右，有时甚至会更高一些。如我国的电子商务、光伏制造等行业在2010年左右快速兴起。但是，新兴行业的风险也是显而易见的，主要是技术成熟度低、商业模式不稳定、没有清晰的成功策略、不断有新的公司加入行业等。企业在发展中往往会遇到市场中新产品不断出现、管理层缺乏经验、成本波动较大等问题，其经营结果的不确定性很大。对商业银行而言，对这些行业中的企业贷款，其风险显然是相对较高的。

（二）成长性行业

成长性行业即产品的潜在市场需求开始明显增长，进入本行业的企业明显增多的行业。成长性行业无论是技术、商业模式、经营策略等都开始逐步形成，并能够较容易为业外企业所复制。行业的总规模和盈利水平都开始处于爆发式增长，行业规模的增长速度尤其迅速，经常以成倍增长来计算。例如，20 世纪 90 年代到 21 世纪初的房地产行业、2010 年以后的电子商务行业以及由此带来的物流配送行业。对于一个正在成长并变得日益兴旺的行业，在未来几年内大概率可能得到持续发展。处于这种行业中的企业，也会因此获益。但需要注意的是，行业在成长时期中，进入行业的往往以新企业居多，竞争洗礼并不充分，商业银行并不能据此判断行业中所有企业都会成功；相反，行业的成长，特别是处于行业成长中后期，行业中的弱势企业被淘汰的概率会逐步提高。正如我们现在看到的房地产行业正在进行的"洗牌"，洗牌结束以后，大量中小房地产企业将被清理出局。所以对商业银行而言，成长性行业的客户风险也是不小的。

（三）成熟行业

成熟行业指那些成长趋于缓慢，可能年增长速度在 0～10%，不会像新生行业那样爆发性地成长。成熟行业的主要特征是行业洗牌基本结束，行业中企业基本稳定，进入行业的门槛已经较高。但行业中的企业对于市场份额的竞争十分激烈，由于产品的标准已经形成，竞争的焦点从产品功能转向价格和售后服务；同时，消费者对产品有较深的了解，对于品牌的崇拜已经形成。因此成熟行业中的企业，其行业风险要小于新兴行业。对银行信贷而言，成熟行业中的企业，特别是行业龙头企业经营趋于稳定；因为企业的经营已经进入可以预测的轨道，在对借款人管理行业风险的能力进行评估时，有大量的历史性记录可用，所以这类客户的还款来源比较容易判断。作为一个整体来说，在成熟行业贷款，其风险一般要小于新兴行业和成长性行业。

（四）衰退行业

衰退行业即整个行业的销售增长呈逐年下降趋势，业内企业数量减少，行业中的企业大多把生存放在第一位。衰退行业中贷款的风险一般是较大的，其中企业对生存都没有把握，更无法预测未来发展。但要注意的是，虽然行业作为整体在衰退，但个别企业因服务于一个或几个需求较强和稳定的客户，在短期内可能还会有很好的盈利。银行对于这类借款人，必须认真分析，审慎预测其盈利能力和现金流量。

二、行业周期性分析

行业的周期性分析可以反映行业对经济周期的敏感程度。如果行业发展是顺周期性的，其业务活动就趋向于反映宏观经济的总趋势，在经济繁荣时上升，在衰退时下降。如果行业是反周期性的，则业务在经济衰退时期好于繁荣时期。如住房租赁，在经济萧条时期，人们往往会选择租房，而不是去买新房子；繁荣期则相反。但如果其产品是绝对的必需品，那么该行业应属于非周期性行业。非周期性行业则一般不受经济周期的影响，主要是一些必需品行业，如食品、医疗等行业。

对于商业银行，首先应了解客户所处行业的周期性程度以及企业销售和利润增长或下降与经济周期的相关性。受经济周期影响而波动幅度较大的行业，贷款的风险程度从较长时期看一般会较高；反之，如果行业属于非周期性的，其贷款风险就比较容易把握。了解借款人的行业周期性，可以评价其历史上在行业繁荣和萧条中的表现，并结合目前经济周期，分析判断借款人的贷款风险程度。

另外，行业的周期可能超前、同步或滞后于宏观经济周期。所以，在分析行业周期性时，需要注意分析行业周期与宏观经济周期之间的时间差，这对于预测借款人的财务状况、现金流量将是十分有帮助的。

三、行业盈利能力分析

企业需要依赖盈利来维持经营，一个长期不盈利的企业将失去活力，整个行业亦然。如果一个行业中的大部分企业亏损，则行业继续存在下去的可能性就会受到怀疑。一个所在行业普遍不盈利的借款人，其未来的经营状况和还款能力显然是值得关注的；即使该借款人有一定的盈利，但受整体行业影响，其在盈利方面的抗风险能力也是比较弱的。行业的盈利性是与其行业周期性密切相关的。对于商业银行贷款而言，一个持续具有很强盈利能力的行业，对其中企业的风险判断应该是较低的。反之，一个大部分企业发生亏损的行业，其中即使有仍然盈利的企业，其未来是否还能持续盈利也是值得怀疑的。

四、产品替代及依存度分析

产品替代指行业现有产品和市场需求被其他行业或产品所取代。如果一个行业的产品与替代产品在价格上差距较大，消费者可能会转向替代产品，导致原有的行业衰退。如电子商务的发展取代了原来的门店零售业，手机短信取代了原来的邮政投递业务，宽带互联网发展取代了原有的报业期刊、纸质图书、广播电视业经营等。需要注意的是，在考察替代产品时，既要看整个行业，也要看市场或行业的一部分；因为在通常情况下，行业中的不同部分也存在竞争和替代关系。如果没有替代品，行业对产品的定价能力就会增强，处于这一行业的授信客户，对于银行的风险就会相对较小。

在分析借款人所在行业的风险时，还要十分关注借款人所在行业对于其他行业的依存程度。例如，钢铁行业对于房地产业和装备制造业的依赖。如果客户所在行业对别的行业有严重的依赖性，则银行不仅要分析借款人所在行业，还必须分析其所依赖的行业。借款人所在行业对其他一个或两个行业的依赖性越大，贷款的潜在风险就越大；行业的供应链或下游客户群越多元化，则贷款的风险越小。

五、国家政策导向分析

现代经济生活中，除了市场的"无形之手"在调控经济外，为防止市场规律自发作用导致的经济周期性大幅波动，国家也经常动用"有形之手"对市场进行宏观调控。国家的宏观经济调控会在行业发展的过程中叠加政策效应；政策导向的变化可能会让某些行业受益，也可能使某些行业的盈利和生存空间受到限制。如国家推动清洁能源的发展，光伏制造、锂电池制造、电动汽车制造等都会大大受益，而国家对产能过剩行业的限制则加快了钢铁、煤炭、玻璃等行业的洗牌；这几年国家为了抑制房地产价格过快上涨，确立"房子是用来住的而不是用来炒的"理念，对房地产业实施政策调控，促进了一批小型房地产企业退出市场；2008年国家出台农民工最低工薪政策，则直接淘汰了一批依靠低人力成本取得盈利的低端劳动密集型中小企业。

银行在分析企业经营环境时，必须认真关注国家各种宏观政策的导向。这不仅是银行本身关注信贷风险的需要，也是商业银行贯彻国家经济政策，加强产业政策和信贷政策的协调配合的需要。加大对国家鼓励产业的信贷支持，停止对产业政策明确淘汰的产品和工艺技术装备项目的信贷支持，限制对采用落后的工艺或技术装备项目的贷款，应当是商业银行控制信贷风险的题中之义。

六、行业地位分析

企业在行业中的地位对企业的信用程度构成重大影响。按照客户在市场上所起的不同作用，行业地位大致可以分为四类：市场主导者、市场挑战者、市场追随者和市场补缺者。居于市场主导者或挑战者地位的客户，一般具有较强的经营实力和市场领导能力，特别是市场份额相对较大的客户，其抗风险能力相对较强，对于银行而言属于风险较低的客户。而市场追随者或补缺者，本质上属于分享市场利益的群体，无论在经营实力、技术创新还是客户号召力方面均处于落后地位，尤其是在行业洗牌过程中，往往属于率先被清洗者。这类客户对银行讲无疑属于风险较高者。

通过对信贷客户的行业地位分析，可以有针对性地实施精准营销，准确使用信贷产品，确定合理的贷款期限、利率担保方式以及风险管控措施等。

第二节　经营者素质评估

经营者对于企业品质具有决定性的影响，有什么样的经营者就会有什么样的企业。作为商业银行，其对企业关心的核心是信用，因此对经营者的评价内容主要围绕信用问题展开。

一、经营者素质评价

经营者素质评价主要着眼于企业高管人员的文化程度、经营素质、开拓精神、团队合作等。其中，企业董事长、总经理（或实际控制人）对本行业的熟悉程度和综合管理能力是考察的重点。通过各种渠道考察重要高管的个人操守及道德素质是否良好，是否涉及黑黄赌毒等违法犯罪活动。

此外还需要通过人民银行征信系统、法院系统、其他金融机构、供应商等债权人对高管人员的历史信用记录进行考察，是否有提供虚假报表、隐瞒事实等不正当行为套取银行贷款、存在"有钱不还""赖账不还"等情形。

二、高管团队素质评价

对企业整个高管团队的结构进行考察分析，除了考察生产、经营、财务、技术等各个方面的高管人员是否具备本专业的合格技能以外，主要考察企业高管层内部是否团结、董事会或高管人员在经营思想上是否统一，经营作风是否稳健。如果高管层对经营思路存在较大分歧，企业的经营和发展必定会受到来自内部的制约，导致摇摆不定。如果高管层在经营作风上经常倾向于投机冒险，那么企业经营和银行贷款均会面临较高的风险。如果董事会或管理层经营行为短期化，为了达到短期收益目标而不顾质量；或制定短期化的利润分配政策，过度分配经营红利，企业就会丧失稳定、持续的发展能力，最终影响企业的贷款履约能力。另外，企业领导班子是否稳定，高管人员是否存在更换频繁等情况也对企业的经营和信用程度产生重大影响，应当列入对企业经营者考察的范围之列。

三、公司治理结构和内部控制评价

该评价主要考察股东大会、董事会、业务评审会等设置是否健全；股东、董事会、管理层是否存在适度有效的相互制衡机制；业务流程是否清晰严密，各环节授权是否清晰合理且执行有效等。这些都在很大程度上影响着企业的正常运作和经营成果，并最终反映在其经营成果和还款能力方面。

第三节　经营能力分析

信用的构成表现为借款人主观上的还款意愿和客观上的还款能力。企业经营能力直接构成了它的还款能力，同时也影响到借款人主观上的还款意愿，因此，对企业进行信用评估，其核心内容是对其经营能力作出恰当的分析判断。

企业经营能力客观地表现为盈利能力和运营能力两个方面。

一、盈利能力评估

盈利能力简单说就是获取利润的能力。对于银行来说，借款人盈利能力在某种程度上比偿债能力更重要，因为借款人的正常经营并产生利润是偿还债务的前提条件。盈利能力越强，借款人还本付息的可能性就越大，贷款的风险就越小。

由于银行向借款人发放贷款时分为短期和中长期两种，所以银行对借款人盈利能力的分析侧重点也会有所不同，当银行向借款人发放短期贷款时，分析的主要是当期的盈利能力；当银行向借款人发放中长期贷款时，更关心的是借款人未来盈利水平的稳定性和持久性。

反映借款人盈利能力的财务比率主要有销售利润率、营业利润率、税前利润率和净利润率、成本费用利润率，这些统称为盈利比率。

（一）销售利润率、销售毛利率

销售利润率与销售毛利率，都是反映企业盈利能力的指标。前者已剔除了期间费用，是对一个企业完整的业务环节盈利能力的衡量；后者则包含期间费用（如管理费用、财务费用等），主要反映了产品或商品销售的初始获利能力。销售毛利率一般大于销售利润率。其计算公式为

$$销售利润率 = 利润总额 \div 营业收入 \times 100\%$$

$$销售毛利率 = （营业收入 - 营业成本）\div 营业收入 \times 100\%$$

$$利润总额 = 营业收入 - 营业成本 - 费用$$

销售利润率（毛利率）反映每元产品或商品销售收入净额中所实现的销售利润额，用来评价借款人产品销售收入净额的盈利能力。该指标越高，表明取得同样的产品销售收入的产品销售成本越低，销售利润越高。如果对借款人连续几年的销售利润率加以比较分析，就可以判断和掌握借款人销售活动盈利能力的发展趋势。

（二）营业利润率

营业利润率指借款人的营业利润与产品或商品销售收入净额的比率。其计算公式为

$$营业利润率 = 营业利润 \div 销售收入净额 \times 100\%$$

营业利润率反映借款人营业利润占产品销售收入净额的比重，营业利润率越高，说明借款人营业活动的盈利水平越高。如果对借款人连续几年的营业利润率加以比较，就可以对其盈利能力的变动趋势作出评价。

（三）税前利润率和净利润率

税前利润率是借款人利润总额和销售收入净额的比率。其计算公式为

$$税前利润率 = 利润总额 \div 销售收入净额 \times 100\%$$

净利润率指借款人净利润与销售收入净额之间的比率。其计算公式为

$$净利润率 = 净利润 \div 销售收入净额 \times 100\%$$

税前利润率和净利润率反映每元销售收入净额所取得的税前利润和净利润。税前利润率和净利润率越大，说明每元产品销售收入净额所取得的税前利润和净利润越多。该两个比率直接关系到借款人未来偿还债务的能力和水平。

（四）成本费用利润率

成本费用利润率是借款人利润总额与当期成本费用的比率。其计算公式为

$$成本费用利润率 = 利润总额 \div 成本费用总额 \times 100\%$$

$$成本费用总额 = 产品销售成本 + 产品销售费用 + 管理费用 + 财务费用$$

该比率反映每元成本费用支出所能带来的利润总额，成本费用利润率越大，则说明同样的成本费用能取得更多的利润，或者说取得同样的利润只需花费较少的成本费用支出。

二、营运能力分析

营运能力指与借款人资产周转速度有关的资产利用效率；它表明管理人员经营、管理和运用资产的能力。借款人偿债能力和盈利能力的大小，在很大程度上都取决于管理人员对资产的有效运用程度。资产利用效率高，则各项资产周转速度就快，资产变现的速度就快，这样借款人就会有现金用来偿付流动负债，因而其短期偿债能力就强。借款人资产利用效率高，各项资产周转速度就快，就能取得更多的收入和利润，盈利能力就强，就会有足够的资金还本付息，则长期偿债能力就强。可见，营运能力的大小对借款人盈利能力的持续增长和偿债能力的不断提高有着决定性的影响。

营运能力分析常用的指标主要有总资产周转率、固定资产周转率、应收账款周转率、存货周转率、总资产报酬率、净资产收益率，这些统称为效率比率。

（一）总资产周转率

总资产周转率指借款人主营业务收入净额与资产平均总额的比率。其计算公式为

总资产周转率 = 主营业务收入净额 ÷ 平均资产总额

其中：平均资产总额 =（期初资产总额 + 期末资产总额）÷2

总资产周转率用来分析借款人全部资产的使用效率。如果借款人总资产周转率高，说明其全部资产经营效率好，取得的收入高；相反，如果借款人总资产周转率低，则说明其资产经营效率差，取得的收入少，这些最终会影响借款人盈利能力。

（二）固定资产周转率

固定资产周转率指借款人主营业务收入与固定资产平均净值的比率，它是反映借款人固定资产使用效率的指标。其计算公式为

固定资产周转率 = 主营业务收入净额 ÷ 固定资产平均净值

其中：固定资产平均净值 =（期初固定资产净值 + 期末固定资产净值）÷2

固定资产周转率高，不仅表明借款人固定资产利用较充分，也表明借款人固定资产投资得当，固定资产结构合理。在实际分析中，需要考虑以下几个问题，以便真实地反映固定资产的运用效率。

1. 固定资产的净值随折旧时间推移而减少，随固定资产的更新改造而增加，这些都会影响固定资产周转率。

2. 在不同借款人之间进行比较时，还要考虑由于采用不同折旧方法对固定资产净值的影响。

3. 比较不同行业的借款人时，由于其生产经营的特点不同，因而其固定资产状况也不同。比如制造业、批发业和零售业，在销售收入净额相近的情况下，其固定资产净值会相差很大，因而其固定资产周转率也会相差很大。

（三）应收账款周转率

应收账款周转率是反映应收账款周转速度的指标，它是一定时期内主营业务收入净额与平均应收账款余额的比率。其计算公式为

应收账款周转率（次数）＝主营业务收入净额÷平均应收账款余额

其中：主营业务收入净额＝主营业务收入－销售折让与折扣

平均应收账款余额＝（应收款项年初数＋应收款项年末数）÷2

应收款项周转天数＝360÷应收账款周转率＝（平均应收账款×360）

÷主营业务收入净额

应收账款周转率一般以年为计算周期单位，如果是季节性生产和销售的企业，每月、每季销售收入和应收账款变化很大，这时也可按月、按季计算。一般来说，该比率越高，说明借款人应收账款回收越快，管理工作的效率越高。这不仅会减少或避免发生坏账损失的可能性，而且有利于提高借款人资产的流动性以及借款人短期债务的偿还能力。

（四）存货周转率

存货周转率是一定时期内借款人销货成本与平均存货余额的比率，它是反映借款人销售能力和存货周转速度的一个指标，也是衡量借款人生产经营环节中存货营运效率的一个综合性指标。其计算公式为

存货周转率（次数）＝主营业务成本÷存货平均余额

其中：存货平均余额＝（存货年初数＋存货年末数）÷2

存货周转天数＝360÷存货周转率＝（平均存货×360）÷主营业务成本

一般来说，存货的持有天数增多，或是说明借款人存货可能采购过量，或是呆滞积压存货比重较大，或是存货采购价格上涨；而存货持有天数减少，说明借款人可能耗用量或者销量增加。但是，过快的、不正常的存货周转率，也可说明借款人没有足够的存货可供耗用或销售，从而失去获利机会。在计算存货周转率时应注意以下几点：

1. 存货周转率通常是按年计算的，如果借款人属季节性生产企业，每季度存货余额波动较大，平均存货余额应用每月或每季的存货余额平均值计算。

2. 采用不同的存货计价方法，对存货的周转率有较大影响，将不同时期存货周转率进行对比时，要注意存货计价方法的变更所带来的影响，并做相应的调整。

（五）总资产报酬率（ROA）

总资产报酬率是借款人净利润与资产平均总额的比率。其计算公式为

总资产报酬率 ＝（净利润÷总资产平均余额）×100%

总资产平均余额 ＝（期初总资产余额＋期末总资产余额）÷2

总资产报酬率是反映借款人资产综合利用效果的指标，也是衡量借款人利用债权人和所有者权益总额所取得盈利的重要指标。总资产报酬率越高，说明借款人资产的利用效率越高，利用资产创造的利润越多，盈利能力也就越强，营运能力也就越高；反之则相反。

（六）净资产收益率（ROE）

净资产收益率是借款人净利润与净资产平均余额的比率。其计算公式为

净资产收益率 ＝（净利润÷净资产平均余额）×100%

净资产平均余额 ＝（期初净资产余额＋期末净资产余额）÷2

该比率越高，表明所有者投资的收益水平越高，盈利能力越强，营运能力越好。

第四节　偿债能力分析

对企业债务偿还能力的评价一般包括长期偿债能力、短期偿债能力以及现金流量情况的评价。

一、长期偿债能力分析

长期偿债能力指借款人偿还长期负债的能力，即借款人对长期债务的承受能力和偿还保障能力。长期偿债能力的强弱是反映借款人财务状况稳定与安全程度的重要标志。长期偿债能力的衡量指标包括资产负债率、负债与所有者权益比率、负债与有形净资产的比率和利息保障倍数等，这些指标通常称为财务杠杆比率。

（一）资产负债率

资产负债率又称负债比率，是借款人负债总额对资产总额的比率。它表示在借款人总资产中债权人提供资金所占的比重，以及借款人资产对债权的保障程度。其计算公式为

资产负债率＝负债总额÷资产总额×100%

对偿债来讲，负债比率越低越好。因为负债比率越低，说明负债在借款人总资产中的比重越小，这样债权的保障程度就高，债权风险就越小；反之，债权的保障程度就低。

（二）负债与所有者权益比率

负债与所有者权益比率指负债总额与所有者权益总额的比例关系，用以表示所有者权益对债权人权益的保障程度，即在企业清算时债权人权益的保障程度。其计算公式为

负债与所有者权益比率＝负债总额÷所有者权益总额×100%

该比率越低，表明借款人的长期偿债能力越强，债权人承担的风险越少；反之，则表明借款人的长期偿债能力越低。当然这一比率过低，尽管借款人偿还长期债务的能力很强，但是借款人的资本运作效率就会较低。在总资产回报率一定的情形下，资本回报率就会降低。

另外，在评价该比率时，要审慎地考虑假如企业清算时的实际情况。特别是当借款人无形资产及递延资产数额较大时更是如此，因为无形资产及递延资产的价值在借款人清算之时存在极大的不确定性。

（三）负债与有形净资产比率

负债与有形净资产比率指负债与有形净资产的比例关系，用以表示借款人的有形净资产对债权人权益的保障程度，其计算公式为

负债与有形净资产比率＝负债总额÷有形净资产×100%

有形净资产＝所有者权益－无形资产－递延资产

从长期偿债角度来看，该比率越低，表明债权的保障程度越高。

（四）利息保障倍数

利息保障倍数指借款人生产经营所获得的息税前利润与利息费用的比率。它是衡量借款人偿付负债利息能力的指标。其计算公式为

利息保障倍数＝税息前利润÷利息费用

公式中利息费用指本期发生的全部应付利息，包括流动负债的利息费用、长期负债中进入损益的利息费用以及进入固定资产原价中的资本化利息。借款

人生产经营所获得的息税前利润对于利息费用的倍数越高，说明借款人支付利息费用的能力越强，因此，它既是借款人举债经营的前提，也是衡量借款人长期偿债能力强弱的重要标志。利息保障倍数一般根据借款人历史经验结合行业特点来判断。但无论如何，利息保障倍数不能低于1，因为一旦利息保障倍数低于1，意味着借款人丧失了付息的能力，长期偿债能力更无从谈起。

二、短期偿债能力评价

短期偿债能力就是借款人以流动资产偿还短期负债的能力，它反映借款人偿付短期内（一般为1年以内）到期债务的实力。影响短期偿债能力的因素很多，但流动资产与流动负债的关系以及资产的变现速度是其最主要的方面。因此，短期偿债能力应关注借款人一定时期内的流动资产变现能力。反映借款人短期偿债能力的指标主要有流动比率、速动比率和现金比率。

（一）流动比率

流动比率是流动资产与流动负债的比率。它表明借款人每元流动负债有多少流动资产作为偿债保证。其计算公式为

$$流动比率 = 流动资产 \div 流动负债$$

一般情况下，流动比率越高，反映借款人短期偿债能力越强，债权保证越高，债权人遭受损失的风险越小。但在评价流动比率时应当注意借款人流动资产构成的结构、周转效率等，过高的流动资产占用不仅影响资产使用效率和盈利能力，而且还可能表明借款人无效资产占用过多，如应收账款、成品库存、待处理原材料等。理论上讲，只要流动比率高于1，借款人便具有偿还短期债务的能力。但按照审慎原则，商业银行一般会参考行业均值制定流动比率评价标准。

（二）速动比率

速动比率是借款人速动资产与流动负债的比率，它是衡量借款人短期偿债能力的另一项指标，其计算公式为

$$速动比率 = 速动资产 \div 流动负债$$
$$速动资产 = 流动资产 - 存货 - 预付账款 - 待摊费用$$

速动比率作为流动比率的辅助指标，衡量借款人快速偿还短期负债的能力。有时借款人流动比率虽然较高，但是流动资产中易于变现、具有即时支付能力的资产却很少，借款人的短期偿债能力仍然较差。因此，速动比率较流动比率能够更加准确、可靠地评价借款人资产流动性及其偿还短期债务的能力。银行

实践中一般认为企业速动比率为 1 较为合适，表明借款人每 1 元流动负债都有 1 元易于变现的资产作为保障。速动比例过低，表示借款人短期偿债能力，特别是应付资金链危机的能力方面存在问题。但速动比率过高，也不是什么好事，可能说明借款人运用资金的能力或机会不足。速动比率究竟多大是合适的，在实践中一般是根据借款人的行业均值及其通过融资渠道获得短期现金补充的能力确定。

（三）现金比率

现金比率是借款人现金类资产与流动负债的比率。它是衡量借款人短期偿债能力的一项参考性指标。现金类资产指借款人拥有的货币资金和持有的随时可变现的有价证券。其计算公式为

$$现金比率 = 现金类资产 \div 流动负债$$

现金类资产是速动资产扣除应收账款后的余额，由于应收账款存在着发生坏账损失及延期收回的可能，因此，速动资产扣除应收账款后计算出的金额，可以比较准确地反映借款人直接偿付流动负债的能力。但一般情况下，借款人不可能也无必要保留足额的现金类资产去保障短期债务，否则短期负债便没有意义了。一般认为，正常情况下现金比率在 20% 左右，借款人的短期偿债能力就不会有问题。在分析借款人短期偿债能力时，可将流动比率、速动比率和现金比率三个指标结合起来观察，还可将营运资金指标（流动资产与流动负债的差额）结合起来进行全面分析，能够得到评价借款人短期偿债能力的更佳效果。

三、现金流量评价

对于商业银行而言，"借钱还钱"是基本原则。借款人能否在贷款到期时如约还款，主要取决于现金流状况。尽管在概念上盈利企业比亏损企业偿还银行贷款的可能性大，但短期看并非如此。因为利润只是会计核算意义上的，借款人产出大于成本的部分，但它有可能被占用在非现金资产上，而偿还贷款需要的是现金。因此银行考察借款人信用，最需要关注的应当是借款人的现金流量。对现金流的考察不仅能够准确把握借款人到期偿债的能力，也可以通过一定时期内现金流增减状况了解借款人长期信用能力。

对于现金流量的评价，可以了解企业现金周转的整体状况及现金流量的合理性。其主要分析指标如下：

（一）现金流动负债比率

现金流动负债比率指年度经营活动产生的现金流量与当期债务的比值，表

明现金流量对当期债务偿还满足程度的指标。其计算公式为

现金流动负债比率＝经营活动现金净流量÷流动负债×100%

这项比率与反映企业短期偿债能力的流动比率有关。该指标数值越高，现金流入对当期债务清偿的保障越强，表明企业的流动性越好；反之，则表明企业的流动性较差。参考值一般为 0.5。

（二）债务保障率

债务保障率是以年度经营活动所产生的现金净流量与全部债务总额相比较，表明企业现金流量对其全部债务偿还的满足程度。其计算公式为

债务保障率＝经营活动现金净流量÷（流动负债＋长期负债）×100%

现金流量与债务总额之比的数值也是越高越好，它同样也是债权人所关心的一种现金流量分析指标。一般参考值为 0.25。

（三）现金到期债务比率

现金到期债务比率指标反映企业的经营活动是否能产生足够的现金偿付到期的债务。其计算公式为

现金到期债务比率＝经营活动现金净流量÷本期到期的债务×100%

其中：本期到期的债务＝1 年内到期的长期负债＋应付票据

经营活动中产生的现金是企业现金的主要来源，与同期到期的负债相比，就能大致判断企业能以现金偿付到期债务的程度。一般参考值为 1.5，小于 1 时应当引起警戒。

（四）全部资产现金回收率

全部资产现金回收率旨在评价企业全部资产产生现金的能力。其计算公式为

全部资产现金回收率＝经营活动现金净流量÷平均资产总额×100%

平均资产总额＝（期初资产总额＋期末资产总额）÷2

把上述公式求倒数，则可以分析全部资产用经营活动现金回收需要的期间长短。因此，这个指标体现了企业资产回收的含义。回收期越短，说明资产获得现金的能力越强。

第五节　成长性评估

企业成长性评估指对企业持续发展能力的评价。企业的成长性水平不仅可

以反映企业的发展状况，也能为商业银行评估企业信用提供依据。

成长性企业大都具备如下特征：

一、属于朝阳行业或新兴行业

朝阳行业或新兴行业主要指符合国家产业经济政策，全行业具有较大的增长潜力。企业处于这样的行业之中，其成长性往往优于其他行业中的企业。

二、较强的市场开发能力

市场开发能力是指企业提高市场占有率的能力。其评价方式主要采用企业主导产品前三年市场占有率的增长速度。评价中需要注意以下三个方面的情况：

1. 可比企业均值。采用行业内可比样本，计算其市场占比增长速度。将企业的市场占比增长与均值进行比较，观察其市场竞争能力。

2. 企业产品结构。除了主导产品外，考察企业产品结构，特别是对产品结构多元化的企业，应当采用各类产品的市场占比加权计算其市场占比增长情况。

3. 主导产品的整体市场销售增长。特别关注企业主导产品全行业销售情况，假如全行业产品销售处于萎缩状态，一家企业的市场占比上升并不能说明其成长性良好。

三、科研开发能力和装备程度

企业的科研开发能力和装备程度决定了其可持续发展能力。如果缺乏较强的技术持续创新能力和先进的技术装备，企业的发展即使受到其他原因的拉动也只能是昙花一现，而缺乏持续增长的能力。

对企业科研开发能力和装备程度的考察，主要有以下几个方面：

1. 科研经费占企业销售额的水平。

2. 科研开发组织和科研队伍素质。

3. 产品更新速度以及新产品市场占有率。

4. 生产设备的先进程度。

5. 员工队伍的总体技术素质。

上述因素的评价一般采用与国内外可比企业样本进行比较，判断其处于何种水平。

四、企业成长方式

企业成长表现为两种方式：一是主营业务规模扩大；二是企业在稳定和发

展主营业务过程中通过多元化经营进行扩张。

（一）主营业务扩展

主营业务扩展主要指标包括总资产增长率、固定资产增长率、主营业务收入增长率、主营利润增长率、净利润增长率等。衡量其成长性方式一般采用时期比较法，即以企业近3年的增长指标与行业均值进行比较，评价其成长性。

（二）多元化经营

对多元化经营的评价主要采用定性评价法。定性评价关注的要点有：

1. 多元化经营与企业主营业务的相关性。

2. 垂直一体化经营中，企业对于上下游行业的控制力和影响程度。

3. 横向一体化经营中，关联行业与企业主营业务的相互依存程度和促进作用。

4. 企业多元化经营的内部组织成本与市场交易成本之间的优势比较。

第六节　客户信用评级

对商业银行来讲，客户信用评估的目的是综合上述这些因素，最后得出可以量化风险并在信贷业务中可以参考的客户信用等级。

客户信用等级评定办法在各个商业银行依据其风险管理政策和偏好有所不同，但基本思路大体一致。分为建立评价指标体系、指标权重赋值和指标偏离度计算、划定信用等级区间与确定信用等级标准以及特例调整。

其中具体的计算过程，一般商业银行均采用计算机模型[1]进行各类评价因素计量，得到信用评估等级。

一、评价指标体系

客户信用等级的评价指标体系源自影响客户信用的各种因素。在具体应用中一般首先区分客户类型，根据不同类型的客户群体建立不同的指标体系。

在同一类型的客户中，评价指标大体分为三类：

---

[1]　评级模型的基本结构由定量评价、定性评价、级别调整与限定三部分构成。其中，定量评价反映客户偿债能力、流动性等财务经营状况；定性评价反映客户的市场竞争地位、管理水平等非财务经营状况；级别调整与限定反映财务报表审计结论、历史违约记录等特殊事项对客户信用等级的影响。

（一）客体性指标

客体性指标主要是指对客户从事的行业风险进行设置的指标。一般有：行业景气度、国家政策导向、本行信贷政策导向。这些指标通常以定性评估为主。

（二）主体性指标

主体性指标主要按客户本身影响信用程度的各种因素进行设置。一般有三大类：经营者素质、经营能力和偿债能力。

1. 经营者素质。主要反映企业经营管理层对于企业信用的影响。通常的指标有：实际控制人的个人素质、经营团队素质、高管层稳定性、公司治理架构和公司内控有效性。

2. 经营能力。主要反映企业经营运作能力对于企业信用的影响。通常的指标体系有：经营规模、运营效率、盈利能力、风险控制能力及其发展趋势等，以及反映这些方面情况的经营指标体系。

3. 偿债能力。主要反映企业对于债务清偿的保障能力。常用指标体系有：长期偿债能力、短期偿债能力等，以及反映这些能力的财务指标体系。

（三）前景性指标

前景性指标主要反映企业发展能力对于企业信用的影响。常用的指标体系有科研开发能力、技术装备素质、员工队伍素质等，以及反映这些方面情况的基本指标。

二、指标权重赋值和指标偏离度计算

（一）指标权重赋值

指标权重赋值指对各种指标进行权重赋值。指标权重赋值反映了一家银行对客户风险因素的认知程度和偏好。一般来讲，客体性指标大体会占20%左右，主体性指标会占60%左右，而前景性指标占20%左右。按照这个大类比例，再根据各个细分指标对客户信用影响的程度进行权重分配。

各项指标的权重转化为计分时，可采用百分制，也可采用千分制。主要依据各个细分指标在偏离度计算时的有效程度确定。

（二）指标偏离度计算

指标偏离度是指观察到的客户指标与银行评级采用的标杆值之间的偏差程度。这种偏差程度导致了各个不同客户得到不同的评估结果。

1. 确定标杆值。分为定性指标和定量指标。定性指标如行业景气度、经营者素质、员工队伍素质等，一般采用5级量化方法，确定中间值为标杆，对其他等级进行等分赋值。即将标杆值确定 5 个等级进行量化赋值，如将行业景气度分为：高度景气、景气、一般、不太景气、不景气，分别给予 + 2、+ 1、0、- 1、- 2 的量化等级赋值；将企业家素质分为：优秀、良好、一般、较低、差，分别给予 1、0.5、0、- 0.5、- 1，等等，依此类推。

定量指标如经营规模、盈利能力、偿债能力、发展能力等，通常采用行业均值或平均先进值作为标杆值。

2. 标杆偏离度计算。定性指标的偏离度计算，是直接根据客户指标观察值取对应的量化赋值，加减本指标的权重赋值。例如，行业景气度在信用等级评价办法中的权重为 2 分，企业观察值为"一般"，"一般"的量化赋值为 0，则该企业此项指标得分为 2 分（2 + 0）；如果企业观察值为"景气"，"景气"的量化赋值为 1，则该企业此项指标得分为 3 分（2 + 1）。其余可以类推。

定量指标的偏离度计算，一般采用均方差计算公式计算。即将客户相应指标的观察值与行业均值进行均方差计算，得出客户此项指标的得分。

各项指标的偏离度得分计算完成后，即可汇总计算客户全部评估指标的累积得分，得出总分。

三、划定信用等级区间与确定信用等级标准

为了使量化评价分数最后归纳成为简便易行的等级概念，应当对全部指标评级得出的合计分数进行区间分类，确定各个分数区间的信用等级。

信用等级一般划分为 6 个级别，以 AAA、AA、A，BBB、BB、B 进行表示。也有的商业银行在此基础上，将每一个等级细化为 3 档（如 A +、A、A -），从而形成 6 级 18 档的信用等级体系，作为商业银行对客户授信、叙做信贷业务、确定信贷条件、管理要求和业务定价的基本依据。

划分信用等级区间的分数段如何确定，没有固定的规则可言。原则上是由商业银行根据自身的风险偏好以及历史上得到的风险发生规律来决定。例如，可以按照大数概率分布来确定：将前 5% 的分数段定义为 AAA 级，将中间 30% 的分数段定义为 A 级，将后 3% 的分数段定义为 B 级；再从两端向中间靠拢划分出其他等级区间。当然，也可以在所有评级客户中，挑选出各个等级类型中具有典型意义的客户，然后观察其得分区间和违约概率，来倒推出各个信用等级的分数段区间。

四、特例调整

特例调整是指某些客户严格按照信用等级评估得出的信用等级区间处于较

高或较低等级，但该客户具有一些特别的、足以影响其信用程度的重大事项，没有进入评级指标体系内，需要通过人为进行调整其信用等级的情形。例如，企业的实际控制人变更、重要的交易对手发生重组变化、企业筹划核心业务转让、重大工程中标等。

特例调整应当注意两点：

1. 应当根据触发特例调整的事项对现有信用等级评价结果的影响程度大小，确定是否需要进行特例调整。

2. 特例调整应当从客户管理端发起，经过审查环节审慎评审后，提交更高级有权人审批。

第七节　信用评级流程

信用评级开始前，信用评估人员应对调查数据和情况进行审核，并确定客户信用等级评定的特定办法。

客户信用评级流程如下：

一、对尽职调查报告提供的数据材料进行逻辑合理性审查

逻辑合理性审查是对调查所得的客户数据和情况的准确性进行审查。通常采用财务数据钩稽、企业历史数据比较、同类企业相关数据类比、评估人员经验判断等方法验证调查报告提供的相关数据、情况的逻辑合理性。

（一）财务数据钩稽

财务数据钩稽指对各种经营和财务数据中存在的对应关系和比例关系进行钩稽核对，从而验证企业各项数据是否真实可靠。例如，对销售利润表中的销售数据，可以从资产负债表中的流动资产相关科目及流动资产周转率数据中得到验证；销售利润率，可以用销售额和有关成本数据进行验证等。

（二）企业历史数据比较

企业历史数据比较指通过企业历年有关数据的横向比较找到不符合发展逻辑的相关数据。例如，当期企业报表中销售较历史大幅增长，成本较历史有所下降，但利润却较历史数据大幅下降，明显不符合企业发展一般规律，又没有其他足以说明利润下降的特殊原因报告，这个数据的真实性就需要进一步了解了。

（三）同类企业相关数据类比

例如，同样的经营规模，其销售出现成倍的差异，同样的销售，毛利率出

现巨大差异等，均说明调查评估报告中的数据需要进一步核实。

（四） 评估人员经验判断

即根据评估人员长期积累的经验对调查评估报告中提供的各类数据和企业情况进行合理性判断。例如，一个装备制造企业，其流动资产周转率达到 10 次，优于一般商贸企业，就明显不合情理了。再如，一个劳动密集型的企业中，拥有的高级技术人才占到全员的 20％，也属于不符合常规的情形。

对于这些不符合逻辑的数据、情况，应当重新调查核实，或予以说明。

二、评定信用等级

在数据情况验证核实的基础上，信用评级人员按照本行信用等级评定办法对客户各个方面的因素进行评估和计算、汇总评定信用等级，并将审查结论和评定的信用等级上报有权人审批确认。

三、评级复核审定

评估报告需提交审查人员进行复核。复核应就调查报告采用的信用因素评估方法和结论的正确性进行审查，对不正确、不合理的评估结论进行纠正，得出审查结论，并提交最终有权人审定。复核审查的要点主要是：

（一） 是否遗漏重要的风险因素

审查人员应当对照信用等级评审办法逐项核对各个风险要素是否被遗漏，并提示评级人员或调查人员进行补正。

（二） 评估方法是否恰当

审查调查评估报告中，对各项风险因素的评估方式和计量工具使用是否正确，主观定性评估的结论是否合理，纠正其中错误和不合理的结论。并对评级过程进行重新演算，提出审核后的信用等级，并将全部评级资料提交有权人审定。

有权人对经复核的评级结果进行审查和决定，这种审定在实际工作中带有流程性质。其意义一是符合授权经营的宗旨，重大信用决策结果必经有权人最终审定方能应用；二是最终把关，有权人可以对不符合本行信用风险管理政策的结果行使否决权。评级结果审定中应当注意的是，除非尽职调查中存在重大信息虚假或因评级人员采用的评级方法存在重大不当，一般不终止评级流程，或退回尽职调查人员重新调查。

第十章　信贷业务审查与审批

审查审批指信用业务风险管理人员在业务人员尽职调查工作的基础上，依据信贷政策、制度和管理办法，对业务营销部门提交的客户评级授信、融资业务方案和押品价值进行信用风险审查，并出具审查审批结论意见的工作过程。信贷业务审查审批的主要功能是统一掌握银行的业务风险偏好，使各类信贷业务符合法律法规、监管要求、信贷投向政策以及风险管理政策。

商业银行各类信贷业务品种较多，各家银行在审查和审批的细节要求上不仅相同，而且其中共性的内容和原则也大体一致。信贷审查主要是对信贷业务的合规性、效益性、风险可控性进行审查。

商业银行对信贷业务审查工作一般由专门的信贷风险管理部门（或审查审批部门）负责，与信贷业务营销部门与信贷政策管理部门实行分隔，属于商业银行的业务中台。信贷业务审查审批人员根据本行信贷风险管理政策和审批流程审查审批信贷业务，实行严格的授权审批制度，严禁越权审批、违规审批。

第一节　借款主体审查

借款主体审查包括对借款人主体资格审查；借款用途审查；借款人偿债能力审查。

一、借款人资格审查

主要审查借款人是否具有合格借款人资格。包括：

（一）借款人成立合法性

主要审查借款人的营业执照及最新年检证明、贷款卡、《特殊行业经营许可证》。个人客户主要审查其是否符合"合格借款人"的各项条件。

171

（二）借款人贷款资格

主要审查借款人是否符合本行相关信贷业务准入资格，是否已经与本行建立信贷关系；是否具有未用授信。

二、借款用途审查

借款用途既是影响贷款风险的主要因素之一，也是监管部门监管的核心内容之一。对借款用途的审查主要是：该用途是否符合国家、监管机构和本行信贷政策要求。包括：

（一）借款用途合法性

是否为国家禁止交易、监管部门规定不得贷款的事项；是否超越公司章程规定的经营范围。

（二）借款用途是否被列为本行贷款高风险领域的事项

如归还他行贷款本金或支付利息，流入股市、房市，或被用于开立银行承兑汇票的保证金等。

（三）借款用途背景审查

1. 短期融资申请的审查。企业短期融资一般用于满足企业日常生产经营周转资金需求，因而其交易背景必然是借款人生产经营活动或商品交易。短期融资业务审查中必须审核证明短期资金用途的各类资料。包括《交易合同》、发票、运输单证、报关单等，来判断融资用途的合规性。对贷款用于依据订单组织备货和生产的，重点核实《订单合同》、买方预付款金额和相关凭证等交易资料。根据所购物资的品种、数量、价格、货源地等相关信息，采购合同、年度采购计划和历年采购记录等相关资料，据以判断借款人的采购行为是否真实、合法、合理。

下列用途为短期贷款监管禁止范围：（1）用于固定资产建设项目；（2）用于房地产项目开发和土地购置；（3）用于资本市场交易及股本权益性投资；（4）用于与交易合同、贸易背景无关的短期用途。

2. 中长期融资申请的审查。企业中长期融资一般用于满足企业的固定资产项目建设、生产线扩建和技术更新改造等方面的投资需要，因而其交易背景必然附着投资项目。中长期融资在审查中必须审核与项目有关的各类资料，如：（1）项目核准、备案或审批手续，特别关注项目是否存在违规、越权、拆分核准或备案的问题。（2）企业项目可行性论证材料及项目审批结论，以及新开工项目是否符合国家新开工项目的有关规定等。（3）新建项目环保审批手续，核实项目环评报告是否经有权部门审批，关注企业在环保方面是否有不良记录。特别关注环境敏感行业（如有色金属开采及冶炼、制浆、造纸、化工、印染、焦炭、电石、味精等）项目贷款的环保问题，认真核实环保审批手续的合规性。

（4）项目用地审批手续，新建项目占用的土地必须明确为国有建设用地。

（5）项目安全生产，一些特殊规定的项目，必须取得国家有关部门安全生产许可的批复。如煤炭项目还应取得安全生产监督部门对项目安全生产设施设计的批复；煤炭、有色金属开采项目须取得水利部门对水土保持方案的批复；煤化工项目应取得水利部门项目水资源论证报告的批复。通过上述资料的查验，判断项目融资的合规性。

3. 弥补现金流缺口的融资申请审查。企业大部分经营性现金流缺口都可以通过短期或中长期项目融资加以弥补。如果企业出现正常的短期融资或项目融资无法弥补的现金流缺口，通常是因为超常发展或扩张，出现资本短缺引起的。理论上讲，商业银行不提供企业资本短缺引起的融资需求。但实务中，企业有时出于效率或成本方面的考量，更愿意通过商业银行进行融资来弥补暂时的资本性短缺。如使用周转性流动资金贷款弥补经营性现金流缺口。这类融资申请一般缺乏具体的贸易背景和项目背景，即使企业在融资申请中出具了一些交易背景材料，也不会完全真实。此类融资申请在审查中需要重点关注其现金流缺口背后的形成原因，根据借款人对资金用途的实际需要，判断其融资用途的合规性和未来偿还贷款的可能性。

三、借款人偿债能力审查

主要审查借款人是否具有归还所申请数量的贷款的能力。包括经营者能力、企业财务实力、企业经营效益、现金流情况等。

（一）经营者能力审查

经营者能力审查包括对企业经营者的素质、企业经营历史、经营团队、公司内部治理、历史信用记录等情况的审查。其中重点关注：（1）企业主要经营者（或实际控制人的个人素质和信用状况）；（2）公司治理结构是否健全、内部管理制度是否完善；（3）企业的经营行为是否规范；（4）企业的市场竞争力、发展速度等其他相关内容；（5）企业在经营过程中是否存在不良信用记录。

（二）审查企业（或项目）相关财务指标

主要审查与企业偿债能力相关的财务指标。

1. 短期偿债能力。包括流动比、速动比、现金比等指标及其变动情况；现金收入能力，包括货款回笼情况、存货/流动资产比、应收账款比例并周转率等指标及其变动情况等。短期融资重点关注短期偿债能力、现金收入能力、企业交易对手的付款能力以及特定还款来源对银行融资的覆盖程度。

2. 中长期融资重点关注净资产债务保障能力。如企业的财务杠杆，包括资产负债率、净资产债务保障率及其变动情况，企业资产价值情况及其变动情况。重点关注项目最大还款能力期限和行业基准期限下的项目偿债保证比。如行业基准期限下的综合偿债保证比、约定期限下的综合偿债保证比和压力情形下的综合偿债保证比。通过综合考察上述指标，判断借款人偿债能力的强弱情况，并评判借款人申请的贷款期限的合理性。

（三）验算企业（或项目）现金流量情况

对企业贷款期内的经营性现金流量、投资性现金流量、筹资活动现金流量进行分析预测。短期偿债需重点考察借款人经营和投资活动产生的预期净现金流等可用于偿债的综合净现金流，结合借款人债务余额、结构和到期期限分布、短期偿债能力指标和在银行回笼的各项收入情况，总体判断借款人综合还款来源对一定期限内需偿还融资债务的覆盖程度，评估借款人短期偿债风险。重点关注企业在各个关键时点上的经营性现金流缺口以及投资活动和筹资能力。

（四）分析客户基本经营情况

分析客户基本经营情况的目的是考察企业可持续发展能力和未来的综合偿债实力。

1. 短期融资分析重点：主要是企业的销售收入、经营成本、利润等指标的历史稳定性及合理性。特别是企业业务发展趋势、产品产销比及销售价格，判断企业的持续发展能力。重点关注企业主营业务经营情况，盈利水平及其发展趋势；成本管理和控制情况及其发展趋势；销售收入及其成长状况等，判断企业的综合承贷实力。

2. 项目融资分析重点：（1）融资项目建设条件。包括项目建设背景及项目建设的内容、规模及项目采用的工艺技术是否符合国家相关的规定，技术路线是否成熟、可靠，新工艺技术是否经过权威专业部门论证，项目有关经济技术指标是否符合国家规定的准入标准，项目所需的水、电、气供应是否落实，交通设施能否满足项目产品运输的需要。（2）项目工程进度计划，分析项目建设期、计划投产期和分年度达产计划情况等。了解截至审查时点项目实际完成投资情况，判断项目建设风险。（3）审查项目总投资及单位投资的合理性。将本项目与同类项目进行比较，分析项目总投资及单位投资是否在合理范围内，判断是否通过人为扩大总投资套取银行信用及减少自筹的情况。（4）资本金落实情况审查。审核项目资本金比例是否满足国家规定的固定资产投资项目最低资本金比例、资本金来源是否正当及其资本金和自筹资金的落实情况。对于资本金来源不确定性较大的项目，可要求资本金先于银行贷款到位并先期投入使用，至少应当坚持项目资本金与银行贷款同比例投入建设。防范通过对关联企业增加贷款作为本项目资本金的风险。（5）如本行不能全额解决项目融资需求而采用多家银行联合贷款的，需关注他行贷款是否落实，了解他行的融资条件（包括金额、期限、利率、担保）及审批进度等，判断项目是否存在资金缺口以及各行的贷款条件是否大致平衡。（6）对所需配套流动资金较大的项目，还需要了解项目配套流动资金来源及其落实情况。（7）项目产品的市场及竞争力。分析项目产品供求、成本、价格、销售网络及渠道情况，以及项目在区位、资源、政策、技术、规模、成本或品牌等方面是否具有比较优势。（8）项目的经济效益。了解评估预测的项目投产后每年销售收入及利润情况，重点关注项目的内部收益率、财务净现值、动态投资回收期和投资利润率等财务指标，分析项目预期效益情况，判断融资项目的财务可行性。

（五）是否存在未来可能发生危及其偿债能力的事项

如企业管理层变动、重大经营转型举措、重大技术创新风险、重大债务偿付、大额对外担保等。重点关注贷款期内是否存在大额到期贷款、大额应付债项、未决的大额债务纠纷、需要履行担保责任的可能性等。

案例　[基本情况] H 公司成立于 2000 年 3 月，注册资本 1 000 万元人民币，该公司是专注于 R 系汽车销售、装饰、修配的 4S 店。该公司成立以来一直是某银行的信贷客户。H 公司近年来虽然经营管理能力不断增强，但受市场大环境影响，销售收入有所回落，从 2013 年的 3.2 亿余元人民币下降到 2014 年的 2.5 亿余元人民币。

企业经营者通过对行业状况的分析，特别是对汽车销售形势的分析后，进行经营思路调整：将 4S 店新车入保作为主要经营目标，减轻对销售汽车的依赖，提高售后服务收入的占比，抵消部分因汽车销售量减少对企业盈利的影响。同时，企业通过自身的管理优势兼并同业 4S 店以提高市场占有率，从而在市场低谷期发展壮大。希望银行贷款能够维持在原有水平。银行经过认真调查，认为该公司的经营思路调整符合市场发展趋势，也符合公司现有的经营优势，决定继续予以支持。

到 2015 年，公司在该银行已有房地产抵押贷款 2 150 万元人民币。该银行审批时，根据公司汽车销售量减少，实际占用流动资金水平下降的情况，决定将其 2015 年授信额度调减至 400 万元人民币后，继续对其发放 1 750 万元人民币流动资金贷款。

[案例点评] 1. 在企业市场环境趋于变化的背景下，商业银行既要立足于当前企业经营情况，也必须关注到企业长远发展方向。H 公司为传统汽车销售服务企业，是行业内发展多年的成熟企业。该行通过长期的合作与交流，了解企业经营者在业内确有独特的经营思路，有判断市场风险与走势的丰富经验，在所属行业内属于龙头企业。虽然市场行情出现波动，但依然是该银行信贷应该支持与扶持的目标企业。

2. 信贷审批中，应当重视企业的实际需求。本案例中，首先，R 系汽车行业市场低迷，销售增长迟缓，公司实际减少了新车的进货量，流动资金占用水平下降；其次，公司在同业洗牌过程中收购同业 4S 店，方向是对的。但新并购的 4S 店需要资金支持。因此银行需要盘点合理的资金需求量增减情况，对原有授信额度作出适当调整。做到既满足企业正常资金需要，又避免资金被挪用，风险承担水平适度。

第二节　借款客体审查

借款客体指银行对借款人发放融资的方式和信贷载体。信贷实务中，融资风险固然与借款人本身存在的违约风险因素有关，但银行是否恰当地采用合适的融资产品去满足客户的融资需求，在很多时候也会诱发或助长客户违约风险的爆发。例如，以短期融资产品的不断滚动去满足客户的中长期资金用途，最后可能导致客户资金周转链的崩断。所以融资审查除了从借款主体维度全面审视业务风险外，还需要对借款客体——融资方案的风险进行审查。对融资方案审查的主要内容有：融资产品是否适合客户资金用途需要；融资期限和到期日安排是否与客户现金流的周转方式相一致；信贷方式是否有利于客户特定风险的控制；融资价格是否达到银行要求的 RAROC（风险资本调整收益，税前）标准。

一、融资方式合理性审查

融资方式合理性审查指银行采用的融资产品是否与客户对资金的用途相匹

配。这种匹配性是银行控制风险的主要手段。特定的融资用途客观上规定了资金在客户端的周转形态和现金流的回归状态，从而为银行精确设计融资方案，避免还款节点与客户端现金流回归节点错配引发的违约风险指明了方向。

客户对资金的具体用途可能存在无数种，但大体可以从三个维度进行归纳：

一是贸易支付需要。即客户因交易支付现金需要向银行进行融资。如采购原材料、支付生产成本等。

二是垫付资金需要。即客户因生产、交易无法及时收回现金，需要向银行进行融资开展下一轮生产和经营。

三是投资需要。即客户因投资需要，而短期内无法全部收回投资现金需要向银行融资。

前两类需要我们统称为客户结算性融资需要，这类资金需要一般是一次性投入、一次性收回的，并且带有短期周转性质，银行应当以短期融资产品去匹配客户资金需要；而后一类需要，往往是一次投入、分期收回，其收回形式表现为投入资金在较长时期内，伴随多个商品交易周期逐步回归，银行一般应以中长期融资品种加以对应。而且，不同的需要都有其独特的现金回流形式，要求银行以不同的融资方案加以应对。

（一）贸易支付需要

其特点是客户为满足生产采购原材料、支付生产费用，这些支出的资金价值一次性转移到了产品价值之中，并随着企业产品（或劳务）销售一次性从销售价款中收回现金。其投入和回收表现在一个相对固定的商品流转周期内。所以，银行应当按照其投入和回流的固定周期，一次性支付融资，一次性收回融资。这类融资产品一般有：原材料采购融资、订单融资、打包贷款、承兑汇票、短期信用证等。

（二）垫付资金需要

其特点是客户因资金垫付于产成品和应收款不能及时回笼现金，为满足下一个生产过程的资金需要向银行融资。这种情况下，客户从理论上已经实现了资金价值转移，但缺乏现金。现金的收回取决于产品销售节奏和购买方支付货款。所以，银行应当按照垫付资金的回收周期或变现方式确定融资。这类融资产品除了满足客户下一个生产周期的支付需要，采用原材料采购融资、订单融资、打包贷款、承兑汇票、短期信用证等以外，还可以应用"资产变现"思路，采用应收账款保理、票据贴现、产成品质押融资、股权融资等方式解决客户短期资金需要。

（三）投资需要

其特点是客户因扩大生产能力、对外投资、兼并收购等，将资金一次性投入投资客体，如投资基建、设备、技术改造、投资其他企业等，然后通过折旧、利润、分红等多种方式，在多个经营周期中逐步收回现金。这类融资用途，表现为在一个较长的时期内，通过一系列相对固定的现金回流节点归还银行融资。所以，银行应当按照其投入和回流的固定节点，提供较长时间的融资，并根据投资收回的各个节点分期收回融资。这类融资产品通常有：项目贷款、技术改造贷款、科技开发贷款、并购贷款、固定资产支持融资等。

另外，在实务中也存在企业融资替换或融资结构调整的需要。但这类融资往往都具有上述三种需要的背景，因此，在决定采用何种融资产品应对时，可按照前述方法去安排和组合。

二、融资要素合理性审查

在审查融资产品合理性的同时，不可避免地需要对选定的融资产品的各个要素进行审查和选择。不同融资产品的要素不一定完全相同，但必定包含了金额、期限和到期日安排、利率、还款方式等因素。

（一）金额

审查融资金额的目的是根据贷款确定的用途确定恰当的融资金额，防止因融资金额偏颇引起的客户资金不足或滥用资金的风险。审查重点关注：（1）企业现有融资总量是否适量，防止企业过度融资；（2）新申请的融资是否为生产经营所需、该用途项下资金缺口匡算是否合理，审慎判断其新申请融资的合理需求量；（3）企业融资结构是否与企业实际经营需要相匹配；（4）本次融资叠加后，客户融资是否超过授信总量和分项限额。

（二）期限和到期日安排

期限和到期日安排指贷款人与借款人就融资使用约定一个合理期限和到期日期，贷款到期后借款人筹措资金归还银行贷款本息，贷款协议或合同终止。贷款到期归还，是考验客户诚信的标准，也是考核贷款质量的依据。因此合理设定贷款期限与到期日极为重要。

贷款期限设定主要是根据融资的第一还款来源，预测年度还款现金流量，通过满足偿债覆盖率原则，确定贷款期限长短。审查人员应考虑贷款与企业的现金流量是否匹配，避免出现现金流缺口，导致客户产生偿付危机。

1. 短期融资一般根据融资的第一还款来源预期到账时间，合理确定贷款期限和贷款到期日。在确定贷款期限时，应从借款人的结算周期、结算方式（包括应收账款、存货、应付账款等占用时间）以及生产经营周期、货物运输时间等多方面确定。

2. 中长期项目贷款期限设置主要应考虑项目建设期、经营期等因素，在项目收入、成本估算、预测项目现金流的基础上，通过项目偿债保障比确定贷款期限。项目偿债保障比指计算期内项目累计可偿债净现金流对贷款本金的覆盖程度。原则上，项目可偿债净现金流通过预测编制现金流量表来计算。但一般工业项目可简化为"净利润＋折旧摊销"来计算。计算公式为

$$综合偿债保证比 = \frac{\sum_{i=1}^{t} FCF_{综合i}}{\sum_{i=1}^{t} \sum_{j=1}^{n} DD_{ij}}$$

其中：$FCF_{综合i}$ 为第 i 年借款人综合可偿债净现金流；t 为本次评估贷款申请期限；DD_{ij} 为第 i 年第 j 笔贷款需要偿还的额度。

一般情况下，银行确定贷款期限应能保证该期限下的综合偿债保证比在 1.1 及以上。

另外，中长期项目融资还应根据项目建设期合理确定项目融资的宽限期，但宽限期原则上不能超过项目建设期，对于借款人不以项目自身折旧而以客户经营的综合效益还贷的，银行一般不设宽限期。

中长期项目贷款应当根据借款人预期现金流对贷款的覆盖情况合理确定贷款的分期还款日，防止客户将逐步实现的现金收入挪作他用，从而形成贷款到期没有现金归还的情形。同时在期限和到期日安排时，审查人员应根据企业各类融资在期限上的分布状况，综合分析各种融资的期限结构和到期日安排是否合理，尽力规避借款人贷款集中到期和短贷长用情况。

（三）利率

贷款利率应与客户资金用途的风险状况相匹配，体现收益平衡风险的原则。审查应严格执行银行对贷款的定价标准，根据业务风险状况、议价能力以及当地市场利率水平等情况，合理确定贷款利率，并通过大力拓展中间业务，努力提高综合收益。对于债项及借款人的 RAROC 均低于本行规定的阈值，要通过提高利率、追加或优化担保等方式提高 RAROC 值，原则上不应采用 RAROC 值低于阈值的融资方式发放贷款。

（四）还款方式

短期融资一般根据预期销售款回笼情况确定还款计划，可采取到期一次性

还本的方式；但对于大额中长期项目贷款，应当依据借款人或项目预期现金流在时间序列上的分布强度确定分期还款安排。由于项目贷款的期限普遍较长，且其现金一般以折旧等较为均衡的方式回流，因而应当采取分期均衡还款的方式，还款间隔期一般为按季还款或按半年度进行还款。对于投资回收期较短或技术进步较快的项目，也可以采取加速还贷等方式降低融资风险。另外，在还款额度的确定方面还要考虑他行贷款的期限、还款方式和限制性约定，避免客户贷款集中到期。同一笔贷款采用组合担保方式的，信用贷款部分应先于担保贷款部分偿还、保证贷款应先于抵（质）押贷款偿还。

三、担保措施审查

商业银行的融资业务大部分会附着担保措施，以防止出现借款人还款意外。对担保措施的审查主要是对客户提供的担保是否足以对本次融资的本息进行有效覆盖。包括抵（质）押品的品质和变现能力的审查；抵（质）押品的评估价值和抵（质）押比例的审查；保证人在贷款到期时代位履行还款义务能力的审查。

贷款担保方式包括抵（质）押和第三方保证担保。担保审查的重点是：抵（质）押物权属是否清晰、价值是否稳定、变现能力是否良好；核实第三方保证人的保证资格和保证能力。根据不同担保方式的审查内容如下：

（一）抵押方式

在抵押物选择上，银行一般优先选择房产、以出让方式取得的国有建设用地使用权及其他价值相对稳定、变现能力较强的固定资产作为抵押物。一般不接受动产和无形资产抵押，谨慎接受机器设备、车辆等易于移动、精神磨损较大的固定资产进行抵押。

抵押物价值判断的基础是内外部评估机构作出的抵押物价值（或初评价值）评估结论，审查人员要结合抵押物的位置、面积、剩余使用年限、历史成本及评估机构资质和评估方法等因素，判断评估结论得出的抵押物价值是否合理，并在抵押物价值审核的基础上，结合抵押物变现能力，合理设定抵押率。

（二）质押方式

在质押物选择上，优先选择价值相对稳定、变现能力较强的实物资产和收益权利。如大宗商品、企业存货、应收账款、法定收费权、上市公司股票等。谨慎接受对商标专用权、专利权、著作权以及其他价值波动较大、不易监测、不易保管、不易变现或不易办理登记手续的无形资产作为质物。

对大宗商品、企业存货等流动资产质押，重点关注质押物的品种、权属、流动性、质量状况、质押价值和监管责任，谨慎确定质押率和处置（平仓）线；应收账款质押应重点核实交易背景的真实性（包括应收账款是否真实形成）、应收账款质量（包括账龄结构、购销双方的合作关系是否稳定、坏账率等）、交易对手的付款能力和履约记录等，判断应收账款质押的可靠性；上市公司股权质押应从权属、价值、流动性及市场表现等方面综合考察拟出质股票的质量，择优选择质地较好的股票质押，合理设置质押率、警戒线和平仓线。当质押股票超过警戒线时，应要求借款人追加保证金、追加质押标的股票或追加其他流动性良好的上市公司股票。《股权质押合同》《仓单质押合同》等应进行强制执行公证，并在中国证券登记结算有限责任公司、期货交易所等办妥质押登记手续。

（三）保证方式

审查人应当全面分析保证人的经营情况、财务状况、现金流量和对外担保情况，审核保证人自身的债务负担、或有负债规模及质量，评估本次担保额度与保证人的财务能力是否匹配，判断保证人的代偿意愿和代偿能力；要特别关注企业互保和担保圈问题，对保证人提供保证后将形成担保圈的保证业务，应要求采取抵押、质押方式或变更保证人。审慎对待并从严掌握专业担保公司为中型企业大额贷款提供的担保。

（四）组合担保方式

当融资金额较大，且一种担保方式不能全额覆盖债权时，可采取组合担保方式。同一笔贷款设定两种以上担保方式时，各担保方式可分别担保全部债权，也可划分各自担保债权份额。对于组合担保，审查中应注意担保债权的实现顺序，并根据具体情况，尽可能选择对银行有利的担保方案。

第三节　审查结论和附加条件

在综合上述审查情况后，审查人员应出具审查意见书，对客户的偿债能力、主要风险点和担保能力进行总体评价，明确给出贷与不贷的审查结论。同意性的审查结论还应当给出审定同意的融资方案，包括金额、期限、用途、利率、担保方式和还款安排等贷款要素。

同时还应就审查结论中未涉及的融资提款前提和贷后管理要求等提出附加意见，对审批结论的时效进行限定。

一、提款前提

提款前提是借款人在提款前必须落实的银行相关要求，只有借款人落实全部提款前提后，银行放款岗位人员才能核准发放贷款。

设置提款前提要遵循针对性、重要性和可操作性原则，且表述要严谨、准确、规范。提款前提设置通常是从合规性条款、担保条款、财务限制条款、保护性条款及其他风险规避措施等五个方面着手进行的。

1. 合规性条款。对一些尚未完全取得合规批件、银行提前审批的项目，银行审批应当设置提款前提，以确保融资合规。如要求客户取得项目有权部门审批、核准或备案文件；项目环评、用地的有权部门批复；对需取得其他审批手续的项目，还应以取得相应的审批手续。

2. 担保条款。如要求保证人声明保证形式为连带责任保证；有约定的抵（质）押担保的，要求提款前办妥合法、有效的登记手续等。

3. 财务限制条款。主要包括限制借款人的经济行为的一系列条款。如未经贷款人同意，借款人不得对外增加借款、对外投资，擅自以现金分配利润和出售资产等。

4. 保护性条款。主要包括控制交叉违约条款、限制借款人对实体控制权转移条款、借款人承诺项目资本金与银行贷款同比例到位等。如限制股东转移对借款人控制权和借款人转移对下属核心子公司控制权、限制关联交易条款、限制子公司借款条款、消极担保条款、限制对外担保条款、信息披露条款等。

5. 其他风险规避措施。通常是根据审查发现的相关风险因素，提出的个性化风险防控措施或保护性条款。如账户监管条款、股东支持条款、经营预警条款（如在贷款合同中约定：在银行贷款期内，若借款人出现经营亏损、在银行的信用等级下降到 A 级以下、贷款出现逾期或欠息，银行有权停止发放后续贷款并宣布全部贷款提前到期）等。

另外，银团贷款一般根据参贷角色设置提款前提。作为参贷行时，前提条件应比照牵头行所提出的条件，一般不再附加其他条件。如审查认为牵头行提出的条件不能满足参贷行的风险控制要求，可在与牵头行沟通一致的情况下增加部分风险控制措施；本行作为牵头行时，前提条件的提出除确保风险可控外，还应考虑同业竞争和银团分销的需要，并与客户和各参贷行进行充分沟通，尽量促使各方达成一致意见。

二、管理要求

根据借款人的经营特点、融资品种以及审查发现的相关风险因素，应提出有针对性的贷后管理要求，且有关贷后管理要求要方便监测及管控。常用贷后管理要求包括贷款资金支付方式及受托支付起点金额标准，贷款用途监管要求，交叉销售、捆绑销售及综合收益要求，融资总量及同业占比控制要求，跟踪工程建设进展要求，抵（质）押物的登记、投保和动态管理要求，账户监控与现金回笼要求，代理保险要求，关联交易监控、财务指标监测、跟踪借款人生产经营、产品市场及价格变动情况等。在具体操作中，还可考虑将借款人承诺在银行办理综合金融业务的落实进度与分期提款结合起来。在借款人落实部分承诺后，允许提取部分贷款；借款人全部落实在银行办理相关业务的承诺后，允许提取全部贷款。

三、审批时效限定

审批信贷业务时应明确业务审批时效。一般基础设施类项目贷款的审批时效原则上不超过 2 年，最长不超过 3 年；其他项目贷款，审批时效原则上为 1 年，最长不超过 2 年。短期融资的审批时效一般不超过 3 个月，最长不超过 6 个月。银行承兑汇票和商业承兑汇票的审批时效，一般不超过 15 天，最长不超过 1 个月。融资类保函的审批时效一般不超过 1 年，最长不超过 2 年；非融资类保函的审批时效一般不超过 6 个月。

另外，企业改制银行债权落实方案和贷款重组方案的审批效力一般不超过 1 年。

审批时效从审批行印发信贷业务审批书之日起计算，到期日如遇国家法定节假日相应顺延。对审批时效已终止的信贷业务，如仍需办理，应当报原审批机构重新审批。

案例 ［基本情况］ 某生物药业有限公司是一家生产销售扁桃酸系列医药中间体企业。企业注册类型为有限责任公司，主要产品包括扁桃酸系列、邻氯扁桃酸系列、S－间苯氧基氰醇、二苯乙腈等；公司主要生产原材料为购入的苯甲醛、二氯乙烷、氰化钠、甲醛等化学品。上一年该公司销售收入 3 812 万元人民币，实现净利润 633.83 万元人民币，从企业经营规模上看，属于小型制药企业。

该公司申请与 A 行某支行建立信贷关系，同时要求 500 万元人民币的小企业流动资金贷款，用于采购二氯乙烷、醋酸乙酯、氰化钠等生产用原材料。融资采用工业用房地产抵押方式。A 行审查部门进行借款人资格审查时，认定该公司生产用主要原材料二氯乙烷、氰化钠，属于国家有关部门和其总行绿色信贷政策中规定的中小企业生产不得涉及的高危化学品种类。A 行根据国家环保政策和 A 行绿色信贷政策，否决了其信贷业务申请。

[案例点评] 这是一则在营销环节通过强化绿色信贷政策防范小企业融资风险的案例。按照企业目前的经营状况，符合信贷准入的一般要求。但客户生产涉高危化学品，而以企业的生产管理及对高危化学品的管理和处理能力，存在较大的环保风险。该行对其信贷申请进行婉拒，符合绿色信贷政策、规避政策风险要求。

第四节　审查审批管理

审查审批管理是指审查审批的权限管理和方式管理。商业银行应当建立明确的审批授权和审批管理制度，实行信贷业务逐级授权经营，形成信贷决策风险管理机制。

一、信贷审批权分类

信贷权限指商业银行对所属业务职能部门、分支机构和关键岗位开展信贷业务的事权上限，本节特指可以决定叙做信贷业务的审批权限。

从法理上看，信贷业务风险的最终承担者是商业银行的一级法人。但在多个分支机构以及多级经营机构的商业银行中，由于信贷业务规模庞大、风险管理的体系复杂和信息沟通方面存在的困难，信贷业务完全由一级法人总部审批是无法适应大规模信贷业务经营需要的。因此，商业银行需要建立健全内部审慎的审批授权与转授权机制，实行分级审批。

所谓审慎，包括两个方面的含义：一是根据全行风险管理政策审慎处理审批权集中程度，既要保证高管层对信贷业务决策情况的掌控，又要保证信贷决策信息对称，审批高效。二是被授予信贷审批权的人员必须取得审批业务的相应资格，禁止不具备审批业务资格的人员从事信贷业务审批决策。

我国大多数商业银行对信贷审批权的管理采用了逐级授权和转授权的办法，而非岗位法定权限方式。具体的授权形式有以下三种：

（一）直接授权

商业银行总行对总部相关信贷业务职能部门、直接管理的分支经营单位授予全部或部分信贷产品一定期限、一定金额内的授信和业务审批权限。

（二）转授权

受权的经营单位在总部直接授权的权限内，对本级各有审批资格人员、相关信贷业务职能部门和所辖分支机构中具有审批资格的人员转授一定范围和金额的授信、业务审批权限。

（三）临时授权

因各种原因或需要，授权者将自身权限内的业务权限，临时授予本人辖内其他符合条件者代为行使，并到期收回。

二、信贷授权的基本原则与方法

（一）分级授权的原则

信贷分级审批权限的设置应遵循依法合规、能级相当、责权匹配、精简效能的原则。

1. 依法合规。信贷业务分级审批权限的设置要遵照和贯彻《商业银行法》和国家银行业监管部门规定和要求，遵循董事会有关风险管理政策，由商业银行行长根据本行信贷业务经营要求制定具体授权办法。

2. 能级相当。根据不同级别的分支机构、业务部门的经济环境、信贷资产规模、信贷业务量、业务营销事权和信用风险控制能力授予不同的权限。同时应兼顾信贷风险控制和提高审批效率、集权与分权、审查能力与机构等级之间的平衡。

3. 责权匹配。授权以承担责任为前提。授权同时要明确其职责，使下级明确自己的责任范围和权限范围。在实行信贷业务授权管理时必须建立严格的约束机制，被授权机构和人员只能在其所授予的权限范围内行使职权，任何超越自身权限的业务活动，都必须报上级机构审批。要对上级机构对下级机构执行授权的情况建立有效的监控检查机制；要对业务部门和分支机构的越权行为和失职行为，追究受权人相应的责任。

4. 精简效能。根据实质风险可控的原则，尽可能减少审查审批的中间环节，减少内部组织重复设置和冗余的流程节点，运用规范化、标准化管理模式，在有效控制实质性风险的前提下，最大限度地提高信贷业务审批的作业效率。

（二）常用授权方式。

信贷业务审批权限的常用授权方式大体有四种：

1. 基本授权。基本授权指按照审批人员业已取得的信贷业务审批资格，按其所在审批岗位确定其信贷业务授权范围。例如，初级审批人只能在授权限额内审批个人住房按揭贷款和一定额度以内的低风险个人质押信贷业务；中级审批人只能在授权限额内审批贸易融资业务、小企业信贷业务、个人信贷业务，以及上级行核定的授信额度内的短期（期限在 1 年以下）融资业务；高级和资深审批人可在授权限额内审批各类信贷业务。

基本授权方式下，受权人可根据业务需要将自身范围内的审批权限向更低层级的审批人进行转授。审批人在转授审批权后，并不因此解除自己承担的审批责任。在转授权方式下，授权人对其下级行使转授权产生的结果仍然负有连带责任。

2. 个性化授权。个性化授权指针对具体信贷审批人员的职务、审批经验和能力、特定的业务范围或具体的业务品种有区别地授予不同范围、不同金额的审批权限。例如，对相同层级的机构、同一资质的审批人员分别确定不同的审批额度，或对某些信贷业务品种直接核定不同的审批额度。使用个性化授权方法，应根据受权人的信贷从业经验、风险管理水平、以往审批业务的资产质量、当地经济环境等因素等进行综合确定。个性化的授权不能被受权人再次转授给下级审批人。

3. 动态授权。动态授权指对被授权机构或个人，其授权不是一成不变的，而是根据其经营管理水平、资产质量、风险控制能力、所在地区的经济环境和业务发展的变化情况，以及对其信贷业务质量的检查结果而进行动态和适时调整。例如，对于经营管理水平越高、风险控制能力越强的分支机构，上级机构对其授权就会逐步扩大；而对于那些不良资产居高不下、连年亏损的分支机构，对其授权就应不断缩小，要求其开展的新业务必须报上级机构审批，以期通过上级机构的有效管理来避免出现新的风险损失。

4. 特别授权。特别授权指上级有权人对超过受权人基本授权、转授权范围、种类和额度的有关事项所授予的临时权限。特别授权的受权人不能将特别授权向下进行转授，并到期自动收回。授权人可以根据贷款审批的需要，向有关审批人员进行特别授权；被授权人也可以根据实际工作需要，向有关授权人申请特别授权。特别授权书和授权文件，可以单独或结合使用，二者具有同等效力。下级行向上级行申请特别授权，应由审查审批部门拟写请示文件，经行长签批后以行文报上级行。

三、审批方式管理

审批方式指商业银行对信贷业务采用何种审批形式。商业银行对于信贷业务的审批方式应当有明确的制度规定，并与审批权限管理一并纳入内控合规检查的框架之内，以确保信贷业务合规审批。

（一）审批方式

商业银行信用业务审批通常有三种形式：

1. 个人审批。指有权审批人直接对通过审查的信用业务方案进行审核、签批，审批后可直接进入放款业务流程。

2. 多人联签。指两个以上有权审批人对同一个通过审查的信用业务方案进行审核，各自签署审批意见。只有当全部联签者均同意信用业务方案时，该业务方案才可以进入放款业务流程。

3. 集体审贷。指商业银行内部组建的专门进行信用风险评估和决策咨询的组织（通常称为"贷款审查委员会"）对通过审查的信用业务方案进行集体讨论审核，提出决策建议。集体审贷有三个特征，一是由专门的，对信用风险审查具有经验的专家集体对贷款方案中的信用风险进行会诊；二是这个组织对信用业务方案的决策建议是采用票决制的，最终的决策建议按照少数服从多数决定；三是集体审贷的决策只是作为提交有权审批人的签批建议，不是信用业务方案的最终审批意见。有权审批人可以否决集体审贷组织的决策建议；但一般而言，被集体审贷组织否决的信用业务方案不再提交给有权审批人审批。

（二）审批额度控制方式

审批额度控制方式指审批权限中的金额上限确定的方式。不同商业银行对审批授权金额的确定方式不尽相同，一般分为三种：

1. 直接采用融资金额的绝对额进行审批权限控制。

2. 采用融资业务的风险敞口进行审批权限控制。如 2 000 万元人民币银行承兑汇票，收取了 50% 的保证金，则该笔融资业务的风险敞口为 1 000 万元人民币。

3. 采用更为复杂的贷款预期损失金额进行审批权限控制。贷款预期损失金额的计算公式如下：

预期损失额 ＝（违约概率×违约损失暴露×违约损失率）×融资金额

当然，基于这种方式的复杂性，也有银行采用变种的方式来控制贷款审批权限。如澳大利亚联邦银行采用客户信用等级、融资期限系数、融资担保系数的乘积来控制贷款审批权限。其权限控制公式为

审批权限＝融资金额×客户信用等级系数×贷款期限系数×融资担保系数

假如，2 000 万澳大利亚元的融资申请，客户信用等级系数为 0.5，融资期限系数为 1，融资担保系数为 0.8，则该笔贷款的审批额度为 800 万澳大利亚元。

（三）审批制度

商业银行的贷款审批权限应当建立在特定的贷款审批方式之上，形成相应

的贷款审批制度。

1. 建立明晰的审贷决策制度。包括贷款审查委员会制度、贷款联签决策制度、个人审贷制度，确保全行风险管理政策准确实施。这些制度应当解决审批中涉及贷款审查、决策和执行中的有关问题，以便执行中有据可依。

2. 建立垂直管理的信贷审批人员管理体制。包括人事管理、绩效管理，确保审批人员按照授权独立审批贷款，不受业务前台和分支机构负责人的干扰。

3. 建立审批权限运行的监督制度和惩治规定，对越权审批贷款的审批人员，应根据内部规章制度和法律法规予以严惩。

案例 [基本情况] C 行向审批机构申报新营销客户 A 公司的授信方案。A 公司成立于 2011 年，主要从事金银珠宝批发与零售，代理了国内多个知名金银品牌，采用品牌加盟模式进行经营，目前已拥有 100 多家加盟店，营销网络覆盖 100 多个大中小城市。

上年度公司总资产 1.76 亿元人民币，负债 5 267 万元人民币，资产负债率为 29%；累计实现销售收入 11.43 亿元人民币，利润总额 3 075 万元人民币。截至申报日，公司银行融资总额 995 万元人民币，贷款方式为保证和抵押。对外提供担保 1 740 万元人民币，其中 600 万元人民币已列为关注。该公司申请最高授信额度 3 000 万元人民币，全部为流动资金贷款额度，贷款方式为抵押。

授信审查人员分析该行提交的 A 公司尽职调查报告时发现，报告存在多处调查不详、事实不明的地方，具体为：

1. 对外担保客户较多，关系调查不清，或有负债已有部分进入关注。该笔贷款是否有代偿的可能，如果发生代偿将对该公司经营产生影响，调查行对此未做分析。

2. 主营业务收入与实际经营规模不匹配，报表数据疑似失真。该公司仅有两家自有门店，这与调查报告中公司共有一般员工 51 人的情况相符。若该公司全年销售收入全部为自有门店的收入，则平均每个门店每天的销售收入需达到 150 万元人民币以上，远高于普通门店的平均销售金额。如果销售收入包含加盟商的销售收入，则应剔除这部分收入，才能作为授信测算依据。

3. 销售利润率与总资产报酬率存在逻辑明显不符。上年度该公司利润总额 3 075 万元人民币，销售利润率为 5.39%，远低于行业平均值 11.18%。但其总资产报酬率为 20.67%，大大高于行业平均值 8.4%。金银珠宝零售业是典型的重资产、资金密集型行业，从证券市场公开的报表数据看，该公司的总资产报酬率已超过了周大福、老凤祥等上市公司，这与其较低的销售利润率存在矛盾。

4. 调查和审查的信息不对称。从互联网上查询，该公司董事长已欠债跑路，处于失联状态，而尽职调查报告中则显现该公司经营正常，高管信誉良好，只字未提失联之事。

综上分析后，C 行最终否决了 A 公司的授信申请。

[**案例点评**] 1. 加强对财务报表的审查。财务报表粉饰是常见的作假手法，如果受到失实财务信息的误导，容易作出错误的判断和决策。审查中要抓住其不合常理处，据此抽丝剥茧，层层推进，揭示真相。

2. 充分利用外部信息，弥补审查审批信息不对称的劣势。信息不对称是审查审批工作的难题之一。借款人为达到顺利融资的目的，往往对一些风险因素进行掩饰，审查中通过互联网检索等公开信息，再结合调查报告进行综合分析，对借款人就有更全面的了解，从而更好地防范风险。

第十一章　信贷业务担保

从理论上讲，贷款的归还应当基于借款人的第一还款来源，即经营性现金流。但在实际操作中，不能确保所有借款人均能正常运转，使信贷资金按照其本身的运动规律安全返回银行。所以大部分情形下，商业银行会采取必要的风险缓释措施，要求借款人提供可靠的第二还款来源，来确保即使借款人出现了第一还款来源不足的情形，也能按时归还贷款本息。这种风险缓释措施，即本章讨论的信贷业务担保。

第一节　贷款担保的概念

信贷业务担保指银行在发放贷款时，要求借款人提供在借款人不能归还贷款本息时，银行可以通过法定程序追偿的第二还款来源，以保障贷款债权实现的法律行为。贷款担保管理的任务是：通过建立、健全贷款担保管理制度，恰当选择担保方式，完善担保手续，规范担保合同内容，强化贷后担保管理，实现担保债权，保障贷款安全。

贷款担保必须具备合法、有效和可靠的基础，其中合法性主要指贷款担保符合国家法律法规的规定；有效性主要指在合法性前提下贷款担保的各项手续完备；可靠性主要指所设贷款担保确有代偿能力并易于实现。

贷款担保范围应根据融资的实际情况在担保合同中约定，原则上，担保范围应当覆盖借款合同项下的借款本金、利息、复利、罚息、违约金、损害赔偿金、保管担保财产和实现担保的费用（包括但不限于诉讼费、律师费、评估费等和所有其他应付费用）。

贷款担保的形式从法律意义上讲一般有三种：保证、抵押和质押。

保证指保证人和债权人约定，当债务人不履行债务时，保证人按照约定履行债务或者承担责任的行为；抵押指借款人或者第三人不转移对抵押财产的占有，以该财产作为抵押物向银行提供贷款担保的行为；质押指借款人或者第三人将其所有的动产或者权利移交银行占有或者依法办理质押登记手续，以该动产或者权利作为质物向银行提供贷款担保的行为。

这些担保方式可以单独使用，也可以结合使用。同一贷款担保可以是一种方式，也可以多种担保方式混合使用。同一笔贷款设定两种以上担保方式时，各担保方式可以分别担保全部债权，也可以划分各自担保的债权份额。贷款担保采用多种担保方式时，其债务责任分担应以借贷双方的约定为准。

同一笔贷款既有保证又有借款人自己提供的抵押（或质押）担保的，一般应优先行使抵押权（或质押权）。当然贷款行也可以选择对自己有利的方式，但应当在担保合同中约定担保债权的实现顺序。

同一笔贷款既有保证又有第三人提供的抵押（或质押）担保的，一般不应划分保证担保和抵押（或质押）担保的份额，而应采用叠加式担保方式（由各担保方分别担保全部债权），以利于银行在行使债权时选择对自己有利的方式，请求保证人或者抵押人（或出质人）承担全部担保责任。但如果保证人和抵押人（或出质人）要求划分担保份额的，双方也可以在保证合同和抵押（或质押）合同中约定。

同一担保方式的担保人可以是一人，也可以是数人。

同一笔贷款有两个以上保证人的或有两个以上抵押人或出质人的，银行一般采用叠加式担保方式。如果保证人、抵质押人要求对贷款划分担保份额的，贷款所涉各方应当在保证合同中约定。

第二节　保证担保

贷款保证担保指保证人为借款人履行借款合同项下的债务向贷款行提供担保，当借款人不按借款合同的约定履行到期债务或出现当事人约定的实现担保债权的情形时，保证人应按保证合同约定承担偿债责任。

保证担保分为一般保证和连带责任保证两种。如果保证合同约定，只有当债务人完全不能履行债务时才由保证人承担保证责任的，为一般保证；而连带责任保证是指，只要债务人在债务到期时没有履行还款责任，债权人就可以直接要求保证人履行还款责任。《担保法》规定，若保证合同没有约定保证方式的，视为连带责任保证。商业银行一般只接受连带责任保证。

一、合格保证人

具有代为清偿债务能力的法人、其他组织①或者自然人，可以作为借款人在商业银行贷款的保证人。

（一）法人、其他组织

作为保证人应当同时符合下列条件：

1. 依法经工商行政管理机关（或者其他主管机关）核准登记、核发营业执照（或经营许可证）；独立核算，自负盈亏，具有享有所有权或者依法处分权的独立财产。

2. 具有代为清偿债务能力，信用等级符合贷款银行要求。

3. 无不良信用记录和重大经济纠纷。

对有特殊原因不能使用银行评级办法进行信用等级评定的境外机构，可参照外部评级（含穆迪、标准普尔和经银行认可的当地权威机构评级）确定其是否符合信用等级要求。

（二）融资性担保机构

作为保证人必须符合银保监会、属地监管部门及银行对融资性担保机构的准入管理规定。

（三）保证保险②

以保险产品作担保的，除应符合《中华人民共和国保险法》的有关规定外，还应同时符合下列条件：

1. 该保证保险产品已经保险监督管理机构批准或报备。

2. 保险人对约定的保险责任承担赔偿义务，保险责任条款的约定原则上应当与借款合同中借款人的义务一致，至少应当与借款人按照借款合同的约定清偿借款本息等主要义务一致。如保险金额只能覆盖上述项目一定比例的，应要求借款人提供能够覆盖贷款本金缺口的其他担保。

3. 保险期限不短于借款合同履行期限。

4. 保险责任清晰，保险人对约定的保险责任承担无条件赔偿责任或免赔条

---

① 其他组织主要包括：（1）依法登记领取营业执照的独资企业、合伙企业。（2）依法登记领取营业执照的联营企业。（3）依法登记领取营业执照的中外合作经营企业。（4）经民政部门核准登记的非以公益为目的的社会团体。（5）经核准登记领取营业执照的乡镇、街道、村办企业。

② 保证保险，指由作为保证人的保险人（保险公司）为作为被保证人的投保人（借款人）向作为保证受益人的被保险人（贷款行）提供的一种贷款履约保证保险，如投保人未按借款合同约定履行偿付借款本息的义务，保险人按照保证保险条款的约定向贷款行承担赔偿责任。

件清晰合理。贷款银行对保险赔偿金享有第一位的全额请求权。

5. 已缴清全部保费。

（四）自然人

自然人作为保证人应当同时符合下列条件：

1. 拥有中华人民共和国国籍。

2. 具有完全民事行为能力，有合法收入来源和充足的代偿能力。

3. 无贷款逾期、欠息、信用卡恶意透支等不良信用记录。

4. 有固定的住所。

二、保证人限制

根据《担保法》规定，商业银行不得接受下列单位、组织的保证担保：

1. 国家机关。但经国务院批准为使用外国政府或者国际经济组织贷款进行转贷的除外。

2. 学校、幼儿园、医院等以公益为目的的事业单位、社会团体。但从事盈利活动的上述事业单位、社会团体除外。

3. 企业法人的分支机构。但有企业法人的书面授权，且担保范围不超出该书面授权的除外。

4. 企业法人的职能部门。

5. 没有获得经营外汇担保业务许可的金融机构，不得为外汇借款人提供外汇担保。

三、保证能力的计算

（一）法人、其他组织

保证能力的计算，应综合考虑保证人的资产负债规模、已为他人提供的各类担保余额、现金流量、信誉状况、发展前景等因素，参考下列公式合理确定：

保证额度＝N×（资产总额－负债总额）－已为他人提供的各类担保余额

其中，（资产总额－负债总额）的差额采用当期和上一年度财务数据分别计算并取其较低值；N＝信用等级调整系数＋其他必要的调整系数。

计算保证人已为他人提供的担保余额时，如对应的借款人已另行提供了合法、足值、有效的物的担保，仅以保证担保作为补充的，可不计入"已为他人提供的各类担保余额"或根据已提供的担保物对应的担保额度酌情减计；如为他人提供的各类担保余额中，有为以信用方式办理的商业银行贷款提供补充保障的，可酌情减计对应的"已为他人提供的各类担保余额"。

（二）自然人

自然人的保证能力应根据其财产和收入状况等具体情况予以核定。

（三）融资性担保机构

一般原则为：融资性担保机构的担保能力为其净资产的 5～8 倍。其中，对单个客户的担保责任余额不超过该担保机构净资产的 10%；对单个客户及其关联方提供的担保责任余额不超过该担保机构净资产的 15%。

对于融资性担保机构担保的债权部分，如果借款人已向担保机构提供了合法、足值、有效的反担保的，其担保额可不计入担保机构的累计担保责任余额，或根据已提供的反担保对应的担保额度酌情减计。

融资性担保机构提供的保证担保主要适用于中小客户和个人客户办理贷款，融资性担保机构提供阶段性担保的保证期间最长不应超过 1 年。

第三节　抵押担保

抵押担保指借款人或第三人以自身财产作为抵押物向贷款银行提供担保，当借款人不能履行到期债务时，银行有权按照抵押合同的约定以抵押物折价或者变现所得的价款优先受偿。

根据抵押物的不同类型，抵押一般分为不动产抵押和动产抵押两种方式。不动产抵押物主要包括土地、房屋、水域以及林木等自然定着物；动产抵押物一般包括生产设备、原材料、半成品、成品、交通运输工具等可移动实物。

银行在办理贷款抵押担保时，优先选择现房、以出让方式取得的国有建设用地使用权及其他价值相对稳定、变现能力较强的抵押物；对机器、设备及其他容易产生精神磨损、不易变现或价值波动较大的抵押物应当从严掌握。

一、可用于抵押的物品范围

1. 建筑物和其他土地附着物。以享受国家优惠政策购买的房屋抵押的，其抵押额以抵押人可以处分和收益的份额为限；有经营期限的法人、其他组织以其有权处分的房屋抵押的，抵押期限不得超过其经营期限；以具有土地使用年限的房屋抵押的，抵押期限不得超过建设用地使用权出让合同规定的使用年限减去已经使用年限后的剩余年限。

2. 建设用地使用权。含为土地储备机构申请土地储备贷款而提供抵押的政府储备土地、通过租赁国有土地方式取得的建设用地使用权等。

3. 可转让的土地承包经营权。抵押人以招标、拍卖、公开协商等方式取得的荒地等土地承包经营权。

4. 生产设备、原材料、半成品、成品。

5. 交通运输工具。如飞机、车辆、船舶等。

6. 正在建造的建筑物、生产线、船舶、航空器。

7. 商品林中的森林、林木和林地使用权。

8. 海域、内陆水域使用权。

9. 矿业开采权。包括探矿权和采矿权。

10. 其他。指法律、行政法规及商业银行未禁止抵押的其他财产。

抵押人可以将上述所列财产一并抵押。

二、不得用于贷款抵押的财产

1. 依法不能转让和流通的财产。如土地所有权；未取得合法产权证或依法禁止交易的建筑物；其他依法禁止流通或者转让的自然资源或财产，如耕地、农村宅基地、农民自留地、自留山等集体所有的建设用地使用权，但抵押人以招标、拍卖、公开协商等方式取得的荒地等土地承包经营权和乡镇、村企业的建设用地使用权除外。

2. 国家机关所有的财产。

3. 公益机构的公益设施。如学校、幼儿园、医院等事业单位、社会团体的教育设施、医疗卫生设施和其他社会公益设施。但上述主体为自身债务设立抵押，且抵押物为非教育设施、医疗卫生设施和社会公益设施的财产除外。

4. 所有权、使用权不明或有争议的财产。

5. 以法定程序确认为违法、违章的建筑物。

6. 依法被查封、扣押、监管或采取其他强制性措施的财产。

7. 租用或者代管、代销的财产。

8. 已存在预告登记的不动产。

9. 已出租的公有住宅房屋；已依法公告在国家建设征用拆迁范围内的房地产。列为文物保护的建筑物、有重要纪念意义的建筑物。

10. 已经折旧完毕或者在贷款期内将折旧完毕的固定资产。如淘汰、老化、破损的机器、设备；伪劣、变质、残损或储存、保管期限很短的资产。

11. 闲置已接近或超过规定年限以上的土地建设用地使用权；近期将被征用的土地使用权；开发商未对外销售且空置已接近或超过规定年限以上的商品房。

12. 依法不得抵押，或依法行使抵押权受到限制的其他财产。

三、抵押担保额度的确定

商业银行依照本行抵押担保有关办法进行抵押物价值评估，确定抵押物评估价值。

一般来说，抵押物的担保额度应按以下公式核定：

$$抵押物担保额度 = 抵押物评估价值 × 抵押率$$

如果抵押人以已抵押财产的价值余额部分再次抵押的，其担保额度按照下列公式核定：

$$抵押物担保额度 =（抵押物总评估价值 - 上次的贷款额$$
$$÷ 该抵押物的抵押率上限）× 抵押率$$

其中：抵押率根据商业银行的具体规定执行。

抵押物的抵押率应当综合考虑抵押物种类、所处位置、使用年限、折旧程度、功能状况、估价可信度、变现能力、变现时可能发生的价格变动、变现费税等因素合理确定。

国内商业银行通常执行的抵押率为：

1. 房地产抵押。抵押率原则上不得超过70%。具体执行时应当根据房屋质量、设计水平、地理位置、配套设施、市场交易难易程度等因素加以确定。

个人住房贷款中，所购房地产的抵押率可按最高不超过实际购入价款的70%掌握。

为房地产开发贷款设定的抵押物中有已预售房地产的，或已开征土地增值税地区的抵押物涉及应缴纳土地增值税的，在计算房地产的可担保额度时应予以考虑，并做必要的扣除。

2. 建设用地使用权抵押。抵押率不超过其购入价款的70%。但以划拨方式取得的建设用地使用权、以政府储备土地设定抵押权的，其抵押品价值应按照市场评估价值扣除应当上缴政府的土地出让收益确定。

3. 在建工程抵押。抵押率最高不超过70%，具体执行时应当根据在建工程价值完成量进行评估。

4. 森林、林木和林地使用权、海域使用权、矿业权等抵押。抵押率不超过评估价值的60%，具体执行时应当根据抵押物的使用价值和变现能力确定。

5. 航空器、船舶抵押。其抵押率一般不超过抵押物评估价值的85%。但对风险承担主体信用评级较高、融资结构中担保措施完善的飞机、船舶融资业务最高可按100%掌握。

6. 车辆等交通运输工具抵押。车辆的抵押率原则上不超过购入价格的60%，具体执行时应当根据车辆状况和使用年限进行确定。个人自用车购置贷款抵押率可适当提高，但一般掌握在70%左右。

7. 动产浮动抵押。动产浮动抵押指企业以生产用原材料、半成品、产品作为抵押物，以市场价格定期评估的动态价值为基础，核定抵押资产池的最低保有量或保有金额。其抵押率不超过60%，且应从严掌握。

银行原则上不接受动产以固定价值作押，确有必要的，其抵押率不超过50%。

8. 储油罐、管道设施等构筑物抵押。抵押率一般不超过50%，且应从严掌握。

第四节　质押担保

质押担保指借款人或第三人将可质押的动产或权利移交给银行占有，或依法办理质押登记手续，以该动产或者权利作为质物向银行提供担保，当借款人不能履行到期债务时，银行有权按照约定以质物折价或者变现优先受偿。

一、可质押物品的范围

1. 动产。符合下列条件的动产可以作为质押物：出质人享有所有权或依法处分权；易变现、易保值、易保管；法律、行政法规及商业银行未禁止转让的动产。

2. 现金、贵金属、有价证券。以保证金形式存在的现金；黄金、白银等实物贵金属，包括能在黄金交易所交易、交割、并存放于交易仓库的黄金及其他贵金属标准仓单，大型商业银行发行的、可接受回购的贵金属实物产品；商业银行支票、本票；银行承兑汇票；商业银行认可的商业承兑汇票；国债，金融债券，企业债券、票据等债务融资工具（不能进行质押登记或未交由贷款行托管的除外）；商业银行或集团财务公司出具的存单；可以转让的基金份额、股份、股票；具有现金价值的人寿保险单和非寿险投资型保险单。

3. 存货仓单。在经商业银行认可的、具有合法主体资格的仓储公司、物流监管公司或现货交易市场保管的标准仓单，或开具以贷款银行为受益人收据的形式特定化的存货①仓单、提货单。

4. 特定权利。下列权利可接受作为贷款质押物：贷款行发行且可在相应业务系统中进行冻结、止付，并按约定可由贷款行直接处置的理财产品（含结构性存款）、账户贵金属；开立在商业银行的可联机冻结或保留余额的出口退税账户、公路收费账户；贷款行认可的票据池、资金池和应收账款池；贷款行认可的普通应收账款和收费权；依法可以转让的商标专用权，专利权、著作权中的财产权；法律、行政法规规定可以出质的其他财产权利等。

二、不能出质的动产或权利

1. 法律禁止或待处理的动产和权利。依法禁止流通、转让，或依法不能强制执行和处理的；被依法查封、冻结、扣押或采取其他强制性措施的；票据或其他权利凭证已挂失、失效或被依法止付的；已经被质押的存款单、仓单和提单；票据或其他权利凭证已记载"不得转让""委托收款""质押"字样，或处于公示催告期间的。

2. 所有权有争议的动产和权利。

3. 难以判断实际价值或难以变现、保值和保管的动产和权利。如易腐烂、易虫蛀、易变质的动产；未探明储量的矿产开采权等。

4. 银行无法占有和执行冻结、扣押的动产和权利。如非本行托管的记账式债券、凭证式国债或电子式储蓄国债；法律、行政法规未明确规定登记、处分机构的其他权利。

5. 其他。如贷款行规定不得接受的股票或股权；其他不宜质押的动产或权利。

三、质押担保额度确定

商业银行依照本行质押担保有关办法进行质押物价值认定。一般地，质押物的担保额度应按以下公式核定：

$$质押物担保额度 = 质押物的质押价值 \times 质押率$$

其中：质押率按照商业银行规定执行。

---

① 本节所指的存货一般应以大宗、高流动性的原材料为主，主要包括石油、煤、成品金属及其他矿产品，等级粮油制品，木材，通用化工原料等。

（一）质押物价值分类认定

一般按照以下类别确定质物价值或评估价值：

1. 银行存单、国债、银行本票、银行承兑汇票、商业汇票等，质押价值为其面额；人寿保险单和非寿险投资型产品保单的质押价值为出质时保单折现价值。

2. 标准黄金及商业银行接受的其他实物贵金属的质押价值按评估日前5个交易日，交易所每日加权平均价的算术平均值计算。银行账户贵金属（纸黄金等）的质押价值按照评估日前5个交易日交易价格的平均价计算。银行积存贵金属的质押价值按照评估日前5个交易日赎回价格的平均价计算。

3. 仓单、提单的质押价值为仓单、提单项下货物总金额。

4. 上市公司流通股票的质押价值为估价日前30个交易日的平均收盘价；基金份额的价值为前20个交易日的基金份额净值。

5. 普通应收账款的质押价值为应收账款实有金额。

6. 理财产品的评估价值一般按评估日前5个公告日公告的平均净值计算，其中所投资基础资产未出现不利变化的固定收益类理财产品的评估价值可按最近一期的公告价值或投资本金计算。

（二）出质动产的质押率确定

应当综合考虑出质动产的种类、所处位置、使用年限、折旧程度、功能状况、估价可信度、变现能力、变现时的价格变动、变现费税等因素合理确定。原则上：

1. 一般动产的质押率不超过50%。

2. 列入贷款行规定的大宗商品名录，且属于借款人自营的大宗商品，其质押率不超过70%。如借款人已对质押的大宗商品做了套期保值的，质押率可适当提高，但最高不超过90%。

3. 实物黄金质押率不超过80%，白银、铂等其他金属品种质押率应充分考虑对应贵金属价格的市场波动情况，在不超过实物黄金质押率上限的基础上，适当下调质押率。积存贵金属质押率不超过80%，账户黄金质押率不超过60%，其他账户贵金属的质押率一般不超过50%。

（三）出质权利的质押率

应当综合考虑质押权利的种类、易变现性、发行单位的信用等级以及市场价格、商业风险、相关费用等因素合理确定：

1. 人民币存款单的质押率一般不超过90%，也可根据业务需要和风险情况适当提高，但存单金额至少应能覆盖贷款本息。

2. 外汇存单、外汇现汇（国家外汇管理局规定可兑换的币种）的质押率不超过90%；其中办理同币种业务的，质押率可适当提高，但至少须覆盖贷款本息，并充分考虑汇率风险。

3. 理财产品的质押率一般不得超过70%，其中，产品风险级为PR1、PR2的，质押率最高不得超过90%。假如质押的理财产品主要投资于期限相对固定、无频繁交易、公开市场可随时处置的非标准化债权类基础资产的，应根据理财产品所能配置的易于快速处置、变现的标准化基础资产比例，确定相对审慎的质押率。

4. 国家债券的质押率不超过90%；金融债券的质押率不超过80%；特定金融机构出具的银行本票、银行承兑汇票的质押率不超过90%。其中，银行承兑汇票到期日早于新办理业务到期日的，质押率可根据业务需要和风险情况适当提高，但汇票金额至少应能覆盖贷款本息。

5. 信用评级为AA级（含）以上企业的债券（和票据）质押率不超过70%，评级为AA级以下企业的债券（和票据）质押率不超过60%；在贷款行评级为AAA级企业签发的商业承兑汇票的质押率不超过70%，AAA级以下企业签发的商业承兑汇票质押率不超过60%。但银行加具保兑的商业承兑汇票的质押率可适当提高，但最高不得超过80%。企业集团财务公司开具的本外币存单质押率一般不超过80%。

6. 仓单、提单的质押率一般不超过70%，普通应收账款质押率一般不超过60%。

7. 上市公司非流通的国有股、非上市股份有限公司股份、有限责任公司股份及外商投资企业股权的质押率一般不超过50%，且应从严掌握；基金份额、上市公司流通股股票质押的，质押率一般不超过60%。其中，市值比较稳定的货币市场基金和债券基金的质押率可适当提高，但一般不超过70%。人寿保险单的质押率一般不超过90%，非寿险投资型产品保单的质押率一般不超过80%。

8. 公路收费权的质押率一般不超过质押期间现金流量的70%；农村电网建设与改造工程电费收费权的质押率一般不超过质押期间现金流量的70%。

9. 商标专用权、专利权、著作权中的财产权的质押率一般不超过评估价值的50%，并应从严掌握。

第五节　担保业务流程

担保作为银行信贷业务风险缓释的重要方式，其过程应当嵌入信贷业务流程，并严格按流程规定执行。嵌入整个信贷流程中的担保业务环节主要有：核保、押品查验、价值评估、签署担保合同、押品登记（收妥）。

一、核保

核保主要是对保证担保而言。在贷款调查过程中，银行应对保证人的主体资格、意思表示、授权情况、资信状况、代偿能力等情况进行调查核实，包括但不限于以下内容：

（一）法人、其他组织作为保证人

1. 主体资格是否合格。主要查验包括保证人的名称、住所、注册资本、法定代表人、经营范围、营业执照号码及注册登记和年检情况，经营许可证记载及年检情况。

2. 是否具有相关授权。主要验证包括保证人提供保证担保是否已获必需的批文、内部决议和授权；公司章程对公司担保总额或者单项担保数额设有限额的，本次担保是否符合对应限额的要求；保证人是否提供了经董事会或股东会、股东大会审批通过的有关该担保事项的决议原件，内部决议和授权文书是否遵循保证人公司章程记载的议事规则；如公司章程未明确规定对外担保审批权限的，应视为其所有对外担保须由股东会或股东大会审议通过。

3. 意思表示是否真实。主要了解保证人对提供本次担保并承担连带责任是否自愿、真实。

4. 是否具有代偿能力。主要调查包括保证人资产状况、经营状况、银行账户资金情况，已对外提供担保金额，可对外提供担保的能力等，以及是否有逃废银行债务等不良信用记录，企业征信系统是否有不良环保信息记录，是否涉及重大的债权债务纠纷等情况。

5. 印章及签字。主要验证包括保证人公章、法定代表人或授权代理人签字样本或印鉴的真伪。

（二）借款人外方股东提供保证

除了上述核保事项外，还应有保证人主要财产所在地的律师事务所及会计师事务所对保证人的国籍、法人地位、担保资格、担保能力、担保的合法性、企业财务状况等情况出具的书面意见。银行在保证人主要财产所在地的营业性分支机构、代理行一般应对外方股东提供的担保文书进行核实。

（三）上市公司作为保证人

除了第（一）点所属的核保事项外，还需重点关注担保是否符合上市公司对外提供担保的有关规定，至少应当调查核实以下内容：

1. 担保事项是否经董事会审批同意。

2. 应由股东大会审批的担保事项，是否经董事会审议同意通过后提交股东大会审批，股东大会的审议、表决是否符合监管部门的有关规定。

3. 担保事项信息披露符合证监会有关信息披露规定，截至信息披露日上市公司及其控股子公司对外担保总额、上市公司对控股子公司提供担保的总额。

（四）自然人作为保证人

1. 主体资格是否合格。主要验证包括保证人的姓名、家庭住址、通信地址、联系电话、身份证件、户口簿等基本资料，重点关注保证人是否具有法定民事行为能力。

2. 意思表示是否真实。主要了解包括保证人提供本次担保并承担连带责任的意思表示是否自愿、真实，重点关注其配偶的意思表达。

3. 信用状况及代偿能力。主要调查包括保证人财产与收入状况，本次担保金额、已对外提供担保金额及可担保能力，自身是否有贷款逾期、欠息、逃废银行债务等不良信用记录，是否涉及重大的债权债务纠纷及治安或刑事处罚。

4. 签字情况。主要包括保证人本人及其配偶签字的真伪。

（五）以保证保险作为担保

1. 查验保险单证的真实性、有效性。

2. 调查投保人是否投保全额保证保险并已缴清全部或当期保费。

3. 查验保险合同条款是否有不利于商业银行贷款债权的特别约定。

银行对保证担保的核保应派出双人进行。核保人员应通过尽职调查、查询资产管理系统及企业征信系统（或个人征信系统）等外部信息系统等方式，明确提出保证人担保能力的测算掌握，分析判断保证人与借款人是否存在关联保证、相互保证或连环保证，对保证担保的真实性、合法性、有效性和可靠性出具明确的调查意见。核保人员应当根据核查情况如实填写《银行核保书》，并由保证人签字盖章、核保人签字确认后作为贷款档案资料留存。

案例［**基本情况**］2005 年 3 月 J 银行与 Q 公司签订 2.8 亿元人民币固定资

产借款合同（用于建设某高速公路），并同时与上海A投资公司和中国B进出口公司签订保证合同，两保证人分别对借款合同项下的1.4亿元人民币借款承担连带保证责任。在签订保证合同时，J银行相关工作人员未按规定直接到保证单位与其法定代表人进行面签，而是将保证合同文本交由借款人代为提交保证人进行签署。

根据借款合同和相关保证合同，J银行随即向Q公司发放项目贷款2.8亿元人民币。

但贷款建设的高速公路项目因各种原因于2007年底全线停工。J银行于2009年9月起诉至某省高级人民法院，省高院在立案后指定D市中院审理，同时对二保证人名下多宗土地使用权、房产和子公司的股权及存款进行了保全。

诉讼中，两保证人在审理中提出，保证合同上的法定代表人签名、公章均不是其法定代表人真实签名和备案印章，且Q公司股东出资也非真实出资，因此保证合同不成立，不应承担连带保证责任。经J银行申请，中级法院根据法律规定，对借款合同纠纷案主债权部分开庭审理并于2010年8月判决。但因Q公司法定代表人涉嫌刑事犯罪等复杂原因，该案主债权难以执行。担保债权案审理中，尽管J银行设法在其他两起民事诉讼案卷中找到A公司曾使用过与该行保证合同印章相同的非备案印章，但一审、二审法院均判决J银行保证合同不真实、未成立，驳回了J银行对两担保人的诉讼请求。

担保案终审败诉后，J银行向最高院申请再审，并请五位国内法学专家对该案进行法律论证，将相关法律意见送最高院。此案最高院进行听证并先后四次开庭审理，历经数年最终判决J银行胜诉。最高人民法院依法撤销了省高院对该案的终审判决，判令A公司就Q公司对J银行贷款本金1.4亿元人民币及利息等债务承担连带担保责任。但对另一保证人B公司，因无法证实其签名和用印为公司的真实意思表示，造成追偿无门，该公司保证项下的信贷资产最终形成严重损失。

[案例点评] 1. 本案因保证合同上的签名和公章与其法定代表人真实签名与备案公章不一致，保证人否认保证合同的真实性和有效性，导致本案一审、二审均告败诉。从银行内部检查，其主要原因在于签署保证合同时，J银行相关工作人员对于合同签名和盖印未予当面核实。虽然保证债权再审J银行反败为胜取得最终胜诉，但诉讼维权过程险象环生，费时费力，教训非常深刻。因此，信贷业务中要加强尽职调查和签约核保等环节的真实性审查，审慎放贷和管贷，提高贷款打假防骗水平。同时，银行业务人员在磋商、签约、核查过程中要注

意保留或收集证明客观事实的相关证据。

2. 信贷操作中任何的瑕疵都可能造成严重后果并给维权增加重重障碍。本案中信贷人员轻信借款人，将核保手续交由借款人代办，给借款人骗贷大开方便之门，最终造成贷款行严重损失。

二、抵押物查验和价值评估

对提供抵押担保的，银行在贷款调查过程中应对抵押人的主体资格、意思表示、授权情况和抵押物的权属、存在状态、价值、变现的难易程度等情况予以实地调查核实，包括但不限于以下内容：

（一）抵押人主体资格及意思表达

查验抵押人是否具有合法的主体资格、是否对抵押物享有所有权或者依法处分权，其设定本次抵押担保的意思表示是否自愿、真实且已获得书面同意或授权。

（二）抵押物是否属于可接受的财产

抵押物是否属于可接受的财产包括抵押物是否属于可抵押财产，抵押物权属是否明确、产权证书或其他权属文件是否完整、真实、有效；抵押物的所在地及存在状态是否与产权证书的指向相符合。对于不动产权属证书，有关信息查询系统记载的事项与不动产登记簿不一致的，应以不动产登记簿为准，但有证据证明不动产登记簿确有错误的除外。不动产登记簿记载的事项有误的，应当要求抵押人及时申请更正登记或要求借款人提供其他合法有效的担保。

（三）抵押物是否存在影响处置变现的瑕疵

如抵押物是否存在出租、在先抵押、预告登记、查封、扣押、监管等限制；抵押的房产和土地是否易于分割处置，以及抵押物配套设施是否完善等。

（四）银行认为需要核查的其他事项

如抵押人是否有欠缴的税款、用于抵押的在建工程是否拖欠建设工程价款等；不动产权属证书的内容是否与不动产登记簿一致，抵押品清单记载的财产、权利范围与不动产登记簿有关内容是否一致，是否存在预告登记。

银行对抵押物的核查和估值应派出双人进行现场调查。各项调查内容经调查人员双人查阅验证后，将核实意见记录在调查意见中。调查人员应当根据上述核查情况如实填写《银行抵押核实书》，并由抵押人签字盖章、调查人签字确认后作为贷款档案资料留存。

抵押物调查核实后，调查人员应当根据抵押物价值评估办法对抵押物的抵押价值进行评估确认。对抵押价值的评估可邀请外部中介机构评估提出参考意见，但抵押物的评估价值应以内部评估（或认定）的结果为准，一般不直接使用外部评估得出的抵押物评估价值。

三、质押物查验、评估

对提供质押担保的，调查核验的重点是票据、存单、国债或其他容易被伪造、变造的有价证券、权利凭证的真实性，防止金融诈骗。对动产质押的，比照抵押物核查程序进行。

（一）核查质押凭证的交易背景

以银行承兑汇票或商业承兑汇票质押的，应核查票据是否具有真实的商品、劳务等交易关系，并通过有关系统或实地进行票据查询，以确定票面要素是否齐全有效、真实相符，背书是否连续，签章是否规范，他行是否已办理查询或贴现、是否存在挂失止付或公示催告的情况。

（二）核查质押凭证的签发单位

以存款单质押的，应就出质存款单向存款行核押，并取得存款行开具的存款证实证明；以企业集团财务公司本外币存单质押的，应由企业集团财务公司出具书面的单位定期存单确认书，同时调查人员应对存单及确认书的内容真实性进行调查确认；以商业银行出具的本票、汇票、存单、债券等权利质押办理境内业务的，该商业银行应为境内中资银行或在境内设有分支机构的外资银行；以票据质押的，应在票据相关的管理系统中查询票据是否是被公示催告的票据；以仓单质押的，应当就出质仓单向期货交易所、仓储公司、物流监管公司或现货交易市场核押，并取得上述机构开具的确认书；以人寿保险单和非寿险投资型产品保单质押的，应当就出质保险单向保险公司核押，并取得保险公司出具的保单现金价值确认书；以普通应收账款质押的，应当登录人民银行应收账款质押登记系统查询应收账款的登记情况，并打印查询结果；以贵金属质押的，应当就质押物的规格、品质、数量及权属向存放机构核押，并取得存放机构的书面答复和确认。

上述调查过程中，调查人员应当充分关注质押票据的可控性，调查并取得证明被质押的票据权利不会在质押期间灭失。如取得相应存款行、财务公司保证未经贷款行申请不在质押期间受理存款人提出的支取或挂失申请等内容的确认书；保险公司出具的质押保单止付通知书回执；仓储公司出具的保证未经贷款行申请不在质押期间交割、交易、转让、重复质押、注销、挂失、解冻、出库等内容的确认书；保存、打印从相关信息系统查询到的页面资料。

核查人员对出质人及质物进行核查后，应根据核查情况形成核查结论，如实填写《银行质押核实书》，并由出质人签字盖章、核保人签字确认后作为贷款档案资料留存。

质押调查核实后，调查人员应当根据质押物价值评估办法对质物的质押价值和担保额度进行评估确认。质押担保额度按质押物价值乘以质押率计算，质物的价值不足以承担贷款担保的，应另行提供其他担保。

四、签订担保合同

贷款经有权人批准后，银行方可与担保人订立担保合同（最高额保证合同除外）。

（一）保证合同

1. 保证合同的成立可以采取下列形式：

（1）保证人与贷款行签订书面保证合同。

（2）保证人向贷款行出具无条件、不可撤销、对主债务承担连带责任的保函。

（3）保证人向贷款行开立无条件、不可撤销、对主债务承担连带责任的备用信用证。

（4）保证人向贷款行出具无条件、不可撤销、对主债务承担连带责任的其他书面担保文件。

2. 贷款行与保证人可以就单个借款合同分别订立保证合同，也可以协议在最高债权额限度内就一定期间连续发生的借款合同订立一份最高额保证合同。在最高额保证合同担保项下发放的贷款余额应低于最高债权额度，为贷款利息、罚息等预留较为充足的额度空间。

3. 保证合同中载明的借款合同编号须与已签署的借款合同编号一致；保证合同中借款人的名称须与已签署的借款合同中借款人名称一致；保证合同各方加盖的公章、法定代表人或授权代理人的签字须真实、有效。

4. 同一笔贷款有两个以上保证人的，应当尽可能与保证人分别签订保证合同；与两个以上的保证人签订同一份保证合同，且未划分保证份额的应当在保证合同中约定任何一个保证人都承担全部保证责任，都负有担保银行全部债权实现的义务。

同一笔贷款既有保证又有抵押（或质押）担保的，应当按照有关规定与保证人和抵押人（或出质人）分别签订保证合同和抵押合同（或质押合同）。

（二）抵押合同

1. 抵押合同的形式。贷款行与抵押人可以就单个借款合同分别订立抵押合同，也可以协议在最高债权额限度内就一定期间连续发生的借款合同订立一个最高额抵押合同，设立最高额抵押权。

签署最高额抵押合同时应注意：最高额抵押权设立前已经存在的债权，经与抵押人协商同意，可以转入最高额抵押担保的债权范围；最高额抵押担保的债权确定前，部分债权转让的，最高额抵押权不得转让，但与抵押人另有约定的除外；最高额抵押担保的债权确定前，可以通过协议与抵押人变更债权确定的期间、债权范围以及最高债权额，但变更的内容不得对其他抵押权人产生不利影响。

2. 在抵押合同中约定：借款人可以抵押财产折价抵偿贷款，或者以拍卖、变卖抵押财产所得的价款优先偿还银行贷款本息。

（三）质押合同

1. 质押合同也可设立最高额质权。借款人对已设立最高额质权的出质财产不得转质。

2. 设定质物价值保护线。以实物贵金属、仓单、股票、基金份额、提单、理财产品、实物黄金、积存贵金属、账户黄金及其他账户贵金属，以及大宗商品质押的，应当在质押合同中特别约定警戒线和处置线（平仓线）。当质押物价值总额与贷款本息低于警戒线时，出质人应当在接到贷款行书面通知后 5 个工作日内，追加质物以补足因质物价格下降造成的质押价值缺口，否则贷款行可强行处置质物偿还贷款本息；在质押物价值总和与贷款本息余额之比达到处置线时，贷款行可自行处置质物优先受偿。

以警戒线、处置线（平仓线）不同的两种或多种质物为同一笔贷款提供担保的，应尽可能按有利于商业银行债权保护的原则约定或不约定不同质物所担保的份额，确定警戒线、处置线（平仓线）。

3. 约定先期收回质押物价值的担保处理方式。以银行发行的理财产品及其他固定到期日专利质押的，贷款行应与出质人在质押合同中列明质物编号、金额和到期期限等内容，质物权利先于所担保的债权到期的，应与出质人在质押合同中约定，质物权利一经兑付立即用于偿还银行贷款，或约定转为贷款保证金。

五、抵（质）押物的登记与保险

抵（质）押登记一般由银行的放款管理部门负责。

（一）抵押物的登记

贷款抵押担保必须办理抵押登记，未经登记的抵押合同在法律上不能对抗善意第三人。

贷款行与抵押人签订抵押合同后 10 个工作日内，双方须依照有关法律规定，就该抵押合同项下的抵押物进行登记，取得他项权利证书或者抵押登记证书。因政府部门工作机制安排、交易结构等非商业银行原因暂不满足登记条件的，应于具备登记条件后尽快登记。他项权利证书或者抵押登记证书中登记的权利价值应考虑银行对应该担保可能发放的最高贷款余额、利息以及可能产生的罚息、实现债权的其他费用等，登记的权利价值一般根据银行认定的评估价值确定。抵押物登记手续办妥的日期一般不得迟于抵押贷款的实际发放日期。

以建设用地使用权、城市建筑物（含正在建造的建筑物）或者乡镇、村企业的厂房等建筑物以及以商品林中的森林、林木、林地使用权，海域使用权，矿业权等财产（不动产）抵押的，抵押合同自签订之日起生效；应到规定的部门办理抵押物登记，取得相应权利证书的，抵押权自登记之日起设立。其中，以商品现房抵押的，贷款行应协助抵押人持房屋所有权证到房产所在地的房地产登记机关办理抵押登记，取得房屋他项权证；如售房单位未办妥房屋所有权证，贷款行和抵押人应持依法生效的房屋买卖合同办理预告登记手续，并确保自能够进行不动产登记之日起 3 个月内办理正式登记手续，取得房屋他项权证。

以预售房屋或者其他不动产作为抵押的，应要求抵押人向登记机构办理预告登记。在办妥房屋他项权证前，一般需提供符合银行规定的阶段性担保。

以民用航空器、船舶、机动车辆、机器设备和其他动产、企业现有的及将有的原材料、半成品、产品等财产（动产）抵押的，应当到人民银行征信系统进行登记。

（二）抵押物保险

抵押合同签订后 15 个工作日内，抵押人应当就抵押物未来可能遭遇自然灾害的风险进行保险，并将银行列为保单的第一受益人。抵押财产一般均应办理财产保险。但仅以建设用地使用权抵押的、个人贷款抵押担保的财产保险另有规定的、抵押财产意外灭失风险较低且贷款审批人同意可不办理财产保险的情形除外。

抵押物保险单应当符合以下要求：

1. 保险金额原则上不得小于主合同贷款本息，因部分抵押物无法作为投保标的物导致保险金额无法覆盖主合同本息的除外。

2. 保险期限不得短于主合同履行期限。对分期投保的，抵押人应向贷款行书面承诺在抵押合同有效期内及时续办抵押物的财产保险手续。

3. 保险单中不得有任何限制银行权益的条款。

4. 保险生效时间原则上应早于银行首笔贷款发放时间。

（三）质押物登记

1. 登记。质押物原则上应当转移到银行实际占有和控制。但实务中，部分权利质押银行无法做到实际占有和控制，因此必须办理出质登记。如以银行间债券市场托管的记账式债券、证券交易所托管的记账式债券、银行柜台交易系统购买的记账式债券，在证券登记结算机构登记的股权，其他股权、基金份额、标准金及其他实物贵金属、标准仓单、普通应收账款和收费权、商标专用权、专利权中的财产以及著作权中的财产等质押的，必须办理质押登记手续。

对需要办理出质登记的，银行应当与出质人在签订质押合同后 10 日内到有关机关办理质押登记手续，取得质押登记证书。质押登记手续办妥的日期一般不得迟于质押贷款的实际发放日期。

以外商投资企业的股权质押的，出质人应当在获得审批机关同意质押的批复后 30 日内，持有关批复文件向设立该企业的原登记机关办理备案手续。

上述质押合同签订后，因登记部门的原因致使无法办理质押登记（或备案或记载）手续的，贷款行应当停止发放贷款；贷款行已经发放贷款的，应当提前收回贷款或要求借款人另行提供担保。

2. 保险。以动产质押的，贷款行应当在质押合同签订后 15 个工作日内，要求出质人到银行认可的保险机构办理质押财产保险。质押财产保险的要求比照抵押物保险的要求。

对确实无须办理或者无须按照前款规定条件办理动产质物财产保险的，以贷款的审批意见为准。

六、抵、质押物权证管理

抵押权设定后，贷款行应当收妥抵押物他项权利证书（或其他抵押登记文书）、保险单证和其他相关材料。

（一）动产质押

在质押合同签订后，贷款行应当及时与出质人、仓储公司或物流监管公司或现货交易市场签订仓储合同，督促出质人将质押合同项下的出质动产于质押合同约定的移交日交付仓储公司或物流监管公司或现货交易市场保管，并按仓储合同的约定交纳保管费。贷款行收妥仓储公司或物流监管公司或现货交易市场出具的、具有唯一性的、以商业银行为受益人的保管单证后，向出质人出具收押凭据。

动产质押合同项下质物的权属证书、发票、保险单证及其他相关资料正本经贷款行、出质人双方共同确认、填写交接清单并签字盖章后交由贷款行保管。

（二）贵金属质押

标准金或其他贵金属、账户贵金属、积存贵金属质押的，贷款业务办理前，应分别通过上海黄金交易所会员服务系统办妥质押登记，或在商业银行对应业务系统办妥冻结手续。

以品牌金质押的，须先取得质押黄金保管行出具的黄金入库凭证，贷款行与保管行不为同一行的，贷款行应取得质押黄金入库凭证，向保管行核实并取得保管行的书面答复和确认。保管行负责质押黄金的保存和监管工作。

（三）权利质押

在质押合同签订后，贷款行应当督促出质人将质押合同项下的出质权利凭证和其他相关资料于质押合同约定的移交日交付贷款行保管。贷款行验收后向出质人出具收押凭据。

以存款单、凭证式国债、储蓄国债（电子式）、通过商业银行柜台交易的记账式国债、人寿保险单、非寿险投资型产品保单、可转让的基金份额、理财产品出质的，贷款行应及时办妥冻结止付手续。以汇票、本票、记名股票、企业债券出质的，贷款行还应当要求出质人在出质权利凭证上正确背书记载"质押"字样并签章；对以汇票、本票质押的，还应要求在被背书栏记载受理质押银行的名称。

（四）权证资料管理

对于上述抵质押担保的相关资料，银行应及时设立权证类档案。

权证类档案资料的收集由调查人员负责。收集范围包括：抵（质）押物（权）评估报告或作价依据；对抵（质）押物价值的内部评估结果；抵（质）押物所有权、使用权证或证明文件；已办理抵（质）押登记的他项权证或有关证明文件；权利质押中的各种有价单证及入库的有效凭证；抵（质）押物保险单及保费付费凭证复印件；以保证保险为担保的还应包括保证保险单；其他能够证明抵（质）押权有效的相关文件等。

权证类档案整理归集完毕后，分为两个部分：

1. 非有价权证资料。一般交银行的综合档案管理部门负责管理。综合档案管理部门接受信贷客户档案后，须及时编制档案存放位置、著录档号、录入档案管理系统和著录档案盒，完成归档工作。非有价权证资料存放在档案库保险柜中保管，在确保安全的前提下，也可实行库中库保管，双人双锁。

2. 有价权证资料。权证资料中的有价单据部分由信贷前台业务部门直接存入会计金库保管。综合档案管理部门不接收有价单据原件，不介入有价单据的管理工作。

第六节　担保需要注意的问题

除上述基本要求外，商业银行在办理贷款担保的过程中，还需注以下几个问题：

一、共同保证

《担保法》第十二条规定，同一债务如果有两个以上保证人的，保证人应当按照保证合同约定的保证份额，承担保证责任；没有约定保证份额的，保证人承担连带责任，债权人可以要求任何一个保证人承担全部保证责任。因此，银行原则上不应当主动要求保证人划分各自的保证份额。

二、保证期间

保证期间是主债务到期之日起 6 个月内，若债权人没在此期间要求保证人履行责任，保证人就会免除保证责任。若约定的保证期间早于贷款到期时间，视为没有约定，适用以上 6 个月的规定；还有些约定不明，如表述为"直至主债务本息还清时为止"等，按照《担保法司法解释》第三十二条规定视为约定不明，保证期间为主债务履行期届满之日起 2 年。因此，银行应十分关注保证合同关于保证期间的约定，并在保证责任到期之前向保证人主张履行保证责任。

三、担保物权

2007 年 3 月我国通过新的《物权法》，于同年 10 月 1 日开始生效。其中"担保物权"把《担保法》中的抵押、质押和留置三种担保方式纳入进来，并规定"《担保法》与本法的规定不一致的，适用本法"。因此，现阶段银行发放担保贷款时，抵押和质押担保适用的是《物权法》，保证贷款则适用《担保法》。

（一）优先受偿权

担保物权对担保财产相对于一般债权人享有"优先受偿权"，即在债务人不能履行债务时，可以通过处理担保物优先获得清偿。但优先受偿不是绝对的，存在例外。如借款人所欠的税收、职工工资等，均会优先于银行贷款进行清偿。银行应关注担保物权优先受尝的例外情形，并尽力规避这些例外情形的出现。

（二）留置权、抵押权、质押权并存

同一动产上已设立抵押权或者质权，该动产又被留置的，留置权人优先受偿；同一财产抵押权与质押权并存时，抵押权人优先于质权人受偿，同一财产抵押权与留置权并存时，留置权人优先于抵押权人受偿。银行在接受动产抵押、质押时，要特别关注抵（质）押物是否可能出现被其他债权人留置的情形。

（三）物的担保与人的担保并存

债务人以自己的物作担保的，债权人应当先就该担保物受偿，担保物不能满足债权的，再要求保证人承担保证责任；当事人没有约定或者约定不明确，以第三人提供的物作担保，又有人的担保的，债权人既可以就物来实现债权，也可以要求保证人承担保证责任。

（四）主合同与从合同

设立担保物权，应当依照《物权法》和其他法律的规定订立担保合同。担保合同是主债权债务合同的从合同。主债权债务合同无效，担保合同无效，但法律另有规定的除外。担保合同被确认无效后，债务人、担保人、债权人有过错的，应当根据其过错各自承担相应的民事责任。银行应当特别关注主债务合同与担保合同的衔接，在担保合同中明确约定所担保的主债务合同编号、担保内容和违约责任。

第十二章　放款作业

放款作业是银行内部对经过审批同意发放的信贷业务进行放款操作处理。目前我国商业银行将放款作业单独设立部门的不多，大部分商业银行的放款作业仍然分解在前台销售部门和会计核算部门，并普遍地采用在信贷后台部门设置放款作业监督岗位来管理和控制放款过程中的操作风险。但这种模式从理论上讲是混淆了信贷营销和操作职能，将信贷操作职能部分地卷入了信贷业务的销售流程之中，导致信贷销售职能界限不够清晰。从实践上讲，由于放款操作的主动权实际掌握在营销部门，营销人员的业绩冲动往往导致审批人提出的各种放款条件和提款前提落不到实处，而后台监督即使发现问题，大部分也都成了"马后炮"，使得放款的操作风险难以真正得到有效控制。

因此，一个健全有效的信贷作业流程，必须把放款作业作为一个相对独立的环节，单独设置部门或岗位对信贷业务操作风险形成有效控制。

第一节　放款作业的任务和职责

一、放款作业的主要任务

作为信贷业务的一个操作环节，放款作业的主要任务是根据信贷业务审批要求、各项放款条件和提款前提，将款项发放至客户账户。主要包括以下内容：

1. 受理和审查业务资料。受理审查、审批部门提交的放款业务资料，审查提款业务资料的完备性和有效性。

2. 审查业务合同，落实担保措施。代表银行约见客户，就业务合同内容、担保措施、贷款资金支付方式和提款前提进行核对和验证，对抵押物进行核查、登记，对质押物进行验证和收妥。

3. 操作贷款发放。按照放款制度规定向放款系统签发"准贷证"或直接在放款系统中发起放款，根据与客户双方约定的支付方式进行资金划付。

4. 衔接客户和信贷业务前台。通知相关营销部门和客户，告知贷款已发放到位，提示前台客户管理部门进入贷后管理流程。

5. 负责信贷档案的收集与整理。及时整理纸质信贷业务档案资料，移交综合档案管理部门入库保管；客户归还贷款后，注销保证合同、解押他项权证、释放客户的抵质押物。

二、相关工作职责

单独设立放款作业环节的主要目的是防范信用业务操作过程中的操作风险，同时对客户使用信贷资金的流向形成钳制。因此，放款作业的工作职责是：

1. 确保放款依据完整、准确、有效。受理并仔细验证各种放款申请资料、放款方案、审批人资格和权限、审批人签批意见，确保放款依据完整、准确、有效。

2. 确保贷款方式与客户申请一致。就信贷合同事项、担保事项、贷款支付方式及提款前提条件与客户进行当面核验无误，确保银行内部审批意见与客户申请意向一致。

3. 确保业务合同合法有效。根据法律要求和本行有关制度对信贷合同及相关担保合同进行审查，与客户就合同重要条款进行核对，按流程规定提请双方有权人签署合同，确保有关合同合法有效。

4. 确保担保行为合法有效。按国家法律、法规和监管规定办理有关抵质押的登记事项，收妥相关抵质押登记证明，确保担保行为合法有效。

5. 确保贷款发放符合审批方案。根据贷款审批意见，查验提款前提的落实证据，核准放款。同时，向放款系统签发"准贷证"或在放款系统中直接驱动放款流程，确保融资发放符合审批方案。

6. 确保档案安全、完整、可使用。负责收集整理与本次放款有关的书面纸质资料，形成贷款档案，移交档案管理部门妥善保管；对于权利证书、有价单证等抵（质）押文件，进入金库保管，确保档案安全、完整、可使用。

第二节　放款前审查

一、贷款审批手续审查

放款核准人员应在贷款发放前审查贷款审批过程中相关手续的完整性、合规性、有效性。主要包括但不限于以下内容：

（一）审批资料完整性审核。包括：

1. 借款人资料。包括借款人申请、借款人基本资料、基本财务报表、有关证明材料等。

2. 尽职调查报告及其附件。审核调查过程是否符合本行尽职调查规定，是否"双人调查"以及调查结论，客户经理是否已在调查报告上签字确认。

3. 信用评级和授信结论。包括信用评级和统一授信是否按照本行规定程序进行流程审批；《统一授信申报审批表》填写是否完整，相关人员是否签字；信用评级是否准确，统一授信的依据是否准确；是否按照规定对信用等级进行调整，特别是上调信用等级是否符合规定。

4. 贷款审批意见。本行《贷款业务审查、审批表》填写是否完整，审查、审批人是否已在《贷款业务审查、审批表》上签署意见，上级行的《信贷业务审批书》上是否加盖了公章等。特别关注审批意见中有关贷款前提条件和相关的操作要求是否符合本行或监管部门对放款作业的要求。

5. 相关放款要求。审批意见如有提款前提的，应当审查放款资料中是否附有提款前提已落实的相关证据；需要按照受托支付要求放款的业务，是否已提供受托支付的相关文件和资料。

（二）审批人资格和权限审查

根据信贷档案资料的内容判断贷款审批人是否属于本类信贷业务的转授权对象，是否符合相关审批制度规定的资质条件，有否得到贷款审批授权；贷款审批内容是否符合上级行对审批人授权或转授权的范围；该笔信贷业务金额是否超越审批人被授予的审批额度，防止越权和违规审批。

二、贷款相关合同审查

放款人员应在贷款发放前审查信贷业务合同和相关协议的合法性和有效性。主要包括但不限于以下内容：

（一）借款合同的主体资格审查

借款合同的主体是否符合合格借款人要求；借款合同是否依据其董事会或股东（大）会决议，此决议是否符合公司章程的规定；决议内容是否与信贷业务申请书、信贷业务合同的内容相一致；董事或股东在决议上的签字盖章是否与借款人预留的签字、印章样本一致；决议日期是否先于信贷业务合同签订日等。

（二）借款合同审查

1. 合同格式审查。信贷业务合同、担保合同等是否使用银行统一制定的格式合同；未使用格式合同或对格式合同进行修改是否经有权审批行的法律事务部门或由其授权的下级法律事务部门审核确认。

2. 合同内容审查。借款合同、担保合同填写是否完整、准确，重要条款和贷款要素是否一致；合同重要条款修改处和有双方约定的其他事项的是否已加盖借贷双方公章；借款合同是否增加了必要的风险防范条款；信用贷款、重组贷款等借款合同是否约定了保护性条款；代表银行在信贷业务合同上的签字人是否为有权签约人或已经获得有权人授权；代表借款人在合同上的签字人是否为法定代表人或获得其授权的代理人，与企业登记的法定代表人是否一致，签字、盖章与企业预留样本是否一致等。

3. 重要合同条款审查。将借款合同、担保合同中有关贷款的用途、金额、期限、利率、违约责任、担保责任、担保形式等条款与客户申请、尽职调查材料、审批意见等相关内容进行对照，审查其一致性、合法性和有效性。特别关注借款合同与担保合同的一致性，防止法律漏洞。

4. 借据审核。借据填写是否完整，借款金额、期限、利率是否与借款合同一致，有权签批人是否已经签批；准贷证上记载的贷款金额、期限、利率是否与借据相一致等。

三、担保手续审查

放款人员应在贷款发放前审核贷款担保手续是否完整、合法、有效。主要包括但不限于以下内容：

（一）核保书或抵（质）押核实书审查

审查尽职调查人员填写的核保书或抵（质）押核实书是否完整，核保或核实结论是否明确；保证人或抵（质）押人是否在核保书或抵（质）押核实书上签字盖章；保证核保人或押品核查人是否符合"双人"要求，并在核保书或核实书上签字确认；与保证合同和抵（质）押合同核对，确认保证人或抵质押品是否一致等。

（二）抵押物估值结论审查

审查出具押品价值评估报告的中介机构是否是银行认可机构；除上市公司流通股、银行存单、国债等具有公允价值、高度流通、极易变现的抵（质）押物（权）外，其余抵质押物价值是否经过内部评估；抵（质）押率是否符合规定；他项权证或有关权利证明文件是否与担保合同一致；特殊类型的抵（质）押物是否经过有权机关批准等。

（三）合法性审查

包括以下内容：担保贷款用途的合法性；保证人的主体资格合法性；担保方式的合法性、有效性；抵（质）押人是否享有对抵质押物的处分权；抵（质）押财产的处置是否存在法律障碍；贷款担保的操作程序、手续和相关文件的合法性以及涉及的其他法律问题；法律审查意见是否已经银行内部的法律事务部门签章确认等。

四、其他放款准备工作审核

放款人员应在贷款发放前对除上述内容外的其他放款准备工作进行审核。主要包括但不限于以下内容：

（一）提款前提

审核信贷业务审批书提出的提款前提条件是否逐项落实；借款人、担保人的有关承诺与信贷业务审批书是否一致，签字盖章是否完整，与预留印鉴是否一致等。

（二）抵（质）押登记

审核是否已按相关规定到有关登记机构办理完成抵（质）押的登记手续，查验、收妥有关登记证明；抵（质）押登记机关和登记方式是否符合法律法规或当地政府有关规定；抵（质）押物清单列举内容是否已经全部办理登记；担保合同所附清单和评估报告是否一致；权利质押中的各种有价单据和权利证书是否为原件。

（三）延期放款审查

对于放款申请距离审批日间隔超过 6 个月（含）以上的信贷业务，必须审核前台业务部门对于客户是否发生影响债权安全的重大风险变化作出的说明，并查验审批人员的专门意见。

（四）整改报告审核

放款核准人员在上述放款前审核工作中发现问题的，应当及时通知相关责任岗位，以书面形式提出"放款不符点"，要求相关责任岗位进行整改，同时抄送本行信贷管理部门。有关责任岗位完成整改或补充之后，经本行信贷管理部门审核同意后，提交放款核准人员。经放款核准人员审核无误后，进入放款操作流程。

第三节　放款操作流程

放款操作流程指对经审批同意的贷款，经放款核准人员审查核准，由放款操作人员将贷款资金发放给借款人，或按照受托支付方式将贷款资金对外支付的操作过程。

一、提款核准

提款核准指放款前各项审核工作完成后，放款核准人员按放款作业规定和信贷审批要求，对借款人的提款方式进行核准。通常，贷款的提款方式分为一次性提款和逐笔提款两种。在一次性提款的方式下，放款核准与提款核准同时进行；在逐笔提款的方式下，放款核准后，客户在每次提款时，均需提出提款申请，经放款核准人员审查符合合同约定条件，才能同意借款人提款。

借款人提款以后，贷款资金的使用分为借款人自主对外支付和贷款人受托对外支付两种。

（一）借款人自主对外支付

提款核准人员根据借款人要求和贷款审批意见中对贷款使用节奏、用途等规定，进行提款核准，同意后进入放款操作。贷款资金的使用由借款人自行决定。

（二）贷款人受托支付

为了防止借款人不按合同约定用途挪用贷款资金，根据监管部门有关规定，大额贷款资金的支付采用由借款人委托贷款人对外进行支付。这种方式称作"受托支付"。即银行将贷款资金发放至借款人账户后，直接根据借款人的支付委托和相关用途证明资料，支付给符合借款合同约定的支付对象。

银行监管部门"三办法一指引"① 中，根据不同信贷品种，对于受托支付的条件提出了不同的要求。

1. 固定资产、项目融资贷款单笔资金支付超过项目总投资 5% 且超过 50 万元人民币（含），或单笔支付超过 500 万元人民币时，必须采用贷款人受托支付

---

① "三办法一指引"指原中国银监会《流动资金贷款管理暂行办法》（银监会令 2010 年第 1 号）和《中国银监会办公厅关于严格执行〈固定资产贷款管理暂行办法〉、〈流动资金贷款管理暂行办法〉和〈项目融资业务指引〉的通知》（银监办发〔2010〕53 号）。

方式。

2. 流动资金贷款是否采用贷款人受托支付，根据银企双方对贷款支付方式的约定决定。一般单笔支付超过 500 万元人民币的、具有特定交易对手的贷款支付，应当采用受托支付方式。

在受托支付方式下，商业银行应审核借款人提供的支付申请所列支付对象、支付金额等信息是否与相应的商务合同等证明材料相符。审核同意后银行方能将贷款资金通过借款人账户支付给借款人交易对象。

3. 个人贷款除特殊情形外，贷款资金应采用受托支付方式。银行根据借款人的提款申请和支付委托，将贷款资金支付给符合合同约定的支付对象。

二、放款操作

放款操作人员以放款核准人员下达的放款指令为依据进行放款操作。目前，商业银行的放款操作有两种方式：

（一）《准贷证》方式

《准贷证》方式指放款部门只负责放款核准，具体的贷款拨付由营业系统的会计核算岗位执行。即放款操作人员接到放款核准指令后，在放款操作系统中生成电子《准贷证》，发送至营业系统的会计核算主机，同时将提款通知书、借款凭证、《准贷证》等材料提交给营业系统会计核算主管。

1. 采取借款人自主支付的，营业系统会计核算岗位根据提款通知书《准贷证》、借款凭证，以及借款人提供的用款计划或清单等完成贷款发放和支付操作。

2. 采取贷款资金受托支付方式的，营业系统会计核算岗位根据提款通知书《准贷证》、借款凭证，以及借款人的委托支付协议、支付凭证和贷款用途证明材料等完成贷款发放和受托支付的操作。

3. 对于开立进口信用证、对外担保等业务，由国际单证业务岗位根据《准贷证》完成信用证、保函开立等业务操作。

（二）直驱放款方式

直驱放款方式指放款操作人员通过信贷放款系统直接驱动营业主机进行贷款记账、资金拨付的方式。

这种放款方法的优点是可以最大限度地减少在放款操作过程中由于人为因素产生的放款错误。在一些 IT 系统建设较为先进的商业银行，均可采用此法进行放款。当然，反过来如果放款操作人员出现道德风险，这种放款方法也可能减少了第二道操作环节的制约。因此商业银行可根据自身信贷业务开展情况、风险控制能力、人员配备情况等因素确定是否采用直驱记账方式以及直驱放款方式的应用范围。

采用直驱记账方式的，放款操作人员应当核对主机系统生成的贷款金额、利率、期限、账户等信息是否与本行审批信息、借款人提交的信息一致，核对无误后才能驱动主机完成贷款发放和记账等工作。

直驱记账方式下，对需由贷款人受托支付的，信贷客户经理应在直驱记账前，将有关贷款资金支付对象名称、开户行和账号等信息和相关业务凭证提交给前台会计核算岗位，由前台会计核算岗位及时将贷款资金按要求从借款人账户对外进行支付。

第四节　档案收集和管理

贷款发放和支付后，放款部门应将所有放款使用的纸质信贷业务资料整理归集，按照放款业务流程，形成分类信贷业务档案，分别加以管理。

信贷业务档案一般分为以下五类：

一、权证类

采用抵押、质押担保方式的信贷业务中，能够证明贷款行享有抵（质）押权及抵（质）押物价值的权证资料。

二、要件类

办理信贷业务过程中产生的能够证明信贷业务的合法性、合规性的基本要件。

三、管理类

借款人的基本资料和担保人的相关资料。

四、保全类

通过诉讼或仲裁等方式保全信贷资产和风险信贷资产管理过程中产生的相关资料。

五、综合类

银行内部有关信贷业务的各类报表、授权转授权文件、信贷行业分析资料、信贷业务调查检查报告、信贷业务审计意见书等资料。

放款部门的档案管理人员应当审核纸质信贷业务档案资料的完整性、合规性，并确保纸质档案与系统中扫描或加载的电子档案一致。

审核工作结束后，上述材料应当编写档案目录、移交清单，除有价单证类抵（质）押权证的原件外，其余材料移交综合档案管理部门入库保管，使用时按档案调阅办法进行管理。有价单证类抵（质）押权证的原件，应当按借款人编号封包后直接提交营业系统金库管理部门入库保管，客户清偿贷款本息后提出归还申请，由放款部门负责审核贷款本息清偿情况，签发权证提取清单，释放客户权证原件。

第十三章　贷后管理

客户的信贷业务申请经过审查审批和放款流程后，银行的信贷资金就会划拨到客户的账户上。理论上讲，信贷业务的风险管理在银行选择客户、受理客户业务申请阶段已经开始，包括后续的尽职调查、信用评估、审查审批、放款作业等业务环节都是围绕信贷业务可能出现的风险来进行管理的。事实上，虽然在这些内部作业流程上，商业银行已采取了许多必要措施防范信贷风险，但在贷款参与借款人经营周转过程中，依然会出现事先没有想到的因素以及事先难以预料的动态性变化，使贷款产生新的风险。进一步讲，从资金出账到达客户账户开始，信贷资金的风险不再是存在于银行经营管理人员主观意念中的理论风险了，而是进入实质性风险阶段。经济活动的周期性、市场变化的不确定性及银企信息的不对称性等，决定了商业银行必须在这一实质性风险阶段建立一系列监测、控制、反馈和化解信贷风险的管理机制。这一系列动态性风险管理工作通常称为贷后管理。

作为商业银行，贷后管理的主要目的是确保信贷资金能够安全回归银行。了解和掌握客户对信贷资金的真正用途、使用效果以及运作过程是否与银行业务决策时预判的情形相一致，是否出现了不利于信贷资金安全收回的意外情形，是确定银行是否需要采取新的风险防控措施的重要依据。因此贷后管理的主要内容应当包括贷款用途检查、客户经营活动及担保状况检查、贷款到期管理和信贷资产质量管理。

商业银行一般通过现场实地检查和非现场监测等方式开展贷后管理工作。现场实地检查指商业银行派员到借款人、保证人、抵质押物现场进行调查、检查和核查；非现场监测指商业银行利用信贷业务管理系统、信息管理系统进行远程数据分析，发现信贷业务中可能存在的问题。

贷后管理一般属于银行客户管理（业务营销）部门的职责，通常由管户客户经理负责实施。当然，银行的后台部门，如信贷管理部门、风险管理部门、信息管理部门也会从宏观层面的检测分析、质量分类、风险控制和化解等方面给予配合和协助。

第一节　贷款用途检查

客户信贷资金的使用方向（即贷款用途）对信贷资金的风险大小具有实质性影响。银行在信用风险审查、审批时已经就资金用途对信用风险的影响进行了评估，并对这些影响采取了一定的防范措施。被批准发放的信贷资金从理论上讲，其信用风险的大小银行是可以接受的。尽管如此，由于银行信贷资金在放款到位以后，实际的资金支配权是掌握在客户手中的。一些信贷客户往往并不遵守与银行在资金用途上的约定，而将资金挪作他用。如果资金被客户挪作他用，反过来推论银行在审查、审批时对于本笔贷款的信用风险评估和防范措施就失去了依据。因此，贷后管理的第一个要点就是要检查贷款资金的实际用途是否符合合同约定。如果贷款被挪用了，那么管户客户经理还应当深入了解信贷资金的实际用途，认真评估实际用途对信贷资金风险的影响，及时提出相关应对策略，并向信贷业务有关中后台管理部门报告。

贷款用途检查的主要内容有以下几个方面。

一、贷款是否按约定用途使用

贷款用途检查通常按不同的信贷业务种类进行检查。

（一）一般信贷业务

一般信贷业务指借款人向银行申请的用于正常生产经营需要的贷款。如流动资金贷款、项目贷款、承兑汇票、信用证、贸易融资等。一般信贷业务在借款合同中均有特定的贷款用途约定，银行对借款人贷款用途检查主要是通过贷款资金支付的对象是否符合贷款用途约定的范围来进行的。

如果贷款是以客户自主支付方式进行的，管户客户经理应当在贷后管理中关注贷款资金在第一时间支付时，资金支付的对方账户所有人的性质。如借款人为化纤制造企业，其流动资金贷款的支付对象一般为石油化工企业或石化产品经销商。但检查中如果发现该企业将贷款资金支付给了钢铁生产企业或钢铁贸易商，那么，企业大概率的情况是挪用了贷款从事非主业经营活动。如果贷款资金是以受托支付的方式进行的，那么贷后管理的第一个动作就是要审查客户提供的支付对手是否属于贷款用途有关的经营单位。

对贷款资金第一手支付的检查并不困难。实务中，部分借款人为了规避银行对贷款用途的监管，往往会采用"曲线"方式挪用贷款资金。如采用与第一手支付对象签订虚假交易合同或虚构贸易背景将贷款资金先支付给用途合规的支付对手，然后通过该支付对手的账户将资金返还借款人，或直接从该支付对手的账户向其真实交易对手的账户支付。因此，管户客户经理对客户的贷款用途检查不能仅仅停留于"第一手支付"的检查，资金支付后还应及时关注客户账户资金变化情况，对贷款资金用途的真实过程进行检查。

对贷款资金用途的真实过程检查，首先体现在管户客户经理对企业实际生产经营过程的资金流和物流的联动检查。例如，用于原材料采购的流动资金贷款，在支付以后的合理期限内，企业是否有相应的原材料进库；用于项目建设的贷款在发生支付后的合理期间内，项目的建设进度是否与投资进度相匹配；用于垫付应收账款的流动资金贷款或保理融资，在合理的账期后是否有相应的现金收回等，监控销售款回笼资金是否及时，存款及销售归集是否出现较大变化等。在受托支付的情况下，还要关注贷款支付后，是否出现又从支付对象的账户中回流现金的情况。

其次，在对借款人贷款用途的检查中，还应当注意借款人是否利用贷款，抽调自有资本金用于非生产经营活动。这种情况下，直接的贷款用途检查都是正常的，但信贷资金实际承担的风险却大大增加了。例如，一般制造业的流动资本应当满足最基本的生产流转需要，银行流动资金贷款主要是满足其季节性、储备性和临时性需要。假如这种最基本的流动资本需要量为其全部流动资金需要的50%，那么银行流动资金贷款（含贸易融资和表外信用工具，下同）的最大限度为其全部流动资产的50%。如果银行流动资金贷款占其全部流动资产的比例超过50%的时候，可以基本判断客户挪用了银行流动资金贷款从事基本建设或对外投资活动。因此，管户客户经理应当重点关注企业流动资产变化对银行贷款产生的影响。

另外，对集团客户，还应重点关注是否存在借款人的关联企业占用借款企业资金，客户是否存在利用关联交易为其关联企业套取融资等情况。

（二）非标准化代理投资业务

非标准化代理投资业务（以下简称非标业务）指银行利用自身信用向特定的（一般是有富余资金的）客户募集资金，将所募集的资金对需要资金的客户进行融资。尽管这种业务是代客投资理财，不属于银行的自营信贷业务，但银行负有代客管理资产的义务，所以也应当纳入融资用途监管的范围。但由于非标业务在商业银行经营中属于非自营信贷业务，因此该类投资业务在前期工作中与正常信贷业务存在差异，其用途监管除了与贷款用途监管类同以外，还需要关注以下方面。

1. 在与融资客户、合作机构及保证方签订的资金账户监管协议中应当明确约定融资资金的使用方向，并签订账户资金托管协议。托管协议中应明确本行对托管资金实行监督支付，授权托管方对融资客户进行定期或不定期的资金用途跟踪检查。

2. 落实代理投资业务的日常管理机构，根据协议约定对融资客户资金账户和代理投资资金支付进行监督管理，对需监督支付的代理投资资金，应建立支付监督管理台账并逐笔核实，且由客户经理及相关负责人签字确认。

3. 日常管理机构内部应当明确监管账户款项支付的监督方式和资金使用条件，同时明确具体的工作人员（一般为融资客户的管户客户经理）对融资客户进行资金用途管理和客户经营财务情况检查。

（三）债务融资工具承销业务

债务融资工具承销业务指银行代理承销客户债券发行。尽管企业债最后的兑付是由客户自行负责的，但银行作为承销人，有义务代理投资人对债券募集资金使用的方向进行监管。这类业务中，银行内部应当落实监管的具体机构或部门，明确监管方式和具体工作要求。承担具体监管工作的机构或部门应安排具体工作岗位监督发行人按照募集说明书约定合规使用募集资金；如发现发行人违规使用募集资金的，应及时报告。如发行人拟变更募集资金用途，银行应协助发行人向监管部门办理有关用途变更手续并做好信息披露工作后，发行人方可变更募集资金用途。

二、评估客户挪用贷款的风险

尽管贷后管理可以防范大部分挪用情况的发生，但实务中总有意外情形发生。商业银行应当明白，一旦客户挪用贷款，贷款资金便脱离了原来设想的运行轨迹，而形成另一种风险形态。如满足采购资金需要的流动资金贷款一旦挪作投资用途，那么，贷款资金无论从运动形式、价值形态转换或是现金回归方式都完全不同，其产生的风险形态也与流动资金贷款的风险形态完全不同。因此，管户客户经理一旦发现贷款资金用途发生变化，必须立即检查贷款资金的真实用途，重新对其风险进行评估。

资金挪用的风险一般来自以下方面：

（一）合规风险

合规风险指贷款的真实用途不符合国家法律、法规、监管规定、本行风险政策要求而引发银行声誉损失和资金损失的可能性。例如，客户资金流入法律禁止或监管敏感领域，如贷款资金用于非法交易、用于支持高利贷、支持炒房炒股、用于注册资本金等；再如客户资金流向本行回避的高风险领域，如前些年的钢贸、煤贸，产能过剩行业，高风险投资领域等。

（二）还款来源风险

客户挪用贷款的用途合法合规不等于贷款没有风险。其风险还有实际的贷款用途是否具有可靠的第一还款来源。在采购性流动资金贷款的情形下，第一还款来源是清晰的，即客户的产品销售收入；但如果采购性流动资金贷款被客户挪用到新的生产线建设中，那么，其第一还款来源就变成了固定资产折旧。固定资产折旧固然也是在销售收入中得到体现，但是由于固定资产折旧只是财务意义上的成本摊销，实际财务处理中并不是按期在销售收入中提留现金。所以，在漫长的折旧过程中，万一企业遇到销售萎缩或亏损的情况，偿付贷款的现金流就会出现问题。从这个意义上讲，其贷款用途的实质性风险就会远大于采购性流动资金贷款。

（三）期限风险

商业银行对各种贷款的期限和还款方式的安排，根本上讲都是根据贷款用途和其周转方式来决定的。不同用途的贷款有完全不同的期限和还款方式。但一旦贷款被挪用以后，其真实用途的资金周转方式就会发生变化，从而导致贷款不能按期偿还的风险。如上例中，采购性流动资金贷款的现金流回归的节点非常明确，即本次生产销售周期结束时一次性回归。贷款期限的安排一般是根据客户生产周转的周期加上适当的宽限期进行确定，还款方式一般是一次性偿付贷款本息。但如果这个贷款被挪用作新的生产线建设，那么其现金回流的周期将覆盖整个生产线折旧年限，现金回归的节点就变成折旧期间 N 个现金流入支点。如果银行继续按照原有贷款期限和还款方式要求客户还款，客户除了挪用其他现金流以外，别无他法。当其他现金流无法满足一次性还本付息要求时，客户违约便是大概率事件。

（四）担保方式风险

商业银行对贷款担保方式的安排也与贷款用途和期限密切相关。一般来讲，3 个月的短期贷款可能适用于纯信用贷款，因为 3 个月内的变化可预期性很强，出现意外情形的概率较小。1 年到 3 年的中短期贷款可能适用于保证贷款，或市场价格波动不大的抵（质）押物进行担保，但 10 年甚至 20 年的长期贷款则需要可靠程度很高的固定财产进行担保。另外，就贷款用途而言，一些具有自偿性的贷款品种，如应收账款保理、承兑汇票贴现、跟单信用证等不需要另加抵押，而一般的贷款品种则需要附加担保。贷款一旦被挪用以后，贷款的真实用途和期限都发生了变化，原有的担保设定是否能够符合其真实用途和期限的需要就变成了一个不能确定的风险因素。如前例中，采购性流动资金贷款，因其周期较短，一般银行可能接受第三方保证；但贷款一条新的生产线建设，一般银行就不会接受第三方保证，而要求以土地或厂房作为抵押。

客户挪用贷款是形成贷款实质性风险的重要因素，银行在贷后管理中一旦发现这种情况，管户客户经理应当立即采取必要措施。如果客户将贷款挪用于带有合规风险的领域，客户经理应当第一时间报告，银行应当立即宣告贷款提前到期，并采取有效措施组织清收。如果挪用的贷款未用于带有合规风险的领域，管户客户经理应当就贷款的真实用途开展尽职调查，就真实用途的还款来源风险、期限风险、担保方式风险进行详细评估，如实出具尽职调查报告，提出后续风险管控措施，包括但不限于收回贷款、重新启动贷款流程、变更信贷品种、调整额度、期限和利率、重新设定担保措施等。

第二节　借款人经营情况检查

即便客户按约定使用信贷资金，也不完全意味着信贷资金面临的风险与业务审查审批时是一致的。因为审查、审批信贷业务时的一个假设前提是："这笔资金的运营与企业以前的资金运营效果是一致的。"例如，银行发放一笔采购贷款，这笔贷款参与企业生产周转，其带来的价值增值是多少？贷款审查时所依据的是企业以前生产周转产生的价值增值，比如毛利 10%。而这个假设前提，在资金的实际运营过程中并非完全如此。资金在实际运营中，效果可能好于预期，比如获得了 20% 的毛利；但也可能差于预期，比如只获得了 5% 的毛利。好于预期意味着信贷资金实际承担的风险少于审批时假设的风险承担水平；但劣于预期，则意味着信贷资金承担的实际风险高于审批时假设的风险承担水平。

另外，由于信贷资金在许多情况下并不是简单地参与企业某一次生产周转，大部分情况是加入到企业资金一起共同运营。有的时候尽管能够区分信贷资金与企业自有资金的运营情况，但对于信贷资金的回归而言，单个资金的运营情况意义并不很大，具有决定意义的是企业整个资金的运营情况。例如，信贷资金也许只参与了企业某一个产品的生产周转，这个产品表现为盈利，具有归还贷款本息的现金流。但企业其他产品或其他的经营活动表现为亏损，这些产品或经营活动的现金流可能与前一个产品的现金流交织在一起，导致盈利产品的现金流被亏损产品或经营活动所吞噬，最后影响到信贷资金无法及时安全收回。

所以，客户经理除了需要直观地了解信贷资金的用途、周转和运营情况外，更需要从企业整个经营状况和财务状况中，比对其与贷款审批时预测的企业经营情况。重点检查借款人资金运营的情形，评估其对信贷资金实际承担风险的影响，从而判断信贷资金的运营是否存在问题，并出具书面的贷后管理报告。必要时，应当提出相关的应对措施。

对借款人经营情况检查一般按以下步骤进行：

一、收集各类信息资料

信息资料的收集重点包括借款人基本信息、财务数据、经营情况、融资情况、外部信用评级变化等内容，并将相关信息以资料形式分类保存。

（一）信用情况

按检查间隔期要求通过中国人民银行征信系统了解和收集借款人最新贷款情况和对外担保情况。

（二）最新财务资料

按检查间隔期要求收集借款人最近的财务报表、主要资产明细表以及有关经营管理的资料。对于小微企业、个人客户等无财务报表的，管户客户经理应根据客户主要资产负债情况和经营状况资料，自行编制简易财务和经营状况表。

（三）涉及借款人的公开信息

如从互联网、报刊杂志或者其他渠道收集借款人的公开报道或者信息；从当地监管部门风险监测系统查询客户有关信息；从法院、公安等网站查询客户涉及经济纠纷和诉讼案件的信息；从深沪交易所网站、指定报刊查询相关客户的重要公告等。

（四）借款人内部非财务信息

按检查间隔期要求收集借款人水电费缴纳情况、纳税情况、租金支付情况、银行代发工资情况，业主和主要股东的个人信用状况、企业内部管理情况、技术及装备更新状况、交易对手重大变化情况等。

二、现场检查

管户客户经理在资料收集完成后，应对收集的资料进行初步分析，并就分析中发现的问题和需要实地印证的情况展开现场检查。现场检查的方式一般有：高管访谈、实地察看、账实核对等。

（一）高管访谈

就借款人的生产经营、管理活动、财务状况访谈客户主要管理者和财务人员。向主要管理者了解借款人经营环境变化情况、借款人经营思路和应对策略、下一步主要的经营管理举措等；了解借款人近期重大经营管理变动，如重要人事变动、交易对手变动、主营业务变化、股权结构变化、涉及诉讼等情况；向财务人员了解近期销售收入、盈利、负债、存货、应收应付款变动情况；项目融资的，要了解项目资本金到位是否正常，项目投产后经营收入、经营活动现金流是否达到评估预测水平等，重点关注客户经营风险、财务风险、资金风险、关联风险、对外担保风险、环保风险、行业周期风险和履约风险。

（二）实地察看

实地察看主要是查看借款人（或保证人）的生产经营管理情况，包括：生产秩序、设备运行、仓储现场、管理状况等，印证其生产活动是否正常。实地察看融资项目建设的形象进度、投资完成情况、建设中存在问题等，印证其项目建设是否正常。实地察看中，客户经理除了用眼观察外，还应当与现场相关人员做必要交流，判断眼见的东西是否"属实"。

（三）账账、账表、账实核对

现场检查期间，管户客户经理应当就企业财务报表中反映的经营数据与企业内部的相关账册、财务凭证、原始单据进行核对，验证财务报表编制的正确性；就相关账册、财务凭证、原始单据中记载的数据与企业生产现场、设备、仓库中的实物资产核对，验证相关数据的正确性。对于上述核对过程中出现重大差异的，要及时查明原因，对借款人财务报表的相关数据进行修正。

三、综合分析判断

管户客户经理在上述了解检查的基础上，应就掌握的各种信息、实情对借款人进行综合分析，判断其生产经营状态对信贷资金构成的实质性风险。综合分析一般分为两个步骤进行：

（一）调整财报相关数据

根据收集的借款人内外部信息资料、高管访谈得到的信息、现场查看得到的情况等，对借款人财务报表中反映的相关数据进行调整，使得这些数据更加接近借款人实际情况，为下一步综合分析提供可靠依据。

（二）汇总分析

对各种资料和数据进行联动分析，得出以下方面的关键结论：

1. 销售趋势。关注：

（1）通过本期与历史同期（一般不低于以前 3 个年度，下同）数据比较，判断销售金额增长水平和长期发展趋势；

（2）通过本期与历史同期销售实物量及单位产品的价格水平比较，判断借款人剔除价格变动因素后产品销售的实际成长水平；

（3）通过本期与历史同期产品的销售市场占比变动，判断借款人市场竞争能力的变化；

（4）通过产品的买方客户数量和结构变化、在手订单情况和预计订单增减情况，判断未来产品销售趋势和价格变动趋势。

2. 盈利趋势。关注：

（1）通过本期与历史同期销售成本数据比较，判断销售成本增长水平和长期发展趋势；

（2）通过本期与历史同期销售价格水平比较，判断产品销售价格的变动趋势；

（3）通过本期与历史同期产品的销售数量、销售成本和销售价格的联动分析，判断销售毛利水平和变化趋势；

（4）通过本期与历史同期管理成本、财务成本比较，判断借款人盈利能力和变化趋势。

3. 偿债能力。关注：

（1）通过借款人财务杠杆率、净资产债务比等指标的计算、分析和历史比较，判断借款人长期偿债能力及其变动趋势；

（2）通过借款人流动比、速动比、现金比等指标的计算、分析和历史比较，判断借款人短期偿债能力及其变动趋势；

（3）通过对借款人现金流，特别是经营性现金流的缺口分析，判断借款人对本行融资到期日的履约能力。

在综合分析过程中，对部分财务数据可靠性不足、历史数据缺乏的客户，特别是小企业客户和个人经营客户，还应结合借款人纳税、用电、用水、工资发放、销售款归行等情况对借款人的经营情况进行对比分析，以得出比较可靠的结论。此外，管户客户经理还应当对部分特别关注事项进行分析，判断其对借款人偿还本次银行融资的影响。例如，货款回笼是否正常，是否按正常金额和方式汇入指定账户；贷款是否出现欠息和短暂逾期的情况；借款人是否有重大负面事件和诉讼纠纷等。

第三节　担保检查和分析

商业银行大多数信用业务是附加了担保方式的，这些担保在信用业务审查、审批和放款作业过程中都进行了核查和评估，是被审批人接受的担保方式。但这并不意味着，在信贷业务存续过程中，这些担保都是一成不变的。相反，这些担保在信贷业务存续过程中是在不断发生变化的。例如，保证人的保证能力在变化、抵（质）押物的品质和市场价值在变化等。极端情况下，也可能出现保证人先于借款人破产、抵（质）押物先于借款人贷款到期灭失的情况。所以，管户客户经理在贷后管理中应当定期对保证人的保证能力，抵（质）押物的保管、品质、市价等情况进行核查，关注不利变化。一旦出现保证人保证能力不足或抵（质）押物价值覆盖贷款不足的情形时，应当及时提出应对措施，并向有关领导和管理部门报告。

（一）检查保证能力变化

客户经理应按检查间隔期要求检查保证人的经营情况及其保证能力的变化，判断保证人是否仍然具有对本行融资的保证能力。

（二）检查抵（质）押物的价值变化和管理状况

客户经理应按检查间隔期要求现场察看抵质押物的现状，检查第三方监管合作机构是否尽责履职情况，了解该抵（质）押物的价值和价格变化情况。重点关注存续期间抵（质）押品的实物状态、法律权属、市场价格变化，抵押质权、财产保险手续是否继续合法有效等，判断抵（质）押担保的足值性和有效性。

第四节　到期管理

所有银行贷款无论期限长短，均有约定的到期日。理论上，在贷款到期日借款人应当自觉履行还本付息的义务。但在实际业务过程中，并非所有借款人都能够按时向银行还本付息。例如，一些借款人在贷款到期日因各种原因缺乏必要的现金；一些借款人的现金流入先于到期日，但被挪作他用；另外，有些借款人在约定到期日时缺乏对自身现金回流节点的准确估计，造成现金实际回流的节点晚于贷款到期日等。因此，管户客户经理在贷后管理中，应当高度关注客户在贷款到期日、利息支付日的现金流状况，做好融资到期催收、督促融资客户落实偿付资金等相关工作。一旦出现客户在到期日缺乏现金归还贷款本息的情形，应当及时提出对应措施，并向有关领导和管理部门报告。

一、正常信贷业务的到期管理

正常贷款，管户客户经理应在贷款结息日或贷款到期日之前若干个工作日，通过电话、短信、纸质或电子信函等约定方式提示借款人确定的付息或还款日期，要求借款人及时准备资金按时还本付息。

二、非标准化代理投资业务和债务融资工具承销业务

银行应与业务合作机构协商，授权本行对代理投资业务或债券本金及收益偿付还款账户余额进行监测，及时提示融资客户进行本金和收益兑付。一般在融资还本或兑付日前 15 个工作日，通过协议约定方式通知和督促融资客户和合作机构落实还款资金并按时兑付。

银行内部的管理责任一般由该业务发起部门或受合作机构委托的客户经理落实还本付息催收和管理工作。

三、逾期的信贷业务

借款人首次出现融资逾期后 2 个工作日内，管户客户经理应向借款人以及保证人、第三方抵（质）押人发送融资逾期催收函（纸质或电子），并须取得回执。

对于借款人持续逾期的贷款或欠息，银行应当确定催收间隔期，间隔期一般为 3 个月，最长不超过该债权法定诉讼有效期的 1/2。在间隔期内，银行应以书面或电子邮件形式呈送借款人和相关的担保第三方，并取得借款人和担保人的有效回执作为催收依据；或以挂号信件形式送达借款人，并收取签收回执。

对于借款人失联或无法联系的情形，银行应当以债权公告形式，在公开媒体上刊登催告函，以保护自身的债权主张期间的连续性。

对融资逾期未还且银行未批准继续融资、未许可其他措施推迟还款的，银行应按融资合同约定冻结借款人在本行所有分支机构、所有账户的资金；融资合同中规定，如借款人有授权银行主动扣收融资本息条款的，在融资逾期超过 5 个自然日后扣收其冻结资金直至欠款结清。

特殊情况不宜直接扣收的，应按规定向上级行报告请求批准。如借款人提交了确定的还款计划，并且有证据相信该还款计划能够落实的，银行可暂不执行扣款，等待借款人履行还款计划。

第五节　贷款质量管理

信贷资产质量管理指商业银行按照审慎原则和风险管理的需要，基于贷后管理对各类信贷资产风险情况的分析判断，定期对全部存续期内的贷款进行质量评估和等级划分，据以进行风险管控的方式。

贷款质量管理是银行贷后管理工作的重要组成部分，是控制和管理信贷风险的重要工具。

一、信贷资产质量分类

信贷资产质量分类指商业银行根据监管当局制定和发布的统一贷款分类标准和尺度，衡量本行全部信贷资产的内在风险含量并加以分类标识。所谓内在风险，指潜在的或者已经发生但是尚未暴露的风险。在此基础上，各个商业银行还可以根据自身信贷管理的需要，制定更加详细的分类标准。

（一）五级分类法

五级分类标准是根据中国人民银行 2001 年发布的《贷款风险分类指导原则》，采用按贷款将来偿还的可能性为基础进行分类评估信贷资产质量的方法。这种方法把贷款划分为五类，分别是正常、关注、次级、可疑和损失。其中前两类统称为正常贷款，后三类统称为不良贷款。贷款五级分类的定义分别为：

1. 正常类：债务人能够履行合同，没有足够理由怀疑贷款本息和其他债务（含或有债务，下同）不能按时足额偿还。

2. 关注类：尽管债务人目前有能力偿还贷款本息和其他债务，但存在一些可能对偿还债务产生不利影响的因素。

3. 次级类：债务人的偿债能力明显出现问题，完全依靠其正常营业收入无法足额偿还贷款本息和其他债务，即使执行担保，也可能会造成一定损失。

4. 可疑类：债务人已经无法足额偿还贷款本息和其他债务，即使执行担保，也肯定会造成较大损失。

5. 损失类：在采取所有可能的措施或一切必要的法律程序之后，贷款本息和其他债务仍然无法收回，或只能收回极少部分。

需要指出的是，五级分类管理仅仅是《巴塞尔新资本协议》所要求的银行信用风险管理的最低标准。从五级分类定义情况来看，贷款分类的认定标准总体不够精细，每一个类别的覆盖范围过于宽泛，使在同一等级内的贷款质量差异过大，贷款分类结果难以有效揭示贷款的风险价值和预期损失。

因此，根据监管部门的要求，目前国内商业银行对表内信贷业务基本采用的是信贷资产十二级分类方法。

（二）十二级分类法

信贷资产十二级分类指在信贷资产质量五级分类的基础上，引进了债项风险和现金流概念，综合分析客户的违约风险和债项特定的交易风险，将其细分为十二个等级。它与五级分类的对应关系如表 13 - 1 所示。

表 13 - 1　　　　　信贷资产十二级分类与五级分类的对应关系

十二级分类级数	五级分类名称	十二级分类名称	十二级分类定义
1	正常	正常一级	借款人具有低国别风险国家主权或准主权性质，且在行业中拥有垄断优势或处于绝对领先地位，规模巨大，市场竞争能力极强，现金流量非常充足，融资能力和还款能力极强，还款意愿很好，有非常充足的证据表明借款人能够按期足额偿还债务本息；或虽不满足上述条件，但本笔信贷资产符合银行规定的低风险业务特征，且未出现逾期欠息
2		正常二级	借款人在行业中处于领先地位，规模优势明显，市场竞争能力很强，现金流量充足，融资能力和还款能力很强，还款意愿很好，有足够的证据表明能够按期足额偿还债务本息
3		正常三级	借款人市场竞争能力较强，现金流量充足，融资能力和还款能力较强，还款意愿很好，没有理由怀疑不能够按期足额偿还债务本息
4		正常四级	借款人还款能力较强，还款意愿良好，发展前景良好，没有足够理由怀疑贷款本息不能按时足额偿还

续表

十二级分类级数	五级分类名称	十二级分类名称	十二级分类定义
5	关注	关注一级	业务办理与后续管理中未严格执行商业银行相关政策制度要求，或出现可能影响借款人还款能力的不利因素，但借款人有能力偿还债务本息，还款意愿较好，本笔债务未逾期、无欠息
6		关注二级	业务办理与后续管理中未严格执行商业银行相关政策制度要求，或出现影响借款人还款能力的其他不利因素和突发事件，或本笔债务临时出现逾期或欠息，但借款人仍有能力偿还债务本息，还款意愿尚可
7		关注三级	借款人还款意愿不强，或存在对借款人偿还债务本息有较大不利影响的因素，或本笔债务出现逾期或欠息且尚未达到不良信贷资产认定条件，但借款人尚有能力偿还债务本息
8	次级	次级一级	借款人的还款能力出现明显问题，完全依靠其正常营业收入无法足额偿还债务本息，即使执行担保也会形成一定损失，预期损失率在20%（含）以内
9		次级二级	借款人的还款能力出现明显问题，完全依靠其正常营业收入无法足额偿还债务本息，即使执行担保也会造成一定损失，本笔债务本息预期损失率在20%至40%（含）之间
10	可疑	可疑一级	借款人无法足额偿还债务本息，即使执行担保，也肯定会造成较大损失，债务本息预期损失率在40%至60%（含）之间
11		可疑二级	借款人无法足额偿还债务本息，即使执行担保，也肯定会造成很大损失，债务本息预期损失率在60%～90%（含）之间，且不符合损失级信贷资产定义的
12	损失	损失级	在采取所有可能的措施或一切必要的法律程序之后，债务本息仍然无法收回或只能收回极少部分，预期损失率超过90%

二、质量管理方式

（一）资产质量目标管理

商业银行根据金融经济形势变化趋势、银行的经营发展计划、财务承受能力等因素，合理确定资产质量管理的总体目标。这一目标是可以计量、分解和考核的。

实行资产质量目标管理主要包括三个方面。

1. 总目标应当逐级分解，覆盖全部责任主体。商业银行在制定资产质量控制目标后，应当将总体目标进行量化，并将资产质量的整体目标逐级分解到各分支机构、各相关职能部门和具体员工，形成从整体目标到经营单位目标，再到部门目标，最后到个人目标的目标控制体系。

2. 建立实时的检测统计系统。对在整个贷款存续期期内资产质量进行动态监测和统计。包括，定期组织全行客户经理对其所管理的客户和贷款进行贷款质量评估及分类；不定期对全行各类贷款进行大数据分析，动态调整出现了明显质量变化特征的贷款质量，形成运转有序、动态覆盖的贷款资产质量评估、分析和分类体系。

3. 建立资产质量目标管理考核体系。明确纳入资产质量管理体系中的各个管理主体的权、责、利，而且相互对称，这些目标方向一致，环环相扣，相互配合，形成协调统一的目标体系。最后在考核时点，依据量化后的目标完成情况进行考核评价，落实责任和奖惩。

（二）资产质量管理责任制

责任制指各项工作由专人负责，并明确责任范围的管理制度。资产质量管理责任制是要厘清银行内部各个专业、各种岗位对资产质量管理工作的职责定位，明确各自质量管理责任，推动各机构、各专业和相关人员各司其职，形成齐抓共管的工作格局。

1. 落实信贷业务前中后台各环节的管理责任，实现资产质量管理前中后台无缝衔接。明确信贷前台部门承担信用风险管理的主要责任，督促前台部门强化风险管理意识，认真做好贷前尽职调查，有效开展贷后管理工作，掌握贷款风险状况，为资产质量准确分类夯实基础；明确中后台部门承担信用风险管理专责，其中审批部门要严格执行信贷政策，坚持信贷准入、审批标准，把好审查审批关口；产品管理部门要严格按照全行风险政策、市场导向做好信贷产品的开发和管理，做好产品本身的制度和风控措施的安排和落实；信贷管理部门负责制定、贯彻好信贷政策，做好非现场监测监控和大数据分析，促进风险控制关口前移。

2. 纵向落实责任，逐级明确各级机构在资产质量管理中承担的职责。业务经办支行负责做好业务营销、尽职调查，对调查资料和调查意见的真实性、完整性负责，负责对存续期贷款客户和贷款进行贷后管理，及时分析、评估、报告风险信息，并实施落实风险管控措施；上级行要强化专业系统管理，积极介入基层行信贷资产质量管理，督促认真履行岗位职责，落实信贷制度，确保贷前调查信息真实、贷后管理及时有效；加大对潜在风险贷款的转化缓释、不良贷款的清收处置等方面的指导帮扶，切实解决管理过程中的真空问题，维持资产质量稳定。

3. 强化管理者责任。落实一把手责任制，要明确各级行一把手为信贷资产质量管控的第一责任人，对贷款质量的控制负总责；分管领导和专业管理人员要对本行、本专业的资产质量管理工作和措施落实负主要责任，因管理工作失误或措施不落实造成的资产质量控制问题，要追究其管理责任。

（三）资产质量考核管理

通常，商业银行内部对资产质量考核设有逾期贷款、不良贷款、关注贷款、新发生贷款劣变率、正常关注贷款迁徙率等一系列衡量和控制指标。

1. 逾期贷款。指借款人在贷款到期日未按约定归还贷款。通常用下述两个指标进行衡量和考核：

（1）逾期贷款总额。一般下设计划控制值、逾期贷款占比、逾期贷款增减额等分项指标进行考核评价。

（2）逾期贷款剪刀差控制。指考核期末的逾期贷款与不良贷款的差额。该指标的意义是控制业务前台人为将次级贷款放宽评价为正常贷款的行为。正常情况下，贷款逾期已经非常明确提示银行该客户的还款现金流出现问题，一般应当认定为不良贷款。当然，实务中存在个别案例是因为借款人在现金流安排中出现技术问题，并不实质影响借款人的还款能力。但这种情形是个例，假如这种情形占比很高，甚至超过一定比例时，应当在考核评价时给予关注。

2. 关注贷款。指银行在贷款质量分类时，已经关注到贷款虽未逾期，但借款人到期还款能力存在问题的贷款。尤其在十二级分类的方法下，关注三类贷款极有可能在下一期质量评价中沦为不良贷款。因此，这类贷款的比值，值得银行在资产质量评价考核中给予高度关注。通常以考核期末的关注贷款总额作为考核评价值，下设计划控制值、关注贷款占比、关注贷款增减额等分项指标进行考核评价。

3. 不良贷款。不良贷款指资产质量分类中被列为次级、可疑、损失类的贷款。银行通常采用下列指标进行考核：

（1）不良贷款额余额控制。以考核期末的不良贷款余额作为考评值，与控制目标进行比较评价。

（2）不良贷款率控制。以考核期末不良贷款率作为考评值，与控制目标或商业银行平均值进行比较评价。

（3）不良贷款清收处置损失率。以考核期末不良贷款清收处置损失率作为考评值，与控制目标进行比较评价。

4. 新发生贷款劣变。指本期从正常、关注类贷款下降到次级以下质量等级的贷款。通常银行以考核期末正常关注贷款迁徙率作为考评值，与控制目标进行比较评价。

$$正常关注贷款迁徙率 = 本期新列入不良贷款余额$$
$$\div 期初正常、关注贷款余额 \times 100\%$$

资产质量管理情况的统计和考核在商业银行是由上至下进行的。对资产质量管理目标的完成情况，一般实行季度监测、年度考核。考核结果主要用于两方面：一是作为被考核单位的资产质量控制评价的依据和改进资产质量管理的指引；二是作为被考核单位经营绩效考评的重要内容，作为上级行对其经营评价、内部等级评定、授权调整、资源分配、任免奖惩的决策依据。

商业银行内部一般由信贷风险管理部门承担定期统计、考核和通报，财务、人力资源等部门进行结果执行。

第六节　潜在风险管理

一般意义上，管户客户经理所做的贷后管理是基于借款人经营现状，通过调查了解、分析研判信贷资金实际处于的风险状况，提出应对的建议和措施。而客户的信用风险形成原因可能早于具体借款人出现风险表征的时间；同时，借款人出现信用风险表征后，缓释和化解措施也需要信贷中后台有关部门的配合和支持。所以，有关信贷中后台部门在贷后管理中应当对管户客户经理的贷后管理活动提供必要的支持。这种支持主要是利用大数据分析检测并提示借款人的风险特征、行业的动态风险因素、提供必要的风险化解措施。例如，通过客户结算归行情况的分析，提示客户经理检查客户销售异动；通过客户异常结算支付、他行违约记录、积欠税收电费等，提示客户经理检查客户财务和经营状况；通过对行业经营活动情况的分析，提示客户经理关注客户相关方面的动态变化等。

另外，一旦客户出现风险苗头或贷款异常表征时，有关信贷中后台部门应当会同营销部门进行诊断，提供有针对性的缓释或化解措施。例如，客户因现金回流节点晚于到期日，在落实相应的现金流控制措施的前提下，审批部门应当提供贷款展期、重组等措施，帮助客户化解违约风险。

一、贷款潜在风险的识别和认定

贷款异常表征的识别标准以客户信用风险为核心，定性与定量相结合，根据贷款潜在风险因素和风险事件中包含的劣变程度，结合可量化的关键风险指标和不同风险因素变化以及发展趋势，筛查、识别和认定潜在风险贷款。

商业银行一般都将潜在风险贷款按客户实行管理，即有多笔融资的借款人，只要其中一笔融资被认定为潜在风险贷款，该客户的全部融资均按照潜在风险贷款进行管理。法人贷款如果存在下列情形，一般应被认定为潜在风险贷款：

（一）存在较大行业风险

行业风险主要指该行业受到周期性、政策性影响而产生的，对于业内企业经营产生具有普遍负面影响的经营风险。如被多数银行确定为高风险行业；带有很强周期性的行业进入特定的衰退周期；属于国家政策定义的"两高一剩"行业①、"五小"（小煤炭、小水泥、小玻璃、小炼油、小火电）行业；国家宏观调控的房地产行业；属于国家严格控制的地方政府融资平台等。

行业风险主要是透过借款人的外部经营环境对其经营活动产生影响，因而银行在评估此类风险是否足以导致贷款产生违约时，主要关注行业市场环境和政策环境对业内企业产生的影响程度，分析评估借款人对外部环境变动的抗压能力；对抗压能力明显小于银行预设的内部标准时，应当认定为潜在风险。

（二）借款人主要债项存在风险

该情形特指借款人在其主要债项上出现了明显的不利变化，应当认定为潜在风险。如贷款本金年内出现过逾期或年内出现过三次以上欠息、表外业务出现垫款或虽未出现垫款但主要依赖银行贷款完成兑付；贷款在多家商业银行出现交叉违约；贷款曾经办理过重组或再融资；全部融资中存在关注三级贷款的借款人；与不良贷款客户存在关联风险的借款人；上一年度发生重大经营性亏损的借款人；以及内外部审计及监管部门建议贷款质量等级下调的借款人。

（三）存在明显的财务风险

该情形主要指借款人在财务安全性方面存在重大隐患，应当认定为潜在风险。如借款人涉及民间高利贷活动；借款人连续 3 年经营性亏损或经营性现金净流量为负，贷款第一还款来源明显不足；存在过度融资（在金融机构 1 年内

---

① "两高一剩"行业指高污染、高能耗的资源性行业，产能过剩行业。

到期融资总额超过企业上一年主营业务收入总额）和短贷长用（短期负债金额大于流动资产）的情况；主要财务指标大部分劣于行业较低值的借款人。

（四）担保方存在风险

该风险主要指因担保存在重大瑕疵，导致违约损失可能增加的，应当认定为潜在风险。如押品存在权属瑕疵或以次充好、监管方式选择不合理等因素影响抵（质）押担保效力；保证人担保能力不足、保证担保存在瑕疵；存在借款人互保或形成担保圈的贷款。

（五）借款人存在重大风险事件

该情形主要指贷款客户或合作机构发生已造成或可能造成危及银行贷款或代理投资损失、需采取应急措施予以应对的风险事件，应当认定为潜在风险。如融资客户出现重大信用风险事件或合作机构出现重大风险事件。

二、潜在风险贷款的管理

商业银行根据上述风险因素对全部借款人和贷款进行排查、分析和认定，对借款人和贷款实行风险等级分类，按照风险程度分别管理，根据风险因素的变化和缓释，对风险等级分类进行动态调整。

（一）融资管理

对于潜在风险融资客户，确定借款人融资控制和压降目标。综合运用到期收回、贷款转让、完善担保、要素调整（产品、期限、担保、利率）等手段，对风险融资进行压降和转化，最大程度消除风险因素，缩小风险敞口，降低信贷损失。对于列入具有潜在风险的借款人，除全额保证金的信贷业务外，不增加融资余额。确有需要增加融资的，必须提高信贷审批层级。

（二）授信管理

对于潜在风险融资客户，应审慎核定授信，结合压降计划和实施方案，确定适当的授信额度和授信使用条件，授信总量原则上不高于纳入时点的实际授信占用额。

（三）内部监控

商业银行应当在信贷系统中设置潜在风险贷款客户的标识，用于对内部营销部门、审批部门及相关分支机构进行提示、监测、控制。对于存在潜在风险贷款总量较大或增幅明显的分支机构，限制其相关信贷业务的营销和受理。

三、重大风险事件处理

重大风险事件主要指借款人重大信用风险事件、代客业务合作机构重大风险事件。

（一）借款人重大信用风险事件具体情形

1. 借款人及其所属集团母公司或核心企业经营陷入困境，可能对借款人经营和偿债能力构成重大不利影响。

2. 借款人卷入重大诉讼事件和负面新闻事件，足以影响其当期经营和偿债能力。

3. 借款人的业务（服务）出现重大质量事故，导致相关债务的偿还出现问题。

4. 借款人存在恶意逃废债行为，或因偿债能力不足被人民银行、法院、工商行政管理部门或其他商业银行列入黑名单。

5. 借款人的法定代表人或实际控制人非正常死亡、隐匿、失联，或因违法、违规被国家或地方有关部门立案调查；或借款人因违法、违规遭到国家或地方有关部门立案调查和查处。

6. 借款人面临兼并、收购、分立、破产、股份制改造、资产重组等重大变革。

7. 其他可能严重危及借款人偿债能力的重大事件。

（二）业务合作机构重大风险事件具体情形

1. 合作机构财务状况、信用等级出现严重恶化，对与商业银行业务合作产生重大不利影响。

2. 合作机构出现重大风险或重大违法违规行为，很可能影响商业银行代理投资安全。

3. 合作机构相关业务管理团队重要成员发生违法行为或离职等情形，对与商业银行业务合作产生重大不利影响。

4. 合作机构发生重大金融欺诈、逃废或恶意拖欠债务等较大风险事件。

（三）重大风险事件处理

重大风险事件发生后，商业银行应立即启动应急管理机制，明确应急组织和应急流程。根据国家、监管部门的有关规定，商业银行对重大风险事件处理应当符合以下要求：

1. 第一时间报告。重大风险事件发生后，商业银行的分支机构和业务管理部门应在知晓风险信息后的 12 小时内向本机构行长报告，24 小时内向上级行客户营销部门、信贷与投资管理部门、相关业务产品部门报告，必要时可直接向更高层级机构和相关部门报告，同时向当地银保监管部门报告。对因没有及时知晓、报告重大风险事件而造成业务、声誉损失的，责任行（部门）的主要负责人应当承担主要责任。

2. 明确应急组织。商业银行在知晓或接到下级行或其他分支机构、相关部门报送的重大风险报告后，该业务管理行及主要管理部门应按应急要求及时组织各相关部门、人员成立风险应急处理小组，并按照"更有利于防控实质性风险"的原则明确应急小组的牵头部门和具体负责人，研究形成应急管理预案。应急组织和预案应在24小时内向上级行报告。

一般业务管理行客户营销部门应负责重大风险信息的收集反馈并提出应急管理建议；产品部门负责收集市场对重大风险信息的反应并提出应急管理建议；信贷风险管理部门负责整理各种信息，向上级及监管部门进行报告；公共关系管理部门负责统一对外发布消息。如业务涉及外部合作机构的，应当要求合作机构派员参与应急组织，并履行相关责任。

3. 重大风险事件报告内容。借款人重大风险报告应包括涉及借款人的基本情况，包括借款人名称、信用等级、授信及代理投资限额、融资内容及方式等情况；重大信用风险事件及其对借款人经营和银行贷款、投资或代理投资的影响；已经或拟采取的应急措施及其预期效果；后续拟跟进的主要管理措施；需要上级及监管部门支持的应急管理建议等。

4. 应急预案实施。应急预案应由业务直接管理行组织实施。业务管理行应急管理小组应当及时落实上级审定的应急管理方案，明确部门分工。预案实施中遇到问题的，业务管理行的主要负责人应当主持协调，解决问题。上级行和相关管理部门应当全力支持，并视情况进行现场督办指导。

重大风险事件的应急处置，原则上应当按照下列顺序进行：

（1）立即停止相关业务，冻结全部未动用资金，隔断风险蔓延源头，最大限度降低和控制业务风险。

（2）尽快请求政府有关部门采取相关措施控制风险业务的实际操控人员和关联人员，防止事件责任嫌疑人脱逃。

（3）第一时间控制舆情，引导舆情向有利方向发展。

（4）组织力量对已经失控的资金进行追索，减少预后损失。

（5）组织内部审计力量对全部类似业务进行检查，对产品设计、制度管理和内控合规方面存在的漏洞进行整改和弥补。

（6）责任追究和相关人员处理。

（四）重大风险事件应急管理措施解除

有事实证明重大风险事件的影响基本消除或得到弥补、管理中存在的问题已经基本整改结束、主要责任人员已经问责到位，业务管理行可提出申请，并经上级行或有关部门核实后，由原风险应急管理方案有权审批行解除应急管理机制，恢复业务的正常进行。

案例A.[**基本情况**] D公司是纺织行业的小企业，注册资本800万元人民币，2006年与银行建立信贷关系，主要从事纺纱、纺线，针织品、服装制造、加工、销售。D公司J银行授信额度为300万元人民币，全部为流动资金贷款，用厂房及土地抵押。合作以来关系良好，贷款还本付息正常。但从2014年开始，受棉花价格波动、国家收购政策等影响，纺织行业整体形势下滑，竞争异常激烈。J行从日常贷后管理中发现，客户的货款回笼逐步减少；企业解释目前行业形势较差，应收账款不能及时回笼。J银行立即将其列为重点关注对象，加强日常监测和监管。每周监测回笼、定期不定期上门查看生产经营状况。2014年10月8日，该行贷后检查发现企业白天停工，立即电话致电企业负责人，回复是为了降低成本，选择在夜间生产（电费优惠）。该行当天夜里11点再次来到企业，发现并没有生产迹象。

J银行立即召开风险防范分析会，针对这一企业制定更为详细的贷后管理措施及风险化解预案，并将该企业调整为潜在风险客户，及时向上级行信贷管理部门汇报。随即J银行启动风险预案，约谈企业负责人，摸排企业各项资产，现场清点企业资产，按最低价值测算，尚能覆盖银行剩余贷款本息，加之房地产抵押，第二还款来源充足。同时查阅企业、负责人银行流水，未发现参与民间融资及与小贷公司往来。在掌握相关情况后，J行及时采取如下风险管理措施：一是将该客户纳入风险客户管理，密切关注企业每月付息情况；二是密切关注企业动态，每周一次与负责人约谈，了解最新情况；三是每周两次现场检查，关注企业现场资产情况，有无员工或材料商闹事、追讨情况；四是立即冻结客户网贷通剩余提款额度；五是追加机械设备抵押，增加担保措施；六是提前准备诉讼材料，做好随时起诉的准备。经不懈努力和持续跟踪，企业陆续将应收账款收回并处置部分存货。2015年8月全部还清该银行贷款，清收工作取得圆满成功。

[**案例点评**] 该案例通过严格的贷后检查，第一时间了解企业动态，掌握企业真实的状况，成功退出潜在风险客户。J银行加强对企业资产及应收账款的监管，对借款人真实情况把握比较及时和准确，使得企业能认真配合银行后续处置工作，在整个处理过程中未出现过一次欠息、逾期，最终平缓收回了全部贷款。

案例 B. [基本情况] SL 公司是 2010 年某省重点招商引资企业，从事移动通信终端设备制造，主要产品为手机。公司主要依靠为手机品牌商代加工取得利润。2012 年前其主要代工的手机品牌商为 M 公司，占公司所有销售量的 70% 左右。由于 M 公司被 G 公司并购后调整经营方向，2013 年 M 公司对 SL 公司的手机订单大部被撤销，导致 SL 公司主要销售市场崩溃，生产停顿、销售锐减、原辅材料和产成品大量积压，资金链出现严重问题而陷入经营困境。

至 2013 年 7 月，SL 公司已无力偿还银行到期贷款，多家银行融资出现逾期、欠息。为帮助企业渡过难关，2013 年 9 月在政府协调下，由公司所在地市政府出资建立贷款周转基金，各融资银行对 SL 公司到期贷款由基金先还再贷，进行周转，以期帮助企业逐步恢复正常生产经营。但帮扶工作时近一年，企业经营仍未出现转机。

1. 公司情况。SL 公司成立于 2010 年 8 月 6 日，注册地 G 城工业园，公司类型为有限责任公司。公司注册资金为 3 亿元人民币，股东为 SL 通信技术（S）有限公司（以下简称 S SL），占股 100%。主要经营范围为移动通信及终端设备生产、制造和销售等。公司拥有 11 条手机切片生产线、12 条组装和包装生产线，生产能力可达到 1 200 万台/年，职工 600 余人。

2. 经营情况。由于 G 公司收购 M 公司后，SL 公司海外市场发生重大变化，来自 M 公司的订单由 2012 年的 67% 锐减到 2013 年的 4%，回笼资金大幅减少，大量 M 公司手机配件积压（价值约 2 亿元人民币），再加上关联公司挪用、占用 SL 公司大量资金，导致 SL 公司流动资金紧张，无力归还到期贷款，生产经营停工待料，难以持续。2013 年实现销售收入 7.74 亿元人民币，同比减少 12.44 亿元人民币；净利润 -3.90 亿元人民币，同比增亏 4.58 亿元人民币。2014 年 1—3 月实现销售收入仅 2 580 万元人民币，净利润 -3 044 万元人民币。

3. SL 公司银行贷款和政府借款情况

截至 2014 年 4 月末，SL 公司从银行和政府获得的借款余额合计为 77 784 万元人民币。其中：各家银行融资（剔除保证金）余额为 33 233 万元人民币，融资银行 4 家；政府向 SL 公司提供的借款和倒贷资金 44 357 万元人民币。

4. SL 公司存在的主要问题

（1）公司管理层经营决策问题。SL 公司主要给 M 公司进行贴牌生产，其自主品牌和销售渠道很少，销售和经营成败主要依靠 M 公司。2011 年 8 月，M 公司被 G 公司收购。G 公司对 M 公司的手机业务进行了重大调整，削减了手机业务。但公司管理层没有根据这一重大环境变化对自身的经营策略进行及时调整，导致 2013 年经营崩溃。

（2）资金实力不足。公司固定资产投资 1.2 亿元人民币，年产 1 200 万台手机估计需要周转流动资金 12 亿元人民币（按年周转六次计算）左右，合计至少需要 13 亿元人民币资金参与生产经营。公司虽然注册资本 3 亿元人民币，但据银行了解，公司实际只筹措了 3 000 万元资金，而且在注册以后通过各种途径已经抽走。现在公司使用的资金基本是借入资金，每月需要支付的财务成本就高达 500 万元人民币。按每部手机销售价格 800 元计算，其经营的盈亏平衡点起码要在测算每月销售 6 000 万元人民币才能确保支付银行利息，而公司 2014 年 1—3 月的合计销售收入才 2 580 万元人民币，根本无力维持经营。

（3）生产经营管理混乱。企业的法人代表只管拉订单和技术，不管经营，厂里基本上见不到他，其他管理者素质也难以达到管理这么一个大企业的标准。由于订单不足，12 条手机生产线只能运行 2 条，其余 10 条均闲置，无人过问。生产管理方面，公司的原辅材料采购、储运、配货等物流都在企业体外运行，根本无法账实核对和控制实物。财务管理方面，应收账款、预付款项、其他应收款、应付账款、其他应付款余额均超亿元，且 60% 以上都是关联公司间的交易或往来形成，其中是否存在关联公司间的利益输送很难说清。

（4）合作模式不清晰。SL 公司陷入危机后，目前在与台湾某公司进行合作，同时洽谈重组事宜。但银行认为其与台湾公司的合作存在下列问题：

目前合作的具体方式是客户将订单发给台湾公司，再转给香港 SL 公司，由香港 SL 公司再转包给 G 城 SL 公司生产，然后逆向交货。SL 公司的法人代表全负责订单和技术，具体生产经营由台湾公司负责。既然订单责任仍然是 SL 公司的，为什么要从台湾公司走，中间还要夹一家香港 SL 公司？从实际执行情况看，由于关联交易复杂，使得主要债权人（政府和银行）对 SL 公司的现金流、物流、生产的盈利情况均很难了解清楚，更无法实施监控。

（5）造血功能不足。与台湾公司合作后双方约定对销售收入的分配结构是：台湾公司先扣材料款 87.1%，剩余的 12.9% 毛利中再分 4.8%，SL 公司分8.1% 用于归还供应商旧账、还贷付息以及偿还政府借款。按此协议，SL 公司恢复生产，但到 5 月底手持订单仅 1 782 万美元。这里需要注意的是，在这些关联交易中，相关公司是否瓜分了本该属于 SL 公司的利润？即使相关公司没有瓜分SL 公司的利润，按这样的订单规模，SL 公司也难以在 3 年内获得转机。

（6）融资风险或将增加。目前，为了维持 SL 公司信用，政府和银行均给予了 SL 公司大量融资，用于垫付公司资金缺口，总金额已经达到 7.78 亿元人民币。但是按照 SL 公司目前的经营亏损状况，每次倒贷都将包含倒贷的利息和费用，所以资金每周转一次，其融资量将有所增加，且这种敞口状况何时能够封闭无法预期。

[案例点评] 从本案例揭示的情况看，SL 公司存在的关键问题是两个方面，一是市场丧失；二是管理混乱。

站在银行债务管理的角度上，对于市场丧失的企业，最简单的办法是依法破产；而对于管理混乱的企业，最好的办法是兼并或者重组。但站在宏观经济管理的角度上综合考量，破产不是上策。因为破产说到底是社会生产力的消灭，而且会造成政府和银行资金的直接损失。从本案情况看，SL 公司碰到的市场丧失问题是由于 M 公司订单的突然消失引起的，并非真正意义上的市场丧失。如果我们能够在市场拓展上眼界更宽一点，在寻找潜在品牌合作商方面更加积极一些，甚至致力于开拓中低端手机市场，出现市场转机的可能也是存在的。

但是从 SL 公司目前的状况，任由它继续照现在的方式干下去肯定不是一条出路。其一，从 SL 公司运作模式看，很难让人相信这个公司不存在向关联公司进行利益输送的行为，至少是在玩"空手套白狼"的游戏。其二，公司实际控制人的决策能力、管理能力和应对危机的能力完全不足以经营这样规模的企业，继续支持 SL 公司现在的领导集团恢复经营只会使政府资金和银行资金越陷越深。

鉴于 SL 公司事实上已经资不抵债，政府以 4.4 亿元人民币的债权已经成为企业事实上的所有者。因此应当建议政府立即着手接管企业并进行招商重组，以挽救行将破产的企业，保护政府、银行的债权安全。

案例 C. [基本情况] C 公司某房地产二期项目，贷前曾发生过开发商股权变更（实际转让资金未交割）。由于其按期归还了在 G 银行的一期开发贷款，G 银行疏于核实未能在二期贷款前发现其股权变更问题。二期贷款发放后，新股东即抽逃自有资金用于交割股权转让费用，同时又将项目预售收入挪用到其投资的某陶瓷公司（后投资失败），造成工程建设资金严重不足。在此期间，开发商连续数月拖欠员工工资，并大量拖欠施工方工程款，施工方又无力再垫付款项；同时，购房人也与开发商纠纷不断，项目仅建成一半被迫停工。

G 银行针对上述情况，采取了事后补救：一是提高抵押物充足率。在诉讼保全现有抵押物的同时，通过法院查扣借款人股东在异地的房屋追加抵押，将抵押率降至五成以下。二是推动尽快解决项目复工问题。主动协助开发商寻找接盘对象，经协商，由某建筑商负责接盘完工。三是争取得到当地政府配合，由政府另行指定专人接管该公司管理的各项经营管理工作，由银行、政府、新施工单位签订三方协议，共同推动项目复工。四是双管齐下，一方面积极督促建设进度和销售进度；另一方面，联系了一家资产管理公司，由其在项目建设进度达到协议要求时，整体收购项目剩余资产，归还商业银行贷款。该房地产二期项目经过一年半的不懈努力，最后收回全部积欠本息，未造成损失。

[**案例点评**] 该案例中，B 公司在项目一期、二期的间隔过程中产生股权变动，银行未能及时察觉，导致新股东利用二期项目挪用建设资金，为整个贷款的风险产生埋下了隐患。好在 G 银行及时采取了措施，在当地政府的配合下成功化解了贷款风险，最后有惊无险。但这个案例给我们的启示是：

1. 贷款管理工作是一个全程管理的概念，从借款人申请起，到贷款本息全部结清，需要信贷人员以高度负责的精神，全程小心翼翼，如履薄冰。

2. 高度关注借款人的实际控制人的品行和信用，并作为审查贷款的重要依据。

3. 全程关注贷款的实际用途，包括借款人本身自有资金的到位状况。特别是项目贷款，应当坚持首先使用自有资金，然后才能动用贷款资金，防止借款人抽逃项目资金。

4. 一旦贷款项目出现问题，必须在第一时间控制有效资产，借用外部力量防止资产流失，为化解贷款风险提供有利条件和必要时间。

第十四章　不良贷款处置

不良贷款处置指商业银行按照有关的法律法规和政策制度规定，综合运用各种清收、转化、处置方法和手段，以实现不良贷款回收、风险化解以及损失核销的经营行为。包括现金清收、贷款重组、拍卖销售、以物抵债、呆账核销以及符合国家政策、制度规定的其他处置方式等。

商业银行在处置不良贷款时，应当坚持以下原则：

1. 不良贷款处置应在依法合规前提下，坚持公开、公平、公正、竞争、择优的处置原则。

2. 不良贷款处置方式选择应遵循成本效益和风险控制原则，综合考虑借款人、保证人的偿还能力和意愿、抵（质）押物变现及贷款风险情况，合理分析，综合比较，择优选择。

3. 不良贷款处置可选择一种或综合运用多种处置方式，加快处置进度，降低处置损失。在同等条件下，现金清偿优先于非现金清偿。

4. 不良贷款的处置在商业银行内部应当从信贷前台业务部门剥离，实行换手处置。通常应当由专门负责不良贷款处置工作的部门逐户进行客户接管、不良资产尽职调查、处置方案设计等。

5. 不良贷款的处置预案应当提交行内相关的审查小组或委员会审议，并按规定权限审批。不良贷款处置预案通过审批后，由专门负责不良贷款处置工作的部门实施。

第一节　贷款重组

贷款重组指对因借款人财务状况困难而不能按期全额归还的贷款（含垫款），银行对借款人、担保方式、还款期限、适用利率、还款方式等合同规定的贷款要素进行调整，以期缓释风险的处理手段。

贷款重组是为降低和化解贷款风险采取的补救措施，重组后的贷款风险应当低于原贷款风险。

一、贷款重组方式

在贷款重组方式上大致可以分为融资方式重组，融资金额、期限重组和企业并购重组三种类型。

（一）融资方式重组

融资方式重组指银行对借款人变更融资方式，以适应借款人目前现金流回归方式，缓解其由于现金流状况不适应还款要求而暂时无力偿还到期本息的情况，维持借款人保持正常运转的处理方式。

例如，某企业原融资方式为银行签发的银行承兑汇票采购大宗原材料，由于企业将销售回笼现金部分挪用于新建生产线投资，造成银行承兑汇票到期后，现金流无法满足兑付承兑汇票而出现银行垫款。但该企业生产经营，产品销售均正常，没有出现实质性危及银行贷款本息安全的因素。此时银行为缓解企业资金压力，维护企业资金链安全，根据企业实际将资金用于生产线投资的情况，在重新评估其固定资产投资的效益和风险后，采用将原银行承兑汇票被挪用部分资金按固定资产贷款方式，重新发放一笔固定资产贷款，收回银行承兑汇票的垫款。

（二）金额、期限重组

金额和期限重组指银行在对借款人偿债能力分析的基础上，重新制订合理的还款计划，变更还款期限，或是对借款人适当注入少量新贷款，封闭运行，支持其有市场、有效益、有订单的产品和项目发展，从而鼓励企业增强还款意愿和能力，达到最终盘活并全部收回原有问题贷款本息的处理方式。

例如，某企业在银行有一笔流动资金贷款，由于受产品市场变化影响，按原期限归还贷款存在较大困难，贷款出现违约。基于此情况，银行可以考虑重新对企业偿债能力进行评估，在原贷款担保方式不变，贷款总体风险不增加或收回部分违约贷款的情况下，进行贷款展期或为借款人以借新还旧的方式重新发放同类品种的贷款，以消除企业贷款违约风险因素，达到缓解贷款风险暴露的目的。

（三）企业（债务）重组

企业重组指的是变更贷款的承债主体（借款人），重新落实贷款的还款责任。当借款人出现无力偿还贷款本息时，为保证银行贷款本息安全，落实贷款新的还款责任人，在有条件时可以考虑将贷款转移到有还款能力和意愿的新借款人身上，以新借款人作为偿债主体，并落实担保。变更借款主体在性质上属于债务全部或部分转移。

例如，某企业由于经营管理不善，贷款出现违约，为了实现自救，与第三方达成资产转让或兼并协议，由受让方接收企业资产并承担相应债务。经债权银行对受让方的生产经营、偿债能力等情况进行评估后，同意将部分或全部债务转移到受让方，并重新签订贷款协议或贷款受让协议。这种重组方式一般讲，能快速有效地化解银行不良贷款压力，降低贷款风险，减少可能发生的信贷资产损失。

二、办理贷款重组的适用范围

办理贷款重组时，借款人必须符合有关贷款法律法规、监管要求规定的基本条件，同时应当符合以下条件：

（一）贷款的风险敞口有所减少

通过贷款重组，可收回部分贷款本金或欠息，或担保效力优于原担保。

（二）贷款担保有所改善

贷款重组后有利于商业银行贷款安全和借款人落实还款计划，变更借款人后贷款风险明显降低。通过贷款重组能使原借款合同或担保合同存在的法律缺陷得到完善，或使信用贷款转化为担保贷款，或进一步增强担保的可靠性。

属于下列情况之一的，一般不能办理贷款重组：

1. 借款人逃废债务或恶意欠息的情况。

2. 借款人已进入破产程序。

3. 借款人已严重资不抵债、濒临破产，且没有政府提供财政支持或新的投资者介入。

4. 处于诉讼或执行程序中的贷款。

5. 贷款质量分类中已列为损失类的贷款。

三、贷款重组的工作要求

（一）尽职调查要求

借款人申请贷款重组时，调查人员要深入调查，以积极慎重的态度，分析权衡即时清收与贷款重组的利弊，最大限度化解风险和减少损失。调查报告要详细说明原贷款相关情况、出现问题的原因、办理贷款重组的理由及风险控制措施等内容。

（二）审查、审批要求

贷款重组时，要从严审查借款人的还款意愿和落实还款计划的能力、保证人保证能力、抵（质）押物（权）的价值和变现能力，重点关注：

1. 贷款重组的必要性、合规性、预期风险变化情况。项目贷款和房地产贷款重组时，必须对有关项目进行审慎分析，并由有权审批机构决定是否需进行重新评估。

2. 审慎确定贷款重组期限。重组贷款的期限要考虑借款人综合还贷能力、借款人其他主要债务的构成及到期时间、抵（质）押物（权）价值及变现能力、保证人的代偿能力等因素，防止重组期内贷款风险加大。短期贷款重组期限一般不超过 1 年；中期贷款重组期限一般不超过 3 年；长期贷款重组期限一般不超过 5 年。贷款重组后一般应要求分期还款，并按月结息。

3. 贷款重组应落实合法、有效、足值的担保，担保至少不弱于原贷款条件。原贷款没有担保或担保不足的，应当补办、补足或更换担保。

4. 为确保重组贷款在今后诉讼过程中的有效性，在借款申请书、借款合同的"贷款用途"一栏应直接填明"本贷款用于偿还×××合同编号项下借款人所欠债务"。贷款重组时，在借款合同"双方约定的其他事项"中必须增加相应的保护性条款。

（三）质量管理要求

贷款重组后风险分类应至少归为次级类，并且在 6 个月的观察期内不可调整为正常或关注贷款。重组到期后如果贷款仍然逾期，或借款人仍然无力归还贷款，贷款至少应列为可疑类。

案例［**基本情况**］某市 B 公司某二期房地产项目位于郊县县城，为住宅商品房。项目进入销售期时，正遇国家连续出台从严的房地产宏观调控措施，销售进度未达评估预计（贷款到期时，仅销售 30%）。在到期前 9 个月 G 银行通过监测发现风险后，即对项目进行了全面调查。经了解，该项目开发商信用意识很强，但是股东确无还款能力和融资渠道。

调查同时发现，由于项目建设情况是正常的，该项目贷款到目前已经基本完工，除银行贷款外，积欠的工程款和其他债务也为数不多，只是由于销售不如预期导致回款进度缓慢。如果给予该项目 1~2 年的时间宽限，是可以通过销售还清贷款的。但由于 G 银行制度规定：房地产开发贷款不得展期，导致其形成贷款到期无法履约。G 银行根据这种情况，主动设法为 B 公司联系了 2 家资产公司，最终由 C 资产管理公司发行信托计划对其进行融资，解决其违约困境。三方商定：由 C 资产管理公司先行代为还贷，G 银行同时出具承诺在还贷当天完成撤押。最终，该笔贷款（余额 3 500 万元人民币）提前一个月结清。既维护了 G 银行的利益，也维护了客户的信用。

[案例点评] 形成贷款违约的原因是很多的，银行只有根据违约的原因，采取针对性的措施，才能有效化解风险，得到全体利益相关者多赢的结果。该案例中，银行对 B 公司即将出现的贷款违约状况，查明其真正原因来自销售不及时，导致销售未完贷款到期的尴尬局面。本来，只要允许贷款展期便可解决问题，但因制度规定不得展期，造成问题复杂化。但 G 银行在这种状况下，采取同业第三方合作的办法，联手化解了 B 公司的"违约危机"，不失为一个较好的办法，值得同业借鉴。

第二节　贷款出售

贷款出售指商业银行将列为次级以下的不良贷款，通过价值评估、招标拍卖的方式，向第三者进行出售的处置方式。商业银行通常采用的不良贷款出售方式大体有三种：

一、批量转让

批量转让指对数个不良贷款进行资产打包，对包内贷款资产的价值进行综合评估后，通过招标拍卖形式定向向资产管理公司[①]转让的行为。通常也称不良贷款打包出售。

（一）不良贷款批量转让应遵循的原则

1. 依法合规原则。转让资产范围、程序严格遵守国家法律法规和政策规定，严禁违法违规行为。

2. 公开透明原则。转让行为要求公开、公平、公正，及时充分披露相关信息，避免暗箱操作，防范道德风险。

---

① 资产管理公司指具有健全公司治理、内部管理控制机制，并有 5 年以上不良资产管理和处置经验，公司注册资本金 100 亿元人民币（含）以上，取得银监会核发的金融许可证的公司，以及各省、自治区、直辖市人民政府依法设立或授权的资产管理或经营公司。

3. 竞争择优原则。要求优先选择招标、竞价、拍卖等公开转让方式，充分竞争。

4. 价值最大化原则。转让方式和交易结构应科学合理，提高效率，降低成本，实现处置回收价值最大化。

（二）不良贷款转让范围

批量转让不良贷款的范围一般是不良贷款资产，也可以包括部分因不良贷款产生的非信贷资产：

1. 按规定程序和标准认定为次级、可疑、损失类的贷款。

2. 已核销贷款的账销案存资产。

3. 企业用于抵债的资产。

4. 其他不良资产。

按国家目前有关规定，商业银行下列不良资产不得进行批量转让：

1. 债务人或贷款担保人（物）为国家机关或其拥有的资产。

2. 经国务院批准列入全国企业政策性关闭破产计划的借款人的资产。

3. 国防军工企业等涉及国家安全和敏感信息的资产。

4. 个人贷款（包括向个人发放的购房贷款、购车贷款、教育助学贷款、信用卡透支、其他消费贷款等以个人为借款主体的各类贷款）。

5. 在借款合同或担保合同中有限制转让条款的资产。

6. 国家法律法规限制转让的其他资产。

（三）批量转让业务流程

商业银行按以下步骤进行不良贷款批量转让：

1. 不良资产打包。根据本行不良资产分布和市场行情，按照董事会确定的转让范围，筛选与确定拟批量转让的不良资产，合理确定批量转让资产的规模、结构，并进行打包。

2. 卖方尽职调查。按照国家有关规定和要求，认真做好批量转让不良资产的卖方尽职调查工作。主要通过审阅不良资产档案和现场调查等方式，客观、公正地反映不良资产状况，充分披露资产风险。对拟批量转让的不良资产要全部开展现场调查。真实记录卖方尽职调查过程，建立卖方尽职调查数据库，逐户撰写卖方尽职调查报告。

3. 资产估值。在卖方尽职调查的基础上，要合理分析不良资产内在特性，包括债务人、债务责任关联方的生产经营、资产负债和偿债意愿、抵（质）押物权属和价值、诉讼执行等因素，逐户对不良资产的市场价值进行评估；再综合考虑资金成本、处置成本、时间价值等因素，测算转让价格。不良资产的转让价格评估原则上应采取内部估值与外部评估相结合的方式确定，在估值结果基础上合理确定转让底价。

4. 制订转让方案。转让方案应对资产状况、尽职调查情况、估值的方法和结果、转让方式、邀请或公告情况、受让方的确定过程、履约保证和风险控制措施、预计处置回收和损失、费用支出等进行阐述和论证。

5. 方案审批。在完成资产打包、卖方尽职调查、资产估值定价，以及与有意向参与收购的资产管理公司初步沟通等工作后，将批量转让方案报有权审批机构进行审批。

6. 发出要约邀请。公开转让方式包括招标、竞价、拍卖等，根据不同的转让方式向资产管理公司发出邀请函或进行公告。邀请函或公告内容应包括资产金额、交易基准日、资产的五级分类情况、资产实际分布、转让方式、交易对象资格和条件、报价日、邀请或公告日期、有效期限、联系人和联系方式及其他需要说明的问题。

7. 组织买方尽职调查。组织接受邀请并注册竞买的资产管理公司进行买方尽职调查。在开展买方尽职调查以前，资产管理公司要签署《保密承诺书》，并向商业银行出具书面声明，同意按照商业银行有关要求参与拍卖、招标或竞价谈判，愿意承担后续处置风险，不良资产转让完成后不因任何原因向商业银行进行追索；在买方尽职调查前，商业银行应当向已注册竞买的资产管理公司提供必要的资产权属文件、档案资料和相应电子信息数据，至少应包括不良资产重要档案复印件或扫描文件、贷款五级分类结果等；向资产管理公司如实披露卖方尽职调查情况，特别是不良资产瑕疵情况等；向资产管理公司的买方尽职调查提供必要的条件，保证现场尽职调查时间和条件，对于资产金额较大和户数较多的资产包，应适当延长买方尽职调查时间。

8. 确定受让方。在实施转让前，商业银行应将确定受让方的原则和方法提前告知资产管理公司。根据不同的转让方式，按照市场化原则和国家有关规定，确定受让资产管理公司。采取竞价方式转让资产，应组成评价委员会，负责转让资产的评价工作，评价委员会可邀请外部专家参加。采取招标方式应遵守国家有关招标的法律法规。采取拍卖方式应遵守国家有关拍卖的法律法规。只有一个符合条件的意向受让方时，商业银行可采取协议转让方式。

9. 签订转让协议。商业银行与确定的受让资产管理公司签订资产包转让协议，同时签订逐户资产转让协议。转让协议应明确约定交易基准日、转让标的、转让价格、付款方式、付款时间、收款账户、资产清单、资产交割日、资产交接方式、违约责任等条款，以及有关资产权利的维护、担保权利的变更、已起诉和执行项目主体资格的变更等具体事项。转让协议经双方签署后生效。

10. 组织实施并通知债务人。根据签署的资产转让协议组织实施。原则上买卖双方要采取逐户通知债务人（包括借款人、担保人、其他还款责任人等）的方式履行告知义务。在确实无法通知到债务人的情况下，买卖双方可在全国或者省级有影响的报纸上发布债权转让通知暨债务催收公告，公告费用由双方承担。

11. 转让款项支付和账务处理。原则上受让资产管理公司应当采取一次性付款方式支付转让款项，确需采取分期付款方式的，应将付款期限和次数等条件作为确定转让对象和价格的因素，首次支付比例不低于全部价款的30%。采取分期付款的，资产权证移交受让资产管理公司前应落实有效的履约保证措施。

在转让协议生效后的规定时间内，受让资产管理公司应在规定时间内将交易价款划至银行指定账户。在按照约定收到转让款项后，按照资产包成交价，将相应转让款项划至商业银行，商业银行以受让资产管理公司出具的逐户成交价为基础确定每户收回金额，并按"处置费用、本金、利息"的顺序进行收回款项的账务处理。

12. 档案移交。按照资产转让协议约定，及时完成资产档案的整理、组卷和移交工作。移交的档案资料原则上应为原件（电子信息资料除外），其中证明债权债务关系和产权关系的法律文件资料必须移交原件；商业银行应对所有移交的组卷资料进行复制备份，统一归档管理。档案资料交接采取现场集中交接的方式，并填写档案移交清单，确保移交档案资料和信息披露资料（债权利息除外）的一致性。

13. 差额损失核销。对资产转让成交价格与账面价值的差额部分，在完成转让手续后，应及时逐户组卷申报呆账核销或转出销账，差额损失按照呆账核销审批权限进行审批。在资产转让和处置环节需缴纳税费的，依法进行相关税务处理。

二、债权转股权

债权转股权指商业银行通过将贷款形成的债权转化为股权的形式，将贷款转变为投资。我国于1995年颁布的《商业银行法》规定，商业银行不得从事信托投资和股票业务，不得向企业进行投资，因而，债转股从法律意义上只是属于资产管理公司操作的业务。根据原国家经贸委、中国人民银行 1999 年 7 月 30 日对国有银行组建的资产管理公司发布的《关于实施债权转股权若干问题的意见》的规定，债转股企业必须具备以下条件：

1. 企业属于工业企业，尤其是国家确定的重点企业。

2. 企业处于亏损或虚盈实亏状态，且亏损的主要原因是负债过高。

3. 企业有良好发展前景。

但是，2006 年国务院批准中国工商银行将其对中国长江航运股份有限公司的贷款转为股权持有，成为我国商业银行以债转股方式处置企业不良贷款的标志性事件。在随后的银行实践中，债转股也逐渐成为了商业银行合法的不良贷款处置途径之一。

2015 年以后，国家在实施"去杠杆"政策中，鼓励商业银行对资产负债率过高的国有企业进行债转股操作，商业银行陆续有此类案例发生。尽管如此，商业银行主动对不良贷款开展债转股操作在目前还是比较少见的。表面上，债转股可以使那些长期为企业垫付并已成为企业必需的周转资金的银行贷款变为银行对借款人的股权投资，化解借款人部分违约风险是有利于银行经营的，但实际上，银行通过债转股操作，事实上接受了借款人违约风险，使信用风险直接转变为了自身的财务风险。因而在操作上，商业银行对债转股是十分谨慎的，一般是根据国家要求开展此类工作，并严格按国家规定进行操作。

三、不良资产证券化

不良贷款证券化指国有商业银行或资产管理公司作为发起人将其所持有的具有一定流动性、可预见未来现金净流入的不良贷款，出售给某一个特殊目的载体（SPV），由其汇集大量的同质贷款进行分类组合，以这些贷款的未来现金流作为收益，发行多样化的抵押证券并在金融市场进行出售与流通的一种行为。

不良资产证券化业务最早在 20 世纪 70 年代兴起于美国，并于 80 年代在欧美金融市场上获得快速发展。目前在我国还未有一家商业银行和资产管理公司开展不良贷款证券化业务。随着我国信贷资产证券化相关法律法规的发布与完善、信贷资产证券化业务和固定收益市场的不断发展，以及近年来商业银行不良贷款的快速增长，我国不良贷款证券化有望破冰。它对商业银行不良贷款处置方式的创新具有较大意义。

1. 增加资产流动性。通过资产证券化，对不良资产进行转移、隔离和集中处理，有助于银行进行呆账调整，使之增加资产流动性，改善信贷经营业绩。

2. 获得低成本的资金来源。通过将资产转化为得到担保、保险等信用增级保证的适销证券，银行获得的是一种其他融资方式所不能做到的、达到投资级别的资金筹集方式。从投资者角度看，证券化使原先不能投资于抵押贷款、商业信贷的投资者可通过持有资产支持证券来达到间接投资的目的。此外，银行在将资产出售的同时，一般保留贷款继续服务权，从中获得一定的服务费用收入，这些也构成了银行收益的来源。

3. 能够有效地降低风险。资产的出售可使资本得到释放，释放的资本可被再投资于其他更高收益、更低风险的加权资产，使总体资产的风险暴露程度下降。而且由于证券化使资产流动性提高，并将其面临的资产偿付风险提前向其他方转移，同时通过信用增级提高了交易质量，这种过程减少了银行因资产负债的期限错配导致的流动性风险。

4. 提高资金配置效率。通过将出售资产获得的资金投资于其他资产，金融机构能有效分散面临的非系统性风险，并且打破资产组合的地域和行业集中限制，使资金的融通渠道有效疏通，有助于资产配置效率的优化。

第三节　担保物处置

担保物处置指银行以处置担保物来收回贷款本息的行为。担保物处置一般有以下几种形式：

一、以物抵贷

以物抵贷指银行的贷款到期，但债务人无法用货币资金偿还债务，或债权虽未到期，但债务人已出现严重经营问题或其他足以严重影响债务人按时足额用货币资金偿还债务，或当债务人完全丧失清偿能力时，担保人也无力以货币资金代为偿还债务，经银行与债务人、担保人或第三人协商同意，或经人民法院、仲裁机构依法裁决，债务人、担保人或第三人以实物资产或财产权利作价抵偿银行债权的行为。

以物抵债管理应遵循严格控制、合理定价、妥善保管、及时处置的原则。

（一）以物抵贷的方式

1. 协议抵贷。经银行与债务人、担保人或第三人协商同意，债务人、担保人或第三人以其拥有所有权或处置权的资产作价，偿还银行贷款债权。

2. 法院、仲裁机构裁决抵贷。通过诉讼或仲裁程序，由终结的裁决文书确定将债务人、担保人或第三人拥有所有权或处置权的资产，抵偿银行贷款债权。

诉讼程序和仲裁程序中的和解，参照协议抵贷处理。

（二）以物抵贷的触发条件

银行贷款的根本原则是"借钱还钱"。但当债务人出现下列情况，无力以货币资金偿还银行贷款本息，或当债务人完全丧失清偿能力时，担保人也无力以货币资金代为偿还贷款本息，银行应当根据债务人或担保人以物抵贷协议或人民法院、仲裁机构的裁决，实施以物抵贷：

1. 生产经营已中止或建设项目处于停、缓建状态。

2. 生产经营陷入困境，财务状况日益恶化，处于关、停、并、转状态。

3. 已宣告破产，银行有破产分配受偿权的。

4. 对债务人的强制执行程序无法执行到现金资产，且执行实物资产或财产权利按司法惯例降价处置仍无法成交的。

5. 债务人及担保人出现只有通过以物抵债才能最大限度保全银行债权的其他情况。

银行要根据债务人、担保人或第三人可受偿资产的实际情况，优先选择产权明晰、权证齐全、具有独立使用功能、易于保管及变现的资产作为抵债资产。

（三）银行不接受下列财产用于抵偿贷款债务

1. 法律规定的禁止流通物。

2. 抵债资产欠缴和应缴的各种税收和费用已经接近、等于或者高于该资产价值的。

3. 权属不明或有争议的资产。

4. 伪劣、变质、残损或难以储存、保管的资产。

5. 资产已抵押或质押给第三人，且抵押或质押价值没有剩余的。

6. 被依法查封、扣押、监管或者依法被以其他形式限制转让的资产（银行有优先受偿权的资产除外）。

7. 公益性质的生活设施、教育设施、医疗卫生设施等。

8. 法律禁止转让和转让成本高的集体所有土地使用权。

9. 已确定要被征用的土地使用权。

10. 其他无法变现的资产。

特别需注意的是：划拨土地的土地使用权原则上不能单独用于抵偿债务，

但如以该类土地上的房屋抵债的，房屋占用范围内的划拨土地使用权理论上应当一并用于抵偿债务。这类情形应首先取得获有审批权限的人民政府或土地行政管理部门的批准，并在确定抵债金额时扣除按照规定应补缴的土地出让金及相关税费。

（四）以物抵贷金额的确定

1. 协议抵债的，原则上应在具有合法资质的评估机构进行评估确值的基础上，与债务人、担保人或第三人协商确定抵贷金额。评估时，应要求评估机构以公开市场价值标准为原则，确定资产的市场价值，在可能的情况下应要求评估机构提供资产的快速变现价值。抵贷资产欠缴的税费和取得抵债资产支付的相关税费应在确定抵贷金额时予以扣除。

2. 采用诉讼、仲裁等法律手段追偿贷款债权的，如债务人和担保人确无现金偿还能力，银行要及时申请法院或仲裁机构对债务人、担保人的财产进行拍卖或变卖，以拍卖或变卖所得偿还债权。按司法惯例降价后"三拍"流拍的资产确需以物抵贷的，应比照协议抵债金额的确定原则，要求法院、仲裁机构以最后一次的拍卖保留价为基础，合理确定抵贷金额。

（五）抵贷资产处置

抵贷资产收取后，商业银行应当按照《商业银行法》规定尽快处置变现。以抵债协议书生效日，或法院、仲裁机构裁决抵债的终结裁决书生效日为抵贷资产取得日，抵贷的不动产和股权应自取得日起 2 年内予以处置；动产应自取得日起 1 年内予以处置。

银行处置抵贷资产原则上应采用公开拍卖方式进行处置。拍卖抵债金额较大的单项抵贷资产应通过公开招标方式确定拍卖机构。抵贷资产拍卖原则上应采用有保留价拍卖的方式。确定拍卖保留价时，要对资产评估价、同类资产市场价、意向买受人询价、拍卖机构建议拍卖价进行对比分析，考虑当地市场状况、拍卖付款方式及快速变现等因素，合理确定拍卖保留价。

不适宜拍卖的，可根据资产的实际情况，采用协议处置、招标处置、打包出售、委托销售等方式变现。采用拍卖方式以外的其他处置方式时，应在选择中介机构和抵贷资产买受人的过程中充分引入竞争机制，避免暗箱操作。

（六）以物抵贷的账务处理

银行以抵贷资产取得日为所抵偿贷款的停息日。

银行取得抵债资产后，应及时进行账务处理，禁止账外核算。具体账务处理按照财政部关于印发《银行抵债资产管理办法》的通知（财金〔2005〕53

号）的要求执行。

二、协议处置

根据《担保法》第五十三条关于抵押权实现的规定，借款人（抵押人）到期未清偿债务的，债权人（抵押权人）有权与借款人协商处理抵押物，未能达成协议的，应通过向人民法院起诉实现抵押物的拍卖、变卖以清偿债权。

协议处置指对抵押物进行协议折价，在抵押权所担保的债权已届清偿期后，抵押权人和抵押人协议以抵押物替代现金清偿受担保的债权，由抵押权人取得抵押物的所有权后，受担保债权在协议抵偿的金额范围内消灭的一种抵押权实现方法。

抵押物协议处置应当符合下列条件：

（一）抵押权担保的债权已到达清偿期

（二）抵押人与抵押权人达成抵押物折价协议

1. 抵押人与抵押权人应当订立抵押物折价转移所有权的协议。

2. 当抵押人为第三人时，抵押物折价协议不仅是抵押权人与债务人达成协议，而且必须经第三人（抵押人）同意，否则没有效力。

3. 抵押物折价协议应当是当事人的真实意思表示，不得以欺诈、胁迫方式，否则，协议视为无效或可撤销。

4. 根据《物权法》第一百九十五条"抵押财产折价或者变卖的，应当参照市场价格"的规定，抵押物折价的价格要公平，以参照市场价格为依据。

5. 抵押物折价协议的生效是否以登记为必要。凡抵押物所有权或使用权的取得应当办理权属登记的，自权属登记之日起生效。

（三）抵押物协议折价应为清偿受抵押担保的债权为目的

（四）抵押物协议折价不得损害其他抵押权人利益

凡是抵押物折价协议有损其他抵押权人和债权人的利益，其他抵押权人和债权人可根据《合同法》第七十四条、第七十五条行使撤销权。对此，《最高人民法院关于适用〈中华人民共和国担保法〉若干问题的解释》第五十七条第二款规定："债务履行期届满后抵押权人未受清偿时，抵押权人和抵押人可以协议以抵押物折价取得抵押物。但是，损害顺序在后的担保物权人和其他债权人利益的，人民法院可以适用《合同法》第七十四条、第七十五条的有关规定。"《物权法》第一百九十五条规定：协议损害其他债权人利益的，其他债权人可以在知道或者应当知道撤销事由之日起1年内请求人民法院撤销该协议。该一年应当为除斥期间，即不存在中断、中止和延长的情形。

协议处置是"以物抵贷"的一种特殊形式，在执行协议处置时，银行内部的操作流程同"以物抵贷"。

三、拍卖

拍卖指当抵押人在规定时间内没有还清或无力偿还银行贷款时，银行有权委托拍卖机构拍卖用于抵押的抵押物。

（一）抵押物拍卖的一般程序

1. 申请。抵押权人向拍卖机构提出拍卖申请及有关证明文件。

2. 拍卖机构清查核实抵押物，厘定拍卖底价。

3. 拍卖机构发布拍卖公告。拍卖的公告即为拍卖人将拍卖的大概情况告知社会公众，告知的时间在《中华人民共和国拍卖法》中已有明确规定，即必须于拍卖日 7 日前发布，告知的常用方式为在媒体上刊登广告等。

4. 公开拍卖。公告期满，对拍卖物所有权没有争议的，拍卖机构进行公开拍卖。

5. 拍卖成交后办理纳税和拍卖物权属转移手续，所得价款用于清偿抵押项下对应的贷款本息及其相关处置费用。

（二）但有下列情况发生，拍卖程序中止

1. 人民法院接受第三人就拍卖物所有权提起诉讼，并裁定中止拍卖的。

2. 抵押权人申请中止拍卖的。

3. 抵押人已具有偿还贷款本息的能力，向拍卖机构申请中止拍卖的。

（三）抵押物拍卖所得款项按下列顺序处分

1. 支付处分抵押物的费用。

2. 扣缴抵押物应纳的税款。

3. 偿还抵押人所欠贷款本息及罚息。

4. 剩余金额交还抵押人。

在抵押物拍卖中，商业银行应当注意法律的以下规定，以保护债权不受损失：

如果第一次拍卖流拍，债权人可以在法定间隔期以后继续申请第二次、第三次拍卖，但每次拍卖物的保留价必须降低 20%。如果三次拍卖依然流拍，且申请执行人或其他执行债权人无法接受或拒绝接受以拍卖物抵债的，人民法院应当发出变卖公告。变卖公告后，如抵押物依然无人受买，且申请执行人、其

他执行债权人仍不表示接受该财产抵债的,人民法院将解除该物权的查封和冻结,将该财产退还被执行人,但对该财产可以采取其他执行措施的除外。

第四节　诉讼

诉讼指银行对一些还款意愿差、故意拖延、企图逃债的借款人,采用法律手段进行诉讼追偿。随着我国法律制度的不断健全完善,特别是企业破产制度的健全,依法追讨不良贷款是当前乃至今后商业银行的主要手段之一。

商业银行贷款诉讼一般按以下流程进行。

一、诉讼准备

商业银行内部的不良贷款管理机构一般应在下列时限之前,向本行法律事务部门提交起诉申请和相关资料:

1. 本案诉讼时效届满前两个月;

2. 本案保证期间届满前两个月;

3. 与本案相关的其他法定期间届满前一个月。

案件资料不完整或有缺陷的,法律事务部门可要求申请部门予以补充。

二、诉前论证

法律事务部门收到起诉申请和相关资料后,应按规定进行诉前论证,提出诉前论证报告。诉前论证报告应当包括但不限于下列内容:

1. 基本案情。

2. 本案有关问题及涉及法律问题。

该项包括现有证据及其证明力;本案可能发生的争议焦点及商业银行对策;诉讼风险及结果预测等。

3. 当事人财产现状及执行预测。

该项包括当事人融资总额、当事人财产估算的可能受偿价值;分拆诉讼标的或非诉讼手段清收的可行性或可能性等。

4. 拟采取的诉讼方案及措施。

该项包括选择最适合的法律手段;确定诉讼标的;诉讼成本预算及分析;预计本案的执行比率;拟采取的其他诉讼措施等。

诉前论证的结果，应当报请上级行法律事务部门审查。上级法律事务部门不同意起诉的案件，应当说明理由并退回当事机构另行研究解决办法；对于同意起诉的案件，应当按照规定的程序和权限进行审批。

三、诉讼开展

经上级审批决定起诉的相关诉讼事务，由相关法律事务部门负责组织进行诉讼。商业银行可直接委派本行法律事务人员参与代理诉讼，也可根据实际需要外聘律师代理诉讼。法律事务部门或外聘律师在办理诉讼案件事务时，商业银行的当事机构应当及时提供与案件有关的证据和其他资料，并根据需要参与案件诉讼工作。

所有起诉案件，有关起诉状、财产保全申请、代理词、上诉状、答辩状、调解协议、再审申请、执行申请等法律文书，均应由本行法律事务部审查同意后才能对外出具。

经上级审批同意上诉的案件，当事机构应当在时效期满前积极上诉，不上诉的应当在上诉时效届满前书面向上级行法律事务部门报告原因，并取得同意。

四、生效法律文书的执行

胜诉案件，债务人在生效法律文书规定的期限内未履行义务的，商业银行应当在法定期限内及时申请执行。商业银行的当事机构应根据对被执行人可供执行财产的调查掌握情况，灵活采取执行措施，并注重现金执行工作，努力提高执行效果；同时，主动做好与法院、地方政府及有关部门的沟通协调工作，积极探索多种途径执行方式。

对本行不服的生效判决，商业银行可按照规定的程序和授权规定履行相应审批手续后，采取申请再审、提请抗诉等法律救济手段，维护本身的合法权益。

五、诉讼费用和垫款管理

诉讼费用包括案件受理费、申请费等诉讼案件处理过程中按法院规定可能发生的其他各项费用。律师代理费包括支付给律师的代理诉讼案件及非诉案件的费用。法律部门应当会同财务部共同对支出的诉讼费用及诉讼案件垫款制定落实清收计划和措施，明确清收责任人，督促做好清收和核销工作。诉讼费用、律师代理费必须专款专用，不得挪作他用。

拟起诉的案件，事前应详细估算诉讼费用，合理预测诉讼结果和执行结果，确保通过诉讼至少可以收回大于诉讼费用和律师费用的现金。胜诉执行后收回的现金或资产变现后收回的现金，应当首先冲抵相关诉讼费用垫款，再依次冲减债权本金、表内应收利息和表外应收利息。

符合以下条件的诉讼案件费用垫款原则上可以通过损失核销的形式予以处理：

1. 已胜诉事项垫付的诉讼费用，经追索确认败诉方丧失偿还能力，不能偿还部分形成的损失。

2. 经法院生效法律文书确定诉讼案件垫款形成的损失。

六、诉讼档案管理

银行内部应建立诉讼案件档案管理制度，及时归集各种诉讼案件档案资料，保证诉讼案件原始资料真实完整，客观反映案件全部情况。商业银行应逐案建立完备的诉讼案件档案资料，在诉讼过程中由承办人负责管理；诉讼结束后，除重要凭证原件退回有关业务部门外（可留存复印件），全部案件资料按照信贷档案管理规定及时移交综合档案管理部门集中保管。

第五节 呆账核销

贷款呆账核销指对符合国家有关部门和商业银行董事会关于呆账认定条件的债权，按照规定的程序和要求通过审批，并进行相应核销账务处理的行为。

呆账核销工作应坚持尽职追索、责任追究、依法合规、账销案存的原则。

商业银行内部的呆账核销流程为：

一、组卷

核销申报材料由具体发生呆账的商业银行分支机构（以下简称贷款行）负责组卷。核销申报以借款人为单位逐户组卷。借款人名下在商业银行既有个贷，又有银行卡透支的，应一并组卷申报。存在多币种的，按原币种组织申报。核销申报材料分为电子申报与纸质申报两种方式；其中电子申报材料应提供原件扫描，纸质申报材料可提供原件，也可提供由发文单位或申报行盖章确认的复印件。

核销申报材料包括声明与保证、申报呆账核销的请示、债权证明材料、债权损失证明材料、实地核查报告、贷款责任认定与追究材料以及有必要提供的其他相关材料。贷款行对上报审查材料的真实性、合法性、准确性负责，并在申报核销呆账的同时，积极做好向税务机关申报呆账损失税前扣除相关文件、资料的准备等工作。

二、核销审批

呆账核销实行授权审批制度，具体审批权限由商业银行根据其董事会确定并授权。

审查行信用风险管理部门负责对申报行报送的核销材料的完整性、合理性、合规性进行审查，出具审查意见，并在经本行集体审议机构审议后，按规定权限报送审批。

贷款行接到上级呆账核销批复后，应按上级批复文件要求及时进行呆账核销账务处理。对批准核销的呆账本金，冲销已提取的相应拨备，对表内应收利息作冲减利息收入处理，对表外应收利息按实际发生数直接冲销。已提拨备不足冲销时，应当在当期成本中补提拨备。

申报行在呆账核销账务处理的同时，对于尚可追索的不良债权，按批复金额将其转入账销案存资产表外科目进行核算和管理。

三、账销案存资产管理

账销案存资产，指银行的不良资产核销后，仍可依法继续向债务人、担保人追索的债权。该债权在表内核销后转入表外账销案存科目管理，贷款行应当继续尽职追索。

（一）账销案存资产管理原则

1. 严格保密。加强债权核销、债权与担保有效性、诉讼时效、申请强制执行时效、预计清偿金额等重要信息的管理，严控知悉范围，相关工作人员严禁对行内、外无关人员泄露。

2. 分类管理。按照清收潜力大小与追索可能性，将信贷类账销案存资产划分不同类别，合理配置管理资源，突出对重点资产的管理与清收，提高工作成效。

3. 尽职追索。账销案存期间，贷款行各相关部门及人员应认真履行职责，切实做好对已核销债权及抵（质）押、保证等担保权利的维护与保全，积极通过多渠道、多方式向债务人进行追偿，维护银行权益。

4. 依法合规。账销案存资产管理与清收处置工作中，要严格执行国家相关的法律法规和政策制度规定，加强业务指导与监督检查，防止违法事件及合规风险发生。

（二）账销案存资产分类

按照清收潜力大小与追索可能性，可将信贷类账销案存资产划分为 A、B、C、D 四类，其中：

1. A 类资产，指债务责任人尚有资产未处置完毕，或未采取诉讼等强制方式追偿，具有一定清收潜力和追索可能的债权。对于 A 类资产，原则上要在核销转入后立即制订清收计划，落实相关工作人员进行清收处置。

2. B 类资产，指债务责任人有关资产清算、债务清偿、涉诉涉案及商业银行依法追偿程序等尚未结束，但目前已无可追偿资产及线索，其清收潜力和追索可能均不能确定或很小的债权。对于 B 类资产，原则上要纳入不良资产管理部门的年度清收工作计划，落实相关工作人员进行清收处置。

3. C 类资产，指债务责任人有关资产清算、债务清偿、涉诉涉案及商业银行依法追偿程序等已结束，或商业银行债权与担保均已超过诉讼时效，其清收潜力与追索可能均极小的债权。对于 C 类资产，贷款行原则上要有人进行关注，一旦发现可供追索机会，转入 B 类资产进行管理。

4. D 类资产，指已符合规定的债权与债务关系终结条件的债权。对于 D 类资产，贷款行应及时按规定要求组织转出销账。

（三）日常处置管理

账销案存资产的处置方式主要包括：现金清收、以物抵债、债务重组（还款免息、破产重整与破产和解等）、委托清收、债权转让等。账销案存资产可选择一种或综合运用多种方式加快处置速度，提高处置成效，降低处置损失。在同等条件下，现金清偿优先于非现金清偿。

尽职追索后，对债权与债务关系已符合终结条件的账销案存资产，相关管理部门要在对账销案存资产日常管理与清收处置各环节进行合规性检查与尽职认定，形成责任评议报告，并对有关责任人提出具体处理意见；人力资源、纪检监察等部门负责按照相关规定落实对责任人的处理。完成责任认定、法律审查、现场核查、资产损失税前扣除等相关工作后，启动转出销账报批程序，并经有权审批行审批同意后转出销账。

不良资产具体管理机构要结合账销案存资产实际，重点做好债权催收、现场检查、处置信息收集、统计监测、系统维护、档案管理等日常管理工作。以工作日志、催收记录、会议纪要、商谈记录、调查报告等方式，记录账销案存资产日常管理工作开展情况；对工作中存在的问题，及时提出改进的意见和建议。债权催收、处置商谈、处置方案报批、集体审议、转出销账等重大事项记录内容，入档留存。账销案存资产管理与清收处置过程中形成和取得的各类文件、法律文书、账务处理凭证（复印件）、处置方案与转出销账报批等资料，均应按规定纳入档案，移交档案管理部门管理，确保档案资料的完整。

（四）相关账务处理

对账销案存资产清收处置收入，在优先支付实现债权的费用后，确认营业外收入。

第四篇
管理实务

第十五章 信贷风险管理

信贷风险是指信贷资金在营运过程中产生损失的可能性。信贷是商业银行将资金使用权交由客户去运作的行为，其运行包含了"三重支付和三重回流"的运动过程，在这一过程中必然蕴含着损失的可能性。同时，商业银行经营又面临风险与收益高度正相关的规律，不承担风险便没有收益。因此，有效管理信贷风险，最大限度地降低风险带来的资金损失是商业银行生存与发展的核心要义。几百年来，商业银行生生不息的原因也正是它们对于信贷风险的管控能力，以及对信贷风险管控方式的不断地、与时俱进地更新和提高。

目前，我国商业银行对信贷风险管理已经基本确立了一整套具有现代意义的管控方式。从管控体系上主要包括了以风险管控政策为核心的全面风险管理架构、审慎合理的信贷资产评级管理方法、经济资本管理与信贷规模管理相结合的信贷风险结构管理办法以及稳健适度的拨备管理体系。从信贷操作体系上主要包括了流程分割、岗位制衡的业务组织体系，垂直管控、逐级授权的风险审批体系，限额管理的资产结构布局体系。

第一节 全面风险管理架构

就一家商业银行而言，其信贷业务面临的风险主要是信用风险、流动性风险和操作风险。信用风险是指客户违约造成资金损失的可能性；流动性风险是指银行在某一个时点上因为缺乏现金不能兑付客户提款要求的可能性；操作风险是指银行因内部管理失效造成信贷资金损失的可能性。这三种类型的风险不仅独立存在，更多的时候会表现为交叉影响，同时迸发。因而，商业银行必须在整个管理架构上对全部信贷风险的管理作出合理安排。

一、全面风险管理的组织架构

毫无疑问，商业银行的董事会是全面风险管理的最高决策机构，它负责决定本行的风险管理组织架构、信贷风险管理政策、管理方法和管理工具，以及决定对各种风险暴露产生的损失进行处理。董事会一般通过下述机构对本行的信贷风险进行管控：

（一）全面风险管理委员会

全面风险管理委员会是董事会关于全面风险管理方面的决策代议机构。一般由执行董事、非执行董事、独立董事以及高管层有关成员组成。其职责和任务是定期审议本行高管层提出的全面风险管理情况的报告，对本行的风险管理政策以及损失处理提出意见和建议；调查和了解本行风险管理实际情况，对信贷经营过程中暴露的主要风险问题提出对策和建议；讨论本行全面风险管理中需要改进的问题，提出或采纳新的管理方法、技术工具方面的意见和建议。

全面风险管理委员会一般下设信用风险管理委员会、市场风险管理委员会、操作风险管理委员会，分别负责对信用风险、市场风险、操作风险进行管理。这些专门委员会一般是由执行董事、相关高管层成员和有关方面专家组成。专门委员会的主要责任是对相关领域的问题进行分析、研究、提出对策建议，供全面风险管理委员会讨论，以形成董事会的决策依据。

（二）高管层

商业银行的高级管理层应当就全面风险管理工作安排相应的成员负责执行。通常是由行长牵头，同时指定 1～2 名副行长或相应级别的高管，如首席风险官，负责具体贯彻落实董事会关于全面风险管理的各项决策和指示。高管层的责任和任务是：定期收集、分析本行全面风险管理的工作情况，反映问题、提出改进措施，向董事会进行报告；全面听取董事会有关风险管理工作的决策、指示，提出具体的落实意见，向有关执行管理部门进行部署和落实；协调有关执行管理部门，就多部门协同管理问题提出意见和决定；经常深入实际调查研究，发现执行过程中的经验和问题，认真加以推广和改进。

（三）执行管理部门

执行管理部门指商业银行内部具体从事与信贷风险管理有关的部门。一般来讲，从事信用风险管理的部门有：风险管理部门（含审查、审批部门）、信贷政策管理部门、信贷质量管理部门；从事市场风险管理的部门有：资产负债管理部门、资金营运管理部门；从事操作风险管理的部门有：放款管理部门、IT系统管理部门、业务运营管理部门、内部控制部门等。执行管理部门的责任和任务是：结合本专业条线的风险管控职能，认真贯彻落实董事会和高管层关于全面风险管理工作的各项决策和措施；经常深入实际调查了解业务部门和基层机构执行全面风险管理政策的情况，总结经验加以推广，发现问题及时纠正；经常研究信贷业务过程中出现的新情况、新问题，提出解决问题的意见和建议，向高管层报告。

（四）业务运作部门

董事会关于全面风险管理的各项决策、措施，最后要被落实到具体的业务运作过程中才能发挥作用。因此，业务运作部门是商业银行执行风险管理政策的基本单位和基础。涉及信贷风险管理有关的业务运作部门有：信贷业务营销部门、信贷产品管理部门、负责信贷业务运作的基层机构等。业务运作部门的责任和任务是：在本身的业务过程中认真贯彻落实有关执行管理部门的风险管理要求，执行各项风险管理制度，纠正违规违章问题；及时收集、反馈风险管理政策、制度执行过程中存在的问题，积极向有关管理部门提出改进意见和建议。通常，业务运作部门应当设立专门的业务风险管理岗位，负责贯彻落实有关风险管理工作。

二、风险管理政策

风险管理政策是商业银行全面风险管理的核心和灵魂。不同的风险管理政策会导致不同的风险管理结果。就信贷业务而言，风险管理政策主要包括风险偏好政策（风险容忍度）、信贷投向政策和信贷审批政策。

（一）风险容忍度

风险容忍度指商业银行对于自身信贷资产中所包含风险含量的容忍程度。通常以全部信贷风险资产含量（A）表示。其计算公式为

$$A = 全部信贷风险权重资产（a）÷ 全部信贷余额$$

其中：$a = \Sigma$ 分类信贷资产 × 分类风险系数。

全部信贷风险权重资产的认定在我国商业银行风险管理实践中不尽一致，一般采用两种方式：

1. 采用原银监会《商业银行资本充足率管理办法》中规定的信贷资产风险系数，按权重法分类进行权重风险资产计算。风险系数权重见表 15 – 1。

表 15 – 1　　　　　　　　　　　风险系数权重表

项目	权重
a. 现金类资产	
aa. 库存现金	0%
ab. 黄金	0%

续表

项目	权重
ac. 存放人民银行款项	0%
b. 对中央政府和中央银行的债权	
ba. 对我国中央政府的债权	0%
bb. 对中国人民银行的债权	0%
bc. 对评级为 AA - 及以上国家和地区政府和中央银行的债权	0%
bd. 对评级为 AA - 以下国家和地区政府和中央银行的债权	100%
c. 对公用企业的债权（不包括下属的商业性公司）	
ca. 对评级为 AA - 及以上国家和地区政府投资的公用企业的债权	50%
cb. 对评级为 AA - 以下国家和地区政府投资的公用企业的债权	100%
cc. 对我国中央政府投资的公用企业的债权	50%
cd. 对其他公用企业的债权	100%
d. 对我国金融机构的债权	
da. 对我国政策性银行的债权	0%
db. 对我国中央政府投资的金融资产管理公司的债权	
dba. 金融资产管理公司为收购国有银行不良贷款而定向发行的债券	0%
dbb. 对金融资产管理公司的其他债权	100%
dc. 对我国商业银行的债权	
dca. 原始期限四个月以内（含四个月）	0%
dcb. 原始期限四个月以上	20%
e. 对在其他国家或地区注册金融机构的债权	
ea. 对评级为 AA - 及以上国家或地区注册的商业银行或证券公司的债权	20%
eb. 对评级为 AA - 以下国家或地区注册的商业银行或证券公司的债权	100%
ec. 对多边开发银行的债权	0%
ed. 对其他金融机构的债权	100%
f. 对企业和个人的债权	
fa. 对个人住房抵押贷款	50%
fb. 对企业和个人的其他债权	100%
g. 其他资产	100%

2. 采用内部评级法进行风险权重资产计算。

内部评级法对信贷资产的风险权重采用了多维度进行计算。计算公式为

$$信贷风险权重资产（RWA）= K \times 12.5 \times EAD$$

其中：K = Max［0，（LGD – EL）］

（1）违约概率（PD）。指同类信用等级客户的违约概率。如 AA 级客户的违约概率 = AA 级客户违约数量÷全部 AA 级客户数量。

（2）违约损失率（LGD）。指客户一旦违约后，可能给银行带来的损失。

$$违约损失率 = 1 – 贷款回收率$$

（3）违约暴露（EAD）。指客户违约时，客户尚积欠银行贷款的本息之和。

（4）EL 指已经暴露的风险资产预期最大损失值。

风险权重资产的计算步骤为：

第一步，确定信贷客户信用等级，找出对应的客户违约率。

第二步，确定贷款所采取的担保方式，确定客户违约后，银行有可能形成的损失敞口，据以计算违约损失率。

第三步，根据贷款情况，预测客户无法还贷时可能剩余的银行贷款的本息余额。

第四步，按上述公式计算风险权重资产。

董事会应当就本行最大可容忍的风险权重资产比例作出明确的规定［这一规定的最低限度是符合银行保险业监管部门对商业银行规定的最低资本充足率。即（商业银行总资本 – 法定扣除项）/RWA≥最低资本充足率］。

董事会对资本充足率的约束反映了一个商业银行的风险偏好程度，也是董事会制定全行风险管理政策的最基本根据。例如：《巴塞尔新资本协议》对商业银行资本监管的标准为 8%，而我国商业银行 2016 年平均资本充足率达到了 13.28%，反映了我国商业银行对于信贷风险的总体偏好程度是不高的。

从风险权重资产的计算过程看，商业银行对企业信用评级、对担保措施的风险缓释作用的评估以及对信贷资产分类的认定方式，都会对风险权重资产的大小构成影响。所以仅从总体的资本充足率政策看商业银行的风险偏好是不够的，其中，商业银行内部的信用评级政策、担保政策、信贷资产分类和风险暴露政策等，也是构成这家商业银行风险偏好政策的主要内容之一。

（二）信贷投向政策

信贷投向政策指商业银行对于信贷资产布局的结构性政策。信贷投向政策主要用于管理信贷资产的布局结构，包括行业政策、区域政策、产品政策和客户政策。它是银行内部具有强制执行效力的信贷管理政策，一般由商业银行信贷政策管理部门根据董事会总体风险管理政策制定，由内部各信贷相关的业务部门和分支机构执行。

1. 行业信贷政策。该政策是银行基于行业发展周期呈现的信贷风险特征而制定的信贷资产在不同行业中进行配置的政策。行业信贷政策主要通过对相关行业的周期性风险进行分析，据以制定行业分类信贷政策。

（1）行业风险分析。从信用风险产生的现象看是客户违约，而客户违约的诸多因素中，带有系统性效应的违约因素是行业性的衰退和萧条。当一个行业处于衰退之中，业内企业大部分都会受到牵连，即"覆巢之下安有完卵"。所以，行业风险的分析和判断对于银行风险管理具有十分重要的意义。

行业风险一般来自四个方面（见图 15-1）：一是产能过剩引发恶性竞争导致的全行业经营风险。例如，我国前阶段出现的钢铁、煤炭、光伏等行业，由于产能过剩而出现价格暴跌，进而导致全行业亏损。二是行业受到宏观经济周期性变动产生的经营性风险。例如，海运业、造船业等受到国际经济危机的影响而出现大面积萧条。三是受国家有关政策影响而产生的经营风险，如采矿业、冶炼业、精细化工等受到国家环保政策的影响，导致成本大幅提高、全行业经营效益下降。另外，房地产业受国家调控市场的影响，也会面临销售不畅，成本高企的情况。四是新业态、新技术的替代，导致整个行业面临衰败。如胶卷制造、信件邮递、百货门店零售等。

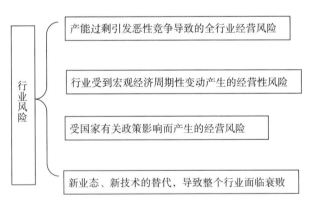

图 15-1　行业风险

当然，从另一个角度观察，在一些行业风险增加的同时，经济体中也会产生另一些行业风险降低、效益提高的情形。如在胶卷行业衰落的时候，数码产品的需求量急剧增长；在门店销售下降的时候，电子商务迅速崛起；邮政信件滑坡的同时，物流快递需求迅速升温。另外，随着经济增长，人们收入增加，一方面对传统产业的人力成本构成压力，而另一方面则引起人们对文化、服务、医疗、教育的需求量迅猛增长。

因此，对于银行信贷业务来讲，对行业的深入分析和总体把握，是避免信贷系统性风险、获得新的发展空间的最有效手段。

（2）政策分类。行业分类信贷政策是银行在对国际国内宏观经济形势、各种产业政策、各个行业发展现状和前景分析的基础上，根据控制总体风险偏好的原则，对信贷业务可覆盖范围内的行业作出的政策分类。不同行业的客户，适用不同的客户准入标准、评级授信模式、信贷审批权限，以指导银行在各个行业中的信贷布局、信贷营销策略和产品结构的配置。

一般来说，行业信贷政策中的行业分类可大体分为积极进入类、适度进入类、谨慎进入类和限制进入类等。

积极进入类行业一般是新兴的朝阳行业，对于这类行业，商业银行应当要求加大市场营销和开拓力度，努力扩大同业占比、增加综合收益，促进对该行业贷款的较快增长，而对其 RAROC 水平可以要求较低以降低进入门槛；适度进入类行业一般是商业银行信贷当家吃饭的行业，这类行业应当要求在稳定市场份额、保持 RAROC 水平的前提下，不断优化行业内客户结构，加强对行业内优质客户和未来有较大发展潜力客户的服务，争取行业贷款增速适当高于同期商业银行公司贷款平均增幅；谨慎进入类行业一般是开始出现问题，或者刚刚形成的新兴行业，行业走向和风险水平带有极强的不确定性，这类行业要求在总体控制贷款存量的基础上，优选其中的有较强竞争力的优质客户，积极退出行业内处于竞争劣势的客户，并适度提高对行业贷款的平均 RAROC 值的要求；限制进入类行业一般是衰退趋势明确，行业风险不断加大的行业，这类行业应当要求压缩行业信贷总量，在行业贷款总量有所下降的基础上，适当保留部分行业内的优质龙头客户。

2. 区域信贷政策。与行业政策相类似，商业银行在信贷投向和投量方面，也需要对各种经济区域的信用风险进行评估，大到对国家和地区的风险进行评估，小到对一个独立财政的县区的信用风险进行评估。在对区域信用风险评估的基础上，针对不同区域的经济管理制度、经济发展状况、产业状况、发展潜力以及历史信用记录，制定对某个区域的信贷投放政策，以确定信贷资产在各个区域间的合理布局。

区域信贷政策一般分为国际、国内两个部分。区域信贷风险来源比较广泛，就国际而言，主要是国别风险。国别风险主要来自：国家主权、该国的政治制度、国家政策、经济发展水平、法律体系和民间信用文化状况。一般经营跨境业务的商业银行对国别风险均有评级，根据国别风险的评级高低制定自身的国别信贷政策。有些国内商业银行自身对国别风险没有能力评级的，也可参考国际评级机构（如穆迪、标准普尔等公司）提供的国别风险评级制定国别信贷政策。

就国内经济区域而言，信贷风险主要来自各个不同经济区域内的发展水平和潜力、经济及产业结构、融资习惯、信用文化差异以及当地分支机构的风险控制水平。但在制定国内区域信贷政策的同时，除了要考虑影响信贷风险因素和 RAROC 水平以外，还需要考虑国家对于区域发展的政策，预判该区域经济发展的前景和经济结构变化的方向。

根据我国区域经济发展战略规划，我国被划分为长江三角洲地区、珠江三角洲地区、环渤海湾地区、长江中下游地区、东北地区和西部地区六大经济区域。此外，上海浦东新区、天津滨海新区和深圳特区等，由于被国家作为实行综合化配套改革的区域，可以作为经济特区加以考虑。从发展现状看，长江三角洲地区、珠江三角洲地区、环渤海湾地区的经济发展明显优于其他地区。但从发展趋势看，长江中下游地区的城市集群区经济发展具有增速加快、空间较大的特征。而东北地区和西部地区受到国家经济振兴战略的扶持和其本身的资源优势，未来经济增长也有较大成长空间。这其中，主要的差异在于未来经济结构的演变，例如，东部经济发达区域的经济结构调整趋于知识密集、技术密集、资金密集；中部和东北部农业地区趋于工业化和现代制造业发展；西部地区则倾向于资源开发和延伸利用。商业银行在这些区域中的信贷政策制定应当充分考虑这些变化趋势，以适应经济大格局的变动。

同时，随着城市对资金流、物流、信息流的集中功能不断增强，中心城市的经济发展水平明显高于一般区域，按城市类型划分区域，对银行的信贷市场发展也具有重要意义。按这种标识可以将全国信贷区域划分为省会城市、其他中心城市和县域地区等三个层次，分别制定相关的信贷投向政策。

另外，国内有一些产业集中度较高的区域，也可确定为单独的信贷区域，制定相应的信贷政策，作为区域信贷政策的补充。如我国 70% 的水能资源、70% 左右的大型水电站和 80% 左右的特大型水电站主要集中在西南地区；煤炭储量的 70% 集中在 13 个大型煤炭基地；还有钢铁、汽车、纺织等制造业的区域也呈集中分布特征。

3. 产品政策。产品信贷政策指商业银行根据各种不同信贷产品的风险特征和收益水平，对其制定的有关适用范围、权限管理、信用限额、担保要求等政策。这些政策通常体现在产品管理办法之中，作为商业银行全部信贷投向政策的组成部分。如住房按揭，此类贷款仅适用个人购买住房融资，因其融资额度较低、产品管理标准化程度较高，所以审批权限设置层级一般较低。住房按揭的担保一般是按揭住房的产权，属于分期还款类贷款，由于其安全性较高，综合收益不低，因而其信用限额通常较大，一般商业银行中，住房按揭的限额通常占到全部个人贷款信用限额的60%以上。

4. 客户政策。客户政策指商业银行对于具体客户信用业务掌握的基本政策，是商业银行信贷业务的具体投向标准。客户政策通常体现在信贷业务的审查审批政策中。例如，合格借款人界定标准、可接受的借款人财务标准等。有时商业银行会就大型客户、风险客户等提出专门的客户政策，以供贷款审查、审批时应用。

（三）信贷审批政策

信贷审批政策指商业银行对于信贷审批业务制定的规则，从一个侧面体现了商业银行对于信贷风险的偏好管理。它是银行内部具有制度性的管理政策，一般由商业银行高管层根据董事会总体风险管理政策确定，嵌入信贷业务内部流程执行。

严格的审批规则体现了商业银行较低的风险偏好，反之则体现了较高的市场取向。审批规则主要从两个方面体现商业银行的风险偏好取向：审批集中度和审批方式。

1. 审批集中度。指审批权由高管层和最高风险管理部门掌控的程度。审批集中度越高，在理论上讲决策者对业务的把握程度就越高，贷款的风险管控就会越严。但审批集中度提高以后，业务营销层面上的主动权和业务效率就会下降。特别是在有多个层面分支机构、业务覆盖区域较为广泛的商业银行中，由于决策机构远离业务营销层面，会导致商业银行的市场竞争力下降。反之，审批集中度越低，决策层对业务的把控力就越低，各种风险管理政策的落地到位率就会越低，风险发生的概率就会提高。因此，如何合理把握审批集中度，是商业银行信贷风险管理政策的重要内容。

2. 审批方式。审批方式从形式上分为个人审批、联签审批和集体审贷。这三种方式在商业银行内部往往是组合运用的，但这三种方式的组合配比，反映了一个行的风险偏好取向。集体审贷和联签审批的比例越大，反映了风险偏好管理越紧；而个人审批的比例越大，则反映了市场偏好程度越高。审批方式从权限内容上分为按信用量审批和按风险量审批。按信用量审批即按报批贷款的绝对额分权审批，反映了该行对风险偏好掌握较为粗放；按风险量审批即按照

报批贷款的风险资产含量进行分权审批，反映了该行对贷款风险偏好掌握较为
细腻。

第二节　经济资本管理

经济资本管理是商业银行内部对经营风险和效益进行平衡管理的一种方式。
经济资本的含义类似于资本，但它不是商业银行现实的资本，也不是监管意义
上的资本要求，而只是银行内部经营管理意义上的计量工具。

一、资本的分类和意义

从商业银行管理角度看，资本大体分为三类：

（一）真实资本

真实资本指财务意义上的经营资本，即"本钱"。任何企业经营均需要资
本，没有资本便不能成立企业，商业银行也一样。资本的作用是商业银行用于
承担所有经营风险的最后屏障。

银行业的损失，特别是信贷损失通常可以分为预期损失、非预期损失和极
端损失三类。预期损失一般可以通过历史统计数据加以统计，从而在经营毛利
中提取损失准备金（拨备）加以覆盖；非预期损失是指银行在正常经营中由于
各种原因形成了超过拨备部分的损失；而极端损失是指银行遭遇完全不正常的
极端事件，包括出现了不可抗因素，如战争、灾害或极端的道德事件而造成的
损失。非预期损失和极端损失，均需要银行使用资本加以弥补。当商业银行的
非预期损失和极端损失侵蚀了所有资本时，就会面临"资不抵债"而导致破产。

因此，资本的第一重意义相当于商业银行的生命，资本在命就在，资本没
了命也就没了。资本的第二重意义是用于衡量商业银行经营效率的依据，商业
银行经营好坏，往往用资本回报率（上市银行用每股收益率）进行衡量，即同
样的资本其盈利的效率高低。资本的第三重意义是用于衡量商业银行经营的风
险程度，即资本充足率，充足率越高，商业银行经营越安全，反之经营风险就
越高。

（二）监管资本

监管资本即监管当局对商业银行资本的要求。监管当局对商业银行关注的
重点是其经营的安全性，监管当局不能允许商业银行以过低的资本保障从事经

营，从而将经营风险过度转嫁到银行存款人的身上。因此，监管当局都会设定商业银行经营的最低资本充足率要求。按照最低资本充足率反算回来的资本数量，即监管资本。监管资本的意义是：商业银行任何时点上都必须持有超过监管资本数量的实际资本，否则商业银行将被处以监管惩罚，或者被取消经营资格。当然，商业银行究竟应当持有超过监管资本多大比例的实际资本，这由各个商业银行董事会根据自己的风险偏好决定。

（三）经济资本

经济资本是指在一定的置信度水平上（如99.9%），一定时间内（如1年），为了弥补银行的非预期损失所需要的资本。简单的表述是：经济资本需要量是商业银行对于自身经营中可能出现的各种非预期损失之和，即

经济资本需要量＝信用风险非预期损失＋市场风险非预期损失＋操作风险非预期损失

它是指所"需要的资本""应该有多少资本"，而不是银行实实在在已经拥有的资本，也不动用具体的实际资本。经济资本是根据银行资产的风险程度的大小计算出来的。比较普遍使用的计算方法是市场风险模型的在险价值（VaR）。经济资本的意义在于：它为商业银行提供了明确的为弥补非预期损失所需要的资本数量，从而为银行制定信贷业务风险管理政策和信贷业务定价策略提供了基本依据。

二、经济资本管理

经济资本管理包括经济资本计量和管理应用。

（一）经济资本计量范围

经济资本需求量指银行非预期损失总量与资本性投资所产生的经济资本占用量，主要包括信用风险、市场风险、操作风险、其他风险及资本性投资风险的经济资本需要量。

1. 信用风险经济资本。用于覆盖借款人或交易对手无法履约或信用质量下降带来的风险，计量范围包括信贷资产、债券投资、资金业务等表内资产和表外资产。

2. 市场风险经济资本。用于覆盖由于利率、外汇、期权、股票和大宗商品等价格变动导致的资产损失风险。

3. 操作风险经济资本。用于覆盖不完善的内部程序、人员、系统或外部事件所造成的风险。

4. 资本性投资占用。主要包括固定资产、对外资本性投资、待处理类资产、无形资产等资本性的资产。对外资本性投资以投资额为限，承担投资对象的全部经营风险，需要与出资额相等的经济资本覆盖。

（二）信用风险经济资本的计量方法

信用风险经济资本需要涵盖商业银行所有承担信用风险的资产及义务。通常分为表内信贷资产经济资本占用、表外信用资产经济资本占用和非信贷类资产交易对手信用风险经济资本占用。

1. 表内信贷资产经济资本占用。分为正常贷款经济资本占用和不良贷款经济资本占用两种。

（1）正常贷款经济资本占用计算：

经济资本占用 = 贷款余额 × f（PD，LGD，贷款剩余期限） – 超额拨备

其中：超额拨备 = 拨备 – 贷款余额 × PD × LGD

违约概率（PD）和违约损失率（LGD）一般根据商业银行内部评级法计量，也可以根据银监会《商业银行信用风险缓释及资本计量指引》相关规定计算。由于在险价值（VaR）模型计算比较复杂，涉及大量参数的模拟和计算，实践中商业银行通常采用计算机程序进行计算。

另外，在商业银行中，还有部分客户没有被评定信用等级，如个人客户（包括信用卡客户）或其他一些无法评级的信贷客户，其经济资本的计算直接采用贷款余额乘以经济资本系数计算：

经济资本占用 = 贷款余额 × 经济资本系数

其中：经济资本系数一般由商业银行内部根据该类贷款的历史经验数据和监管部门相关管理要求按贷款品种分类制定。

（2）不良贷款经济资本占用采用下列公式计算：

经济资本占用 = Max［（贷款余额 – 减值准备），0］× 不良贷款系数

本式中，如果不良贷款余额和减值准备之差大于 0，则以该差值 × 不良贷款系数得出经济资本值；如果该差值为负数或等于 0，则经济资本占用为 0。不良贷款系数按通常采用不良贷款需要使用资本覆盖的经验数值。

2. 表外信贷资产经济资本占用计算：

经济资本占用 = 经济资本计量基数 × 经济资本系数

其中：表外业务经济资本计量基数为应收净额减去保证金之后的余额。

3. 非信贷类资产交易对手信用风险经济资本占用计算。

经济资本占用 = 经济资本计量基数 × 经济资本系数

其中：经济资本计量基数方面，非信贷业务使用余额应当减去已提取的减值准备、折旧或损失准备之后的净额；银行债权资产使用资产账面价值减去差值准备后的差额等。

（三）经济资本在信贷业务管理中的应用

经济资本管理指通过计量、配置、监控和评价各分支机构、业务部门、客户和产品等维度的经济资本、经济增加值和经济资本回报指标，统筹考虑风险与收益、短期盈利目标与长期发展战略，统一协调银行的风险、收益和规模，优化资源配置，以实现股东价值最大化的管理活动。

经济资本管理对信贷业务经营有着重要的约束和指导意义。一方面，经济资本的计算与客户违约率（PD）、违约损失率（LGD）、贷款的违约敞口（EAD）三个维度有关，必然要求商业银行将相应的信贷风险衡量、监督和控制方法细化到客户评级授信、客户的违约管理、信贷担保管理、贷款久期管理和质量分类管理等方面，来确定这些风险因素综合作用的结果；必然要求商业银行建立有效的 IT 系统、完整的管理信息体系、全面的财务管理体系、完善的绩效考核体系、独立的风险管理体系、主动的资产管理体系，并使各种体系有效配合，确保商业银行各级经营管理者的经营偏好受到股东价值导向约束，并且在短期规模增长和风险成本之间主动寻求平衡，而不是被动地接受风险现状，从而使银行对信贷风险的管理更加细化和深入。

另一方面，在信贷业务中应用经济资本管理可以帮助银行确定信贷业务的风险控制标准和定价标准，从而保证银行在具体信贷业务决策中对各种不同的风险作出更加精准合理的组合控制，对各种不同风险含量的业务制定更加合理的定价，对信贷业务当期实现的效益作出风险调整以促进当期目标与长远目标相协调。另外，在经济资本管理目标下，将风险调整后的经济资本回报率应用到授信审批、贷款定价、限额管理、风险预警等各项基础信贷管理中，对于制定信贷政策、审批授权制度、计提准备金、分配经济资本以及 RAROC 考核等组合管理都具有重要的基础性意义。

1. 经济资本管理的意义和作用

（1）将经济资本应用于商业银行经营计划管理。采用经济资本分配方式约束全行财务资源配置、信贷规模配置以及经营费用、固定资产、人力费用等资源要素配置，使各种资源配置结构与全行的经营计划相一致。

（2）将经济资本应用于商业银行绩效考核。经济资本绩效考核指标主要是经济增加值（EVA）、经济增加值增长率、经济资本回报率等，将银行经营的风险成本体现到当期业绩考核之中，使经营绩效考核更加准确。

（3）将经济资本应用于风险管理。根据能够承受的风险额度，综合考虑市场环境变化和自身的经营状况，控制风险总量，调整风险结构，实现收益与风险的优化组合。

（4）将经济资本应用于信贷决策。信贷评估、授信、审批应以经济资本限额为约束条件，以经济资本回报率为基本目标，注重对信贷业务风险及回报的平衡分析，将经济资本限额与回报率作为信贷决策的重要指标。

（5）经济资本应用于客户管理。将经济资本指标作为评价客户综合回报的主要指标，可以更加准确地识别优质客户，改善客户结构。

（6）将经济资本应用于产品定价。根据产品的风险特点，以经济资本回报率作为产品定价的重要参考标准。

（7）将经济资本应用于分支机构管理。将经济资本指标作为对分支机构资源配置和绩效考核的重要指标。

2. RAROC 管理。RAROC，即风险调整后的资本回报率（Risk – Adjusted Return on Capital）。指银行净利润与经济资本之间的比值。反映的是业务收益覆盖了非预期损失以后，银行资本得到的净收益水平。全行 RAROC 的计算公式为

RAROC = 税前利润 ×（1 – 所得税税率）÷ 平均经济资本占用

银行资产业务的税前利润则包括利息收入和收费收入总额减去资金成本、风险成本、费用成本和税收成本的差额。

因此，单个信贷业务的 RAROC 计算公式为

RAROC =（利息收入 + 费用收入 – 资金成本 – 经营成本 – 正常拨备
　　　　– 税收成本）/ 本笔业务需要配置的经济资本

一般来说，RAROC 在 0 ~ 10% 属低收益，10% ~ 30% 属中等收益，30% 以上属高收益。

对于信贷业务，RAROC 管理主要是根据不同信贷产品设定 RAROC 值，并将 RAROC 值应用于信贷业务的全程管理。

（1）信贷业务前台部门在发起信贷业务时，应当按照业务申请测算该业务 RAROC 值，并根据 RAROC 测算值情况优化信贷业务方案，调整业务条件。对于 RAROC 测算值为负值的业务，应当停止营销；对 RAROC 值较低的业务，应当评估该业务及客户的风险与综合收益，并通过提高贷款利率、增加担保、调整期限、扩大收入等方式提高 RAROC 值水平。

（2）授信审批人员在信贷业务审查中应用 RAROC 值试算功能，将 RAROC

值达标水平作为授信审批决策的重要依据。对预期 RAROC 值较低的业务，结合银行信贷政策导向和客户综合贡献等情况，审慎把握。

（3）把客户及债项 RAROC 值的变动情况纳入贷后管理内容，对客户及债项 RAROC 值水平降低的客户、业务应及时进行检查分析。因信用风险增加而导致客户 RAROC 值水平下降的，应当采取有效措施化解风险，确保风险收益。

第三节　信贷限额管理

限额管理指对各类资产业务的规模采用最高限额管理。限额管理是目前商业银行最为常见的对风险资产进行直接数量管控的管理手段，其理论根据是"不将鸡蛋放在同一个篮子里"，通过分散资产布局达到对冲和规避资产风险的目的。

一、限额管理类型

限额管理一般可归纳为行业信贷限额管理、区域信贷限额管理、产品信贷限额管理以及信贷风险敞口限额管理等。

（一）行业信贷限额管理

行业信贷限额管理指银行根据社会各行业发展趋势及行业融资需求总量、信贷风险含量的变化情况，对不同行业进行信贷总量限额分配和控制。其主要目标是控制行业信贷总量风险、调整和优化行业信贷结构。

行业信贷限额管理的原则是：

1. 总量控制原则。行业信贷限额是行业信贷投放的总量指标，主要用于控制各个行业信贷投放的总量，规避信贷集中风险。

2. 组合管理原则。根据行业信贷组合最优的原则进行制定和管理，在宏观经济政策分析和年度信贷计划的基础上，运用 RAROC 方法深入分析各个行业的信贷风险和收益水平，确保行业信贷组合趋于风险调整后收益最优化，促进行业信贷结构优化调整。

3. 全流程管理原则。行业信贷限额是银行信贷战略在特定行业上的战术目标。商业银行应当在调查评估、审查审批、融资发放以及贷后管理等信贷流程中严格执行行业信贷限额，有序开展各项信贷业务，实现行业信贷限额全流程管理。

（二）区域信贷限额管理

区域信贷限额管理指在对经营辖内各个区域信贷风险评估的基础上，针对不同区域的经济发展状况、产业状况和发展潜力，对各个区域信贷总量进行管理和控制。其主要目标是控制在特定区域中的信贷过量风险、调整和优化区域信贷结构。

区域信贷限额管理的原则是：

1. 总量适度原则。区域信贷限额是区域信贷投放的总量指标，主要用于控制各个区域信贷投放的总量，规避个别区域信贷过量风险。

2. 政策导向原则。在我国，区域发展除了受到各个区域自身发展历史的影响外，还与国家区域发展政策有关。因此区域限额的制定除了考虑该区域现在的经济发展水平外，还要根据国家的区域发展政策研究区域经济的增长前景，据以制定和管理区域限额。

3. 全面管理原则。区域信贷限额是银行信贷战略在特定区域分布上的战略目标。在执行区域限额管理时，还应当充分考虑除了信贷政策以外的各种资源配套措施，例如，分支机构的设置、财务资源、人力资源的配套、员工队伍的素质提升等，以实现商业银行在整个目标区域中的政策配套，联动响应。

（三）产品信贷限额管理

产品信贷限额指商业银行在各种信贷产品的市场空间、风险敞口与盈利能力综合评估基础上，对各种产品的销售规模制定的总量限额。产品信贷限额管理是银行对信贷产品风险进行控制的一项重要手段，其目标是通过对信贷产品的销售结构摆布，使全部信贷产品的风险水平、盈利能力得到合理匹配。

产品信贷限额管理的原则是：

1. 总量适度原则。产品信贷限额是商业银行对各种信贷产品在一定时期内销售总量的最高控制额度。主要用于控制各种信贷产品向市场投放的总量，规避个别信贷产品投放过量而形成信贷总体风险敞口的扩大或盈利水平的下降。

2. 风险收益组合平衡原则。实际信贷经营中，市场对不同功能的信贷产品具有价格弹性和收益的边际曲线，一种产品投放过量时会导致风险增加、收益下降；同时在总体经济资本一定的时候，一种产品投放过量会导致另一些产品投放不足，从而引起总体经济资本回报率下降。因而，在制定产品限额时需要考虑多种产品组合以后，风险调整后的收益是否最大。

3. 动态管理原则。产品信贷限额是银行总体信贷战略的细化和延伸。就单个信贷产品而言，限额的设定应当充分考虑银行总体的行业信贷政策和区域信贷政策的执行情况，同时还应当充分考虑市场变化和新产品的投放需要。因此，对产品信贷限额的管理应当具有动态性和灵活性，以适应商业银行总体信贷战略的实施和市场需求变动。

（四）信贷风险敞口限额管理

信贷风险敞口指未加风险缓释措施保护的、因债务人违约行为可能承受损失的信贷余额。例如，信用贷款、担保贷款中不足以覆盖全部信贷额的部分、承兑汇票的承兑金额减去保证金部分余额等。不同的信贷业务品种其风险敞口表现形式不同；同一信贷业务品种对不同的客户，其风险敞口也不同。

信贷风险敞口限额管理的原则是：

1. 总量适度。因风险敞口形成的贷款风险，其 LGD 原则上是贷款额减去已提拨备后余额的100%，其无论经济资本的占用和拨备需要均大大高于一般贷款需要，所以商业银行应当十分审慎地处理风险敞口，根据本行的发展战略、风险偏好和拨备承受能力不同，对各类信贷业务形成的风险总敞口进行限制。

2. 逐个管控。风险敞口总限额确定后，审查、审批部门应当对各业务条线和前台营销部门申报的业务，逐个管控具体客户和业务的风险敞口。在客户信用风险总量范围内，综合考虑客户（业务）实际风险状况、业务需求、市场情况等因素核定客户信贷风险敞口限额，并针对客户（业务）风险提出限额使用条件和管理要求。

3. 动态管理。业务办理部门应加强对客户经营、项目进展、限额使用等情况的跟踪监测和检查。如发现融资客户出现严重问题、筹融资能力明显下降等重大情况，应根据情况尽快采取包括要求偿还贷款、调减和冻结限额、追加风险缓释措施、实施资产保全等措施迅速弥补敞口，并及时向限额管理部门报告。

二、限额管理方式

信贷限额管理主要通过制定和分解限额、监测限额执行情况、限额预警和超限额管理等方式进行。

（一）限额制定和分解

信贷业务管理部门负责根据各种限额对象的风险和收益情况、商业银行对总体信贷战略的布局、风险管理政策以及年度经营目标，制订和提出各类信贷限额方案，经全面风险管理委员会审议后，提交行长批准。

信贷管理部门根据行长批准的信贷限额方案，按区域、产品及有关业务条线、分支机构进行分解下达，据以执行。

有关业务条线和产品管理部门依据分解限额，进一步按细分行业、客户、产品进行分解，下达到具体的分支机构、业务部门，据以执行和管理限额。

有关分支机构依据上级下达的各种限额，负责做好本机构限额的平衡，并对限额的调配作出阶段性计划，据以指导辖内信贷业务开展。

信贷审批部门负责将各类分解限额纳入审批控制流程，控制超限额情形的发生。

（二）限额执行监测

信贷业务管理部门负责对信贷限额的执行进行动态监测。包括各类限额占用监测分析和信贷结构变化情况，定期向高管层报告限额执行情况，并对符合限额预警和超限额标准的行业、区域与产品提出管控措施。各业务条线和分支机构负责贯彻落实信贷业务管理部门提出的限额管控措施，并负责报告限额执行中遇到的具体困难和问题。

（三）限额预警

限额预警指报告期内行业、区域融资总量或某个信贷产品的投放达到信贷限额预警值及以上触发预警系统的状态。当实际信贷投放处于限额预警状态时，限额管理部门应及时将情况通报行内有关业务条线、授信审批部门等信贷相关部门和相关分支机构，要求它们及时关注信贷限额占用情况，审慎把握好信贷业务发展节奏。

（四）超限额管理

超限额指报告期内个别行业、区域、产品超过了下达的信贷限额，且经测算这些超限额的行业、区域和产品在报告期内将业务控制在限额内的可能性较小。当信贷业务处于超限额状态时，限额管理部门应及时通知授信审批和放款等相关部门，要求它们执行超限额管理要求。超限额管理主要有三种方式：一是暂停相关行业、区域的贷款业务，暂停相关产品的投放；二是前台业务营销部门和相关分支机构调整业务结构，转让部分贷款合同，提高业务定价水平，限期压降超限额部分余额；三是授信审批和放款部门采取一事一议措施，会同限额管理部门共同掌握相关行业、区域、产品的新增信贷业务投放。

三、限额管理相关工具

限额管理除了制定和分解限额，对限额执行过程进行检测、预警和超限额管理以外，还要动用一些管理工具以达成管理目的。我国商业银行通常使用的信贷限额管理工具有：信贷规模控制、经济资本控制、放款系统控制和内部行政管理措施。

（一）信贷规模控制

信贷规模是银行对信贷资金运用的总量、结构和进度进行调控的管理手段，既是落实国家宏观调控和货币政策的重要环节，又是银行提高经营管理水平和资金运作效率的重要途径。信贷规模按照管理范畴可以分为增量计划和存量计划，按照时间跨度可以分为年度计划和年内分阶段计划。增量计划指标一般采用余额比年初增减的形式，即信贷业务期末余额相比上期末余额的增加或减少量；存量计划指衡量贷款存量盘活的周转速度和移位情况等指标。信贷规模计划是上级行下达的指令性计划。

信贷规模的执行控制措施主要有：

1. 信贷规模计划正式下达后，各计划单位要结合本机构实际情况将信贷规模计划逐级落实到辖内各分支机构和各部门，形成全方位的执行管理体系和责任体系。

2. 各计划单位必须将信贷规模计划作为掌握贷款投放总量、把握贷款投放进度和调整优化贷款结构的基本依据，确保计划有效实施。

3. 各计划单位应当前瞻性地预测贷款需求变动和信贷资金流量，及时采取有效措施调整贷款投放节奏，确保贷款实际执行结果符合信贷规模管理的要求。

（二）经济资本控制

经济资本用于信贷限额管理主要是向各限额管理对象分配经济资本限额作为信贷限额管理的辅助手段。其作用类似规模管理。但与规模管理的区别是，规模管理指向信贷投量的绝对数量，而经济资本限额指向的是信贷投放量的风险权重资产数量。它的要求是，在总体信贷规模得到有效控制的前提下，优化限额内具体信贷业务的客户结构、风险缓释措施结构和信贷产品结构。经济资本限额管理的总体原则是：供求平衡、总量控制、效率优先、价值导向。"供求平衡"指经济资本供给总量与需求总量保持动态平衡；"总量控制"指年度经济资本限额应当保持在商业银行资本总量和结构管理的控制范围之内；"效率优先"指经济资本限额优先向经济资本回报率（RAROC）较高、经济增加值（EVA）增长较多的行业、区域、产品适度倾斜；"价值导向"指引导各业务条线和分支机构将有限的经济资本限额向价值贡献度较高的业务倾斜，重点发展资本节约型业务。

目前，我国商业银行普遍将经济资本限额作为指导性计划进行管理。在各考核时点上，经济资本实际占用超出分配的经济资本限额的业务、区域和产品，主要采用对其超限额占用部分按照经济资本计划回报率一定倍数增加利润计划的方式进行管理。

（三） 放款系统控制

如信贷业务运行与信贷限额管理目标出现较大偏离，在必要的情况下可视情况启动信贷流量管理措施。即在相关信贷放款系统中设定有针对性的信贷流量管理限额参数，对信贷计划执行偏离度较大且缺乏有效管控措施的分支机构的贷款资金配置予以约束，实施在信贷流量管理参数约束下进行信贷投放。不满足信贷流量管理参数要求条件的贷款原则上不予放款。

（四） 内部行政管理措施

根据各业务条线和分支机构在考核时点信贷限额计划执行结果，对明显偏离限额管理要求的单位和负责人，视其对全行信贷限额掌握的负面影响程度，实施罚款、扣减下阶段资源配置、管理责任提示或告诫、免职等行政性管理措施，强化限额管理的强制性和权威性。

第四节　拨备管理

商业银行对需要承担风险和损失的资产应当计提风险准备，包括一般准备和资产减值准备。本节所指的拨备仅为信贷资产减值准备（以下简称拨备）。

拨备指根据信贷资产风险特征，按其预期减值损失估算结果计提的、用于弥补信贷资产预期损失的准备金。所涉及的信贷资产范围为银行需要承担风险和损失的信贷资产，具体包括贷款、银行卡透支、贴现、信用垫款（含银行承兑汇票垫款、信用证垫款、担保垫款等）、进出口押汇、拆出资金、应收融资租赁款和承担对外还款责任的国外转贷款等。不承担风险和还款责任的业务（如委托贷款、代理贷款等），不计提拨备。

拨备以原币计提，即人民币信贷资产以人民币计提，外币信贷资产以外币计提，人民币和外币信贷资产减值准备在财务体系中分别核算反映。

一、 拨备标准

根据中国银监会《银行贷款损失准备计提指引》规定，银行应按季计提一般拨备。一般拨备年末余额不得低于年末贷款余额的1%。同时银行应当参照以下比例按季对不同分类的信贷资产计提专项拨备。

1. 按十二级分类法计提单笔信贷资产减值损失率与该笔资产对应的质量管理分类结果匹配关系如下：

表 15 -2　　　　　　　　　　按十二级分类法计提

已减值信贷资产质量分类	估算减值损失率比例区间
次级一级	（2% ~20%]
次级二级	（20% ~40%]
可疑一级	（40% ~60%]
可疑二级	（60% ~100%)
损失类	100%

2. 按五级分类法计提：

表 15 -3　　　　　　　　　　按五级分类法计提

质量五级分类	减值准备提取比例
次级类	25%
可疑类	50%
损失类	100%

二、拨备管理

拨备管理是商业银行风险管理的重要组成部分。商业银行通过拨备管理贯彻董事会制定的风险管理政策，维持全行风险敞口在全行风险偏好之内，保持全行资产业务经营可持续发展。

（一）管理职责分工

全面风险管理委员会（或资产风险管理委员会）负责对全行信贷资产拨备提取（回转）方案进行审议、提出决策建议，经行长批准后实施。特殊情况下，行长可对信贷资产拨备提取（回转）方案进行直接审批。拨备管理在商业银行内部管理部门间的分工一般是：

信贷业务管理部门主要负责组织信贷资产分类、减值测试、损失估算工作，以及资产减值准备提取（回转）和使用方案编报工作；协助资产风险管理部门制订信贷资产风险控制计划和风险监控分析工作；协助财务会计部门做好信贷资产减值准备的监测、统计、分析和报告工作。

资产风险管理部门主要负责组织信贷资产风险控制计划编制工作，以及风险控制、监测和分析工作；协助信贷管理部门进行信贷资产减值测试和减值损失估算工作，以及信贷资产减值准备提取（回转）和使用方案编报等工作；协助财务会计部门做好信贷资产减值准备的监测、统计、分析和报告工作。

财务会计部门主要负责信贷资产减值准备制度管理和会计核算管理工作，负责信贷资产减值准备预算编制和考核工作；负责信贷资产减值准备相关账务处理工作；负责信贷资产减值准备监测、统计、分析和报告等工作。

管理信息部门负责向各级监管部门报送信贷资产减值准备相关数据信息和报告，负责商业银行信贷资产减值信息披露工作。

内部审计和内控合规部门负责信贷资产减值准备信息真实性、合规性的检查和监督工作。

（二）信贷资产减值测试与损失估算方法

信贷资产减值测试与损失估算方法包括组合测试法和现金流贴现法。

1. 组合测试法。主要适用于个人贷款和银行卡透支等信贷资产，以及正常法人客户贷款的减值测试。该类信贷资产主要依据银行信贷资产质量分类管理标准的风险特征进行减值损失组合测试。

2. 现金流贴现法。主要适用于逐笔估算法人客户贷款、拆出资金、应收融资租赁款等信贷资产的预计资产减值损失。根据谨慎性原则，估算信贷资产减值损失时可能产生的损失金额。对境外信贷资产估算减值损失时要充分考虑境外信贷资产的国别风险因素，确保所计提的资产减值准备全面、真实反映国别风险。

信贷业务管理部门在信贷资产发生明显减值迹象时，以及月度资产负债表报告日前，应当对信贷资产及时进行价值检查和减值测试，按确定的估算模型和方法合理估算资产减值损失，确认信贷资产减值准备，相应编制信贷资产减值准备提取（回转）方案，并根据审批权限管理规定，会同资产风险管理部门、财务会计部门对方案进行审查，报送资产风险管理委员会审议后按权限报有权人审批。特殊情况下，也可直接报行长审批。分支机构对超本行审批权限事项，经本行资产风险管理委员会审议通过或行长签批同意后由信贷业务管理部门提交上级行审批。财务会计部门根据有权审批人对信贷资产减值准备提取（回转）方案的审批意见，进行账务处理。

（三）拨备提取和使用

1. 对正常类信贷资产，依据对信贷资产整体风险判断并参照内部评级法预期损失量化结果，按正常类贷款余额及其合理的预计损失率计提减值准备。

2. 对关注类信贷资产，按照规定的比例并参照内部评级法预期损失量化结果和资产细分质量结果计提信贷资产减值准备。

关注类信贷资产减值准备计算公式为

关注类信贷资产减值准备提取额 = 计提日关注类信贷资产余额 × 计提比例 – 计提日关注类信贷资产已计提减值准备余额

3. 对于已出现减值的法人客户信贷资产和拆出资金，按照现金流贴现法计提信贷资产减值准备：

减值准备提取额 = $\sum$ [（信贷资产账面余额 – 信贷资产现值）– 计提日已计提减值准备余额]

已减值的法人客户信贷资产和拆出资金单笔减值损失率估算结果应控制在合理的比例范围内。

4. 对已减值个人客户贷款和银行卡透支等信贷资产按下述比例并参照内部评级法预期损失量化结果组合计提资产减值准备。

某组合减值准备提取额 = 计提日该组合资产余额 × 计提比例 – 计提日该组合减值准备余额

5. 对于已减值信贷资产，在资产负债表编报日应按信贷资产摊余成本和实际利率计算确定的利息收入，确认当期收益并相应冲销信贷资产减值准备。

6. 信贷资产以物抵债等形式转出时，应以信贷资产账面余额与抵债资产入账价值的差额冲转信贷资产减值准备。剩余信贷资产减值准备予以回转；不足部分及时予以补提。

7. 有客观证据表明已提取拨备的信贷资产质量提高时，应在已提取拨备的范围内转回，增加当期损益。

8. 经批准核销信贷资产时，应按信贷资产账面余额及时冲销已提取的信贷资产减值准备。如已计提的信贷资产减值准备不足，应在核销账务处理前及时补提。

9. 对核销后又收回的信贷资产损失，其核销的减值准备予以转回，转回的减值准备作增加当期损益处理。超过本金的部分依次计入利息收入和营业外收入，确认当期收益。

第十六章 信贷产品管理

信贷产品通俗地讲就是信贷业务品种，它是商业银行信贷经营的具体载体，是集资金使用功能、价值增值功能和风险管控功能于一体的信贷业务载体。商业银行的任何信贷业务，均需附着在一个具体的业务产品之上才能为客户所感知和使用，被商业银行所经营和管理。

在我国商业银行，通常按客户性质设立专门的业务条线进行信贷产品的设计、运作和管理。但就信贷产品过程管理而言，其涉及商业银行内部的营销管理、信贷管理、运营管理、IT 系统管理等多个管理部门，是一项全行性的综合业务管理工作。

第一节 信贷产品构成要素

如上所述，信贷产品是一种具有使用价值的商品实体。这种实体的内容主要是资金使用权和对于资金使用权的对价、各种具体限制和管理安排。对客户而言，信贷产品具有某种特定的资金使用功能，能够满足客户在一定时间内、一定条件下对于支付、购买、投资和经营增值的需要；对于银行而言，信贷产品具有信贷经营和资金价值增值的功能，能够满足商业银行对于资金营运取得盈利的需要。

如同任何商品一样，信贷产品也是通过产品各种要素的合理组合形成特定的使用功能，从而能够满足客户特定的使用需求而成为商品。但信贷产品不是一般的、满足人们物质消费需要和精神文化消费需要的商品，而是关于货币使用权——这一商品交换的特殊等价物——的特殊商品。因此信贷产品的所有构成要素均与借贷行为中包含的潜在风险有关，如借款人条件、产品的基本用途、融资期限、风险缓释要求、产品管理要求和产品价格等内容。

一、借款人

借款人，即银行信贷产品的购买者或信贷资金的使用人。无论信贷产品风险具体产生的原因是什么，归根结底都是来源于借款人。品质优秀的借款人违约的概率要大大小于其他借款人。因此，信贷产品和一般商品不同，其必须确定怎样的借款人才是可以使用本信贷产品的合格借款人，这是任何信贷产品设计中的第一要素。

二、贷款用途

信贷产品的资金使用方向和具体要求，既是银行信贷产品的卖点，也是银行信贷产品中包含风险大小的最基本因素，以及确定信贷期限、担保要求、产品价格等其他产品要素的基础。例如，一般流动资金贷款，特别是补充客户短期流动资金不足的周转限额贷款，因其没有指定具体的资金支付对象和交易背景，在客户使用资金的过程中，银行很难把握其使用资金的具体场景和交易背景，因而其包含的风险肯定要大于同类的贸易融资产品。极端地讲，如果客户将资金用于弥补亏损，那么信贷资金运行结果的大概率事件就是形成坏账了。因此，一个信贷产品首先要确定的就是融资的基本用途，然后才能根据融资用途展开产品的其他要素设计。

三、贷款期限

信贷的本质是转让资金的使用权，不是直接让渡资金。因此，任何信贷产品均必须有资金使用期限的概念。从信贷风险角度考察，不同期限的产品，其包含的风险也是大不相同的。如固定资产贷款，特别是大型基建项目贷款，其建设周期往往较长，在较长时期内贷款的支付不仅没有产生相应的现金流，而且还面临建设期风险、技术进步风险和市场风险，这种信贷产品包含的风险自然大于客户用于预付原材料价款所需要的短期贷款风险。因此，对期限风险的考量，也决定了在后续产品设计中是否需要增加担保要求，是否需要提高报价来弥补预期的和非预期的贷款损失，以及是否需要采用特别的管理措施加强风险管控。

四、担保

担保是银行对于信贷风险的缓释措施，一旦客户违约，作为第二还款来源对信贷资金的损失加以弥补。从银行来讲，担保不是贷款的必要条件，但对于一些无法判断的客户风险和其他风险，担保也是贷款的一种必要的自我保护措施。担保的种类很多，在信贷产品的设计中，应当作为产品条件明确提出担保要求，包括担保方式、担保主体、担保品折算率等。

五、管理要求

管理要求是银行信贷产品的销售渠道、业务流程、会计记载、审批要求和贷后管理规则。这些方面的安排实际上是对信贷产品内涵风险的管控措施组合，原则上应当根据产品本身所包含的客户风险、用途风险、期限风险、担保风险来设计和安排。如住房按揭贷款，其销售渠道一般安排在零售网点，业务流程原则上比较简约，审批层级一般较低，贷后管理一般是关注客户的"月供"情况等。而大型并购融资，一般安排在总部的公司业务部、投行业务部销售，业务流程强调严格的尽职调查、审查，审批权相对集中在较高层级，贷后管理不仅要严格管控资金的真实用途，而且要直接参与企业的并购活动，严格管制客户用款行为等。

六、产品定价

产品定价是信贷产品的必备要素。不同的产品，根据产品风险和银行服务的不同，采用不同的定价方法。一般来说，银行的标准信贷产品采用 RAROC 法进行定价，并根据产品的市场供需情况制定价格浮动区间；银行的非标信贷产品，或多种产品混合的组合产品，除了采用 RAROC 法进行利率定价外，还可以采用成本加成法对银行提供的特种服务进行收费定价。产品定价方法应当在产品办法中予以明示，尽量避免一事一议，切忌"老少有别"。

第二节　信贷产品设计和开发

商业银行的信贷产品开发并不是根据业务前台发现的营销机会随机确定的，而是一个具有规范流程和程序的工作。这是由信贷产品本身具有的高风险性质决定的。这种规范的流程和程序，理论上类似于制造业设计产品。

一、确定市场需求

无论何种商品，都离不开市场需求。因为商品的使用功能是给用户设计的，没有用户的需要，便没有商品的市场。

商业银行确定信贷产品的市场需求，主要方法有两种：一是专题市场调研，二是用户反馈。

（一）专题市场调研

专题市场调研一般由产品管理部门组织。在我国，很多商业银行并不区分营销管理部门和产品管理部门，而是设立了营销管理与产品管理职能合二为一、按客户性质分类的专业条线。因此专题调研也往往由专业条线牵头进行。

专题市场调研通常组织若干个调研小组，确定一到数个主题和特定的调研周期，并围绕这些主题开展调研。专题调研的方法主要有：走访现有用户，听取用户意见；召开专题座谈会，听取基层营销部门的意见；收集同业产品状况和新产品开发情况，进行类比分析。调研结束后，牵头部门应当写出调研报告，并提出产品的改进和创新意见。

（二）用户反馈

用户反馈是指商业银行专门设立的客户关系管理组织（如电话银行坐席代表、网上银行客服代表、基层分支机构的客户经理等），对用户的意见和建议进行不间断地收集、分析和整理，向内部产品管理部门提出改进意见和创新建议。产品管理部门据此研究产品改进和创新设计。

此外，还有部分商业银行采用"金点子"征集活动，如发动内部员工提出产品管理方面的改进和创新建议，组织开展"大学生金融产品创意设计大赛"等，也不失为市场需求调研的有益补充。

二、产品设计

银行产品设计涵盖功能设计和风控设计的方方面面，是将市场需求转化为银行信贷供给的关键环节。银行信贷产品的设计包括产品功能设计、风险控制设计、业务流程设计和 IT 系统实现方案设计。

（一）产品功能设计

顾名思义，产品功能设计即信贷产品要满足怎样的客户需求。这一设计主要是围绕资金用途、实现途径来展开。例如，某银行在市场需求调研中发现本地有一群贸易客户，其贸易生意散布于全国各地甚至全球，但他们的信用只局限于本地，可用于担保的资源也主要集中在本地。当他们在外地谈成一笔生意以后，或有立即支付定金或支付货款的需要。此时他们面临两个选择：一是在远赴他地谈判业务前，先在本地办理好贷款；二是谈好业务后马上赶回本地申请银行贷款。前者，他们面临生意不成而浪费财务成本；后者，他们面临万一贷款效率达不到付款的时限要求，丧失生意的机会。需要银行帮助解决这一问题。该银行根据这种需求，经过研究提出了网络融资的思路来解决这一问题。即客户可以在生意谈判之前，先向银行提出贷款需求，银行根据客户状况和担保情况，核定一个网上银行授信额度。待客户谈成生意以后，可以根据合同需要，在该行的网上银行全天候提款并允许客户根据需要随时还款，贷款利息按照实际提款数额和使用时间计算。

（二）风险控制设计

风险控制设计是对产品功能设计的补充和完善。银行的信贷产品和一般商品不同，不是卖出去就可以了，而是卖出去以后还要完整收回，不仅如此，还要带着利息一并收回。所以，仅在使用功能上满足客户是远远不够的，还必须在产品设计过程中，同步考虑风险控制的要求。如前例，上述产品可能面临的风险是：（1）客户生意失败，无法归还贷款的风险；（2）客户挪用资金用于其他长期投资，导致贷款不能归还的风险；（3）客户故意不将回流资金用于还贷，导致贷款逾期的风险。针对这三种风险，该银行在产品中设计了如下风控措施：一是严格控制借款人资格，对借款人的信用状况、生意记录进行调查，确保借款人为合格借款人；二是规定客户必须提供足值的房地产作为抵押，并在线下办妥最高额抵押合同，作为风险缓释措施；三是贷款期限不长于 1 年，以控制客户挪用资金作为长期投资的风险；四是规定客户必须将销货款回笼至提款账户，以备随时偿还贷款资金。

（三）业务流程设计

业务流程是指信贷产品在银行端的具体办理程序。业务流程涉及产品营销、业务审批、账务处理以及本息收回等方面的安排和作业顺序。

1. 产品营销。信贷产品的营销部门一般为银行的前台业务部门。涉及公司信贷业务的，一般安排在公司信贷部门或普惠金融事业部门；涉及个人信贷业务的，一般安排在个人金融业务部门或零售信贷业务部门；涉及网络融资的，一般安排在网络融资业务部门。产品营销业务的流程安排通常包括确定合格借款人（符合产品销售对象条件）→ 尽职调查（包括商务谈判）→ 制作融资报批材料（包括前台业务主管审核）→ 上报审批。

2. 业务审批。无论怎样的信贷产品，在银行内部都必须履行风险审批手续。业务审批通常是由审批部门负责的。业务审批最简约的流程是：风险审查 → 有权人审批。审批部门收到营销部门报来的业务申请材料后，应当安排有资质的审查人员对业务方案按照产品设计要求进行风险审查，提出审查意见后提交有权人审批。有权人根据内部审批规则进行审批。有权人审批同意后，将该融资方案提交放款作业部门或会计部门进行放款账务处理。

3. 账务处理。在银行内部，账务处理一般会涉及两个部门：放款作业部门和会计结算部门。放款作业部门主要是根据审批同意的融资方案，落实相关的放款前提条件，包括：融资合同（包括担保合同）审查和签署 → 抵（质）押登记→ 其他前提条件落实 → 发布放款指令或直驱放款。会计结算部门主要是根据产品管理办法的要求进行账务处理。包括确定记账科目→设置账户→根据放款指令进行账务记载和会计核算。

4. 本息收回。本息收回包括融资发生以后，银行对客户使用融资过程的监管。这一过程由前台营销部门负责，前台营销部门一般将此过程落实在管户客户经理岗位；也有的商业银行将此作为一项特殊工作，组建专门的团队负责，与营销产品的客户经理进行分隔。不管角色如何设置，其主要的内容包括资金使用监管（包括融资用途监管、借款人经营情况检查、还款现金流检测） → 提示借款人还款 → 收回到期融资本息。

（四）IT 系统实现方案设计

现代商业银行已经不采用手工方式进行信贷作业，通常信贷产品的销售和运作均采用计算机信息系统（即通常所说的信贷业务系统）进行处理，业务流程均应转化为计算机程序才能实现。所以，信贷产品完成功能设计和流程设计以后，必须进行 IT 方案的设计，才能最后形成可操作和运行的业务产品。

产品的 IT 系统实现方案的设计，必须考虑以下因素：一是满足产品的功能设计和风控设计要求；二是满足产品业务流程设计的有关要求；三是与银行现有的信贷业务经营系统和业务运营系统相对接，满足全行业务统一运作的要求；四是满足财务核算相关要求。

IT 系统实现方案设计一般分为三步：

1. 提出产品需求说明。将产品的功能、风控要点和业务流程以计算机编程的逻辑思路进行描述，对后续软件的设计开发进行限定。

2. 确定编程工具和实现思路。一般应当建立在银行现有的业务系统基础之上，将产品的各种功能和流程无缝嵌入现行的业务处理系统。

3. 制订软件开发计划。确定开发人员、开发时间，产品程序的各种功能点和开发节点，同时明确质量要求和评估办法。

三、产品开发管理

产品设计完成之后进入开发阶段。开发阶段的主要任务是将主观意念中的产品变化为可操作、可营运的现实产品，同时为银行大规模推广、销售产品做好必要的前期准备。

从管理意义上讲，产品开发管理涉及人员管理、开发节点管理、试验管理和新品移交。

（一）开发团队组织

正常体制下，业务人员和 IT 系统开发人员在银行内部分属不同的部门管理。但信贷产品的开发属于创新事项，必须由业务人员、管理人员和 IT 系统开发人员共同协作才能完成。因此，必须组织类似于"矩阵式"的合作团队，从银行内部各个相关部门抽调人员，在具有特定工作目标的开发团队内进行工作。

这样的团队组织，管理涉及两个问题：一是组织架构的确定；二是管理秩序的建立。

1. 开发组织架构。信贷产品开发团队，就其解决问题的要求理解，团队应当包括两部分人员。

（1）业务人员，包括业务管理人员、风险管理人员、运营管理人员。他们的职责是帮助技术开发人员理解信贷产品设计中有关产品的功能要求、风控要点和与现有运营系统的对接要求，以便计算机程序设计和开发能够更准确地贯彻和实现这些要求。

（2）IT 系统开发人员，包括技术主管、软件编程人员和其他辅助人员。他们的主要职责是根据产品设计方案，将业务人员的各种要求转变为计算机可以识别和处理的程序系统。

这两组人员可以有多种组合，一般最常见的组合是按照产品的功能点开发进行分组组合，分段开发。这种组合的优点是可以最大限度地将产品实际功能需要与 IT 技术开发紧密结合，使产品功能在 IT 系统中体现得更加充分、更加切合产品设计要求。但这种组合对技术主管的总体功能点整合要求较高，因此，简单的产品开发也采用混合组织，即业务人员与开发人员共同全程参与开发。

2. 开发团队的管理秩序。一般来讲，矩阵式团队属于组织中的非正式组织，所属成员在银行的正式组织架构中还有一层被管理的关系。而业务产品的开发又要求其团队成员能够在特定的时间内专心致志地投入工作，所以理顺团队的管理秩序非常重要。

（1）确定团队主要负责人，落实团队管理责任。对于信贷产品开发而言，其开发主导者应当是信贷产品管理部门，因此团队负责人应当由信贷产品管理部门派员担任，以便更好地把握产品开发计划的实施工作。

（2）制定团队管理规则。尽管团队不是正式序列组织，不具有人事管理权，但团队组建时，派员的有关部门应当就派出成员的劳动管理达成一致意见，并就团队的工作秩序和考核规则制定明确的制度，保证团队工作顺利进行，提高工作效率和质量。

（二）开发节点管理

开发节点指产品开发过程中拿出阶段性结果的环节。在信贷产品开发整个过程中，大体有以下关键节点需要重点管理。

1. 产品功能确认。信贷产品需求来自市场和客户，市场和客户需求经过多种渠道进入产品管理部门以后，产品管理部门应当指定团队或人员进行分析研究，提出能够满足市场与客户需求，又能在银行现有业务运行系统上加以实现的新型产品功能。这些功能经常会涉及行内其他的业务部门和管理部门，因此产品管理部门必须组织有关部门对这些新型产品功能进行合规性、可行性和有效性论证，以确认这些功能是否可以进入开发阶段。重要产品创新，还需要提请银行高管层进行审批把关。

2. 制定产品开发需求说明书。产品开发需求说明书是信贷产品从理念转化为实践的关键一步。同样的功能实现可能会有 N 种不同的技术路线，产品开发需求说明就是确定其中最佳的实现路线。产品开发需求说明书的编制，需要产品管理部门、业务营销部门、IT 技术部门、业务运营部门乃至财务部门等共同参与，权衡各种业务的、风控的、效率的和开发时间、人员素质方面的要求，提出一个最为现实的技术路径。这个节点上，负责银行产品管理的高管也需要亲自参与讨论，进行决策。

3. 产品的 IT 程序测试。产品的全部功能点编程完成后，需要投入测试，以确定程序运行是否完善，有否存在漏洞。这个节点是信贷产品能否进入生产系统进行试运行的关键节点，所以，产品管理部门和技术管理部门应当组织相关业务部门进行相关测试，以确定产品可以投入试运行。重要产品的程序测试，负责产品管理的高管也应当参与和关注，并根据测试情况决定产品是否投入试运行。

（三）客户体验和试运行

信贷产品通过程序测试，经过高管层批准后，即可投入客户体验和产品试运行。客户体验和试运行的目的是：检验产品功能是否达到有关客户的心理预期，风控和效率方面还存在哪些需要进一步改进的问题；检验产品实际运营中的管理要求和措施；检验产品经营是否能够实现预期的财务目标。

一般来讲，信贷产品的客户体验和试运行阶段由产品开发团队负责主持，这一阶段的时长通常为 6 个月至 1 年。在这个阶段，开发团队需要做好以下事项：

1. 选择试验的客户和区域（或机构）。这些客户一般应该对新的信贷产品存在需求，最好是提出需求的客户和机构。

2. 小范围营销，精细化管理。通常是有目的地个别营销，不做大面积的市场推广。产品开发团队的成员需要全程参与营销和业务过程，观察新产品在运营过程中的问题，同时对存在问题作出针对性改进。

3. 产品评估。在客户体验和试运行过程中，定期对产品的设计功能、风控表现、管理制度和盈利能力进行评估。试运行阶段结束时，开发团队应当将产品试运行情况向产品管理部门以及高管层进行正式书面报告，提请高管层对产品是否投入正式运营作出决定。

（四）产品移交管理

高管层决定将产品投入正式运行后，产品管理部门应当任命正式的产品经理从开发团队接管该信贷产品，按照正常信贷产品的管理流程开展新产品经营管理工作，开发团队的使命就此结束。

案例 [**基本情况**] 民生银行率先在全国性银行中提出"做小微企业的银行"，并于 2009 年 2 月推出了针对小企业的核心产品"商贷通"，主要为中小企业商户进行贷款融资、专属银行卡、结算以及存贷款一体式账户管理等一揽子金融服务。

"商贷通"与传统信贷的区别是：虽然是中小企业贷款，但却以自然人的名义来发放人民币授信，并且以个人和家庭的财产承担无限责任。另外，"商贷通"发放的对象通常是"衣、食、住、行"等受经济周期影响较小、贷款还款风险也较小的行业。比如超市、大宗农副产品批发交易市场以及百货经销商等。此外，商圈是"商贷通"合作的主要群体。2009—2011 年，"商贷通"业务发展迅猛，贷款余额从 66 亿元人民币猛增至 2 325 亿元人民币，"商贷通"贷款余额和增量分别占同期民生银行全部贷款增量以及零售贷款增量的 41.3% 和 88.4%，累计客户数量达到 15 万户。

共同担保是"商贷通"最常选择的担保方式，其适用对象基本是规划内的商圈客户。这是因为民生银行之前已对这类客户有频繁接触，并且对他们的信用状况有一定了解，基于传统关系型信贷技术，在房屋抵押上允许自然人连带的担保履约，进而提高信贷的安全性。另外，"商贷通"在法人担保形式上也有所创新，开展了核心企业产业链企业法人保证和市场开发商（或管理者）保证两种方式。其中市场开发商（或管理者）保证是借用商圈核心管理者的信用作为支柱，保证商圈内其他商户正常经营所需的资金；核心企业产业链企业法人保证则是运用供应链金融的原则，在上游企业（供应链）——核心企业（商圈）——下游企业（销售链）的链条中，以核心大企业的信用作为担保主要来源，从而进行贷款发放。

另外，针对中小企业的信息搜集成本高的情况，"商贷通"根据同一商圈客户的同质性，进行分层，采用"批量开发、批量复制、批量授信"的方式处理信息。民生银行还与行业协会、市场管理者、商会等组织以及相关关键人物合作，掌握中小企业信息，降低搜寻成本，而且利用交叉验证确定信息的真实性。

[案例点评]　一直以来，大多数中小企业因为缺少抵押物或者资产的变现能力弱等原因，很难从银行获得贷款。民生银行从观念上进行转变，积极创新产品，推出专门针对中小企业贷款的"商贷通"，为中小企业提供专业的金融服务。民生银行针对中小企业缺乏抵押物，而专门采取的共同担保、核心企业产业链企业法人保证和市场开发商（或管理者）保证等更适应中小企业的特点。在贷款选择与审批方面，该行通过在对各行业翔实调研的基础上提供了多套授信标准，客户可以快速选择适合自身的方案。

除了因缺乏抵押物容易造成贷款风险致使银行不愿意给中小企业贷款以外，信息的不对称使银行在发现客户、搜寻客户以及达成合作方面的成本也非常高，从而导致银行不愿意与中小企业合作。对此，民生银行通过营销、审批、风控的全部流程都紧紧围绕"批量化"展开，实现效率提高、成本节约。

第三节　信贷产品定价

信贷产品价格包括贷款利率和相关费用。通常，动用银行资金的信贷产品，其价格表现的主体形式为贷款利率；不动用银行资金的信贷产品，如承兑汇票、信用证、银行保函、授信承诺等，其价格表现的主体形式为业务费用。

一、基准利率定价法

基准利率定价法是选择合适的基准利率，银行在此之上加一定价差或乘上一个加成系数的贷款定价方法。目前，商业银行采用的基准利率通常是人民银行对外公布的商业银行贷款基准利率，也可以是人民银行公开市场操作利率或其对商业银行的再贴现率。当然，理论上讲，商业银行据以确定具体贷款利率的基准利率也可以是国库券利率、大额可转让存单利率、银行同业拆借利率、商业票据利率等货币市场利率。由于这些金融工具或借贷合约的共同特征是违约风险很低，所以它们的利率往往被称为无风险利率，是金融市场常用的定价参照系，故也被称为基准利率。对于不同的客户，银行往往根据贷款风险溢价水平而有所差异。

基准利率定价法的利率计算公式一般为

贷款利率 = 基准利率 + 客户违约风险溢价 + 贷款期限风险溢价

公式中后两部分是在基准利率基础上的加价。违约风险溢价的设定可使用多种风险调整方法，通常是根据贷款的风险等级确定风险溢价。如果贷款期限较长，银行还须加上期限风险溢价。不过，对于高风险客户，银行大多遵从信贷配给思想，对此类借款申请予以回绝，以规避风险。

由于风险溢价的计算在实践中也不是完全准确，而且其计算结果会给出非常仔细的利率长尾，因此目前我国商业银行在采用这种定价模型时，一般会在大体评估风险溢价的基础上采用基准利率加点模式，即在基准利率水平上加贷款价差的方法。即

贷款利率 = 基准利率（或无风险利率） + 价差

实务中，基准利率一般采用中国人民银行对外公布的商业银行贷款基准利率，价差的大小主要依据商业银行对贷款客户和贷款期限风险溢价的评估水平确定。价差可以为加，也可以为减。

二、目标收益率定价法

贷款定价的目标是要保证银行贷款可以获得或超过银行资产负债运营成本水平，能够达成银行经营计划的盈利目标。即贷款的总收入应该大于或等于贷款的总费用和目标利润之和。目标收益率定价法的具体公式为

税前资本收益率（目标） = （贷款收益 − 贷款成本）/贷款资本占用额

其中：贷款收益 = 贷款本金 × 贷款利率 + 贷款管理手续费

贷款成本＝非股本资金的成本＋贷款管理费用

贷款资本占用额＝银行资本对全部贷款的比率×本次贷款余额

上述公式经转换得出贷款利率计算公式为

贷款利率＝（税前资本收益率目标×贷款资本占用额＋非股本资金成本

＋贷款管理成本－贷款收费）/贷款本金

例如，某银行发放1亿元人民币贷款，税前资本收益率目标为20%，资本占用为1 000万元人民币，资金成本为360万元人民币，贷款管理成本为2万元人民币，贷款收费为2万元人民币。则

贷款利率＝（20%×1 000＋360＋2－2）/10 000＝5.6%

点评：这种定价法的缺点是只考虑了贷款的资金成本和费用成本，而未将信贷的风险成本考虑在内，使得各种不同风险的贷款在定价上趋于无差别。

三、成本加成定价法

这种定价方法假定贷款利率包括四个组成部分：贷款资金的成本、非资金性经营成本、违约风险的补偿费用（违约成本）、预期利润。又称成本相加定价法。贷款利率的计算公式为

贷款利率＝（筹集资金的平均利息成本＋综合费用成本

＋预计补偿违约风险的边际成本

＋银行目标利润水平）/贷款本金

例如，假定某银行发放1亿元人民币贷款，其筹资的平均成本为3%，摊入每万元人民币贷款的综合经营成本为5元人民币，本次贷款预期违约风险补偿率为1%，银行本身要求的贷款利润率为2%。则

贷款利率＝（300＋5＋100＋200）/10 000＝6.5%

点评：成本加成定价法考虑了贷款的融资成本、经营成本和客户的违约成本，比目标收益率定价法更加合理。但是，这种定价方法也有其缺陷，它要求银行能够准确地认定贷款业务的各种相关成本，在实践中有相当的难度。首先，银行要归集各种债务资金的成本数据，计算出全部新增债务资金的加权平均边际成本，作为贷款定价的基础。然后，银行需要开发贷款经营成本的系统性测算和分解方法，将不同岗位员工的薪酬福利、经常性开支、设备成本及其他费用支出分摊到每笔贷款业务上。在计算违约成本时，银行需要将贷款划分为不同的风险等级，再根据历史资料计算各风险等级贷款的平均违约率，据此确定贷款的违约风险补偿费率。而且它没有考虑市场利率水平和同业竞争因素，而

事实上，在激烈的竞争中，银行并非完全的价格制定者，而往往是价格的被动接受者。

四、RAROC 定价法

RAROC 定价法，也称风险调整后资本收益率定价法，是目前国际商业银行比较流行的贷款定价方法。其理论核心是将可预期的信贷风险损失量化为当前成本，计算经过风险调整后，经济资本应当获得的利润值，并将其应用于贷款定价。通常 RAROC 计算公式表示为

$$RAROC =（贷款利息收入 + 贷款费用收入 - 资金成本 - 经营成本$$
$$- 预期损失 - 税收成本）/ 经济资本$$

在没有其他特殊因素的情况下，一般认为 RAROC 值等于股东对经济资本的最低回报率要求时得到的利率应为银行贷款的商业基准利率。据此推导出银行信贷定价的公式为

$$银行商业基准利率 = 资金成本 + 经营成本 + 预期损失 + 税收 - 费用收入$$
$$+（经济资本 × RAROC）/ 贷款本金$$

例如：某银行发放一笔 1 年期的公司抵押贷款，本金为 10 000 万元人民币。

假定：本次贷款违约概率（PD）为 2%，违约风险暴露（EAD）为 50%，预期损失率（LGD）为 30%，预期损失（EL）为 30 万元人民币；经济资本配置系数为 10%，经济资本回报要求为 20%；本次贷款相关费用收入为 10 万元人民币，资金成本为 330 万元人民币，经营成本为 10 万元人民币，税收成本为 25 万元人民币。求本笔贷款的利率基准。

将有关数据代入上述公式得

$$商业基准利率 = [（330 + 10 + 30 + 25 - 10）+（0.2 × 1 000）] / 10 000 × 100\%$$
$$=（385 + 200）/ 10 000 × 100\% = 0.0585 × 100\% = 5.85\%$$

本次贷款的利率基准为 5.85%。

五、信贷业务收费定价

在许多情形下，信贷业务不需要动用资金，而是银行根据客户需要提供一定的信用支持或风险管理工具。这些业务银行花费了一定的成本，并且承担了一定的或有风险，银行有理由得到合理补偿和回报。但是信贷业务没有附着资金流动，而且有些业务的价值并不是以时间长度来体现的，如银行为客户开立信用证、承兑汇票、向客户提供保函、贷款承诺，办理客户委托贷款等，无法

以利息形式向客户收取报酬，只能按照信贷业务给客户创造的价值或信贷业务中或有风险的大小，来进行合理的收费。

信贷业务收费定价没有固定的模型。在我国，银行基础业务收费受到国家有关部门的窗口指导，但大部分信贷业务的收费是银行与客户之间在实践过程中约定俗成的结果。一般而言，在信贷业务收费过程中银行处于主动地位，银行率先提出收费报价，客户处于讨价的地位。

商业银行在提出信贷业务收费报价时需要考虑以下几方面因素：

1. 成本因素。每一笔收费定价必须覆盖业务成本、管理成本和税收成本。

2. 政策和市场因素。参考市场同类业务的报价水平和国家窗口指导的价格水平。

3. 风险因素。按照风险与收益对称原则，确定业务中包含的或有风险应当获得的合理对价。

综合上述因素，根据不同客户对象、业务种类、风险缓释方式等情况确定信贷业务收费定价标准。以函数式表示为

信贷业务收费定价标准＝F（成本因素，市场和政策因素，或有风险对价）

第四节　信贷产品经营管理

商业银行产品经营管理与传统的专业银行业务管理具有本质不同的重要标志。一是引进产品经营概念使信贷业务品种的功能化特征更加明确，有利于信贷业务更加适合客户需要和风险控制的需要；二是引进产品管理概念将信贷业务销售与信贷业务经营区分开来，使得商业银行信贷业务前中后台管理更加健全，管理更加周密和平衡；三是引进产品业绩管理概念，进一步增强了信贷业务有序更替、"与时俱进"的创新发展能力。

信贷产品管理在商业银行经营实践中具体表现为对产品的营销管理和经营业绩管理。

一、产品营销管理

商业银行信贷产品营销工作的具体承担者主要是前台业务部门和各级业务分支机构。产品营销管理是指产品管理部门怎样通过有效地管理产品的销售，将合适的信贷产品通过合适的方式销售给合适的客户。

（一）市场推广

市场推广是指将信贷产品介绍给市场和客户。市场推广的主要方式有：产品广告、产品路演、个别营销。

1. 产品广告。指利用特定的宣传媒介对信贷产品进行介绍宣传，吸引具有相应需求的受众来行办理业务。产品广告的载体很多，如报纸、电视、网络、邮件、车体广告、宣传横幅、广告牌等；就其形式看也很多，如视频短片、文字广告、软文报道、图片资料、影视形象等。产品广告的优点是：受众覆盖面广泛，宣传的单位成本较低，但其缺点是信息单向传递、信息量较小，反馈率较低。

利用产品广告进行信贷产品推广是商业银行通常采用的市场推广方式。但采用这种方式时需要注意：一是根据信贷产品的特定需求群体恰当选择广告载体和宣传形式。如对个人消费类信贷产品，可以选用公共媒体进行宣传，而对于公司类的信贷产品则适宜采用邮寄资料或特定网站广告进行推广。二是注意广告形式的通俗易懂，信息尽可能全面丰富。使受众接受广告宣传后基本明白信贷产品的基本功能、申请条件、产品优势、受理渠道等，切忌把产品广告做成"形象广告"。

2. 产品路演。产品路演指商业银行为了推广其信贷产品而组织的产品发布会、推介会、专题营销活动等，其参与对象是经过商业银行选择的、对产品具有潜在需求的目标客户。产品路演的特点是受众特定、信息传递迅速、丰富、准确并伴有适度的反馈，但其缺点是受众面较小，发现潜力市场的能力较弱。

利用路演进行信贷产品推广也是商业银行经常采用的方式。但采用这种方式时需要注意：一是要尽可能多地组织目标客户，特别是需求程度较高的客户参加路演活动，以扩大推广的受众面和宣传效果。因此，在组织中应当十分注意路演时间、地点和方式的选择，提高目标受众参加路演活动的积极性。例如，在路演活动中加入目标受众感兴趣的名人报告会、演讲会、兴趣活动、小礼品赠送等，提高目标受众的参与度。二是注意路演活动的互动性。在路演过程中鼓励受众提出问题，邀请专家现场解决问题，必要时也可以现场开展适度的促销活动，使受众在路演活动中直接体验到信贷产品的基本功能、申请条件、产品优势等，切忌把路演做成单向信息沟通的"新闻发布会"。

3. 个别营销。个别营销指商业银行业务营销人员和产品管理人员就产品的推广个别拜访潜在的产品用户，专题为客户介绍产品功能、产品优势、申请条件、业务流程等产品信息，听取客户反馈意见，争取与客户达成共识。个别营销的优点是直接切入营销，信息交流全面、准确，营销成功率较高。但缺点是营销面很窄、营销效率不高、成本较大。所以个别营销方式一般不作为新产品推广的方式，而主要用来进行成熟信贷产品的推广。个别营销方式需要注意：一是要选准营销对象，确实具有使用特定产品的需要，避免出现"对牛弹琴"式的营销；二是尽可能选择对产品功能和办理条件比较熟悉的业务人员，特别是复杂程度较高的信贷产品，产品经理应当在营销过程中予以全程支持，提高客户对产品的认知和接受程度。

（二）销售渠道管理

销售渠道指具体受理信贷产品客户申请的场所。银行信贷产品销售渠道从大类分，分为线上渠道和线下渠道两种。线上渠道指银行的在线业务窗口，如电话银行、电子银行、移动设备、自助设施；线下渠道指银行的业务分支机构、营业网点和代理商机构。渠道细分的话，可以根据其营业范围、业务授权是否适合信贷产品营销进行多种划分。营销渠道管理主要是指对销售渠道的产品投放、销售计划以及销售方式进行管理。

1. 产品投放管理。信贷产品的种类很多，有的风险较低，适用客户面较广，操作简便，适合在各种渠道上销售。但也有的产品本身风险较高，操作较复杂，客户适用面也不大，因而只能在少数渠道上销售。产品管理部门的任务就是要根据产品的风险特征、对银行业务人员的素质要求以及产品功能的适用人群，合理地确定产品投放渠道。同时对产品销售的机构、人员进行销售培训和授权管理，严格禁止未经授权的渠道和人员销售信贷产品。产品投放一般采用内部业务文件形式对相关机构进行通知，并开放相关的业务处理系统、设置授权参数。

2. 销售计划管理。销售计划指产品管理部门对各个产品的销售机构（渠道）下达产品在一定期限内的销售计划，并对这些机构（渠道）的销售进度进行跟踪、考核和调整。产品销售计划可根据需要设计管理周期，如年度、季度或月度。产品管理部门根据设定的周期，对产品销售进度进行考核，对销售过程中的各种问题进行收集、分析，及时提出改进措施。信贷产品销售过程中需要特别关注的问题一般有两个方面：一是产品销售不畅，提示需要加强和改进营销方式、改进产品功能或者调整价格策略；二是产品风险暴露超过预期，提示需要改进产品的风险控制功能、加强产品销售中的制度管理以及对销售人员的业务培训、加强销售机构对产品使用客户的筛选甄别等。

3. 销售方式管理。信贷产品不同于一般的消费品，其销售方式并不表现为

"一手钱一手货"式的产品所有权转让，而是表现为一笔货币使用权的借贷过程。因此，信贷产品的销售方式是银行与客户达成借贷意向＋各种业务手续。对信贷产品销售方式的管理实际上是产品管理部门对销售执行部门（人员）的销售行为管理，其主要体现为对产品销售过程中贯彻执行业务制度的管理。在这个管理过程中，产品部门应当重点关注以下三个方面：一是销售对象是否合格，即信贷产品是否销售给了合格的借款人；二是产品使用方向是否正确，即借款人是否按照产品的用途规定使用融资；三是产品的销售过程是否合规，即销售人员是否严格执行了产品办法规定的各项业务制度和风控措施。

（三）销售激励

销售激励包括了客户激励和销售人员激励两个方面，其目的是提高销售成效，扩大销售规模。对于信贷产品而言，销售激励应当以客户激励为主，以销售人员激励为辅。

1. 客户激励。客户激励的目的是鼓励客户使用特定的信贷产品。客户激励的主要方式有：价格、条件、额外赠与等。所谓价格激励，即在一定的时期内，对客户的销售采用优惠价格，如利率折扣、费用减免等；条件激励，即对产品要求的部分条件进行适当降低，如放宽抵押成数要求、降低保证金比例等；额外赠与是指银行方面给予产品用户一定的其他优惠，如为按揭贷款用户提供一定的装修贷款优惠额度、对使用小额结算贷款的商户赠送 POS 机具、对并购贷款用户赠送相关的行业研究资料和咨询报告等。额外赠与往往以产品套餐形式出现。

2. 销售人员激励。销售人员激励的目的是鼓励销售人员加大对特定信贷产品的营销力度。对销售人员的激励一般采用超额奖励的方式。销售人员超过计划销售额部分的业绩给予一定的奖励。这种奖励可以根据产品销售计划执行情况进行设计。奖励的方式可以是荣誉、可以是奖金，也可以兼而有之。

销售激励需要注意的问题是"适度"。特别是在信贷产品销售激励中，一定要把握以下几点：一是注意不同信贷产品之间的相互替代，其替代效应是否符合商业银行业务结构的调整方向和力度要求，防止各种产品之间出现销售失衡状态，以及销售人员利用产品替代效应谋取奖励的"套利行为"；二是激励成本与销售的规模效益相适应，避免激励成本抵消规模扩大带来的效益；三是风险管理能力与销售规模扩大相适应，防止销售过度扩大带来风险失控问题。

二、产品业绩管理

产品业绩管理指商业银行基于信贷产品的经营活动对产品的绩效进行有效

管理。目前我国大部分商业银行在信贷业务经营中均未采用产品业绩管理体制，而是沿用了传统的分支机构综合业绩管理制度。但是机构综合业绩管理制度存在一些自身难以克服的弊端，主要有以下几点：

1. 信贷经营的收益、风险成本很难细化考核到具体的业务产品，造成分析问题和改进措施很难做到具有针对性。

2. 信贷产品一经投放，管理责任便着落到销售机构，而销售机构受到综合业绩管理体制的局限，无法做到对每一种信贷产品都实施个性化管理，导致具体信贷产品的经营处于没有责任主体的状态之中。

3. 销售机构一般的目标指向销售规模，而对产品的成本、风险、盈利能力的管理并不非常关心，导致一些信贷产品处于"赔钱赚吆喝"的状态。

为改变这种状态，推进信贷业务精细化管理，也有部分商业银行在机构综合业绩管理的基础上开始试行产品业绩管理制度。

产品业绩管理涉及信贷产品经营的责任主体管理、信贷产品本身的维护和制度管理、信贷产品的生命周期管理。通过这些方面的管理，使信贷业务经营细化到对每个信贷产品的经营管理。

（一）产品经理制度

信贷产品经理制度是商业银行实施信贷产品业绩管理的基础。信贷产品经理是商业银行信贷产品管理部门中专司信贷产品经营管理职责的责任主体。其岗位工作的主要内容是：一是以提高经管的信贷产品营业贡献为目标，采用产品包方式经营银行指定的信贷产品；二是对产品包内的信贷产品进行市场营销，在授权范围内对信贷产品进行市场推广（包括广告、路演、个别推介等）、产品定价、制订销售计划、营销策略和激励政策；三是对各种销售渠道提供培训服务、收集客户体验、组织产品改进，进行售后质量管理，控制产品的经营风险；四是对信贷产品进行日常维护，包括系统维护、制度管理、准入管理、授权管理、销售规模管理。

其中，产品包是指根据信贷产品的功能类同程度、销售规模和管理宽度，对信贷产品进行分类组合，组成不同的产品集合，以便于具体落实到管理机构和产品经理个人。产品包一般以营业贡献为标准进行组合，营业贡献特大的产品，可设立产品经理小组，采用一个产品多人管理方式；营业贡献较小的产品，也可以由数个产品组合打包，采用一个产品经理管理多个产品方式。但组合打包原则上应当以相近业务为主，产品功能的跨度不宜太大，以便于产品经理对不同产品进行有效管理。

产品包作为产品经理的工作基础，由产品管理部门组织打包，分配落实到产品经理。原则上一个考核周期内不予变更。考核周期结束后，产品管理部门可根据产品经理的业绩表现、工作能力和产品表现等情况，确定在新的考核周期调整产品经理，或调整产品包的内容。

在产品经理制度下，产品经理的管理分为绩效管理和岗位管理两大部分。

1. 绩效管理。信贷产品经理一般采用绩效合约管理。绩效合约的主要内容为：产品包绩效表现、产品经营质量、产品制度执行和维护。其中，产品包绩效主要考核包内产品销售计划完成率和营业贡献；产品经营质量主要考核产品不良率和损失率；产品维护主要考核产品销售制度执行情况和客户投诉率。产品经理的绩效分配一般采用产品包绩效工资含量制度。产品包绩效工资标准由财务部门根据产品预期营业贡献的绩效工资含量核定，人力资源部门根据核定的标准对产品经理经管的产品包实际贡献进行考核、分配绩效工资。一般，产品管理部门负责对产品经理在产品经营质量和产品维护、制度执行情况方面的成效进行评价，负面因素采用倒扣分制度，在产品经理应发绩效工资中予以扣除。

2. 岗位管理。信贷产品经理与其他信贷业务岗位一样，实行岗位准入制度和岗位等级管理。所有产品经理上岗之前必须获得岗位准入，晋升岗位等级时必须具备相关的资质要求。产品经理上岗以后，银行应当给予明确的岗位说明和岗位授权书，明确岗位职权和责任及禁止事项。产品经理不得越权处理工作，超越本身权限的事项须经请示有权人同意。产品经理的岗位等级原则上按其经管的产品包营业贡献总值确定。产品包营业贡献总值达到上一级产品经理标准时，经人力资源管理部门考察后可以予以晋升，反之，应当予以降级。通过岗位升降管理，激发产品经理的经营管理主动性和积极性。

（二）产品维护和制度管理

银行信贷产品功能主要表现为借贷资金的特定用途和资金借贷的特殊管理制度。所以，产品维护的内容就是指产品经理对这些借贷资金的使用情况和业务办理中产品制度的执行情况进行了解、掌握、纠正和改进。

1. 产品维护。产品维护主要指信贷产品销售以后，产品经理对产品销售情况、用户反映以及产品质量状况进行调研和了解，发现经营中存在的问题，听取行内外各个方面的意见和建议，定期对产品销售中存在问题、售后服务中存在问题、管理过程中存在问题进行梳理、归纳，提出改进意见和措施，完善信贷产品功能和管理。

2. 制度管理主要指产品经理在日常工作中，对产品制度的贯彻执行情况进行了解和掌握，发现问题及时纠正。对于操作中属于理解问题的，要及时进行辅导和培训，提高销售人员执行制度的准确性和可靠性；对于恶意违规违章的行为要予以制裁，包括核减销售绩效，提请销售人员的主管机构给予惩处，撤销销售人员销售信贷产品的资格，直至收回对该机构销售相关产品的授权。

（三）产品生命周期管理

任何产品都有"诞生—成长—成熟—衰退"的生命周期，信贷产品也不例外。在产品生命周期的不同阶段采用不同管理策略，对银行信贷产品的经营管理而言具有重要意义。产品生命周期管理策略，应当由银行总部的产品管理部门负责提出，由产品经理负责实施。

1. 新产品管理。新产品一般指市场上尚未出现或刚刚出现的，具有与以往信贷产品不同功能的新型产品。新产品往往具有这样一些特点：一是全新的信贷功能，这些功能可以满足目前信贷市场上尚未得到满足的信贷需求；二是产品定价在市场上无参照标的，银行可以占据定价的位置优势；三是新产品在市场上没有知名度，更没有美誉度，需要投入较大的推广成本；四是尚未形成规模销售，其对于银行财务影响非常有限。当然，新产品投入市场的前提必定是已经进行了试运营，银行对于新产品的目标市场、经营成本、风险管控等有所了解。所以，银行对新产品的管理策略应当具有以下特点：

（1）营销目标优先于财务目标。在财务费用配置、人力资源配置方面给予优先安排，以迅速取得市场声誉和知名度。

（2）高定价基础上折扣策略。利用新产品在市场上无价格参照标的的优势，按照高于现有信贷产品定价因素计算的合理价格进行定价，为今后产品进入成长期和成熟期奠定定价基础。但在新产品推广阶段，可采用价格折扣的方式，鼓励客户试用新的信贷产品。

（3）控制扩张节奏。任何一种信贷产品都具有对原有产品的替代作用，新产品的推出对原有产品的销售一定会带来冲击。商业银行一般不宜主张新产品对原有产品的过快替代，因为新产品处于市场磨合状态，无论客户层面还是银行自身，对其规律的把控均缺乏实践经验，在财务意义上会很容易发生大幅波动的"海浪"效应，在管理意义上会发生"站起来眼前发黑"的"大脑缺氧"效应，对银行信贷经营产生不必要的干扰。因此，新产品推向市场以后，除非市场出现同类产品的跟进，一般应当控制其快速扩张，保持市场需求正常增加。

2. 成长期产品管理。成长期产品的特征是，市场已经普遍了解这类产品的功能，而且对这种产品的需求不断增长，产品处于相对稀缺状态；产品销售的扩大对于整个信贷经营的利润增长已经日益重要，其增量甚至可以占到全部信贷产品增量的很大比例；产品的管理问题逐步涌现，不断引起监管部门关注。

对成长类产品的管理策略是：

（1）加大资源投入力度，促进产品扩大销售。

（2）有效利用其稀缺性，提高产品的定价水平；同时，尽可能采用捆绑销售策略，带动其他产品销售。

（3）加强对产品的管理力度，避免违规经营；严格产品制度管理，防止风险扩大。

3. 成熟期产品管理。成熟期产品的特征是：无论是客户接受程度或是银行的经营，这些产品都是"非常传统"的当家产品，甚至占据银行信贷经营规模和盈利的绝大部分。但其销售规模或是盈利水平的增长幅度已经趋于平缓；在市场上看，同类产品竞争激烈，其价格不断受到同类产品的挑战，客户开始流失，产品风险不断积累，不良率基本稳定在一定水平之上，属于监管部门重点监管的信贷产品；各个方面对于产品改进和创新的呼声开始增强。

银行对成熟期信贷产品的管理策略应当是：

（1）稳定投入、稳定管理、稳定价格，适当采取产品激励政策，尽可能延缓产品进入衰退周期。

（2）加强对产品改进和创新的力度，以及对各级销售部门的考核激励力度，尽力在市场同类产品中保持较强竞争力。

4. 衰退期产品管理。衰退期产品的特征是：尽管还有部分客户使用产品，但销售规模下降、客户流失、风险积累加快，对于银行的经营贡献不断下降。对于这类产品，银行应当及时研究退出策略。

一般退出策略包括：

（1）采用新产品进行替代。

（2）提高价格水平，补偿银行保留这类产品的经营成本和风险成本，同时鼓励客户弃用这类产品。

（3）做好产品退出市场的各种善后工作。包括客户保留、剩余资产转移、不良处置等。

案例 [**基本情况**] 近年来，J银行个人贷款业务迅猛发展，在业务快速发展的同时，管理难度开始加大，逐渐出现了一些管理上的难题，有的已经成为阻碍业务发展的瓶颈，集中体现在缺乏有效的经办机构管理制度和办法。一方面，随着业务规模的不断扩大，由于各支行对个贷业务的重视程度和管理水平参差不齐，部分支行开始出现相对严重的贷款质量问题；另一方面，虽然要求对部分品种进行机构准入管理，却没有明确的准入标准，只有一个不成文的规定，即当个贷不良率超出全省平均水平两倍时不予准入。在规模有限的情况下，J 银行虽有心将规模向市场大、管理好的支行倾斜，却无法可依。除了被停牌的品种以外，对那些风险大、管理水平要求高、不适合全面放开的品种，又没有充分的理由拒绝某些分支机构准入。在一定程度上，造成贷款增量规模分配上的"撒胡椒面"现象，经营上形成"广种薄收"的局面，管理上比较尴尬和被动。

为了改变这个局面，J 银行制定实施了《个人贷款经办机构分类管理办法》。主要是以个人贷款的关注占比、不良率、贷款规模、从业人员等为分类指标，通过这些量化的硬性指标为依据，划分为四类，即重点支持类、积极支持类、一般类、关注类机构。实行动态名单管理，一年一定，并按月监测分类指标，按季增补支持类机构名单，按年退出不符合条件的经办机构。同时，严格实行差别化管理。

1. 差别化准入政策。重点支持类机构可以开办全部个人贷款品种，无须申报业务准入；积极支持类机构除信用贷款、汽车贷款须申报准入外，无须再申请机构品种准入，以机构分类管理名单通报作为机构业务品种准入的批复，简化准入手续；一般类经办机构拟新开办的个贷品种，须逐个申请业务准入，原则上不开办信用贷款、汽车贷款；对关注类经办机构，原则上不开办信用贷款、汽车贷款、经营贷款、小额贷款，其余个贷品种须逐个申请业务准入。

2. 差别化审批管理。支持类经办机构贷款的审批按正常的审批规定执行。一般类和关注类的机构在此之外，特别增加若干贷款审批规定：一般类经办机构，严禁对连续违约记录在 4 期及以上的客户发放信用贷款、经营贷款、小额贷款、汽车贷款；关注类经办机构，除质押贷款、一手房贷款、二手房贷款外，不得对违约记录较多客户发放个人贷款。

3. 差别化贷后管理。对重点支持类和积极支持类经办机构，要求以非现场监测为主，辅以现场抽查，原则上 1 年组织一次检查。对一般类和关注类经办机构，在加大检查频率（分别为每半年和每季度一次）的同时，扩大检查范围和内容。

[案例点评] 有章可循，是实现有效管理的重要前提。差别化管理是破解管理"乱局"的有效方法，"没有差别就没有政策"，这也是一种精细化管理。在资源有限的情况下，扶优限劣是对工作最大的负责。

第十七章　信贷合规管理

审慎合规是商业银行确保信贷业务安全的基础。信贷合规管理的本质在于建立健全信贷业务合规经营的管理机制，培养从业人员审慎合规的信贷意识和行为，从根本上提升信贷风险管理能力。商业银行信贷合规管理的主要内容是遵从国家有关金融安全的相关法律、法规，服从金融监管部门的相关监管政策和指引，执行国家相关政策，严格落实商业银行内部各种有关信贷业务的基本制度，把商业银行的全部信贷经营活动建立在依法合规的基础之上。

第一节　合规管理依据

信贷合规管理的主要依据是国家相关的法律法规、监管部门的监管规定和本行基本信贷制度。

一、国家的法律法规以及监管规定

国家法律、法规和监管规定是商业银行开展信贷业务的总依据。信贷合规管理的首要任务是确保银行各种信贷活动依法合规。

目前，我国涉及信贷业务需要遵守的法律文书和监管规定主要有：

（一）法律及行政法规

包括《民法通则》《民事诉讼法》《合同法》《物权法》《刑事诉讼法》《担保法》《公司法》《企业破产法》《中国人民银行法》《银行业监督管理法》《商业银行法》《继承法》等法律和相关的司法解释，以及《金融机构违法行为处罚办法》《刑法》中涉及贷款部分相关条款等。

《民法通则》《民事诉讼法》《合同法》《公司法》《企业破产法》《物权法》《担保法》《继承法》等相关民法和经济法主要是调节银行与各个客户之间的经济关系和债权债务关系，判别银行与客户之间经济纠纷中的是非和利益关系，是银行信贷活动中处理与客户之间关系必须遵循的法律依据。而《中国人民银行法》《商业银行法》《银行业监督管理法》等银行专门法律和有关行政法规及《刑法》中的部分涉贷条款，主要是调节商业银行与监管部门的监管和被监管关系，判别商业银行信贷活动中处理自身行为是否合法、约束商业银行在信贷活动中的违法违规行为的法律依据。

相关法律法规在商业银行信贷活动中应用较多的内容主要有：

1. 关于债权债务关系的设立。包括债权人、债务人的主体资格合法性，例如，法律对债权、债务人的法定地位、行为能力有明确规定，与不符合法律规定的组织和个人发生借贷关系，法律不予保护；债权的合法性，例如，资金借贷的价格最高不得高于年息 24%，高利贷性质的债权法律不予保护；债权债务关系的合法性，例如，借贷合同需要意思表达真实，并有实际的资金使用权转移，符合借贷内容的合同、资金转移的凭据等，否则法律不予认定等。

2. 关于贷款担保的设立和处理。包括担保的形式、内容的合法性、担保效力、担保债务的清偿顺序等。例如，法律规定担保形式为保证、抵押、质押、留置四种形式；规定了担保设定的规则，如房地产抵押、权利质押必须经登记才能生效；规定担保物权的法律效力，如债权人在实现抵押权时不得对抗留置，税收、建筑工程价款、划拨土地使用权出让金、破产企业职工安置费等优先于抵押权受偿。

3. 关于债权债务纠纷处理。包括诉讼时效、诉讼程序、判决执行等方面的规定。例如，一般借贷的诉讼有效期为债务到期或债权人催告起 2 年内，超过诉讼期限的债权，人民法院不予受理；诉讼管辖地的确定以借贷双方约定为准，没有约定的由借款人所在地法院受理；以及诉前保全、上诉、胜诉执行等都有明确规定。如在对被执行人及其所抚养家属生活所必需的居住房屋，人民法院可以查封，但不得拍卖、变卖或者抵债。

4. 关于商业银行信贷行为的规定。包括贷款范围和对象、贷款审查审批、贷款担保、贷款合同管理、资产负债管理、贷款管理责任、禁止条款、对借款人条件、关系人行为规定等内容。例如，商业银行不得向国家机关、行政部门、军队贷款，不得以上述组织及具有公益性质的组织的财产及设施作为贷款抵押；商业银行不得向关系人发放条件优于其他借款人的贷款；商业银行不得持有境内非自用不动产，因处置抵押物取得的非自用不动产应当在 2 年内处置完毕；商业银行违反规定发放贷款造成损失应当以"违法发放贷款罪"追究刑事责任等。

（二）信贷相关的监管规定

对银行信贷活动的监管规定主要由中国银行保险监督管理委员会发布，但其他监管部门，如中国人民银行、中国证监会及财政、审计等政府部门在相关管理规定中也有部分涉贷条款。

目前，监管部门对商业银行信贷活动相关的监管规定主要有：《贷款通则》《征信业管理条例》《绿色信贷指引》《固定资产贷款管理暂行办法》《流动资金贷款管理暂行办法》《个人贷款管理暂行办法》《项目融资业务指引》《商业银行并购贷款风险管理指引》《商业银行内部控制指引》等，《外汇管理条例》《会计通则》等也有部分涉及信贷业务的条款。

上述规定的主要精神大体分为两个方面：

1. 对商业银行信贷组织、信贷授权、授信活动等基本制度作出规定。包括对商业银行信贷组织的基本原则、业务部门和分支机构、信贷业务授权形式、授权范围、管理责任等进行明确规定；对客户授信原则、授信范围和监督管理，以及客户业务受理和尽职调查、分析与评价、授信决策与实施、授信后管理和问题授信处理等方面提出了非常详尽的要求，基本涵盖了信贷业务工作的各个环节。

2. 对商业银行主要信贷种类的业务流程和管理要求提出了规范要求。其核心内容如表 17 - 1 所示。

表 17 - 1　　　　主要业务种类信贷业务流程和管理的规范要求

核心要义	具体内容
全流程管理原则	将贷款流程分为受理、调查、风险评价、审批、合同签订、贷款发放、贷款支付、贷后管理、贷款收回和不良贷款处置 10 个环节，要求流动资金贷款、固定资产贷款和个人贷款都应该实行全流程管理，按照有效制衡的原则将各环节职责落实到具体的部门和岗位，提出了工作内容和风险管控要求，并建立问责机制
诚信申贷原则	强调借款人在申贷中恪守诚实守信原则，如实、全面、及时向贷款人提供财务信息和进行重大事项披露，要求借款人承诺向贷款人提供的材料完整、真实、有效。并且借款人应证明其设立合法、经营管理合规合法、贷款用途明确合法等
协议承诺原则	要求银行应与借款人乃至其他相关各方通过签订完备的贷款合同等协议文件，规范各方有关行为，明确各方权利义务，调整各方法律关系，追究各方法律责任

核心要义	具体内容
贷放分控原则	强调贷款审批通过不等于放款，审贷分离，分级审批。要求贷款人设立独立的贷款发放部门或岗位，负责审核各项放款前提条件，贷款资金用途等要素，改变原来"有条件审批、无条件放款"的操作方式
实贷实付原则	将"实贷实存"变更为"实贷实付"，要求银行要根据贷款项目进度和有效贷款需求，在借款人需要对外支付贷款资金时，根据借款人的提款申请以及支付委托，将贷款资金通过贷款人受托支付、自主支付等方式，支付给符合合同约定的借款人交易对象的过程。其关键是让借款人按照贷款合同的约定用途，减少贷款挪用的风险
贷后管理原则	贷款新规在沿袭商业银行传统贷后管理方式的同时，突出强调监督贷款资金按用途使用、对借款人账户进行监控、强调借款合同的相关约定对贷后管理工作的指导性和约束性、明确了贷款人按照监管要求进行贷后管理的法律责任
罚则约束原则	贷款新规明确提出了采取"监管措施"或"行政处罚"的手段，约束贷款人和借款人等交易主体的行为

二、国家有关经济政策

商业银行信贷起着配置社会资金，引导社会资金流向的作用，这种作用决定了商业银行信贷业务在国家经济发展和结构调整中承担的使命。所以信贷合规管理除了依据法律法规、监管规定外，还需要根据国家当前的经济政策，使自身的信贷活动符合国家经济政策的导向和要求。这种要求，不仅是商业银行的社会责任使然，同时也是银行信贷活动保持与整个经济活动的一致性，从而维护自身信贷资产安全、谋求持续健康发展的必然要求。

国家在各个不同的发展阶段有各种不同的经济政策，其涵盖面几乎涉及经济生活的各个方面。就我国当前情况讲，影响信贷业务活动的主要有以下几类：

（一）绿色信贷政策

绿色信贷是指将促进环境保护、资源节约、减少碳排放、历史文化遗迹保护、居民与职业健康、生物多样性等作为信贷决策的重要依据，通过合理有效的配置信贷资源，加大对生态保护建设、低碳经济、循环经济、节能减排等绿色经济的支持力度，严格控制对高污染、高耗能、高排放行业的信贷投放，利用信贷手段引导全社会最大限度地控制、减少资源和环境损耗，促进经济与资源环境协调、可持续发展，并实现银行自身的可持续发展。

绿色信贷政策主要指国家环保总局、中国人民银行和中国银行保险监督管理委员会联合发布的《关于落实环保法规防范信贷风险的意见》、中国银行保险监督管理委员会发布的《绿色信贷指引》，以及国家相关环保法律和政策。

这些政策法规要求金融机构依据国家建设项目环境保护管理规定和环保部门通报情况，严格贷款审批、发放和监督管理，对未通过环评审批或者环保设施验收的项目，不得新增任何形式的授信支持。对商业银行违规向环境违法项目贷款的行为，依法予以严肃查处，对造成严重损失的，追究相关机构和责任人责任。并对银行业金融机构从组织管理、政策制度、能力建设、流程管理、内控管理与信息披露、监督检查等方面做好绿色信贷提出了具体要求和规定。商业银行在信贷业务活动中必须加以贯彻和落实。

（二）货币政策

货币政策指中央银行为影响经济活动，通过调节货币供应量，从而影响全社会信贷总规模的措施。货币政策的目标是稳定物价、保持充分就业、实现经济增长、平衡国际收支。货币政策主要通过中国人民银行日常对基础货币的管理活动体现出来。货币政策的主要操作工具有：利率及汇率、存款准备金和公开市场央行票据操作。

中国人民银行通过利率和汇率调整影响国内金融市场价格，影响商业银行信贷运作的成本和效益，进而影响到借款人的经营成本及其偿债能力，调控商业银行信贷运行的方向和结构；中国人民银行通过调整存款准备金率，影响商业银行的信贷扩张能力，以及定向准备金率的调整影响商业银行的贷款投放结构；通过在公开市场买卖央票收回或释放基础货币，对金融市场的价格水平和流动性实施影响，进而影响商业银行信贷经营的成本和效益；此外，中国人民银行对社会信用总量的调节，还通过"信贷规模"指标进行行政性管制等。

（三）财政政策

财政政策指国家根据一定时期政治、经济、社会发展的任务而规定的财政工作的指导原则，通过财政支出与税收政策的变动来影响和调节社会总需求。积极财政政策指通过扩大财政支出，拉动社会总需求以刺激经济增长；稳健的财政政策指在预算平衡的基础上，留有适当余地，减少人为刺激因素，保持经济正常水平。财政政策的目标是促进就业水平提高，减轻经济波动，防止通货膨胀，实现稳定增长。其内容包括国民收入分配政策、预算收支政策、税收政策、财政投资政策、财政补贴政策、国债政策、预算外资金收支政策等。实施财政政策的手段主要包括税收、预算、国债、购买性支出和财政转移支付等手段。尽管财政政策不是直接调整商业银行信贷运行的手段，但它通过调控整个社会经济活动，通过影响企业经营的外部环境调整借款人的信用活动，进而影响商业银行的信贷经营。

（四）国家产业政策

国家产业政策是中央政府为了实现一定的经济和社会目标而对各种产业的形成和发展进行干预的政策总和。政策干预包括国家对某个特定产业或经济领域进行规划、引导、促进、调整、保护、扶持、限制等。

产业政策对市场经济运行具有极大的导向作用。国家产业政策主要是通过将各种产业划分为鼓励类、限制类、淘汰类，并对分类内的产业出台支持、鼓励或限制政策引导全社会调整商品供求结构，淘汰和退出落后产能、调整优化产业结构，实现商品供求的平衡；打破地区封锁和市场分割，促进区域市场和国内统一市场的发展。此外，产业政策除了行业结构性、供需结构性、资源利用结构性政策外，还有外贸结构性政策、区域结构性政策和中小企业促进政策等。

尽管国家的经济政策在大多情况下并不直接对银行信贷活动提出强制性规范，不是以直接的法律和行政规范要求商业银行在信贷活动中加以执行，但商业银行应当在自己的信贷活动中积极迎合国家经济政策的导向目标，将其作为制定内部信贷政策、基本制度和操作规范的依据之一。

三、基本信贷管理制度

基本信贷管理制度指商业银行用于规范全部信贷业务活动的行为规范。基本信贷管理制度主要包括业务组织制度、信贷业务制度和基本操作规范。

（一）业务组织制度

业务组织制度指银行内部对于信贷业务过程组织的规范。主要有以下方面：

1. 前中后台分离。银行基于对内部操作风险的认识，将具有职务冲突的业务职能分别设置岗位和部门，嵌入相应的业务流程，以达到内部制衡，控制信贷操作风险的目的。商业银行一般将具有信贷销售职能的岗位定义为信贷业务前台，将信用风险审查审批、信贷产品管理和放款操作职能定义为信贷业务中台，将信贷政策管理、制度管理、质量管理和风险处置职能定义为信贷业务后台。在信贷组织架构上实现"三台"相互独立，在业务过程中形成相互制衡。

2. 审贷分离。审贷分离是前中后台分离制度中的一个特殊形态。主要是指将审查审批作为一个独立、垂直管理的系统从全部贷款业务环节中予以分离，使信用风险的审查审批工作取得独立的地位，排除信贷业务过程中业务前台或基层机构领导人对于贷款风险审查审批工作的干扰。

3. 专家执业。专家执业指任何从事信贷业务的人员必须取得相应的从业资格，从业资格应当符合所从事业务对于人员的资质要求，禁止无资格或低于资质要求的人员从事相关信贷业务。

（二）信贷业务制度

信贷业务制度包括两个方面：

一是指对信贷业务普遍适用的基本业务制度。如客户评级、授信、产品管理、尽职调查、业务担保、审查审批、放款操作、风险管理等规章制度，用于管理整个信贷业务的经营和管理。二是指信贷业务产品的具体管理和操作制度，即根据不同产品制定的具体业务管理办法和操作制度。包括产品的适用对象、基本用途、期限、还款方式、价格、操作流程、管理要求等，用于对具体信贷产品的作业管理。

1. 基本业务制度。

（1）客户信用评级制度。指商业银行在尽职调查基础上对客户信用进行评价，并确定其信用等级的过程。客户信用等级被广泛应用于各类信贷业务中，作为衡量客户违约风险的主要判断依据。客户评级制度是指对尽职调查过程、客户信用评价办法、信用评级流程等行为进行规范的制度。

（2）客户授信管理制度。客户授信指商业银行基于客户评级和授信调查结果，对客户授予融资及信用业务最高限额的行为。客户授信管理制度指对授信依据的采信、授信额度的测算方法、授信管理规则以及授信审批等行为进行规范的制度。

（3）担保管理制度。贷款担保指商业银行在发放贷款时，要求借款人提供担保，以缓释贷款风险、保障贷款债权实现的法律行为。贷款担保管理制度指对担保方式选择、担保合同内容、完善担保手续、强化担保后管理等行为进行规范的管理制度。

（4）贷款审批管理制度。贷款审批管理制度指按照审贷分离的原则，对贷款审查、审批流程、设置岗位角色、确定岗位职责、确定审批形式、授予审批权限等一系列审批行为进行规范的制度。

（5）贷后管理制度。贷后管理是商业银行向借款人发放贷款后到贷款收回的整个期间，对贷款进行动态管理的过程。贷后管理制度是指对贷后管理中的岗位角色、检查方式、管理流程、风险控制和化解等行为进行规范的制度。

（6）风险缓释管理制度。风险缓释管理一般包括贷款展期、贷款重组和再融资。风险缓释管理制度指对贷款展期、再融资和重组行为进行规范的制度。

（7）资产质量分类管理制度。资产质量分类管理指商业银行对存量信贷资产进行风险等级分类和分别管理。资产质量分类管理制度指对信贷资产风险量化、资产质量分类、不良贷款处置等行为进行规范的制度。

2. 信贷产品管理制度。信贷产品管理制度的涵盖面很广，理论上，每一个信贷产品都应当有一个相应的具体管理办法。但不管各种具体的产品管理办法在内容上有多少不同，所有信贷产品管理办法均应对下列内容作出规定。

（1）产品适用范围。产品适用范围主要指信贷产品的适用对象，即规定可以使用本信贷产品的合格借款人标准。

（2）基本用途。基本用途主要指信贷产品项下的资金用途，即规定本信贷产品的资金可以用于支付的范围。

（3）期限、还款方式、价格、担保要求。它们主要指信贷产品的使用条件，即规定该信贷产品的最长期限、特定的还款付息方式、利率及费用，以及是否需要提供担保、担保的最低要求等。

（4）产品的操作流程。产品的操作流程主要指信贷产品销售的操作流程，即规定营销方式、尽职调查要求、审批原则、提款规则、账务记载规范等。

（5）管理要求。管理要求主要指信贷产品的贷后管理及风险处置，即规定贷后管理责任、内容以及风险管理要求和处置方式等。

（三）基本操作规范

基本操作规范指商业银行对各种信贷业务操作制定的必须遵循的基本行为规范。包括双人操作、流程管理和尽职免责。

1. 双人原则。双人原则指任何具有实质性风险的信贷业务环节均禁止单人作业。就一个信贷业务的过程而言，必须由前手发起，后手才能处理；就一个信贷业务环节，必须由两人以上参与操作才能有效。例如，信贷业务的发起，必须从外部客户开始；信贷审查审批资料必须由尽职调查部门提交；放款指令必须来自审批人员。尽职调查必须双人参与，贷款审批必经审查人员初审等。

2. 流程管控。流程管控指任何信贷业务均需纳入规定的业务流程进行处理。银行信贷业务流程一般表现为以矢量符号连接起来的一系列业务环节链条。所谓业务环节通常指从业务申请到业务受理、尽职调查、审查审批、放款作业、贷后管理直至不良贷款处置等业务处理节点；所谓矢量符号，指业务环节的流转方向，一般情形下，银行信贷业务的操作不允许逆向流转。

3. 尽职免责。尽职免责指对于在各个业务操作环节中的从业人员实行责任区分的制度。其重点在于要求信贷业务人员严格按照各项内部业务制度操作相关的业务环节。对于遵守业务制度、尽到岗位职责的人员，一旦发生风险事件或损失之时，免除其责任追究；反过来，如果业务人员未尽相关操作责任，甚至违规操作的，即使业务未受损失，也要追究其责任。

第二节　合规管理过程

信贷合规管理的基本过程是：导入外部要求，建立全面、完整、审慎的管理制度，监督检查各种制度、政策的执行情况，及时纠正并不断改进相关制度和政策体系。

一、全面导入外部合规要求

商业银行要始终关注国家立法机关、司法机关和监管部门对于银行信贷有关的法律、法规、监管规则的发布、解释、修改和变化，及时向银行内部相关部门和机构进行传导和培训，提高全行信贷业务条线对于上述外部要求的认知水平和把握能力。同时，商业银行内部的有关部门要认真研究这些最新变化对于本行信贷业务经营和管理带来的影响，采取积极态度对现有信贷业务的制度和管理办法进行修正或调整，以适应新要求和新变化。

需要指出的是，商业银行在关注法律法规、监管要求的最新变化的同时，应当积极关注国家经济政策的变化，及时研究国家经济政策变化对现有信贷业务的基本制度带来的影响。因为，相对于法律法规、监管要求，经济政策的变化更频繁，而且国家经济政策的变化对于银行信贷制度方面的影响往往具有间接性和隐蔽性，容易在商业银行的合规管理中被忽视，造成信贷业务合规管理的漏洞；同时对于法律法规、监管要求而言，国家经济政策又往往具有前置性和引导性，商业银行对国家经济政策的研究，并据此完善自己的信贷业务制度，可以使自身的合规管理始终保持主动地位。例如，国家对环保和资源节约方面的政策在 2003 年前后开始密集出台，到 2007 年出台《关于落实环保政策法规　防范信贷风险的意见》，2012 年出台《绿色信贷指引》就体现了政策对于监管要求的前置性和引导性。

对于商业银行而言，全面导入外部要求需要在制度上进行明确，在组织上进行落实，在机制上进行保障。

（一） 在制度上进行明确

在制度上进行明确指商业银行应当将导入外部合规要求作为信贷合规管理的一项经常性的必要工作，在时间、内容和要求上给予明确。

因为各种外部的法律、规章和政策，只有最终导入并影射到内部信贷政策和管理制度中，才能真正得到贯彻和落实。所以，信贷合规管理的本质是将国家法律法规、经济政策通过银行的基本业务制度贯彻落实到全部信贷活动之中，使得商业银行的信贷业务经营始终保持依法合规，风险可控。这就要求商业银行信贷合规管理首先必须将外部法律、法规、监管要求、国家经济政策导向导入本行，作为制定自身信贷政策和管理制度的基础和前提。

在很多商业银行，导入工作并没有被作为合规管理的重要方面加以系统化的组织。表现在导入工作没有明确分工、没有明确的维护周期、没有明确的评价机制。因此，在总体合规管理上显得滞后，零散、跟不上外部要求的变化。所以，加强合规管理首先要明确对外部要求的导入工作作为合规管理的第一步，落实部门、落实分工、落实要求、落实责任。

（二） 在组织上进行落实

在组织上进行落实指商业银行应当将导入外部要求作为信贷合规管理的一项经常性的必要工作，在内部的相关管理部门和具体岗位上加以落实，确保该工作有部门关注，有人员落实。一般来讲，商业银行的内控合规部门应当承担外部要求导入工作的组织职能，负责制定导入工作制度和工作计划，分配相关部门职责和工作任务并考核其履职情况；汇总各种外部要求信息和动态变化，根据外部要求的性质提交相关部门进行处理；商业银行的法律事务部门应当承担法律法规要求信息和动态变化的定期收集和报告；商业银行的信贷前台业务部门应当承担国家经济政策信息和动态变化的定期收集和报告；商业银行的信贷管理部门应当承担有关监管要求及动态变化信息的收集和报告，并在内控合规部门的统筹管理下汇总分析各种有关信贷业务合规要求的动态信息，提出对本行现有信贷政策制度的修订、补充和完善意见。

（三） 在机制上保障

在机制上保障指商业银行应当对导入外部要求这项工作进行必要的检查、考核，评估其工作成效，对相关部门和工作人员进行奖惩管理。组织落实以后，内控合规部门作为外部合规信息导入的主管部门，应当对导入工作制定明确的管理办法，按办法定期对各个职能部门的导入工作进行检查，督促他们按办法要求开展工作，并定期对各项导入工作进行评估和考核，将考核结果提请相关高管进行奖惩处理。

二、建立全面、完整、审慎的信贷制度体系

信贷管理制度是规范商业银行信贷活动的规则，它是银行信贷合规管理最直接的依据。信贷活动是否合规，本质上取决于两个方面：一是信贷管理制度本身是否合规，二是信贷业务中执行信贷管理制度是否到位。因此，在制定信贷管理制度中，高度关注其依法合规性，是商业银行信贷合规管理的首要意义。

（一）信贷管理制度的制定

一般来讲，商业银行的信贷管理制度分为三个层面，一是对信贷业务组织、流程运行方面的基本管理制度；二是对主要信贷业务环节的基本业务制度；三是有关业务产品和业务流程中的具体操作制度。

1. 基本管理制度指对商业银行所有信贷业务普遍适用的业务原则和规定，用来作为对其他业务制度的指导原则和基础架构，在整个信贷业务制度体系带有基础性、全局性和根本性的制度。例如，信贷业务的前中后台分离制度、信贷业务授权经营制度、双人作业制度、业务流程管控制度、信贷人员资格管理制度、信贷人员尽职免责制度等。这类基本制度的制定和管理，是整个信贷活动合规管理的基础。

基本管理制度通常由信贷管理部门负责制定，其合规关注点主要在于这些制度的法律依据和监管规定，同时应当关注其对信贷经营和内部管理的有效性。

基本管理制度的制定应当遵循三个原则：第一，依法合规，即，基本管理制度不能违反我国有关法律法规和监管规定，并与本行的总体经营管理原则相一致；第二，符合信贷风险管理规律，即，必须贯彻最基本的信用风险管理原则，如"四眼原则""审贷分离""授权经营""风险可控""专家执贷"等；第三，符合现实经营需要，即，基本制度和流程不脱离中国国情、不脱离本行经营实际、有利于提高效率和服务客户。

2. 基本业务制度。基本业务制度指商业银行对于构成信贷业务主要风险控制环节，其作业必须遵循的基本业务制度。基本业务制度在商业银行全部信贷管理制度体系中起着承上启下作用。一方面，这类制度的制定需要贯彻信贷基本管理制度规定的各项原则；另一方面，这类制度的规定对具体的信贷产品制度和业务操作制度起到规范和约束作用。例如，客户信用评级制度、客户授信制度、贷款担保管理制度、贷款审批管理制度、贷后管理制度、风险缓释管理

制度、资产质量分类管理制度等。

基本业务制度通常由信贷管理部门、审查审批部门负责制定，其合规关注点主要在于这些制度是否符合本行的信贷基本管理制度，是否符合国家经济政策的变化要求，同时应当关注制度对实际信贷经营和内部管理的有效性。

基本业务制度制定中除了符合本行的信贷基本管理制度和基本合规要求外，应当尽量满足三个方面的要求：第一，基本业务制度的制定应当体现当前国家经济政策调整变化的要求；第二，基本业务制度和流程在各项具体信贷业务产品设计和业务流程中能够适用并可执行，并尽可能采用技术手段将各种制度的执行要求在有关业务环节和操作系统中加以固化；第三，现有涉贷人员的总体素质能够对基本制度充分理解和有效执行，并且能够采用在岗培训和辅导等手段提高涉贷人员的执行能力。

3. 信贷产品管理和操作制度。该项制度指商业银行直接体现信贷功能，并向广大客户销售的信贷业务产品，其操作过程必须遵循的业务规范和作业制度。信贷产品管理和操作制度是商业银行最具体、最现实、最频繁执行，直接反映为信贷活动合规与否的信贷业务制度。一方面，这类制度的制定和执行直接体现了商业银行信贷合规水平和对国家当前经济政策的理解和贯彻；另一方面，这类制度的规定对具体的信贷经营产生巨大影响。

信贷产品管理和操作制度制定通常是由相关的业务部门、信贷产品管理部门负责，其合规关注重点是与本行信贷基本管理制度、基本业务制度的符合情况，以及对国家经济政策的贯彻情况，同时应当关注其对具体信贷经营和管理工作的影响。

相关的业务部门、信贷产品管理部门在制定信贷产品管理和操作制度时，制度管理部门应当重点关注这些制度在制定中的合规情形。因为业务部门和产品部门的主要职能是经营，所以其产品设计和制度制定中，合规要求经常会被操作效率和营销目标所淡化。所以，商业银行需要特别注意这类制度的合规性问题，一般应当要求内控合规部门和信贷管理部门参与这些信贷操作制度的制定，并就产品办法和操作制度中的内控合规问题提出明确意见和要求，确保具体操作制度和业务流程符合商业银行的基本管理制度和基本业务制度。

（二）信贷制度的贯彻和落实

原则上，所有信贷制度文本都应当经过信贷管理部门和内控合规部门审查、提交商业银行高管层审定以后，才能进行贯彻和落实。重要的基本信贷管理制度应当提请董事会或其授权组织批准。

信贷制度一经批准，由信贷管理部门组织在系统内进行贯彻和落实。信贷制度的贯彻和落实，一般通过以下步骤进行：

1. 制度发布。信贷制度发布必须以书面文件形式，并纳入管理档案系统进行管理。信贷制度的发布面应当涵盖本行信贷有关的业务和管理部门、内控合规部门、营业管理部门、法律事务部门，本行有关分支机构，同时应当报送有关监管部门备案。

2. 嵌入业务流程。信贷制度发布前，信贷管理部门应当组织相关部门就制度规定、修订事项，对现有业务流程和操作系统进行梳理，将制度要求逐项嵌入业务流程和相关的操作系统，并完成系统测试，做好系统版本的更新工作。无法或不需要嵌入操作系统的制度要求，信贷管理部门应当制定和提出作业监督、事后检查的要求和办法，确保制度要求在具体业务操作中能够贯彻和落实。

3. 培训和辅导。在书面文件发布以后，对重要的信贷制度，信贷管理部门应当组织相关会议贯彻或进行制度培训，提高辖内有关专业的从业人员对信贷制度的理解和认知。

4. 执行管理。信贷制度的执行主体通常是具体的信贷业务部门和分支机构。无论信贷制度制定得多么完善，不执行或执行不严格等于没有。因此，在信贷制度发布后，信贷管理部门应当及时进行执行管理，包括检查、辅导、纠正。

（三）信贷管理制度的更新和改进

无论是基本管理制度、基本业务制度或是具体的操作制度，其制定依据主要来源于三个方面：一是法律和监管要求，二是商业银行传统惯例，三是新条件下信贷风险管控的要求。因此，当上述三方面的情况发生变化的时候，有关部门都应当对相应的信贷制度进行更新和改进。改进和更新信贷制度时，应当从以下三个方面全面把握合规要求。

1. 对来自法律和监管要求的改变。法律法规和监管要求是商业银行信贷合规的刚性要求，对于法律法规和监管规定的改变，商业银行必须及时、无条件执行。商业银行主要应当关注法律法规和监管规定变化的趋势性苗头，以便做到适度超前应对，避免在合规管理上陷入被动。

2. 对商业银行传统惯例方面的制度改变。管理部门应当审慎审查传统惯例在当前形势下的适应性问题，进而根据情况变化提出制度的改进意见和方案。例如，传统的贷后管理制度，一般规定以间隔期财务分析和现场检查为主；但在小微企业信贷业务中，由于其财务数据的真实性、及时性问题，以及小微企业生产经营活动变化频繁的问题，传统贷后管理制度很难适应对这类借款人的贷后管理要求，经常出现发现问题之时已是不良贷款发生之日的情形。因此，在信息科技进步达到可以运用大数据分析的时代里，其贷后管理制度就应当加以改进。如采用特定数据（如货款回笼异动、纳税异动、用电量异动、代发工资异动等）进行非现场及时分析，发现问题后跟进现场检查的方式，提高贷后管理的针对性和及时性。

3. 对信贷创新过程中的制度建设。商业银行的信贷业务与任何其他事物一样，总是随着时代变迁、技术进步而不断地与时俱进。但正因为信贷业务创新是一项前无古人的工作，因此在信贷传统惯例上没有先例可供参考，在法律法规和监管要求方面也没有有关规定，造成此类业务的制度制定和完善，外部无法可依，内部无例可循的现象。但合规管理要求任何信贷业务都需要在制度规范下开展，创新业务也是如此。没有制度规范和约束，信贷风险就难以管控。例如，2012—2015 年间，银行同业市场中出现的"同业 T + D"业务，这种业务表面上类似同业资金融通，实际上是含有一个合作银行到期无条件回购约定的"类信贷"业务。由于许多当事的商业银行将这种业务视为同业资金业务，未纳入信贷业务进行管理，因而形成全国性的系统性风险，最后由银监会下令禁止收场。其形成的业务损失，预计将在今后很长的岁月中才能逐步消化，教训十分深刻。因此，对创新业务的制度管理也是商业银行信贷合规管理的重要内容。

对信贷业务创新，信贷管理部门应当根据这种新业务的实质性风险点来进行制度设计，并严格执行"制度先行"的规矩，禁止任何未经制度审查擅自开办创新业务的行为。如在上述案例中，同业资金业务中加了一个合作银行无条件在 T + D 日回购对方银行资金形成的债权，实际上构成了合作银行的自营信贷业务，而并非一般的"同业资金业务"。因此，这家合作银行必须将这种业务纳入信贷业务进行制度管理，而不能将此作为"同业资金业务"游离于信贷业务制度管控之外。

三、合规检查及纠正

建立了全面、完整、审慎的基本信贷管理制度，对于信贷合规管理而言，仅仅是"万里长征走完了第一步"。信贷合规管理更为艰苦、复杂的工作还在于对日常信贷活动是否符合信贷制度规定的检查、落实和纠正。

（一）合规检查的主要内容

有了完善的制度并不等于这些制度都已经在实际业务过程中加以遵守和执

行了。因此制度管理部门（通常是银行内部的合规管理部门和信贷管理部门）不能仅做到制度制定和完善就万事大吉了，而需要在业务过程中，经常对各种业务行为的合规性进行检查和管理。

合规检查的内容主要包括：

1. 信贷制度执行的主体责任是否落实。在制度基本完善的前提下，信贷活动合规水平主要取决于执行，而制度的执行程度则主要取决于执行管理责任的落实。

对信贷制度而言，应当十分明确执行的管理责任在业务运作部门而非制度管理部门和检查监督部门。因此，合规检查首先要检查的就是业务运作部门和相关作业机构对于信贷制度的宣贯、培训、执行和管理工作是否到位，是否严格按制度落实要求实施了各项必要措施，对日常业务运作中的制度是否经常进行检查和辅导，是否及时纠正了业务过程中违反规章制度的行为。

2. 各种信贷制度，包括基本管理制度、信贷业务制度和具体的产品制度及操作制度是否被完整、准确地加以执行。

信贷业务合规主要反映在业务过程中对规章制度执行的情况中，因此合规检查主要是对业务过程进行检查，对业务流程、内容和操作行为是否符合制度要求进行比对，确定业务过程中是否存在违规操作和制度虚设的情形。

3. 新的法律法规、监管要求是否已经进行了贯彻。包括信贷业务创新过程中的制度建设和合规情况，也是合规检查的重要内容之一。

在合规检查中需要注意的普遍问题是，对上述内容的第一点和第三点经常性的被忽略。信贷合规检查往往局限于对具体业务过程合规性的检查，而忽视了对执行责任的检查以及对创新类信贷业务合规性的检查，导致信贷违规问题经常性地出现反复和遗漏。这方面亟须商业银行引起重视。

（二）合规检查的主要方式

合规检查就方式而言，主要是两种：一是常规检查，二是非常规检查。常规检查指根据年度工作安排，对指定项目、指定机构、指定内容进行例行检查的方式；非常规检查指根据信贷活动的动态性情况，就合规风险较高的特定业务、特定机构、特定内容进行临时的、专项的、突击性的检查。

1. 常规检查。常规检查带有例行性和定期性，而且通常是列入年初合规管理计划，预先通知被检查的执行部门和机构。其优点是不仅可以保持合规管理的计划性和全面性，而且能够经常地保持对业务制度执行机构、人员的高压态势，使其增强合规意识，自觉遵守信贷制度。但常规检查的缺点是对于一些故意违规操作的机构和人员，很难起到应有的发现作用，有时还会诱导执行机构弄虚作假，应付检查。

2. 非常规检查。非常规检查带有针对性和突击性，通常是根据信贷管理或合规部门的非现场检查或某些特定事件发现的问题组织进行的。非常规检查一般能够大大提高检查的针对性和发现问题的有效性，提高对于那些故意违规的机构和人员的威慑力量。但非常规检查所涉及的面可能不大，对制度检查的全面性不够，特别是对于一些平时隐蔽性较强的违规行为可能忽略和遗漏。所以这两种方式在合规检查中应当结合使用，发挥各自的优势。

合规检查方式的另一种分类是按检查现场区分，分为现场检查和非现场检查。现场检查指合规检查人员在业务发生的现场进行检查，察看业务过程是否违规；非现场检查指检查人员通过业务系统或业务部门、机构提供的数据、报表、情况进行分析和逻辑推理，判断业务过程是否存在违规行为。一般在合规检查中，通常以非现场检查为发现问题的先导，然后根据非现场检查发现的问题清单进行现场检查，以确定业务过程和行为是否违规。

（三）违规纠正

检查的目的是落实制度的执行，所以日常合规管理中，纠正违规、落实制度是第一位的。

信贷业务中形成违规的原因很多，因此合规管理应当注重分析和发现违规问题的背后原因，有针对性地采取措施加以纠正，做到"有的放矢"和"对症下药"，提高合规管理的效果。

从实务工作中观察，违规的原因大体来自三个方面：一是执行者本身的问题，如对制度理解存在问题、对制度执行不严肃不认真、因为个人原因故意违反制度、受到管理者或关系人的胁迫等；二是制度本身存在问题，如制度制定不符合业务操作实际，或多个制度存在执行冲突，无法执行；三是客观情况发生重大变化导致现有制度难以执行。

违规纠正通常采用三种方式进行纠正和改进：

1. 培训教育。信贷业务中大部分违规的原因来自执行部门和员工对有关信贷制度的重要性和制度精神缺乏了解，或者囿于传统习惯。这种情形最好的纠正方法就是通过培训教育使其提高认识，掌握执行制度的必要技术，逐渐养成执行制度的习惯。在培训教育基础上，也可以研究将一些经常性、习惯性发生违规的制度规定，通过业务系统的刚性设置或实时提醒加以纠正。

2. 执行纪律。制度作为业务办法的刚性约束，仅仅依靠培训教育是不够的，特别是对于那些屡查屡犯的机构和员工，需要采取强制纠正措施。所谓强制纠正就是通过负激励的手段，使其认识到"必须这么做"。负激励措施通常有：批评、罚款、行政处分、下岗培训、取消岗位资格等，对于严重违规造成重大损失或负面影响的，可以给予解除劳动合同、开除的处分。触犯刑律的应当追究刑事责任。

3. 改进和优化制度。很多时候，造成违规、特别是普遍违规的原因是制度本身存在问题。例如，在制定制度时调查研究不够，导致一些规定无法契合实际，因而在业务过程中根本无从落实；一些制度制定时间过于久远，已经落后于业务发展状况，严重制约了业务的发展，导致业务部门整体上对于制度的抵制和变通；还有些制度由于相关配套条件缺失，如业务系统改造尚未完成，或业务系统技术发生变化导致制度无法落实。对于这些情形，合规管理部门在检查以后，应当积极向有关部门反映，督促相关部门尽快修订和完善制度。同时对无法执行的制度应当进行临时控制，包括暂停执行、其他制度替代，甚至业务暂停，确保违规现象不再持续发生。

第三节　信贷合规管理体系

信贷合规管理不仅体现在对信贷活动的监督管理方面，也应当体现在银行内部的合规体系建设上。不管怎么说，如果合规管理中发现大面积违规现象或出现经常性的屡查屡犯现象时，商业银行应当检查本身在内控合规管理体系中存在的问题。如果一家银行在合规体系建设中存在缺陷，那么，整个合规管理要做到符合监管要求、适应信贷风险管理是不可能的。

有效的信贷合规管理体系应当包括三个方面：

一、有效的制度建设体系

有效的信贷制度建设体系包括完整的制度建设架构、科学的制度制定流程、健全的制度执行体系和严格的制度管理机制。

（一）信贷制度建设架构

信贷制度建设应当覆盖所有信贷业务的经营、管理及操作活动。从商业银行信贷活动的特征看，涉及信贷业务的制度建设至少应当包括：

1. 信贷风险管理方面的制度。即商业银行用于制定本身特殊风险偏好的管理制度，包括信贷风险的度量、风险偏好的确定、风险限额制定及管理、风险监测及报告、信贷质量管理、风险消化及处置等。

2. 信贷业务运行方面的组织制度。包括信贷业务组织制度、业务流程设计、业务环节及岗位设置、人力组织和管理、信贷业务授权、业务考核和激励制度等。

3. 信贷业务流程方面的制度。包括客户信用评级、客户授信、贷款担保管理、贷款审批管理、放款管理、贷后管理、风险缓释管理、资产质量分类管理以及不良信用资产处置制度等。

4. 具体的信贷产品管理和操作制度。包括具体信贷产品的业务对象、资金用途、融资期限、利率及费用、风险缓释要求、操作流程和风险管理责任等。

（二）信贷制度制定流程

信贷制度的制定流程应当符合集中统一、依法合规的原则。信贷制度制定应当由商业银行的信贷管理部门集中管理，并符合以下流程：

1. 依法导入外部的合规要求，包括法律法规的要求、国家经济政策的要求、监管部门的要求，使制度的制定符合外部合规要求。

2. 深入信贷业务实际开展调查研究，结合本行信贷经营管理的总体要求和风险管理政策，根据相关各部门的业务职能起草制度方案。制度草案应当经过各个相关业务部门、管理部门、基层机构反复讨论、完善，使其具有可操作性。

3. 制度草案应当提交信贷管理部门、内控合规部门、法律事务部门审查，必要时上述部门可直接参与草案的讨论和修改，确保制度草案符合外部合规要求、内部经营要求，各类规章制度相互衔接，没有冲突。

4. 信贷制度至少应当提交本行相关高管人员审查批准，涉及全行性的、重要的信贷基本制度应当提交董事会相关委员会讨论，并经商业银行行长批准。

5. 信贷制度应当以正式文件发布，并抄报相关监管机构备案。

（三）信贷制度的执行管理

信贷制度执行管理应当作为信贷制度建设体系的重要内容。执行管理主要有三个方面的内容：

1. 落实执行责任。即明确相关的业务部门和分支机构为执行责任人，并对制度执行的要求予以明确。

2. 对信贷制度的执行实行定期检查。对具体的部门和机构执行信贷制度的情况，包括学习、培训情况，员工掌握制度的程度，具体业务操作中合规情况等进行检查，评估执行机构的执行制度情况。

3. 对信贷制度执行中存在的问题进行分析，分类纠正存在的执行问题，对部门和机构中存在的重要执行问题向分管领导报告。

二、有效的合规管理组织体系

有效的合规管理组织体系包括制度的管理机构、执行机构、监督机构以及足够的管理人员和有效的管理办法。

（一）信贷制度管理机构

制度管理机构指信贷制度的牵头管理部门，商业银行一般设立信贷管理部门作为信贷制度的管理机构。其主要职责是：在信贷业务系统中导入相关法律法规、监管规定和本行基本经营管理制度，牵头组织系统内有关部门、机构和岗位进行学习贯彻；组织信贷制度执行情况的监测和检查，发现问题、提出改进意见并负责监督落实；组织起草、修订、更新和完善信贷基本管理制度和基本业务制度；负责信贷基本管理制度和基本业务制度的发布、培训和组织实施；审查信贷业务部门提交的信贷产品管理办法和业务操作制度；协助监管部门、内控部门对信贷制度执行情况进行合规检查，督促相关业务部门落实整改意见。

（二）信贷制度执行机构

信贷制度执行机构指执行相关制度的信贷业务部门和信贷业务操作机构。如信贷业务的营销部门和机构、信贷产品部门、信贷审查审批部门、放款作业部门、信贷风险管理部门等。这些部门的职责主要是：协助信贷管理部门导入外部合规要求，向信贷管理部门提供本业务条线信贷经营的有关要求以及相关产品管理制度草案；根据信贷制度要求，在本业务条线内宣贯、培训和辅导，提高业务人员执行制度的意愿和能力；将制度规定和要求嵌入本专业的业务流程，督促、检查业务人员严格执行；根据合规检查的提示，组织本专业全面检查和纠正。

（三）信贷制度的合规检查机构

从理论上讲，任何负有信贷业务管理职责的部门和机构，都应当承担信贷制度执行情况的检查任务。但在有效的合规管理组织体系中，信贷制度的检查应当在内控合规部门的统一组织下进行。内控合规部门在信贷合规管理中的主要职责是：审查各类信贷制度的合规性；牵头组织或配合外部监管对本行各类信贷活动的合规检查；向信贷管理部门或有关信贷制度的执行部门提示业务活动中存在的违规问题，监督有关部门进行整改纠正；根据本行合规管理办法，对信贷业务违规部门、机构、人员实施处罚。

（四）信贷合规管理的组织延伸和力量配置

商业银行对信贷合规管理应当配备足够的管理力量，形成上下链接、左右交叉的合规管理网络。一般要求在内控合规部门、信贷管理部门设立单独的机构负责信贷合规管理，并在其各个分支机构形成垂直管理的队伍；要求各个业务执行部门内部设立合规经理岗位，负责日常的制度管理、培训辅导和检查纠正。

在合规力量配置方面，商业银行应当根据合规工作要求，配置足够完成合规管理任务的力量。合规力量的配置一般分为两个方面：一是基干力量。指专职从事合规管理的力量。基干力量的配置原则是：精干、适用、高效。根据本行信贷合规工作涵盖的内容进行配置，满足常年合规管理的需要。二是指临时力量。指根据合规工作（特别是专项合规检查）的需要，临时召集有信贷工作经验的员工，经专门培训后参与临时组织的合规管理工作。这种力量组织，由内控合规部门或信贷管理部门、相关业务部门根据需要进行。专项合规管理工作结束后，人员返回原岗位工作。

三、有效的合规管理机制

有效的合规管理机制指在全行形成以制度管理部门为核心，相关部门各司其职，责任清晰、任务落实、反馈有效、人人参与、"一呼百应"的合规管理格局。

商业银行在合规管理上出现较多问题的一个重要原因是合规管理机制不健全。最常见的原因有：合规管理责任悬空，未能发挥执行部门自我管理的作用；惩处不力，对违规部门、人员处罚偏轻，惩戒不足以避免其再犯；纠正不当，就事论事，文过饰非，形成"时过境迁，我自依旧"的不良局面。因此有效的合规管理机制必须做到：

（一）切实落实执行部门的管理责任

一般来讲，一家商业银行配置到制度检查方面的力量总是有限的，不可能做到"人盯人"式的管理，所以制度检查总是会"挂一漏万"。如果业务运作部门和机构不能在日常业务运作中对制度进行有效落实和执行，就会造成合规管理过程中"查到什么处罚什么，查到谁处罚谁"，没有查到的部位和人员就会"事不关己、高高挂起"，从而导致违规问题"此起彼伏、屡查屡犯"的尴尬局面。

要避免出现这样的局面，必须落实业务运作部门和机构对执行规章制度的直接管理责任，并形成机制。这种机制概括起来讲，就是"发现一点，推及全面；提示一点，全辖纠正"。

所谓"发现一点，推及全面"，就是制度管理部门只要发现业务运作部门或机构在信贷业务操作上任一点上的违规问题，即可推及该业务运作条线和机构的所有点上均可能存在类似违规问题，进而对该业务条线和机构采取相应的管控和惩罚措施；所谓"提示一点，全辖纠正"，是指业务运作部门和机构只要收到制度管理部门对本业务条线某个点上或本机构某个员工存在违规问题，必须就该违规问题组织全辖检查，全员纠正。经过第一轮提示和纠正，在第二次检查中，继续发现条线或机构中存在类同的违规问题，执行部门或机构的负责人应当承担管理责任。如果在数次检查过程中，同样的违规问题出现"屡查屡犯"情形的，制度管理部门和内控合规部门应当承担管理责任。

（二）严格执纪，严肃问责

制度管理部门的责任是建立制度、检查制度执行状况、纠正制度执行中存在的问题，其根本目的是要消除辖内违章违规现象。因而，在机制建设方面，商业银行必须关注：

1. 赋予检查机构相应的惩处权。信贷制度对于信贷业务经营而言犹如体育竞赛中的比赛规则，没有规则比赛就无法进行。但只有规则，没有裁判比赛依然无法进行。这是因为，规则是对运动员的行为限制，而限制需要严格的裁判才能被完全执行。检查机构在信贷业务经营中就是充当了裁判的角色。而裁判有效的依据是裁判手中的惩罚权，如果裁判没有惩罚权，那么裁判的作用便无从谈起。所以，信贷合规管理机制的第一要义就是要赋予检查机构必要的惩罚权，使业务执行人员望而生畏，才能使合规检查起到戒惧作用。

2. 严格执纪。即使赋予了检查机构相应的惩罚权，如果检查机构并不使用这种权力去震慑违规者，那么再大的权力也是无用的。所以，检查机构必须适当地运用这种权力，以达到戒惧作用。但是，如何运用好这种权力，在实践中也是有讲究的。作为一种机制性的内容，检查机构在运用惩罚权时应当注意三个方面：

（1）及时性。我们知道动物是不识字的，但马戏团的动物为什么认识数字呢？那是因为"条件反射"。马戏团在驯兽时，驯兽师出示"1"，只要动物叫了一声，便给一块糖吃，叫多了，立即给它一鞭子。时间长了，那动物只要一看到"1"，便只会叫一声。观众就想：哦，这动物好聪明，居然认得数字。其实这是驯兽师的杰作。但是，如果驯兽师不是这样做，而是把一个上午动物的

"认字反应"记录下来，然后根据其叫错的次数，给予一顿暴打，那么，可想而知，这动物永远也不会认字。这个例子告诉我们，对错误的惩罚必须及时，才能起到矫正作用。在信贷合规管理中也是如此，对于违规行为，检查机构必须在查到的第一时间就给予惩罚，如果只是记录，到年底再"秋后算账"，那么检查的效果就会大打折扣，甚至招致反抗。

（2）一致性。一致性是指，同类的违规惩罚必须是一致的，只有同类行为得到的负面反馈是一致的，才会起到"条件反射"作用，使员工在类似情境下，产生自觉的合规行为。一致性的第二重含义是，对于任何人，只要是犯了同样的事，得到的惩罚都是一样的。因为人是很聪明的高级动物，有很强的学习能力，不像其他动物，只能从自身的切身痛楚中体会行为的恰当性，而是能够从旁人的痛楚中吸取教训，即"兔死狐悲"。所以，合规管理中，一旦同类错误得到同样惩罚的案例累积到一定数量时，就会对全体员工产生警示作用，使大多数员工无须亲身感受被惩罚的痛楚，就能达到合规管理的效果。

（3）严肃性。惩罚必须使被惩罚的员工感受到痛楚，才能起到戒惧作用，矫正其行为取向。机构、员工违规的原因很多，但归根结底不外乎"违规有好处"。如果违规行为对员工没有好处，那么除非这个员工是"脑残"。所以，在执行纪律时，必须注意惩戒的力度。惩罚对于违规机构、员工带来的负面影响至少应当抵消其因违规得到的"好处"，否则就会存在类似"监管套利"空间，而使得合规管理形同虚设。

后 记

"犹抱琵琶半遮面，千呼万唤始出来。"今天终于见到它付诸桑梓，与广大读者见面，希望对读者有所帮助和启发。

本书的写作，最早是准备用于工商银行江西省分行信贷业务人员培训，因各种原因搁置未成。虽然本书的成稿是后话了，但本书的基础乃是原来准备的教材手稿。所以在本书出版之时，我们要感谢原来参与教材手稿写作的各位业务专家。他们是原江西省分行余丽燕、刘蓉、王奇、敖强、钟水育、徐朋等同志。另外，刘骅、吴堂保、王奇等同志，在本书成稿后对本书进行了认真仔细地审阅，提出了大量很好的修改意见，使本书更加完善。在此一并致谢！

管理属于生产关系领域，它始终不会停滞在某个阶段，必定随着生产力的发展而与时俱进。信贷之道也一样，信贷业务的发展和创新，法律法规、监管规则的变化，也一定会推动信贷管理工作不断向前发展和创新。例如，当今银行业的混业发展、资产管理业务的异军突起、互联网条件下金融科技的兴起都在不断地改变着商业银行的信贷经营业态。就如在本书写作过程中以及出版面世之时，国家法律法规和银行业监管规则也还在不断地发生变化。所以，希望读者仅将此书作为一种参考和过去的经验，不拘泥于本书中描述的某些概念、理论和做法，跟随我国商业银行信贷业务发展的大潮，不断探索和积累，促进我国商业银行的信贷业务在新的历史条件下继续蓬勃向前。

唯如斯，则幸也！

倪百祥
2018 年 10 月